教育部人文社会科学重点研究基地刊物
中文社会科学引文索引（CSSCI）来源集刊

藏学学刊

བོད་རིག་པའི་དུས་དེབ།

JOURNAL OF TIBETOLOGY

总第26辑
2022(1)

四川大学中国藏学研究所 编

中国藏学出版社

བོད་རིག་པའི་དུས་དེབ།

藏 学 学 刊

Journal of Tibetology

བོད་རིག་པའི་དུས་དེབ།
藏　学　学　刊
Journal of Tibetology

目　录

Table of Contents

《转法轮经》诸本源流考 *

萨尔吉

内容摘要： 本文从文本出发，对佛陀初转法轮这一事件的相关叙事和经典进行了梳理，重点考察了藏译本中题名为《(转)法轮经》的两部译本。通过文本比对，发现藏译本《法轮经》实际上并非是独立的经典，而是从《根本说一切有部·破僧事》摘录出来，单独成篇。藏译本《转法轮经》反映了历史上南传佛教的影响。通过对《转法轮经》诸本源流的考察，可以加深我们对《转法轮经》相关典籍的集成、翻译与传播史的理解。

引言

佛陀成道后在鹿野苑对五比丘宣说法义的记载不仅是佛教史上的一个重要事件，也是佛教初期教义的重要体现。佛教徒对此事的记忆不仅反映在以《转法轮经》为核心的经典集成中，也包含在佛传故事、律藏文献以及相关的经典注释中。经典的主体内容是

* 本文为国家社科基金重大项目“吐蕃时期敦煌文献的整理与研究”（20&ZD210）的阶段性成果。

世尊觉悟后，打算首先教导最初跟随他的五比丘，于是前往波罗奈斯鹿野苑，首先宣讲了离开苦乐两个极端的中道，即八正道。然后以三转十二行相的方式宣讲了苦、集、灭、道四谛，接下来讲了如何获证无上正等正觉，憍陈如得证，佛陀称呼憍陈如为遍知憍陈如，最后诸夜叉天神赞叹世尊所说。

随着佛教在亚洲地区的广泛传布，与《转法轮经》相关的叙事的接受与翻译也呈现出纷繁复杂的面貌。本文拟以现存的梵语、巴利语文献为出发点，探讨《转法轮经》相关典籍的集成、传播与翻译的历史。通过文本互读的方式，探讨文本之间的差异，以及造成此种差异的可能原因，以此窥见佛教文献在各民族间的接受、翻译与互动。

一、《转法轮经》原典及其相关经典

《转法轮经》(*Dharmacakrapravartanasūtra*) 一般被认为是佛陀成道后最先宣讲的佛经，在佛教史上地位重要。巴利三藏《相应尼柯耶 · 大篇》中的“谛相应”有名为“转法轮品”的十部经典，其中第一经可以视作《转法轮经》的主题内容，经文以常见的“如是我闻”开始，讲经的对象是五比丘。佛陀首先讲了离二边中道，然后讲到了四圣谛的具体内容，以及指示要从知苦、断集、证灭、修道的未然、应然、实然三方面来理解四圣谛，称之为三转十二行相法轮，这也是《转法轮经》的核心内容。接下来是诸天赞叹世尊所说，世尊赞叹憍陈如得证[1]。

除了《相应尼柯耶》外，与《转法轮经》相关的叙事保存在巴利律藏文献犍度篇中的《大品》中。《大品》始于佛陀在菩提树下证道之际，其中的“诵品一”止于佛陀教化五比丘，与《转法轮经》相关的内容始于佛陀证道后，经梵天劝请讲经，观察何人可以授道，睹见五比丘在鹿野苑，于是前往传法。然后是前述《转法轮经》的主体部分。《大品》接着讲述憍陈如受戒，以及其他几位追随者得证、出家、受戒。最后讲到了世尊宣说五蕴的无我、无常，以及对五蕴的厌离、解脱。《大品》以“世间有六阿罗汉”作为第一诵品的结束。与《相应尼柯耶 · 大篇》相比较，虽然律藏相关部分叙事的内在

1　第一经在该品中冠名为“如来所说”，接下来的诸经顺接第一经，没有序分，其中与第一经直接相关的是同样冠名为“如来所说”的第二经，内容是对第一经中的三转十二行相法轮的重复。对于巴利语《相应尼柯耶》经文多寡、编排原则等的复杂性的说明，可以参见 Oskar von Hinüber, *A Handbook of Pāli Literature*, Berlin, New York: Walter de Gruyter, 1996. 其中谈到若要用巴利圣典协会的校勘本与梵文平行文本相较时，一定要小心巴利圣典协会的校勘本有可能是“某种假想的本子”(a kind of phantom text，第 36 页，第 70 条)，这说明现有的校勘本不足以说明巴利语《相应尼柯耶》的真实面貌。

逻辑是着重于世尊觉悟后僧团的建立，以此为主线将《转法轮经》的内容内嵌到了佛传之中，围绕这一活动的前因后果也有许多铺陈，但在主体部分，二者所用的语句几乎是逐字对应，说明二者要么是源于一个共通的源头，要么是一方照搬了另一方[2]。

在南传佛教的传统中，《转法轮经》还是四方传教时前往北方雪山地区传教的僧人宣说的经典。

我们再把目光投向梵文文献。目前发现的梵文本中似乎没有《转法轮经》的单行本流通，在新疆地区发现的《四众经》（*Catuṣpariṣatsūtra*）讲述的是佛陀成道后收摄徒众的事迹，初转法轮作为其中的一个组成部分，相关内容被内嵌到了该经之中[3]。郑镇一对中亚发现的一些可以归属为《转法轮经》的残本进行了罗列，他将《转法轮经》相关残片分为了四组，一组可以归入说一切有部的《杂阿含经》，一组可能是单行本，一组归属不明，一组属于《四众经》，但他并未给出分类的依据[4]。

除了上述中亚写本，一些现存的梵文文献也引述了《转法轮经》的相关内容，兹列举如下：

1.《神通游戏经》（*Lalitavistara*）[5]，这是与说一切有部相关的佛传叙事，亦有藏汉译本；

2.《大事》（*Mahāvastu*）[6]，这是大众部说出世部的佛传叙事，无藏汉译本；

---

2 如果按照一般的认识，应该是经藏早于律藏，所以说是后者抄录了前者。参见 Oskar von Hinüber, *A Handbook of Pāli Literature*, 1996: 18，第 34 条。

3 Ernst Waldschmidt, *Das Catuṣpariṣatsūtra, eine kanonische Lehrschrift über die Begründung der buddhistichen Gemeinde, Abhandlungen der Deutschen Akademie der Wissenschaften zu Berlin*, Klasse für Sprachen, Literatur und Kunst, Jahrgang 1960, Nr. 1, Akademie Verlag, Berlin, 1962.

4 Jin Il Chung, "Dharmacakrapravartana dharmaparyāya of the Sarvāstivāda and Mūlasarvāstivāda Tradition." In *Jaina Itihāsa Ratna. Festschrift für Gustav Roth zum 90. Geburtstag*, eds. Ute Hüsken, Petra Kieffer Pülz & Anne Peters, Indica et Tibetica series no. 47, Marburg, 2006: 75-102. 关于《四众经》以及《转法轮经》梵文本存世情况的最新整理，参见 Klaus Wille, "Survey of the Sanskrit Manuscripts in the Turfan Collection（Berlin）." In *From Birch Bark to Digital Data: Recent Advances in Buddhist Manuscript Research. Papers Presented at the Conference Indic Buddhist Manuscripts: The State of the Field Stanford, June 15-19 2009*, eds. Harrison, Paul and Jens-Uwe Hartmann, Beiträge zur Kultur- und Geistesgeschichte Asiens 80; Denkschriften der philosophisch-historische Klasse 460. Vienna: Austrian Academy of Sciences, 2014: 223-246.

5 Salomon Lefmann, *Lalita Vistara: Leben und Lehre des Çākya Buddha*, Halle: Verlag der Buchhandlung des Waisenhauses, 1902-1908（东京 1977 年重印），第 416 页第 13 行至第 418 页第 21 行。

6 Katarzyna Marciniak ed., *The Mahāvastu. A New Edition*, Volume III. Bibliotheca Philologica et Philosophica Buddhica (= BPPB), XIV,1, The International Research Institute for Advanced Buddhology at Soka University, 2019: 422-427.《大事》中冠以“转法轮经”的这一部分相当长，与我们这里讨论的部分对应的是前面几页，其有完整的序分（如是我闻），以及大致对应的流通分（五比丘对佛所说欢喜踊跃），某种程度上可以视为一个单独的整体。

3.《根本说一切有部 · 破僧事》(*Saṃghabhedavastu*)[7]，有藏汉译本；

4.《俱舍论 · 显明义疏》(*Abhidharmakośavyākhyā Sphuṭārthā*)，称友（Yaśomitra）注疏，仅有藏译本。

除了上文提到的文献，汉译佛典中与《转法轮经》相关的译本可以胪列如下：

单经：后汉安世高译《转法轮经》[8]、刘宋求那跋陀罗译《杂阿含经》第 379 经（大致相当于巴利语《相应尼柯耶 · 大篇》中的对应部分）、唐义净译《三转法轮经》等。

属于佛传的：包括《中本起经 · 转法轮品》、隋阇那崛多译《佛本行集经 · 转妙法轮品》。律藏文献如法藏部《四分律》、化地部《五分律》等。

此外，《鞞婆沙论》《阿毗达磨法蕴足论 · 圣谛品》也有相关内容。还有诸如《大庄严论经》《成实论》等也提到了《转法轮经》，因为并非是大段引用，兹不具述。

藏译佛典中保存了《转法轮经》的两部独立译本（下详），此外，《出家经》(མངོན་པར་འབྱུང་བའི་མདོ)[9]，以及寂住天 (Śamathadeva) 的《俱舍论释》(*Abhidharmakośaṭīkopāyikā*)[10] 也引用了该经。

以上对《转法轮经》原本译本的考察绝非穷尽，但是我们可以看出《转法轮经》相关文本的丰富。如果对上述涉及转法轮的内容相比较，可以发现关于转法轮部分的形态还是比较稳定，最大的差异在于在宣讲四谛形相时，属于（根本）说一切有部的文献反复提到了四个一组的词汇，即眼（cakṣu）、智（jñāna）、明（vidyā）、觉（buddhi）（包括《四众经》《根本说一切有部 · 破僧事》《俱舍论 · 显明义疏》、汉译《十诵律》《阿毗达磨法蕴足论 · 圣谛品》等）。巴利语在相关之处是五个一组的词汇，即眼（cakkhu）、智（ñāṇa）、慧（paññā）、明（vijjā）、显（āloka）。这一组词汇在《神通游戏经》中变为了七个：智（jñāna）、眼（cakṣu）、明（vidyā）、多闻（bhūri）、智慧（medhā）、慧（prajñā）、显（āloka）；在《大事》中变为八个：智（jñāna）、眼（cakṣu）、明（vidyā）、觉（buddhi）、多闻（bhūri）、智慧（medhā）、慧（prajñā）、显（āloka）。鉴于这一组词汇与四谛十二行相渊源颇深，它们之间的差异和流变还值得深入思考。因此，利用各种文本，梳理出《转法轮经》在佛教不同部派中的叙事脉络和强调重点，当是今后研究的

---

7 R. Gnoli ed., *The Gilgit Manuscript of the Saṅghabhedavastu, being the 17th and Last Section of the Vinaya of the Mūlasarvāstivādin*, Part I, Rome: IsIAO, 1977-1978: 133-139.

8 根据赵悠的研究，这是一部建立在安世高失译原本上的改译本，而改译的主要作者可能是支谦。赵悠：《止逆而转——安世高译〈转法轮经〉再探》，发表于“燕园佛学”网站：https://mp.weixin.qq.com/s/ikkPS5Szk1yJ7RTl2vbYEA。

9 德格版大藏经 D 301，ས 函，58b5-62a4。

10 德格版大藏经 D 4094，ཇུ 函，28a7-29b6。

任务。

二、藏译中的《转法轮经》

如上所述，藏译保存了《转法轮经》的两部独立译本，一本题名为《法轮经》（ཆོས་ཀྱི་འཁོར་ལོའི་མདོ），不具译者；另一本题名为《转法轮经》（ཆོས་ཀྱི་འཁོར་ལོ་རབ་ཏུ་བསྐོར་བའི་མདོ），译者为斯里兰卡僧人阿难陀师利（Ānandaśrī）和藏族僧人塔巴译师尼玛坚赞（ཐར་པ་ལོ་ཙྪ་བ་ཉི་མ་རྒྱལ་མཚན），一般称之为新译，以下分述之。

1.《法轮经》

《法轮经》在笔者目前掌握的《甘珠尔》的目录中编号如下：

德格版	北京版	纳塘版	卓尼版	拉萨版	协噶版	朵宫版	普扎版	藤邦玛版
337	1003	322	976	341	151	208	187	257

《法轮经》讲经的地点在波罗奈斯鹿野苑，讲经的对象是以阿若憍陈如为首的五位比丘，内容大致可划分为五部分：第一部分佛陀以三转十二行相的方式宣讲了苦、集、灭、道四谛；第二部分佛陀宣讲如何获证无上正等正觉，第三部分讲述憍陈如得证；第四部分佛陀称呼憍陈如为遍知憍陈如；第五部分为诸夜叉天神赞叹世尊所说，将此法门冠名为“转法轮”。虽然现有的经题为《法轮经》，但是从结尾来看，应该称之为《转法轮经》，此处为了与后文论述的《转法轮经》区别起见，仍将其称之为《法轮经》。

《法轮经》有独立的序分、正宗分和流通分，是一部完整的经典。协噶版、朵宫版、普扎版和江孜藤邦玛版在结束之际有一条简短的跋文，说该经看来与塔巴译师所译的是同一部经[11]。其他《甘珠尔》版则未提供任何信息。

《法轮经》不见载于现存吐蕃时期的两部经录，即《旁塘目录》（དཀར་ཆག་འཕང་ཐང་མ）

11 ཐར་པ་ལོ་ཙྪ་བས་བསྒྱུར་བ་དང་། མདོའི་ངོ་གཅིག་ཏུ་སྣང་།

和《丹噶目录》(དཀར་ཆག་ལྡན་དཀར་མ)[12]。菊登日比热赤（བཅོམ་ལྡན་རིག་པའི་རལ་གྲི། 1227-1305 年）的《大藏经目录论典广说》(བཀའ་བསྟན་དཀར་ཆག་བསྟན་པ་རྒྱས་པ）中也没有记载该经[13]。目前我们所见的该经的最早记载是布顿（བུ་སྟོན་རིན་ཆེན་གྲུབ། 1290-1364 年）于 1322 年写成的《佛教史大宝藏论》[14]，说明至少在 14 世纪初，该经已经进入《甘珠尔》系统。

藏译《法轮经》虽然未见载于早期经录，但其用语则体现出吐蕃时期译经的特征。如前所述，初转法轮作为佛陀生平的一个重要事迹，在讲述佛陀传记的文献中都有或多或少的叙述，根本说一切有部的律藏文献《破僧事》也不例外。《破僧事》在讲到佛陀初转法轮时，内容比《法轮经》要详细得多。其中讲到世尊觉悟后，打算首先教导最初跟随他的五比丘，于是前往波罗奈斯鹿野苑，因世尊放弃苦行，令五比丘生疑，所以他首先讲了离开苦乐两个极端的中道，即八正道。然后佛陀以三转十二行相的方式宣讲了苦、集、灭、道四谛等等，从这部分一直到诸夜叉天神赞叹世尊所说，对应《法轮经》的主体部分。接下来佛陀对五比丘讲了四谛的具体内容，最后以佛陀宣讲人无我内容结束。

经过比对，我们可以发现藏译《法轮经》的遣词造句与《破僧事》的对应部分如出一辙，我们有理由怀疑藏译《法轮经》的翻译是直接摘录自《破僧事》，或者说，《法轮经》的译者完全借用了《破僧事》对应部分的翻译，而没有另起炉灶。

无独有偶，上述《破僧事》的所有内容亦见于藏译《出家经》（མངོན་པར་འབྱུང་བའི་མདོ）中。关于二者的对应关系，我们以德格版《甘珠尔》为例来说明，首先看以下的表格：

---

12 《旁塘目录》参见西藏博物馆编：《旁塘目录；声明要领二卷》，北京：民族出版社，2003。国外学者对《旁塘目录》的整理研究参见 Eishin Kawagoe（川越英真）, *Dkar chag 'Phang thang ma*（Tohoku Society for Indo-Tibetan Studies Monograph Series 3）, Sendai: Tohoku Society for Indo-Tibetan Studies, 2005; Georgios T. Halkias, "Tibetan Buddhism Registered: A Catalogue from the Imperial Court of 'Phang thang." *The Eastern Buddhist*, New Series vol. 36, nos. 1-2, 2004: 46-105.

《丹噶目录》最早由拉露编号，Marcelle Lalou, "Contribution à la bibliographie du Kanjur et du Tanjur: Les textes bouddhiques au temps du roi Khri sroṅ lde bcan." *Journal Asiatique*, 1953: 313-354。最近的研究参见 Adelheid Herrmann-Pfandt, *Die lHan kar ma: ein früher Katalog der ins Tibetische übersetzten buddhistischen Texte; kritische Neuausgabe mit Einleitung und Materialien* (Denkschriften / Österreichische Akademie der Wissenschaften. Philosophisch-Historische Klasse, 367. Bd.), Vienna: Österreichische Akademie der Wissenschaften, 2008.

13 Kurtis R. Schaeffer and Leonard W. J. van der Kuijp eds., *An Early Tibetan Survey of Buddhist Literature: The Bstan pa rgyas pa rgyan gyi nyi 'od of Bcom ldan ral gri*, Harvard Oriental Series, vol. 64, Cambridge: Harvard University Press, 2009.

14 བུ་སྟོན་རིན་ཆེན་གྲུབ། བུ་སྟོན་ཆོས་འབྱུང་གསུང་རབ་རིན་པོ་ཆེའི་མཛོད། པེ་ཅིན། ཀྲུང་གོའི་བོད་ཀྱི་ཤེས་རིག་དཔེ་སྐྲུན་ཁང་། 1991: 214. 根据西岡祖秀的编号，为 50 号，详参见 西岡祖秀編：《「プトゥン仏教史」目錄部索引 I》，《东京大学文学部文化交流研究施设研究纪要》4，1981：67。

《出家经》（D 301）	《根本说一切有部 · 破僧事》（D 1）
4a1-24b1	ག 函，275b4-293a6
24b2-87b1	ང 函，1a1-75a4
87b1-90b4[15]	
90b4-106b1	ང 函，91a5-107a1
106b1-125a6	ག 函，256a4-275b4

从表格可以看出，《出家经》除了序分的前 4 叶，以及约中间部分的 3 叶外，其他都能在《破僧事》中找到对应之处，但顺序与《破僧事》不太一致。具体而言，《出家经》的最后 20 叶（106b1-125a6）在《破僧事》中排序靠前，然后依序，到《出家经》中间部分的 3 叶，在《破僧事》无对应文句，同样，《破僧事》连续叶码中约有 16 叶（75a4-91a5）在《出家经》无对应之处。

经查验，《出家经》中间部分的 3 叶内容对应《根本说一切有部律 · 出家事》，讲述的是舍利弗、目犍连皈依之事。前 4 叶未找到对应文句，猜测应是《出家经》的独特内容。

《出家经》的内容主要与佛陀生平相关，《破僧事》也是如此，因此二者内容可以勘同并不令人奇怪。有意思的是，二者不仅在内容上近乎一致，在遣词造句上，《出家经》亦与《破僧事》高度契合，即使我们考虑到二者所据梵文底本的一致，以及梵藏翻译策略的趋同，二者的契合性也无法得到完全说明。

《出家经》的跋文保留了具体的翻译信息，从中我们得知该经是印度阿阇梨法吉祥贤（Dharmaśrībhadra）和藏族大译师仁钦桑波（རིན་ཆེན་བཟང་པོ། 957-1055 年）一起翻译的，因此，该经的翻译年代要晚于《破僧事》。考虑到二者的年代关系，上文所提二者的高度契合性的最合理的解释是《出家经》的翻译参考了《破僧事》，甚至可以说是直接摘录了《破僧事》。

《出家经》虽冠名为经，并且收录在《甘珠尔》中，但是它没有通常意义上的序分和流通分。经文的一开始是对三宝的赞颂，以及造论者的祈愿，因此，历史上也有人怀疑这是某个声闻弟子的笔记。例如，约 16 世纪成书的白嘎桑布（པད་དཀར་བཟང་པོ）的《经

15 对应之处见《根本说一切有部律 · 出家事》，D1，ཀ 函，32b6-36a7。

藏总论》即持这样的看法[16]。

论证《出家经》对《破僧事》的参考和抄录，还有一个反例。藏译中保存有另一部叙述佛陀生平的经典，称之为《方广游戏经》(འཕགས་པ་རྒྱ་ཆེར་རོལ་པ་ཞེས་བྱ་བ་ཐེག་པ་ཆེན་པོའི་མདོ)，即我们前面提到的《神通游戏经》，其与《破僧事》相关内容的对应参见下表：

《方广游戏经》	《破僧事》
五比丘生疑	五比丘生疑
诸天敷座，请佛转法轮	
离苦乐中道，八正道	离苦乐中道，八正道
四谛具体内容	
三转十二行相	三转十二行相
如何获证无上正等正觉	如何获证无上正等正觉
	憍陈如得证
	赞叹憍陈如
	诸天赞叹
	四谛具体内容
人无我	人无我
十二因缘	
憍陈如得证	

从表格可以看出，二者在内容的多寡和顺序上都有一定的差异。《方广游戏经》在叙述佛陀觉悟后，直入主题，向五比丘宣讲离苦乐中道和八正道，然后讲四谛的具体所指，这部分在《破僧事》中则出现在结尾部分。《方广游戏经》也缺乏赞叹憍陈如和诸天赞叹的内容。

除了上述差异，《方广游戏经》的遣词造句也与《破僧事》不一致，说明二者所据的底本并不一样，而且部分地方《方广游戏经》比《破僧事》要增广，比如，《方广游戏经》有大段的诸天敷座，请佛转法轮的描述，又如，世尊在讲到如理思维后的状态时，《破僧事》用了生眼、智、明、觉四个词，而《方广游戏经》则用了生智、眼、明、

16 པད་དཀར་བཟང་པོ། མདོ་སྡེ་སྤྱིའི་རྣམ་བཞག། པེ་ཅིན། མི་རིགས་དཔེ་སྐྲུན་ཁང་། 2006: 475.

多闻、智慧、慧、显七个词，除了共同的眼、智、明三词，《方广游戏经》的多闻、智慧、慧、显似乎都是对“觉”的解释，这从一个侧面说明《方广游戏经》，或者更准确地说，《方广游戏经》现存梵文本的年代可能要比《破僧事》晚一些[17]。

综上，《甘珠尔》保存的《法轮经》的翻译年代和翻译情况虽然不详，但是很有可能是借鉴甚至抄录了《破僧事》，因此，反映了（根本）说一切有部的传统。《出家经》的部派归属虽然不清楚，但就转法轮这部分而言，与《破僧事》高度契合，因此反映的也应是（根本）说一切有部的传统[18]。

2.《转法轮经》

《转法轮经》在笔者目前掌握的《甘珠尔》的目录中编号如下：

德格版	北京版	纳塘版	卓尼版	拉萨版	协噶版	朵宫版	普扎版	藤邦玛版
31	747	347	1014	32	204	289	阙	335

《转法轮经》的内容大致可分为：第一部分佛陀向五比丘宣讲了离苦乐中道，八正道；第二部分佛陀宣讲了四谛的具体内容；第三部分佛陀以三转十二行相的方式宣讲了苦、集、灭、道四谛；第四部分佛陀宣讲如何获证无上正等正觉，第五部分讲述憍陈如得证；第六部分为诸天赞叹世尊所说；第七部分佛陀称呼憍陈如为遍知憍陈如。

相较于《法轮经》，《转法轮经》的内容更为丰富，在行文顺序上，似乎更接近《方广游戏经》，诸本内容比较如下：

《法轮经》	《转法轮经》	《方广游戏经》	《破僧事》
		五比丘生疑	五比丘生疑
		诸天敷座，请佛转法轮	
	离苦乐中道，八正道	离苦乐中道，八正道	离苦乐中道，八正道
	四谛具体内容	四谛具体内容	
三转十二行相	三转十二行相	三转十二行相	三转十二行相

17 一般而言，梵文写本的特征有倾向于增广的趋势，而且对较古的词汇会采用意义相同或相近的词汇进行诠解，造成同类词汇的“堆砌”现象。当然，对文本之间的差异的解释要比这复杂得多，也会有相反的情况。

18 一般认为，《方广游戏经》反映了说一切有部的传统，但至少就此部分而言，似乎有出入。

续表

《法轮经》	《转法轮经》	《方广游戏经》	《破僧事》
如何获证无上正等正觉	如何获证无上正等正觉	如何获证无上正等正觉	如何获证无上正等正觉
憍陈如得证	憍陈如得证		憍陈如得证
赞叹憍陈如			赞叹憍陈如
诸天赞叹	诸天赞叹		诸天赞叹
	赞叹憍陈如		
			四谛具体内容
		人无我	人无我
		十二因缘	
		憍陈如得证	

从表格可以看出，《转法轮经》比《法轮经》多出了讲述离苦乐中道，八正道和四谛具体内容的两部分内容，这两部分在《方广游戏经》和《破僧事》中也能找到。在主体对应的部分，《转法轮经》和《法轮经》顺序稍有不同。

《转法轮经》有译跋，为我们提供了关于该经翻译的诸多信息，兹翻译如下：

> 根据对佛陀教法具有无别之信心，内心完全通达（显密）两种智识，善财权势犹如白分之月亮般增盛之夏鲁巴古尚·札巴坚赞都元帅之敕令，在距（天竺）菩提场金刚座南方约六百由旬之地之僧伽罗人，从婆罗门种姓出家，受具足戒，通达三藏之大班智达阿难陀师利的指导下，多闻译师释迦比丘尼玛坚赞贝桑波在诸操双语者之驻地、大祖拉康、吉祥塔巴林处翻译并确定。愿（此译本）在大地上犹如日月！[19]

从译跋我们得知，《转法轮经》是应夏鲁万户长札巴坚赞（སྐུ་ཞང་གྲགས་པ་རྒྱལ་མཚན）的

19 སངས་རྒྱས་ཀྱི་བསྟན་པ་ལ་མི་ཕྱེད་པའི་དད་པ་དང་ལྡན་ཞིང་། གཙུག་ལག་གཉིས་ལ་ཐུགས་ཞིགས་པར་བྱང་བ་དཔལ་འབྱོར་དབང་ཕྱུག་དམ་པ་དཀར་ཕྱོགས་ཀྱི་ཟླ་བ་ལྟར་འཕེལ་བའི་ཞ་ལུ་བ་སྐུ་ཞང་གྲགས་པ་རྒྱལ་མཚན་དུ་དབེན་ཤའི་བཀའ་ལུང་གིས་བྱང་ཆུབ་ཀྱི་སྙིང་པོ་རྡོ་རྗེའི་གདན་ལས། ལྷོ་ཕྱོགས་སུ་དཔག་ཚད་དྲུག་བརྒྱ་ཙམ་བགྲོད་པའི་གནས། སིང་ལྷ་གླིང་པ་བྲམ་ཟེའི་རིགས་ལས་ཞིགས་པར་རབ་ཏུ་བྱུང་ཞིང་། བསྙེན་པར་རྫོགས་པ་སྡེ་སྣོད་གསུམ་ལ་ཐུགས་ཞིགས་པར་བྱང་བའི་པཎྜི་ཏ་ཆེན་པོ་ཨཱ་ནནྡ་ཤྲཱིའི་ཞལ་སྔ་ནས། མང་དུ་ཐོས་པའི་ལོ་ཙཱ་བ་ཤཱཀྱའི་དགེ་སློང་ཉི་མ་རྒྱལ་མཚན་དཔལ་བཟང་པོས། སྐད་གཉིས་སྨྲ་བ་རྣམས་ཀྱི་གདན་ས། གཙུག་ལག་ཁང་ཆེན་པོ་དཔལ་ཐར་པ་གླིང་དུ་བསྒྱུར་ཅིང་ཞུས་ཏེ་གཏན་ལ་ཕབ་པ། །སའི་སྟེང་དུ་ཉི་མ་དང་ཟླ་བ་ལྟར་གྱུར་ཅིག །

要求翻译，史载札巴坚赞曾从元成宗完泽笃（1294-1307年在位）处获得国师封号，据此，《转法轮经》的翻译不会早于1307年。而前述布顿1322年写成的《佛教史大宝藏论》中已经记载了该经[20]，说明《转法轮经》的翻译当在1307-1322年之间。

对于译跋中提到的翻译者，我们对其生平知之甚少，我们仅仅知道阿难陀师利是斯里兰卡僧人，他的合作者是尼玛坚赞，后者曾经当过布顿的老师。今《甘珠尔》中保留了二者合作翻译的佛经十三部[21]，其中最后一部《大吉祥经》的译跋提供了比《转法轮经》译跋更多的信息，翻译如下：

> 凭借此之福德业，未获觉悟期间吾，大药（童子）之智慧，光明富足之受用，普施（太子）之布施，生生世世我得成！
>
> 《转法轮经》《本生因缘解说》《柳叶宫殿经》《大会经》《慈经》《修慈经》《宣说五戒利益经》《具寿山难陀经》《调伏难陀优波难陀龙王经》《上座大迦叶经》《日经》《月经》《大吉祥经》，此等十三部经是根据距离南赡部洲之中央、圣地、菩提道场金刚座东北百由旬之藏地、雪山之中、后藏年（楚河流）域春堆古尔莫地区圣自生观自在之大寺寺主、对佛陀世尊教法怀有浓厚敬仰，在政治经济诸方面获得正善自在地位的夏鲁巴古尚·札巴坚赞都元帅之敕令……（其后内容与《转法轮经》一致）[22]

与《转法轮经》相比，《大吉祥经》增添了发愿文，十三部经典的标题，以及札巴坚赞的辖境与菩提伽耶的位置关系。布顿的《佛教史大宝藏论》也记载了阿难陀师利和

---

20 བུ་སྟོན་རིན་ཆེན་གྲུབ། བུ་སྟོན་ཆོས་འབྱུང་གསུང་རབ་རིན་པོ་ཆེའི་མཛོད། 1991: 225. 根据西岡祖秀的编号，为378号，见西岡祖秀编:《「プトゥン仏教史」目錄部索引 I》，1981：76。

21 关于这十三部佛经的研究，可以参看 Peter Skilling, "Theravādin Literature in Tibetan Translation." *Journal of the Pali Text Society*, Vol. XIX, 1993: 69-201. 文中不仅讨论了《甘珠尔》中保存的上座部文献，也讨论了《丹珠尔》中保存的上座部文献，以及涉及上座部教义的文献。

22 འདི་ཡི་བསོད་ནམས་ལས་ཀྱིས་ནི། །སངས་རྒྱས་མ་ཐོབ་བར་དུ་བདག །སྨན་ཆེན་པོ་ཡི་ཤེས་རབ་དང་། །འོད་གཙོ་ཕྱུག་པོའི་ལོངས་སྤྱོད་དང་། །ཐམས་ཅད་སྒྲོལ་གྱི་སྦྱིན་པ་དང་། །སྐྱེ་བ་སྐྱེ་བར་བདག་ལ་གྱུར། །
འཕགས་པ་ཆོས་ཀྱི་འཁོར་ལོ་བསྐོར་བའི་མདོ། སྐྱེས་པ་རབས་ཀྱི་གླིང་གཞིའི་བཤད་པ། ལྕང་ལོ་ཅན་གྱི་ཕོ་བྲང་གི་མདོ། འདུས་པ་ཆེན་པོའི་མདོ། བྱམས་པའི་མདོ། བྱམས་པ་བསྒོམ་པའི་མདོ། ཚུལ་ཁྲིམས་ལྔའི་ཕན་ཡོན་བསྟན་པའི་མདོ། ཚེ་དང་ལྡན་པ་རིའི་ཀུན་དགའ་བོའི་མདོ། ཀླུའི་རྒྱལ་པོ་དགའ་བོ་དང་ཉེར་དགའ་འདུལ་བའི་མདོ། གནས་བརྟན་འོད་སྲུང་ཆེན་པོའི་མདོ། །ཉི་མའི་མདོ། ཟླ་བའི་མདོ། བཀྲ་ཤིས་ཆེན་པོའི་མདོ་ཞེས་བྱ་བ་སྟེ། དེ་ལྟར་མདོ་བཅུ་གསུམ་པོ་འདི་རྣམས་ནི་འཛམ་བུའི་གླིང་གི་དབུས། འཕགས་པའི་ཡུལ། བྱང་ཆུབ་ཀྱི་སྙིང་པོ་རྡོ་རྗེའི་གདན་ལས་དཔག་ཚད་བརྒྱ་ཙམ་བྱང་ཤར་དུ་བསྐོར་བའི་བོད་ཡུལ། གངས་རིའི་ཁྲོད། ཙང་ཉང་རོ་ཚོང་འདུས་འགུར་མོའི་ས་ཆ། འཕགས་པ་རང་བྱུང་འཇིག་རྟེན་དབང་ཕྱུག་གི་གཙུག་ལག་ཁང་གི་བདག་པོ། སངས་རྒྱས་བཅོམ་ལྡན་འདས་ཀྱི་བསྟན་པ་ལ་ལྷག་པར་མོས་ཤིང་། དཔལ་འབྱོར་དང་ཆབ་སྲིད་དུ་མ་ལ་དབང་ཕྱུག་དམ་པའི་གོ་འཕང་ཐོབ་པའི་ཞ་ལུ་བ་སྐུ་ཞང་གྲགས་པ་རྒྱལ་མཚན་དུ་དབེན་ཤའི་བཀའ་ལུང་གིས།……

尼玛坚赞合作翻译的佛经，但是他只给出了十二部的题名，少了《月经》[23]。

前人研究发现，这十三部佛经都属于南传上座部的传统，因此，《转法轮经》也属于南传上座部传统，经与巴利语的对应经典比较，可以发现，《转法轮经》基本上能够与前者对应，部分地方的不一致有可能代表了不同的传承，以及翻译过程中口传因素的影响[24]。

三、结论

通过以上的简短考察，我们可以得出如下结论：

1. 作为佛陀成道后初次宣说的经典，《转法轮经》在佛教叙事中有着特殊的地位。《转法轮经》的内容如何成为佛传叙事的有机组成部分，以及它是如何以单篇经典的形式独立出来，值得进一步研究。

2.《转法轮经》各语种文本的丰富性为我们进行文本比对提供了丰富的素材，通过不同文本叙事逻辑，以及叙事重点的考察，我们不仅可以窥见佛教发展史上这一共通的主题是如何在佛教各个部派中得以呈现的，而且还能看出这一主题不断敷演发挥的历史脉络。

3. 藏译《转法轮经》的两部单篇经典中，一部显然是受到了南传佛教的影响，但另一部显然不是译自单篇的印度文本，它为何会从《根本说一切有部·破僧事》单独抽取出来，独立成单经，这种处理是否同样受到了南传佛教的影响，值得进一步考察。

---

23 བུ་སྟོན་རིན་ཆེན་གྲུབ། བུ་སྟོན་ཆོས་འབྱུང་གསུང་རབ་རིན་པོ་ཆེའི་མཛོད། 1991: 225.
1. རིའི་ཀུན་དགའ་བོའི་མདོ། 2. ཀླུའི་རྒྱལ་པོ་དགའ་བོ་དང་ཉེར་དགའ་བཏུལ་བའི་མདོ། 3. འོད་སྲུངས་ཆེན་པོའི་མདོ། 4. ཉི་མའི་མདོ། 5. བཀྲ་ཤིས་ཆེན་པོའི་མདོ། 6. འདུས་པ་ཆེན་པོའི་མདོ། 7. བྱམས་པའི་མདོ། 8. བྱམས་པ་བསྒོམ་པའི་མདོ། 9. བསླབ་པ་ལྔའི་ཕན་ཡོན་གྱི་མདོ། 10. ཆོས་ཀྱི་འཁོར་ལོ་རབ་ཏུ་བསྐོར་བའི་མདོ། 11. སྐྱེས་པ་རབས་ཀྱི་གླིང་གཞི། 12. ཕུང་པོ་ཅན་གྱི་ཕོ་བྲང་གི་མདོ།
དེ་རྣམས་པཎྜི་ཏ་ཨ་ནནྡ་ཤྲཱི་དང་བླ་མ་ཉི་མ་རྒྱལ་མཚན་དཔལ་བཟང་པོས་གསར་དུ་བསྒྱུར་པ་ཡིན། འདི་རྣམས་སྔར་གྱི་དང་བློས་མི་བློས་ཞིག་པ་ཆེ་ཆུང་གང་ཡིན་དཔྱད་པར་བྱའོ།།
Skilling 指出，《月经》缺载是由于《佛教史大宝藏论》在传抄中的抄手失误导致，因为布顿在其他地方明确指出译典有十三部。参见 Peter Skilling, "Theravādin Literature in Tibetan Translation," 1993: 78, note 3.

24 德格版《甘珠尔》中收录的阿难陀师利翻译的经典，只有上述十三部，但是北京版《甘珠尔》中则保存有阿难陀师利翻译的另一部经典，即《圣慈经》(འཕགས་པ་བྱམས་པའི་མདོ)，该经除了在北京版（P 1010）有收录外，还见于拉萨版和纳塘新版。

附录一 《法轮经》藏译汉

印度语：达磨斫羯罗修多罗

藏语：法轮经

顶礼一切智！

如是我闻，一时，佛世尊在波罗奈斯仙人说鹿野苑处。尔时，世尊告五比丘：

“诸比丘！我对往昔未闻之诸法如理思惟：‘此是苦圣谛’，生眼，生智、明、觉、悟[25]。

诸比丘！我对往昔未闻之诸法如理思惟：‘此是苦集[26]，此是苦灭，此是趣苦灭道’，生眼，生智、明、觉、悟。

诸比丘！我对往昔未闻之诸法如理思惟：‘我应以现知彻知彼苦圣谛’，生眼，生智、明、觉、悟。

诸比丘！我对往昔未闻之诸法如理思惟：‘我应以现知断除彼苦集圣谛’，生眼，生智、明、觉、悟。

诸比丘！我对往昔未闻之诸法如理思惟：‘我应以现知现证彼知苦灭圣谛’，生眼，生智、明、觉、悟。

诸比丘！我对往昔未闻之诸法如理思惟：‘我应以现知修习彼趣苦灭道圣谛’，生眼，生智、明、觉、悟。

诸比丘！我对往昔未闻之诸法如理思惟：‘我已以现知彻知彼苦圣谛’，生眼，生智、明、觉、悟。

诸比丘！我对往昔未闻之诸法如理思惟：‘我已以现知断除彼苦集圣谛’，

25 关于“觉”（བློ）和“悟”（རྟོགས་པ）的翻译，遵循藏译：བློ་དང་རྟོགས་པ།。需要注意的是，现存的对应梵文本《破僧事》在此处只有 buddhi 一词，但《破僧事》藏译本依然译为 བློ་དང་རྟོགས་པ། 究其原因，可能是所据底本不同，也可能是译者对 buddhi 的双重翻译。需要注意的是，在《翻译名义大集》中，buddhi 对应的藏译是 བློ།（第 2879 条），而 buddha 也可以翻译为 རྟོགས་པ།（第 2900 条）。

26 德格版在此前加有“此是苦”，据北京版等改。

生眼，生智、明、觉、悟。

诸比丘！我对往昔未闻之诸法如理思惟：‘我已以现知现证彼知苦灭圣谛’，生眼，生智、明、觉、悟。

诸比丘！我对往昔未闻之诸法如理思惟：‘我已以现知修习彼趋苦灭道圣谛’，生眼，生智、明、觉、悟。

诸比丘！当我对此等四圣谛不生如此三转十二行相之眼，不生智、明、觉、悟，在此期间，我不会从此天世间、魔、梵天、沙门、婆罗门之诸众、天人中解脱、出离，不相应、极解脱，不以离颠倒之心而多处之。诸比丘！我不知所谓的‘现前圆满觉悟无上正等正觉’。

诸比丘！我从何对此等四圣谛生起如此三转十二行相之眼，生起智、明、觉、悟，我从此从此天世间、魔、梵天、沙门、婆罗门之诸众、天人中解脱、出离，不相应、极解脱，以离颠倒之心而多处之。诸比丘！我从此知晓所谓的‘现前圆满觉悟无上正等正觉’”。

须宣此法门时，具寿憍陈如和八万诸天对诸法生起无尘离垢之法眼。

于是世尊对具寿憍陈如说：

“憍陈如！你是否完全掌握了法？”

“世尊！完全做到了。”

“憍陈如！你是否完全掌握了？是否完全掌握了？”

“善逝！完全做到了。完全做到了。”

具寿憍陈如完全掌握了法，因此具寿憍陈如被冠之以“遍知憍陈如（阿若憍陈如）”的称号。

地上的诸夜叉发出音声：“具寿憍陈如完全掌握了法。”发出乐音：“朋友们！世尊在波罗奈斯仙人说鹿野苑处，为利益众生，安乐众生，悲悯世间，为诸天人之利益安乐，以三转十二行相转动了沙门、婆罗门、天、魔、梵天谁也未曾在世间与法随顺转动的与法相应之法轮，天众现前增益，非天完全减损。”

地上诸夜叉的音声被听闻后，从游行于空中的夜叉、四大天王、三十三天众、诸离诤天、兜率天、化乐天、他化自在天众刹那片刻须臾间传至梵天世界之间，梵身天众也发出音声：“朋友们！世尊在波罗奈斯仙人说鹿野苑处，为利益众生，安乐众生，悲悯世间，为诸天人之利益安乐，以三转十二行相转动了沙门、婆罗门、天、魔、梵天谁也未曾在世间与法随顺转动的与法相应之法轮，天众现前增益，非天完全减损。”

世尊在波罗奈斯仙人说鹿野苑处，以三转十二行相转动与法相应之法轮，因此，此法门被冠之以“转法轮”的标题。

法轮经结束。

附录二 《转法轮经》藏译汉

印度语：达磨斫羯罗般婆罗怛修多罗

藏语：转法轮经

恭敬顶礼圣三宝！

如是我闻，一时，世尊在波罗奈斯仙人堕处鹿野苑。尔时，世尊呼召五比丘说：

“诸比丘！出家者不应住于两边。凡诸贪着于此，耽于安乐者，即非如理，成为下劣。异生凡夫因与不饶益相应，与凡诸不应赞叹之离身体疲惫之苦之不饶益相应。诸比丘！此等为二边之边，不应入彼。世尊现前圆满觉悟后宣说此开眼、生智、寂静、神通、通达、涅槃之中道。

诸比丘！世尊现前圆满觉悟后宣说之开眼、生智、寂静、神通、通达、涅槃之中道为何？中道为八圣道支。此八者为：正见、正思惟、正语、正业、正命、正精进、正念、正定。诸比丘！此为世尊现前圆满觉悟后宣说之开眼、生智、寂静、神通、通达、涅槃之中道。

复次，诸比丘！有苦圣谛，即生苦、老苦、病苦、死苦、怨憎会苦、爱别离苦、求不得苦，略说为五取蕴苦。

复次，诸比丘！有苦集圣谛，即凡诸具有生起、与喜贪相应、现前欢喜彼彼之渴爱，所谓欲爱、对轮回之渴爱（有爱）、对离却轮回之渴爱（无有爱）。

复次，诸比丘！有苦灭圣谛，即凡诸于如此一切渴爱离却贪欲、灭、弃、别别变化、解脱、于解脱无有怯弱。

复次，诸比丘！有趋苦灭道圣谛。此亦有八圣道支，所谓：正见、正思惟、正语、正业、正命、正精进、正念、正定。

诸比丘！此为苦圣谛，于往昔未闻法上生眼、生智、生慧、生明、生显。复次，诸比丘！应遍知此苦圣谛，于往昔未闻法上生眼、生智、生慧、生明、生显。

此为苦集圣谛，诸比丘！此为于往昔未闻法上生眼、生智、生慧、生明、生显。复次，应断除苦集圣谛。诸比丘！此为于往昔未闻法上生眼、生智、生慧、生明、生显。

此为苦灭圣谛，诸比丘！此为于往昔未闻法上生眼、生智、生慧、生明、生显。复次，应现证苦灭圣谛。诸比丘！此为于往昔未闻法上生眼、生智、生慧、生明、生显。

此为趋苦灭道圣谛，诸比丘！此为于往昔未闻法上生眼、生智、生慧、生明、生显。复次，应修习趋苦灭道圣谛。诸比丘！此为于往昔未闻法上生眼、生智、生慧、生明、生显。

诸比丘！如此阐释之此四种，是为圣谛，如此三转十二行相所成，是为极为清净智见。

诸比丘！我断除后，离诸天界、魔、梵天、沙门、婆罗门、生主、天人，未有其他无上正等觉。

诸比丘！凡诸此为于此四圣谛如此三转十二行相所成之极为清净智见，诸比丘！如此我从诸世间天、魔、梵天、沙门、婆罗门、生主、天人现前圆满觉悟通达无上正等觉。我亦见此智，得往昔无有之解脱，我不受后有而得无余依涅槃。

世尊如是颁宣，五比丘现前欢喜世尊所说。自如此授记之后，具寿憍陈如生离尘无垢之法眼，凡诸稍有集成之法，悉皆为灭法。

世尊转法轮后，诸地天发出赞叹之声：“世尊在波罗奈斯仙人堕处鹿野苑，转动沙门、婆罗门、天、魔、梵天、世上谁也无法转动之此未曾转动之无上法轮。”

尔时，听闻地天之声后，四大天王诸天发出赞叹之声：“世尊在波罗奈斯仙人堕处鹿野苑，转动沙门、婆罗门、天、魔、梵天、世上谁也无法转动之此未曾转动之无上法轮。”

听闻四大天王诸天赞叹音声后，三十三天诸天发出赞叹之声：“世尊在波罗奈斯仙人堕处鹿野苑，转动沙门、婆罗门、天、魔、梵天、世上谁也无法转动之此未曾转动之无上法轮。”

听闻三十三天诸天赞叹音声后，离诤诸天发出赞叹之声：“世尊在波罗奈斯仙人堕处鹿野苑，转动沙门、婆罗门、天、魔、梵天、世上谁也无法转动之此未曾转动之无上法轮。”

听闻离诤诸天赞叹音声后，兜率诸天发出赞叹之声：“世尊在波罗奈斯仙人堕处鹿野苑，转动沙门、婆罗门、天、魔、梵天、世上谁也无法转动之此未曾转动之无上法轮。”

听闻兜率诸天赞叹音声后，化乐诸天发出赞叹之声：“世尊在波罗奈斯仙人堕处鹿野苑，转动沙门、婆罗门、天、魔、梵天、世上谁也无法转动之此未曾转动之无上法轮。”

听闻化乐诸天赞叹音声后，他化自在诸天发出赞叹之声：“世尊在波罗奈斯仙人堕处鹿野苑，转动沙门、婆罗门、天、魔、梵天、世上谁也无法转动之此未曾转动之无上法轮。”

听闻他化自在诸天赞叹音声后，梵身诸天发出赞叹之声：“世尊在波罗奈斯仙人堕处鹿野苑，转动沙门、婆罗门、天、魔、梵天、世上谁也无法转动之此未曾转动之无上法轮。”

尔时，刹那片刻之间，音声遍于梵世之间。十千世界亦于此震动、极为震动、极大震动、惕栗，稀奇、显现、于诸世界如此变现。

于诸世界如此变现，梵天听闻讲法后，诸天返回各自住处。

尔时，世尊亦无问自说：“因为完全掌握了，是憍陈如，由于完全掌握了，是憍陈如。”因此，具寿憍陈如获得了“遍知憍陈如（阿若憍陈如）”的名字。

转法轮经结束。

◆ 萨尔吉　北京大学外国语学院长聘副教授，北京大学东方文学研究中心研究员

窥斑见豹：出土碑志所见开元中期唐蕃之战的几处细节 *

魏迎春　马振颖

内容摘要：本文对新近出土的四方与河西有关的唐代墓志进行综合考察，结合传世史籍、敦煌文书、藏文文献等记载，再现了开元中期唐蕃河陇之战中的几处细节。李礼墓志中所记录的唐蕃玉门之战，史籍阙载；鱼涉墓志记载了唐蕃祁连城之战的惨烈，且志主即战殁于得胜之日，可与正史相印证。对志文所载相关史实进行考索，或将对今后唐蕃关系史、唐代河陇史地等研究起到一定帮助。

唐蕃关系是唐史研究的一个重要方面，自贞观八年（634年）到会昌二年（842年）计209年间，在唐蕃接触交往的过程中，既有战争冲突，也有和平往来，在中古时期的

* 本文为国家社科基金冷门绝学专项学术团队项目“敦煌河西碑铭与河西史研究”（21VJXT002）阶段性研究成果之一。

舞台上演绎着一段段令人难忘的故事。关于唐蕃关系史的研究，前人已有诸多成果[1]，其中以林冠群的研究最为系统全面[2]。近年来，随着对传世典籍、藏文文献、出土碑志的深入解读，一些研究唐蕃关系的新论著值得关注[3]。唐开元年间，唐蕃之间战和不定，发生过几次比较大的战役如瓜州之战、祁连城之战等，传世文献中对于开元中期唐蕃之战的记载有限，对战争的经过等描述也不十分详细，而新近在武威、酒泉、西安等地出土的四方唐代墓志，志文所载的志主生平事迹为我们提供了有关开元中期唐蕃关系的一些历史信息，特别是记录了开元十五、十六年（727、728年）间唐蕃河陇之战的几处细节，可补正史之阙。今结合传世史籍及敦煌文献等，对这几处细节进行简要解读。

楔子

吐蕃统一之前青藏高原上有象雄、苏毗及女国、党项、吐谷浑、附国、白兰等政权或部落，在南日伦赞时期，吐蕃以雅砻部落为核心，联合青藏高原上诸部落，初步统一青藏高原。到松赞干布时期，武力镇压各部落的叛乱，稳定社会局面，东征西战，统一高原诸部，在大论噶尔·东赞域松的辅佐下，建立起中央集权的王朝体制，制订政治、经济、军事、法律、宗教等方面的各项制度，此时期，藏文创制并推行。贞观八年（634年），吐蕃遣使入唐。不久，唐遣使入蕃。唐蕃间的交往正式拉开序幕。贞观十二年（638年），松州之战是唐蕃之间第一次军事冲突。贞观十五年（641年），唐蕃缔结姻亲，文成公主入藏，双方步入蜜月期。咸亨元年（670年）的大非川之战，为唐蕃关系蒙上一层阴影。高宗、武周时期，唐蕃间战事频仍。神龙二年（706年），唐蕃会盟，双方使用"阿舅"与"外甥"互称，史称神龙会盟，这是双方第一次和盟。中宗景龙四年（710年），金城公主入藏，河西九曲地作为汤沐邑划归吐蕃。到唐玄宗即位以后，

1　王小甫：《唐、吐蕃、大食政治关系史》，北京大学出版社，1992。任育才：《吐蕃与唐朝关系之研究》，台北：自立出版社，1971。林冠群：《唐代吐蕃史研究》，台北：联经出版事业公司，2011。林冠群：《李唐、回纥、吐蕃三边关系之探讨——以肃代德宗时期为中心》，台北：花木兰文化出版社，2012。李大龙：《唐代边疆史》，北京：中国社会科学出版社，2013。[日]山口瑞凤：《吐蕃王国成立史研究》，东京：岩波书店，1983。李天石：《论唐宪宗元和年间唐朝与吐蕃的关系》，《西藏研究》2001（2）：41-47。马勇：《论唐宪宗、穆宗时期的唐蕃关系》，《云南民族大学学报》2009（3）：105-109。

2　林冠群：《玉帛干戈：唐蕃关系史研究》，台北：联经出版事业有限公司，2016。

3　郑炳林、张旭：《冯德遐使蕃考》，《中国藏学》2015（3）：302-306；吴炯炯：《和蕃使崔汉衡考——以新出土〈崔汉衡墓志〉为中心》，《中国藏学》2018（2）：113-125；李宗俊：《道格尔古碑即唐蕃赤岭划界碑考辨》，《民族研究》2013（1）：67-73；刘晓恒：《唐蕃瓜州之战及后续战争始末》，《甘肃广播电视大学学报》2020（3）：5-10。

此时吐蕃王室实际掌权者太后墀玛类去世，年幼的新赞普墀德祖赞即位，众相辅政，而众相之中除坌达延外皆出身好战的吐蕃贵族，因此，吐蕃于玄宗先天元年（712 年）之后的对外政策，势必改弦更张[4]。开元时期唐蕃间的较量在西域、河西、陇右等地不断上演，唐蕃关系总体上呈现出一和一战相间的局面。林冠群根据《资治通鉴》及《册府元龟》的相关资料绘制了《唐玄宗开元时期唐蕃和战一览表》，分析开元十年（722 年）至开元十七年（729 年）为战争期[5]。本文所讨论的这四方墓志的主人公，也在这一时期纷纷登上历史的舞台，在唐蕃和战过程中，留下了自己的痕迹，向我们诉说着那段历史。他们分别是崔怀珍、李礼、鱼涉、康太和。

一、用兵河西：崔怀珍奋战亟摧首

开元二年（714 年），吐蕃请和要求用敌国礼，惹怒玄宗，遭李唐拒绝，从此连岁犯边。见于汉藏文史籍记载的有松州之战、索格松城之战等[6]。开元十年，吐蕃欲往西域发展，围攻小勃律，又在西域与唐军大战。有研究者认为开元十五年的唐蕃瓜州之战，向前可追溯到开元十年吐蕃攻打小勃律[7]。时隔数年，开元十四年冬起，吐蕃在河陇地区再起战事，引发了持续四年之久的唐蕃河陇之战。武威市博物馆所藏的崔怀珍墓志，志文中记载了开元十六、十七年唐蕃河西之战的相关情况。

崔怀珍墓志，唐天宝六载（747 年）八月二十九日葬，近年出土于武威城南，现藏武威市博物馆。志盖为盝顶方形，高 56.5 厘米，宽 56 厘米，厚 5.5 厘米。盖文篆书“大唐故 / 崔府君 / 墓志铭”，共 3 行，行 3 字。四刹刻团花图案。志石高 57.5 厘米，宽 57 厘米，厚 6 厘米。志文共 23 行，满行 24 字，正书。为便于行文，现据原石，将志文抄录并标点如下：

唐故天水郡成纪府别将上柱国崔公墓志铭并序

颍川陈令庄撰 /

公讳怀珍，其先博陵人也。汉长岑令骃廿代孙，盖贤德之后，达 / 人间出。崔氏至公乃见之矣，今为京兆奉天人也。曾祖及，/ 皇初安西都护。祖衍，鲁

4 林冠群：《玉帛干戈：唐蕃关系史研究》，2016：283。
5 林冠群：《玉帛干戈：唐蕃关系史研究》，2016：276-278。
6 林冠群：《玉帛干戈：唐蕃关系史研究》，2016：632。
7 刘晓恒：《唐蕃瓜州之战及后续战争始末》，《甘肃广播电视大学学报》2020（3）：5-10。

图一　崔怀珍墓志（采自魏迎春、马振颖编著：《凉州金石录》，甘肃文化出版社，2022：80）

郡太守。父行德，安西都护府仓曹参军/事。公祖考垂训，闺门有德，始以忠贞许国，负羽从军。河西节度/使、兵部尚书萧嵩擢自行间，立之麾下。时金方骤警，玉关多难，/公奋击戎阵，亟摧首级。开元十七载，以功授上柱国。廿六载，又/除南充郡岳门镇副兼留赤水军统押。天宝三载，转天水郡成/纪府别将，依前统押驱使。公以岁逾知命，脱略时荣，却扫闲居，/高尚不仕。少游款段，高谢公卿，伯厚鸡栖，自娱乡里。临风对月，/实谓羲皇上人；听鸟观鱼，即是嚣尘外物。而温凉失侯，服饵乖/和，罕遇西山之药，遽从东逝之水，以天宝六载七月九日终于/神鸟县武安城孝悌里之私第，春秋五十有五。呜呼哀哉！公器/宇魁吾，风仪颖拔，承家以孝，奉上资忠，进登禄仕，退守园迳，卒/以无子，时人叹嗟。夫人秦氏，前安西都护府户曹参军仁范之/长女也。训仪成德，桃李媲华，令淑素高，温柔克备。爰罄重产，聿/崇丧事。

命女婿浔阳郡庞承袒卜宅兆，为棺椁，荐于时物，哀/以送之。即以其岁丁亥八月廿九日壬申，葬于武威郡东南二/里姑臧县志公乡原，祔先茔，礼也。陵谷难常，曦舒易远。故旌芬/烈，用志泉扃。命仆弹毫，略刊铭曰：/

伏龙疏野兮大鸟仪城，达士云亡兮高原瘗精。逶迟輀驾兮穷/窕铭旌，萧素幽泉兮何时重明。/

阴阳人天水赵简。/

据志文可知，志主崔怀珍，郡望为博陵，后贯京兆奉天（今陕西乾县），汉崔驷之后。曾祖崔及，唐初任安西都护；祖父崔衍，鲁郡（兖州）太守；父崔行德，安西都护府仓曹参军事。他的父祖等三人，正史均未载，特别是其曾祖、祖父，都官至刺史，可补唐代刺史相关条目。

崔怀珍卒于天宝六载（747年），享年五十五岁，可知其当生于武周长寿二年（693年）。其曾祖、父亲、岳父等都曾在安西都护府做官，特别是其父任都护府的仓曹参军事、其岳父秦仁范任都护府户曹参军，而安西都护府是唐朝的最西部领土，也是与吐蕃、西域直接接壤的边地，因此崔怀珍早年入伍从军，他知识体系中部分关于吐蕃及西域的认知极有可能是源自家族的背景，当然这或许与日后能被萧嵩赏识也不无关系。

志文载崔怀珍“始以忠贞许国，负羽从军”，其参军时间志文未载，但据其生卒年推算，或在开元初年。在被萧嵩提拔入麾下之前，他应当只是个普通士卒，“擢自行间”即是对这一情况的反映。“（开元十五年春正月）辛丑，凉州都督王君㚟破吐蕃于青海之西，虏辎车、马羊而还。”[8] 同年“九月丙子，吐蕃寇瓜州，执刺史田元献及王君㚟父寿。”[9] 紧接着“（闰九月）回纥部落杀王君㚟于甘州之巩笔驿。”[10] 王君㚟的死，震骇河西，唐玄宗也大为吃惊，唐廷开始意识到问题的严重性，玄宗在朝廷内选能堪当重任抵御吐蕃者，加强防备，用兵河西。萧嵩正是在王君㚟被杀后数日内就任河西节度使的，可见军情之紧急。据《旧唐书·玄宗纪》载：“（闰九月）制检校兵部尚书萧嵩兼判凉州事，总兵以御吐蕃。”[11]《旧唐书·萧嵩传》载：“玄宗以君㚟勇将无谋，果及于难，择堪边任者，乃以嵩为兵部尚书、河西节度使、判凉州事。”[12]《资治通鉴》载：“（闰九月）辛巳，

8 《旧唐书》卷8《玄宗纪上》，北京：中华书局，1975：190。
9 《旧唐书》卷8《玄宗纪上》，1975：191。
10 《旧唐书》卷8《玄宗纪上》，1975：191。
11 《旧唐书》卷8《玄宗纪上》，1975：191。
12 《旧唐书》卷99《萧嵩传》，1975：3094。

以朔方节度使萧嵩为河西节度等副大使。”[13]

萧嵩上任以后，积极整顿兵备，选用贤能、军将，修复城池，安定河陇。针对当时复杂的地区形势，他采取的主要措施有：

> 嵩乃请以裴宽、郭虚己、牛仙客在其幕下，又请以建康军使、左金吾将张守珪为瓜州刺史，修筑州城，招辑百姓，令其复业。[14]
>
> 嵩引刑部员外郎裴宽为判官，与君㚟判官牛仙客俱掌军政，人心浸安。……仙客本鹑觚小吏，以才干军功累迁至河西节度判官，为君㚟腹心。嵩又奏以建康军使河北张守珪为瓜州刺史，帅余众筑故城。[15]

通过正史中的记载不难看出，萧嵩上任以后首先任用并举荐贤能，中央熟悉西北局势的官员及王君㚟手下的亲信等都得到重用，原瓜州刺史被执、瓜州城被毁，他举荐军将张守珪任瓜州刺史并率众筑城，加强军事堡寨的建设。

唐廷方面在意识到河陇地区形势的严峻性以后，立即加强了对该地区的军事部署，不仅将瓜州仍旧升为都督府，而且在当年即下诏令河西、陇右等道，集合兵力防秋，以应对吐蕃为患。

《资治通鉴》载开元十五年事：

> 守珪乃修复城市，收合流散，皆复旧业。朝廷嘉其功，以瓜州为都督府，以守珪为都督。[16]

13《资治通鉴》卷213《唐纪二十九》，北京：中华书局，1956：6899。

14《旧唐书》卷99《萧嵩传》，1975：3094。

15《资治通鉴》，1956：6899-6900。

16《资治通鉴》，1956：6900。关于开元中期瓜州都督府，《旧唐书·地理志》载：“瓜州下都督府。隋敦煌郡之常乐县。武德五年，置瓜州，仍立总管府，管西沙、肃三州。八年，罢都督。贞观中，复为都督府。天宝元年，为晋昌郡。”《旧唐书·张守珪传》载：“（开元十五年）仍移瓜州为都督府，以守珪为都督。”艾冲《唐代都督府研究》认为约永徽元年，废瓜州都督府，另立沙州都督府。开元十五年，降沙州都督府为沙州，置瓜州都督府，领瓜、沙二州。郭声邦的《中国行政区划通史·唐代卷》考证瓜州都督府的沿革：永徽二年，割凉州都督府沙、瓜二州置沙州都督府；显庆三年，罢都督府。上元二年，复置瓜州都督府，仍领瓜、沙二州。武周长安元年（701年）移都督府于瓜州，改为瓜州都督府。天宝元年，改为晋昌郡都督府。即从武周长安二年至天宝元年，一直存在瓜州都督府。刘安志《关于唐代沙州升为都督府的时间问题》、《唐代沙州升为都督府时间考定——以〈唐会要〉版本考察为中心》二文考定出沙州升为都督府的时间为永泰二年（766年），应属确凿。

《张守珪墓志》载：

（开元）十五年，拜瓜州刺史。……贼退，加宣威将军、左领卫率、兼瓜州都督。[17]

上述史料说明，上任后不久的张守珪，采取了切实有效的措施来巩固瓜州城的防御，除了修缮城池以外，将流散民众聚集，恢复生产，还巧用“空城计”，智退吐蕃兵。正是因为他的出色表现，朝廷为了表彰他的功勋，不仅恢复瓜州都督府的设置，并把他由瓜州刺史（下州刺史，正四品下）升为瓜州都督（下都督府都督，从三品）。针对被蕃兵损坏的渠堰，张守珪运来木头修葺，瓜州人感其恩德，为其刻石纪功。

同年年底，朝廷下令河陇各道兵马防秋。据《资治通鉴》载：

十二月，戊寅，制以吐蕃为边患，令陇右道及诸军团兵五万六千人，河西道及诸军团兵四万人，又征关中兵万人集临洮，朔方兵万余人集会州防秋，至冬初，无寇而罢；伺虏入寇，互为兵腹背击之。[18]

崔怀珍正是在这样的大背景下，被萧嵩从行伍中选入麾下。开元十五年萧嵩任河西节度使以后，迅速熟悉河陇地区的形势，用反间计使屡次入侵河陇的吐蕃大将悉诺逻遭赞普诛杀，除去了唐朝军队的一个有力对手，短时间内，吐蕃没有再次在河西发动战事，唐军也由被动局面转为战略防御阶段。《资治通鉴》载：“悉诺逻威名甚盛，萧嵩纵反间于吐蕃，云与中国通谋，赞普召而诛之；吐蕃由是少衰。”[19] 但好景不长，吐蕃再次发动对唐朝的攻势。志文载“时金方骤警，玉关多难”，金方，唐时有金方道，其地在突骑施附近，此处疑代指西域；玉关，又称玉塞，玉门关的简称。表明开元十五、十六年，唐朝在西域、河西的情况比较复杂，屡有吐蕃等侵扰。据《资治通鉴》载：“（开元十五年）闰（九）月庚子，吐蕃赞普与突骑施苏禄围安西城，安西副大都护赵颐贞击破之。”[20] 当是对金方骤警的真实反映。面对吐蕃的来袭，唐军不仅击退来犯之敌，而且还主动出击，在曲子城大败吐蕃。“十六年，春，正月，壬寅，安西副大都护赵颐贞破吐

---

17 吴钢主编：《全唐文补遗》（第 6 辑），西安：三秦出版社，1999：62-63。

18《资治通鉴》，1956：6900。

19《资治通鉴》，1956：6900。

20《资治通鉴》，1956：6899。

蕃于曲子城。”[21] 在西域的失败并未使吐蕃放弃对唐的进攻，自开元十六年的夏天开始，吐蕃在东线即河西一带又展开对唐朝的新一轮进攻。

《资治通鉴》载：

> （开元十六年）秋，七月，吐蕃大将悉末朗寇瓜州，都督张守珪击走之。乙巳，河西节度使萧嵩、陇右节度使张忠亮大破吐蕃于渴波谷；忠亮追之，拔其大莫门城，擒获甚众，焚其骆驼城而还。[22]
>
> （开元十六年，八月）辛卯，左金吾将军杜宾客破吐蕃于祁连城下。时吐蕃复入寇，萧嵩遣宾客将强弩四千击之。战自辰至暮，吐蕃大溃，获其大将一人；虏散走投山，哭声四合。[23]

志文载“公奋击戎阵，亟摧首级。开元十七载，以功授上柱国”，据此分析，崔怀珍参与的当是开元十六年的唐蕃战事。见于史籍记载的此年萧嵩参与的战事有渴波谷之战、大莫门城之战及祁连城之战，至于崔怀珍是否都参与了这三场战争或者参与了哪几场战事，由于志文没有详细记载，我们目前不得而知，但是我们推测崔怀珍所参与的可能性最大的就是渴波谷之战。奋击戎阵，亟摧首级，正是因为在开元十六年唐蕃河西战事中崔怀珍的英勇作战，到开元十七年，论功封赏，授崔怀珍勋官为上柱国。而在开元十六年的年底，萧嵩也升为兵部尚书、同平章事。志文又载“廿六载，又除南充郡岳门镇副兼留赤水军统押。天宝三载，转天水郡成纪府别将，依前统押驱使。”可见自开元十七年（729 年）以后直至天宝三载（744 年），崔怀珍一直在河西任职，并任赤水军统押达七年之久，直至辞官归里，结束了他长达三十余年的河西军旅生涯。天宝六年，卒于故里武威郡神乌县武安城，同年葬于姑臧县志公乡原。

21《资治通鉴》，1956：6900。其实早在开元初年，唐蕃就曾在安西、北庭附近发生过战事。如开元三年，郭虔瓘于北庭破吐蕃。开元五年，突骑施引大食、吐蕃围安西都护府的钵换、大石城。唐廷派三姓葛逻禄兵阿史那击之。开元十年，吐蕃围小勃律，李唐驰援，大破吐蕃。这几次战争虽然吐蕃并未得到什么好处，却加剧了唐朝在这一地区的紧张形势。

22《资治通鉴》，1956：6901。

23《资治通鉴》，1956：6901。

二、蕃寇玉门：李伯恭英勇退蕃戎

同样是在开元十六年（728年），吐蕃还在玉门发动了一场对唐的战事，但是我们在正史中却找不到相关资料的记载，而近年酒泉出土的《唐李礼墓志》，记载了这场可补史阙的唐蕃玉门之战。对于《李礼墓志》，范晓东[24]、刘志华[25]已经做过相关研究，并得出一定的认识。特别是刘志华的《新见〈李礼墓志〉所载的唐蕃肃州之战》一文，通过分析志文，探讨了这场汉藏文史籍均未记载的唐蕃玉门之战的开始时间、攻守战法、相持时间、战斗结果等，特别是运用正史资料、金石文献、敦煌吐鲁番文书等对成州夏集府进行了详细研究。不过通过对志文的解读，我们发现有些问题还有继续研究的空间。

李礼墓志，唐天宝四载（745年）二月十四日葬。2015年10月出土于甘肃省酒泉市肃州区，现存肃州区博物馆。志石长52.4厘米、宽47厘米、厚13.3厘米，无志盖。志文共20行，满行约28字，正书。为便于行文，现据原石，将志文逐录并标点如下：

大唐故昭武校尉行左威卫同谷郡夏集府别将上柱国李府君墓志铭 /

君讳礼，字伯恭，其先陇西人也。昔指树立姓，盖玄元皇[帝]之裔焉。/今□入天宗，则当朝之王族。高祖雅，随任扬州长史。往 / 因随纲紊纪，委职渡江；避难河右，遂为肃州玉门人也。雅生我曾 / 王父讳贵，居贞履信，党术雅仁，少有乡曲之誉，邑人举为本县录事。/ 生我烈考讳满，仕至陪戎副尉。府君则副尉公元子焉。君龆龀自 / 强，弱冠谦牧；性唯恭俭，发言有规；明而内昭，淳以外朴。揖人趋进翼如，/ 州间里闬恭如。去开元十六载六月十三日，吐蕃袭我邑居，决河灌墉，畚 / 筑渟海，加以晓夕坚阵，劳师累旬。君奋不顾身，临敌有勇。蕃戎 / 于焉败绩，王师是以全军。绣服书功，制书爰下，因授左[威]卫 / 同谷郡夏集府别将，勋酬上柱国。《书》曰："德懋懋工，功懋懋赏"，则府君 / 其人。君以天宝四载春壬正月寝疾，其月廿八日弥留不禄，春秋六十有 / 六。夫人广平宋氏，皇任敦煌西关镇将府君怀忠女也。女仪 / 克著，和声远闻，君子好仇。琴瑟道合，六姻是放，四德有彰；誓彼柏舟，两髦 / 我

24 范晓东：《大唐故昭武校尉行左卫同谷郡夏集府别将上柱国李府君墓志铭浅析》，《丝绸之路：肃州文化遗产保护与文化旅游产业发展学术研讨会论文集》，兰州：甘肃文化出版社，2017：209-210；范晓东：《新出〈唐李礼墓志〉释略》，《档案》2017（1）：50-53。

25 刘志华：《新见〈李礼墓志〉所载的唐蕃肃州之战》，《档案》2017（3）：53-57。

图二　李礼墓志（采自范晓东文，《档案》2017（1）：50）

持。自丧君逾月，奄而次终，凡寿六十二也。鸣呼，哲人云逝，令妇斯亡；/哀哀孝子，空怀创巨。用天宝四载岁次丁亥二月丁未朔十四日庚申，合葬/于郡城西南义宁乡金河原地也。曲阜重岗，倚其形胜。内姻外戚，执/绋临埏。嗣子希嵪，哀毁有时，号扣罔极。恐陵谷之迁徙，琢坚石以纪功；贻后/代之孙，谋知今祖之不朽。仆期乎不佞，敬书其事也。铭曰：

群城隅兮重岗/□，地形胜兮人埋玉。贤夫令妇同此归，千秋万古兮奄泉扉。

据志文可知，志主李礼，先世为陇西人。号称为老子之后。高祖李伯雅，隋时官扬州长史，隋末天下大乱，居家避难迁往河西，遂为肃州玉门人。祖父李贵，乡里举为玉门县录事。父李满，任陪戎副尉。李礼卒于天宝四载（745 年），享年六十六岁，可知其当生于永隆元年（680 年）。李礼的祖父在玉门县为官，父亲为陪戎校尉，岳父为敦煌西关镇将宋怀忠。据酒泉市博物馆新入藏的《唐宋文墓志》记载："青子怀忠，金山府队副。英雄叠彩，武略重辉，龙剑含星，乌弓抱月。"[26] 宋怀忠即宋文之子，李礼夫人宋氏的父亲，永淳三年时为金山府队副，到武周时期已升任敦煌西关镇将。综上，不难推测，李礼自青年时就比较熟悉包括肃州、沙州在内的河西历史人文、地理形势等。志文虽然对开元十六年之前李礼的任官未作记载，但很显然李礼属于行伍出身，有可能是受其父亲或祖父的影响，前期在军队中担任普通兵士。

志文所记载李礼生平中最重要的事迹便是在开元十六年六月，吐蕃进寇肃州玉门时，李礼作战勇猛，后来论功行赏，得获朝廷殊荣。李礼参加的这次玉门之战，在传世的汉藏文史籍中，我们都没有找到相关的记载，但是正史却记载了开元十六年以前关于肃州玉门县的两场战事。一场发生在开元六年以前，牵扯到玉门军的重置问题。据唐长孺《唐书兵志笺证》研究：

> 玉门军，《通典》云："酒泉郡西二百余里，武德中杨恭义置。"按《元和志》作杨恭仁，《旧唐书》卷六二《杨恭仁传》：恭仁武德间曾为凉州都督，则《通典》作"恭义"，亦是伪字。《会要》云："玉门军本废玉门县，开元六年置军"，所纪不同。《元和志》于须河西节度所统军下虽系于武德，然于肃州玉门军下则云："玉门军，开元中为吐蕃所陷，因于县城置玉门军，天宝十四年哥舒翰奏废郡，重置县。"乃知恭仁所置，殆中间曾废为县，而开元六年乃重置也。[27]

通过唐长孺的研究，我们不难发现，在开元初期吐蕃曾一度攻陷玉门县，并极有可能对原有的城池进行破坏，因此在收复玉门县以后，唐廷于开元六年在县城重置玉门军，提高其军事地位及防御能力。这是开元年间唐蕃第一次肃州玉门之战。

第二次吐蕃进攻玉门的战事发生在开元十五年九月，王君㚟被杀之前，此时玉门县

26 王锋朝、马振颖、赵世金：《酒泉市博物馆新入藏两方唐代墓志浅释》，《敦煌学辑刊》2019（3）：183-187。

27 唐长孺：《唐书兵志笺正（外二种）》，北京：中华书局，2011：63-64。

已成为玉门军。据《资治通鉴》载：

（开元十五年）九月，丙子，吐蕃悉诺逻恭禄及烛龙莽布支攻陷瓜州，执刺史田元献及河西节度使王君㚟之父，进攻玉门军；……莽布支别攻常乐县，县令贾师顺帅众拒守。及瓜州陷，悉诺逻悉兵会攻之。旬余日，吐蕃力尽，不能克，使人说降之；不从。[28]

《旧唐书·吐蕃传》载：

其年（开元十五年）九月，吐蕃大将悉诺逻恭禄及烛龙莽布支攻陷瓜州城，执刺史田元献及王君㚟之父寿，尽取城中军资及仓粮，仍毁其城而去，又进攻玉门军及常乐县，县令贾师顺婴城固守，凡八十日，贼遂引退。[29]

这次战事又被称为瓜州之战，是唐蕃战争史上比较重要的一场战事。在这场战事中，吐蕃不仅攻陷瓜州，擒获了瓜州最高长官等，极大程度毁坏瓜州城池，而且掠夺了大量的财物等。据敦煌藏文文献 P.t.1287 第九节“墀德祖赞传记”载：

那时唐廷疆域十分辽阔，北方的突厥诸部也归属唐朝，大食以下均属唐之疆土。唐廷从“兑巧（上方）”取来的众多宝物，原先储存在瓜州城，吐蕃攻占后将其全部接收，上层仕人因之得到许多财宝，属民黔首也普遍获得上好唐绢。[30]

在攻打常乐县过程中，吐蕃却久攻不下，悉诺逻派人前去常乐县索要财物，以作为退兵的条件，县令贾师顺“脱士卒衣”以示悉诺逻，吐蕃知城内无财，乃退兵。而吐蕃对玉门军的进攻，敦煌文献 P.2555《为肃州刺史刘臣壁答南蕃书》载：

去开元十有五载，悉诺罗不恭，王违天背盟，暴振干戈，横行大漠。陷瓜

28《资治通鉴》，1956：6897-6898。
29《旧唐书》卷 196 上《吐蕃传上》，1975：5229。
30 黄布凡、马德编著：《敦煌藏文吐蕃史文献译注》，兰州：甘肃教育出版社，2000：285。

州黎庶，聚土积薪；灌玉门军城，决山喷浪。自以为军戎大壮，攘扰边陲，为害滋深，已六七年矣。[31]

可见，吐蕃在开元十五年时曾采取水攻的方式攻打玉门军，但是似乎并未攻下，至少没有占到太大好处。因为史料有限，我们无法作过多讨论。关于这篇文书的研究，学界已有不少研究成果[32]，兹不赘述。

李礼为肃州玉门人，李礼墓志所记载的开元十六年六月间，吐蕃所发动的"袭我邑居"的战事，实际上是第三次玉门之战，而非肃州之战。关于这场战事的相关情况，志文为我们提供了一些可补史阙的重要历史信息，据志文载：

去开元十六载六月十三日，吐蕃袭我邑居，决河灌墉，畚筑渟海，加以晓夕坚阵，劳师累旬。君奋不顾身，临敌有勇，蕃戎于焉败绩，王师是以全军绣服书功。

由志文可知，吐蕃的此次入寇发生于开元十六年六月十三日，采用的攻城方式与第二次玉门之战相同，也是水攻。实际上以水攻城的作战方式在河西古代战争中确有存在，如敦煌文献 P.2005《沙州都督府图经》中就引用了《十六国春秋》中的一场战例：

至五年春，（且渠）蒙逊率众两万攻敦煌，遣（李）恂书，论以兴亡之运。恂不答。二月，三面起堤，以水灌城，恂使壮士千人，连板为桥，潜欲决堤，悉为蒙逊所擒，将佐等劝恂曰："今水弥盛，东军来者相继，虽有熊武之士，决战无所，宜遣使降，因以击之。"恂遣使请降，逊不许。[33]

由于玉门军地理位置的特殊性，它位于瓜州与肃州之间，攻下玉门军以后，可以此

---

31 唐耕耦、陆宏基编：《敦煌社会经济文献真迹释录》第 4 辑，北京：全国图书馆文献缩微复制中心，1990：354。

32 [法] 戴密微著，耿昇译：《吐蕃僧诤记》，兰州：甘肃人民出版社，1984。邓小南：《为肃州刺史刘臣壁答南蕃书》，北京大学中国中古史研究中心编《敦煌吐鲁番文献研究论集》，北京：中华书局，1982：596-614。李宗俊：《敦煌文书〈为肃州刺史刘臣壁答南蕃书〉所见吐蕃进攻河西的两次唐蕃战争》，《敦煌学辑刊》2007（3）：77-85。钟书林：《敦煌写本〈为肃州刺史刘臣壁答南蕃书〉疏证——兼论唐代中期的唐、蕃关系及书信创作时间》，《中国典籍与文化》2017（4）：9-21。

33 郑炳林：《敦煌地理文书汇辑校注》，兰州：甘肃教育出版社，1989：8-9。

为据点，进而向东面的肃州或西面的瓜州发动进攻；且青海以西有道路直通玉门，便于行军作战；再加之开元十五年攻打玉门军未能攻下，出于某种报复心理。因此时隔不到一年，吐蕃再次发动对玉门军的战事，“决河灌墉”。此时正值六月，气温已经开始回升，吐蕃军队仍是用老套路，掘断河堤，集合众水冲击城墙，以迫使城中的唐军投降。但是俗话说兵来将挡、水来土掩，玉门的两千守城官兵面对来势汹汹的吐蕃军队，并未退缩，他们动用守城军士运土加固城池，使其不被水损坏。同时面对吐蕃的叫阵，拒不出城，实际上就是要消耗蕃军的后勤补给，特别是消磨蕃军的士气。蕃军围玉门数十日而不下，正当吐蕃军队士气低落之时，玉门城中包括李礼在内的士兵突然杀出，经过他们的勇猛奋战，终于大破蕃军，保住了城池，从而避免了城中的百姓生灵涂炭。第三次玉门之战以吐蕃的失败而告终。此战唐军大胜，伤亡极微，守城长官向朝廷请功，朝廷予以嘉奖。

李礼一生中经历过三次吐蕃进攻玉门的战事，特别是在第三次唐蕃玉门之战中，49岁的李礼临危不惧，为保护城池、保卫家乡父老，奋勇杀敌，大破蕃军，最后因功升为左威卫同谷郡夏集府别将，赐勋上柱国，走向人生的新高度。天宝四年正月卒，同年二月葬于酒泉郡城西南义宁乡金河原。

三、兵不厌诈：鱼果毅命殒祁连城

就在吐蕃第三次玉门之战失败后不久，开元十六年八月，唐蕃在祁连城又展开了一场较量。在这场战斗中，来自左威卫京兆府义阳府右果毅都尉鱼涉血洒疆场，他的墓志中记载了这场大战的某些细节，可证史，可补史。

鱼涉墓志，唐开元十八年（730年）十月四日葬。河南洛阳出土，具体出土时间不详，后流散。志盖佚，志石为正方形，边长51厘米。志文共25行，满行25字，正书。偶杂行书，有纵横界格。志主战殁于开元十六年唐蕃祁连城之战，两《唐书》未载。《洛阳流散唐代墓志汇编》[34]及《西南大学新藏石刻拓本汇释》[35]均有著录。为行文方便，现根据拓片图版，将志文迻录并标点如下：

34 毛阳光、余扶危主编：《洛阳流散唐代墓志汇编》，北京：国家图书馆出版社，2013：238-239。

35 毛远明、李海峰编著：《西南大学新藏石刻拓本汇释》，北京：中华书局，2019，编号134。但该书称此墓志“出土于陕西省西安市郊区”，我们根据志文中“葬于龙门原之茔”推断，墓志当出土于河南洛阳。

图三 鱼涉墓志（采自《洛阳流散唐代墓志汇编》，2013：238）

大唐故赠游击将军右武卫翊府左郎将冯翊鱼公墓志铭并序/

公讳涉，字德源，冯翊栎阳人也。其先出自有殷，仁称微子，让属子/鱼。派别诸侯之宗，姓崇王父之字。宋左师鱼石以上，前史乃具。即/其后，可略而言也。曾祖殖，随丹方二州诸军事、二州刺史、下邳郡/开国公，二千石之良也。祖叔瓒，皇朝请大夫、卫尉将作等丞，/阆州西水县令、贵平公，家邦必达也。父承曦，自邢州司法参军，擢/比部员外郎、朝请大夫、度支郎中、洛阳河南二县令、大理司农二/少卿、襄邑县开国男。秀才登科，初闻折狱。含香历位，旋应列星。岂/徒洛阳强项，河南再简于天心；实谓详列，司农更兴其/帝念。公则司农府君第四子，长躯伟貌，河目海口。孝悌禀于天然，/诗礼闻乎庭训。始以外氏，皇家懿戚。承恩授执戟，历司/戈、中候、司阶，凡四任。玉阶侍卫，金杖驱驰，逾二十载矣。/制授义阳府右果毅都尉。属尘惊瀚海，烽入甘泉。凿门出师，授钺/以讨。嗟乎！分李陵之步卒，隶周处于偏裨。一以当千，攸闻力战。以/少击众，难以图存。初，两军交锋，一鼓作气。戈酣日落，见流血之成/川；兵尽矢穷，张空拳而冒刃。虏惮其勇，众骑引还。贼潜为谋，会兵/复战。戊辰岁，八月辛卯，于祁连阵间毙公于锋镝矣，时年五十有/二。皇上悼焉，赠以郎将。递柩还里，加礼葬之。呜呼哀哉！惟公/谨于信，亲于仁。行为搢绅所高，义为列士所伏。王事死节，邦人咸/伤。嗣子惟让等，鞠然在疚，哀以过礼。乃祗考圣人卜宅之义，以开/元十八年十月四日，奉柩葬于龙门原之茔，礼也。痛门风之将泯，/恐世业之罔传。刊石纪勋，永为不朽。铭曰：/

耀天兵兮出燕然，列地阵兮亘祁连。雄戟一奋兮气如泉，长剑再/挥兮血成川。同李陵之逐北，功初捷兮后不克。比温序之征西，将/死节兮义乃济。伟夫存忠以报国，而谁不为兮伤凄。

据志文可知，志主鱼涉，字德源，为冯翊栎阳人。邓盼研究认为鱼涉的族属为川西的白狼夷[36]。曾祖鱼殖，隋丹方二州刺史、下邳郡开国公。祖鱼叔瓒，唐朝请大夫、卫尉将作等丞，阆州西水县令、贵平公。父鱼承曦，历官邢州司法参军、比部员外郎、朝请大夫、度支郎中、洛阳河南二县令、大理司农二少卿，封襄邑县开国男。鱼涉卒于开元十六年（728年），享年五十二岁，可知其当生于仪凤二年（677年）。鱼涉在武周时期以门荫授执戟（正九品下）[37]，后历任司戈（从八品下）、中候（从七品下）、司阶（从六品上），一直在宫廷担当宿卫，达二十余年。随后，升任义阳府右果毅都尉。义阳府为京兆府统辖，属上府，上府果毅都尉为从五品下[38]。时隔不久，他奉命出征，参与了一场见载于史的唐蕃重要战役——祁连城之战。

志文称“属尘惊瀚海，烽入甘泉。凿门出师，授钺以讨”。实际上，吐蕃自开元

36 邓盼：《新见中古鱼氏的几方新材料——兼论鱼氏族群的起源》，刘进宝主编：《丝路文明》第二辑，上海古籍出版社，2017：115-130。

37 《新唐书》卷39上《百官志四上》：“武后天授二年，置诸卫司阶、中候、司戈、执戟，谓之四色官。”由此知鱼涉任执戟的时间当在武周天授二年（691年）以后。

38 《通典》卷40《职官二十二》记载上府果毅都尉，为从五品下阶。《通典》卷29《职官十一》载：“凡五百七十四府，分置于诸州，而名隶诸卫及东宫率府。各领兵，满一千二百人为上府，（两京城内虽不满此数，亦同上府。）千人为中府，八百人为下府。每府置折冲都尉一人，左右果毅都尉各一人，别将一人，长史一人，兵曹一人，校尉六人”。见（唐）杜佑撰，王文锦等点校：《通典》，北京：中华书局，1988：810。

十四年入侵大斗拔谷，进攻甘州[39]，挑起唐蕃边界争端以来，开元十五、十六年间，唐蕃在河陇一带已经发生了多场战事。针对日益严峻的边境形势，唐廷在选派得力干将用兵河陇的同时，还下达诏令，全军将士能杀敌者必有重赏。据《册府元龟·外臣部·征讨五》所载开元十六年七月《讨伐吐蕃悬军格制》反映了这一史实：

> 昏迷反道，天地所以致罚；戎狄乱华，帝王所以耀武。吐蕃小丑，频年犯塞。坏我城镇，虏我边人。言念征夫，良深愤惋。今北军羽骑，万弩齐发。山西飞将，百道争先。扫荡之期，在于晷刻。然赏罚必信，惩劝在焉。号令不明，忠勇何望。若回避纵敌，则寘国刑。如克携擒凶，须悬军格。其河西、陇右、安西、剑南等州节度将士以下有能斩获吐蕃赞普者，封异姓王，斩获大将军者授大将军，获次以下者节级授将军、中郎将，不限白身官资，一例酬赏。速令布告，咸使闻知。[40]

正是在这个背景下，时任京兆府义阳府右果毅都尉的鱼涉被选调出京师，领兵增援河西，时或为开元十六年春夏之际。就在鱼涉到达河西前后，吐蕃大将悉末朗入寇瓜州，被都督张守珪击退。河西节度使萧嵩、陇右节度使张志亮在蕃兵逃回吐蕃的必经之路渴波谷（今青海湖西南）设伏，在此大败蕃军。与此同时，唐朝的积石军、莫门军的兵将也火速增援，与志亮继续追击败逃的蕃军，攻破大莫门城（今青海省共和县东南），并焚烧骆驼桥，所获颇丰。《旧唐书·吐蕃传上》记载比较详细：

> 明年（开元十六年）秋，吐蕃大将悉末朗复率众攻瓜州，守珪出兵击走之。陇右节度使、鄯州都督张忠亮引兵至青海西南渴波谷，与吐蕃接战，大破之。俄而积石、莫门两军兵马总至，与忠亮合势追讨，破其大莫门城，生擒千余人，获马一千匹、牦牛五百头，器仗衣资甚众，又焚其骆驼桥而还。[41]

这次唐军攻打吐蕃大莫门城的战事，属于多方联合作战。实际上早在开元十五年十二月，朝廷就下达过令陇右、河西等多道防秋的指令，到十六年三月丁未，又下制

39《资治通鉴》卷213《唐纪二十九》载："去（开元十四年）冬，吐蕃大将悉诺逻寇大斗谷，进攻甘州，焚掠而去。"

40《册府元龟》卷986《外臣部·征讨五》，北京：中华书局，1960：11585。

41《旧唐书》卷196上《吐蕃传上》，1975：5230。

曰："陇右、河西，地接边寇，虽令团练士卒，终须常戒不虞。如闻吐蕃尚聚青海，宜令萧嵩、张志亮等审察事势，倍加防御。当须畜锐，以逸待劳。其当贼路其要害军县处，须量加兵马，任逐便通融处置。"[42]因此这场战事，不仅河西节度使萧嵩、陇右节度使张志亮参与，而且还调来距离战争地较近的廓州的积石军、洮州的莫门军两支部队参战，最终交战的结果为唐军大胜，不仅攻下大莫门城，而且还纵火焚烧了骆驼桥。骆驼桥位于今青海共和县南黄河上[43]，焚烧此桥，无疑等于暂时切断了吐蕃军队从此地渡过黄河再向北进入河西走廊的通道，对其增兵唐蕃边境及后勤补给定会产生部分影响。

虽然开元十六年的七月，唐军大败蕃军，并在大莫门城掠夺大量物资等，但是这并没有打击吐蕃进犯的嚣张气焰，反而使得吐蕃的报复行动进一步升级。同年八月，吐蕃军队再次进犯河西，这一次吐蕃的进攻路线是通过大斗拔谷，向北进攻。而就在吐蕃军队刚经过大斗拔谷不久，在祁连城一带，吐蕃军队与唐军发生了激烈的战争。关于祁连城的位置，李宗俊认为祁连城即甘、肃二州间紧靠唐建康军驻所今高台骆驼城的祁连戍城[44]。戍为唐代最基层的军事边防机构，承载的兵员有限，恐怕难以承载四千人以上的兵力，且吐蕃集合大军去攻打一个小小的戍，似乎也不和常理，我们认为发生此次战事的祁连城是位于大斗拔谷北部不远的城池（即汉祁连城，又称永固城，今属于民乐县），此城北为删丹县（今山丹县），西北为甘州，东距大斗军较近。谭其骧主编《中国历史地图集》上所标者为是[45]。

鱼涉的墓志中比较详细地记载了吐蕃在开元十六年八月攻打祁连城的大战，有与正史相吻合之处，同时也纪录了这场战争中双方交战的某些具体细节。据志文载：

> 分李陵之步卒，隶周处于偏裨。一以当千，攸闻力战。以少击众，难以图存。初，两军交锋，一鼓作气。戈酣日落，见流血之成川；兵尽矢穷，张空拳而冒刃。虏惮其勇，众骑引还。贼潜为谋，会兵复战。戊辰岁，八月辛卯，于祁连阵间毙公于锋镝矣，时年五十有二。

上述这段话中的前两句话所引用的典故非常值得注意。李陵率五千步兵与十余倍于己的匈奴兵战于浚稽山，孤军血战，矢尽人乏，最后被俘。这句话表明了鱼涉所在的守

42 《册府元龟》卷 992《外臣部 · 备御五》，1960：11654。
43 复旦大学史地所编：《中国历史地名辞典》，南昌：江西教育出版社，1986：687。
44 李宗俊：《唐前期西北军事地理问题研究》，北京：中国社会科学出版社，2015：163。
45 谭其骧主编：《中国历史地图集》第 5 册，北京：中国地图出版社，1996：61-62。

城军队属于孤军，离周围的军镇较远。用“周处”代指鱼涉的上司，属于比较有威望的军官；“偏裨”则是鱼涉当时在军中的地位应当是副将，仅次于主帅。鱼涉在被调来河西防御吐蕃之前，他已经官至义阳府右果毅都尉，那么他的上司很可能是当时的义阳府折冲都尉或者更高级军将，由于墓志未载人名，目前无法知道具体是谁。戍守祁连城的一支孤军，面对来势汹汹、十余倍于己的吐蕃军队，展开了一场殊死搏斗。

最初，两军甫一交战，包括鱼涉在内的唐军士气高昂，以一当十，杀敌无算，从早晨杀到日落，血流成川，最后战争进行到白热化阶段，守城的唐军赤膊上阵与蕃军大战，作战之勇猛，令蕃军畏服，加之双方各有伤亡，吐蕃退兵。“众骑引还”，说明败退的吐蕃兵中骑兵占有一部分。而针对前方的这场战事，河西节度使萧嵩也调兵前来增援，他派左金吾将军杜宾客将强弩四千驰援祁连城，在较短时间内抵达前线。

志文称：“贼潜为谋，会兵复战”，就在唐军调兵增援前后，狡诈的吐蕃军又在悄悄谋划趁唐军不备，再次发动突袭。其实，仅在开元年间的唐蕃战事中，吐蕃军队第一次攻城不下而二次偷袭的案例就有不少，据《资治通鉴》载：

> （开元十五年九月）莽布支别攻常乐县，县令贾师顺帅众拒守。及瓜州陷，悉诺逻悉兵会攻之。旬余日，吐蕃力尽，不能克，使人说降之；不从。吐蕃曰：“明府既不降，宜敛城中财相赠，吾当退。”师顺请脱士卒衣；悉诺逻知无财，乃引去，毁瓜州城。师顺遽开门，收器械，修守备；虏果复遣精骑还，视城中，知有备，乃去。[46]
>
> （开元十五年）嵩又奏以建康军使张守珪为瓜州刺史，帅余众筑故城。板干裁立，吐蕃猝至，城中相顾失色，莫有斗志。守珪曰：“彼众我寡，又疮痍之余，不可以矢刃相持，当以奇计取胜。”乃于城上置酒作乐。虏疑其有备，不敢攻而退。守珪纵兵击之，虏败走。[47]

以上两则均为吐蕃二次偷袭的典型案例，看来这是吐蕃军队的惯用作战方式，但这两次均被守城官吏智退，特别是张守珪，还上演了一场唐代版的“空城计”，并乘机击退吐蕃兵。

同样，兵不厌诈，第一次攻打祁连城失利后不久，吐蕃对祁连城发动偷袭，可惜的

46《资治通鉴》，1956：6898。
47《资治通鉴》，1956：6899-6900。

是，吐蕃军队不知唐朝已调集四千弓弩手前来支援。

《资治通鉴》载：

战自辰至暮，吐蕃大溃，获其大将一人，虏败走投山，哭声四合。[48]

《旧唐书 · 玄宗纪上》载：

（八月）辛卯，萧嵩又遣杜宾客击吐蕃于祁连城，大破之，获其大将一人，斩首五千级。[49]

《旧唐书 · 吐蕃传上》载：

（开元十六年）八月，萧嵩又遣副将杜宾客率弩手四千人，与吐蕃战于祁连城下，自辰至暮，散而复合，贼徒大溃；临阵斩其副将一人。贼败，散走投山，哭声四合。[50]

显然，吐蕃的这次偷袭活动损失惨重，不仅损失大将（一说副将）一员，而且普通兵士也有五千人被杀。鱼涉也在此次交战中被吐蕃弓弩手射中，战殁于祁连城下，故志文称"戊辰岁八月辛卯，于祁连阵间毙公于锋镝矣"。可见，此次交战，唐蕃双方都使用弓弩手参战，唐军也有损失，至少有像鱼涉这样官居从五品的果毅都尉战殁于阵。非常值得注意的一点是，《资治通鉴》载："（八月）辛卯，左金吾将军杜宾客破吐蕃于祁连城下。"[51] 鱼涉也正是死于八月辛卯（二十八日）当天，此为出土文献与传世文献的互证，也说明了司马光对于此次唐蕃祁连城之战的记载是准确的。

还有一个细节可以思考，在祁连城之战胜利的捷报未传到朝廷之前，唐玄宗就对侍臣说他亲自挑选将帅，定能击退吐蕃。《旧唐书 · 吐蕃传上》载："初，上闻自吐蕃重来入寇，谓侍臣曰：'吐蕃骄暴，恃力而来，朕今按地图，审利害，亲指授将帅，破之必矣。'数日而露布至。"[52] 鱼涉早年一直在宫廷担任宿卫，又是外戚，再加上当时为京兆

48《资治通鉴》，1956：6902。
49《旧唐书》卷 8 上《玄宗纪上》，1975：192。
50《旧唐书》卷 196 上《吐蕃传上》，1975：5230。
51《资治通鉴》，1956：6902。
52《旧唐书》卷 196 上《吐蕃传上》，1975：5230。

府所辖折冲府的果毅都尉，官居从五品，他是否可能就是唐玄宗所指授将帅中的一员呢？值得进一步研究。

从志文所记“皇上悼焉，赠以郎将。递柩还里，加礼葬之”来看，因在祁连城之战中殁于王事，鱼涉被追赠为正五品的郎将[53]。嗣子鱼惟让主持了父亲的丧事，开元十八年（730年）十月四日葬其父于龙门原。

四、短暂和平：康太和赤岭立界碑

唐蕃祁连城之战以后，直到当年年底，唐蕃间没有发生新的战事。但时隔不久，开元十七年，唐军主动出击，在嶲州大破吐蕃的附庸西南蛮，又大破大同军，还夺回了战略地位极其重要的石堡城。自开元十八年起，吐蕃屡遣使议和，最终双方在开元二十一年于赤岭树碑、划定边境，唐蕃关系稍微缓和，迎来短暂的和平期。正是在赤岭立碑前后，康太和出任赤岭戍主，他的墓志中即记载了这一情况。

康太和墓志，唐天宝十四载（755年）二月十二日葬。陕西西安出土，具体出土时间不详，现藏陕西省考古研究院。志盖为盝顶形，长58厘米、宽56厘米、厚6厘米；盖文篆书“大唐故/康府君/墓志铭”，共3行，满行3字。志石长60厘米、宽60厘米、厚8厘米；志文共30行，满行29字，正书。《陕西省考古研究院新入藏墓志》有著录[54]。关于康太和墓志，已有不少学者进行过研究，从不同角度对这方墓志进行解读[55]。因为上述研究者的文章中都有该墓志的录文，囿于篇幅，本文不再迻录，仅对志文所涉及的内容作简要分析。

康太和，原名康琮，后敕改太和，字金砖，汲郡人。高祖康怀，祖父康锋，均为武威郡磻和府果毅，他们的任职时间可能在隋末唐初[56]。父康庆，因军功官至武威郡磻和府折冲。父祖等三代人均在军府任武职，可见康太和家族为武人起家。康太和卒于天宝十四载（755年），享年六十岁，知其生于武周万岁登封元年或万岁通天元年（696

---

53 《通典》卷40《职官二十二》载，正五品上阶有亲勋翊卫羽林郎将，正五品下阶有太子亲勋翊卫郎将。

54 陕西省考古研究院编：《陕西省考古研究院新入藏墓志》，上海古籍出版社，2019：74。

55 李宗俊、沈传衡：《康太和墓志与唐蕃道路等相关问题考》，《西藏大学学报》2019（4）：9-16。赵世金、马振颖：《新刊〈康太和墓志〉考释——兼论敦煌文书P.3885中的唐蕃之战》，《西夏研究》2020（1）：69-74。雷闻：《凉州与长安之间——新见〈唐故左羽林军大将军康太和墓志〉考释》，《河北师范大学学报》2020（5）：20-26。

56 雷闻：《凉州与长安之间——新见〈唐故左羽林军大将军康太和墓志〉考释》，《河北师范大学学报》2020（5）：20-26。

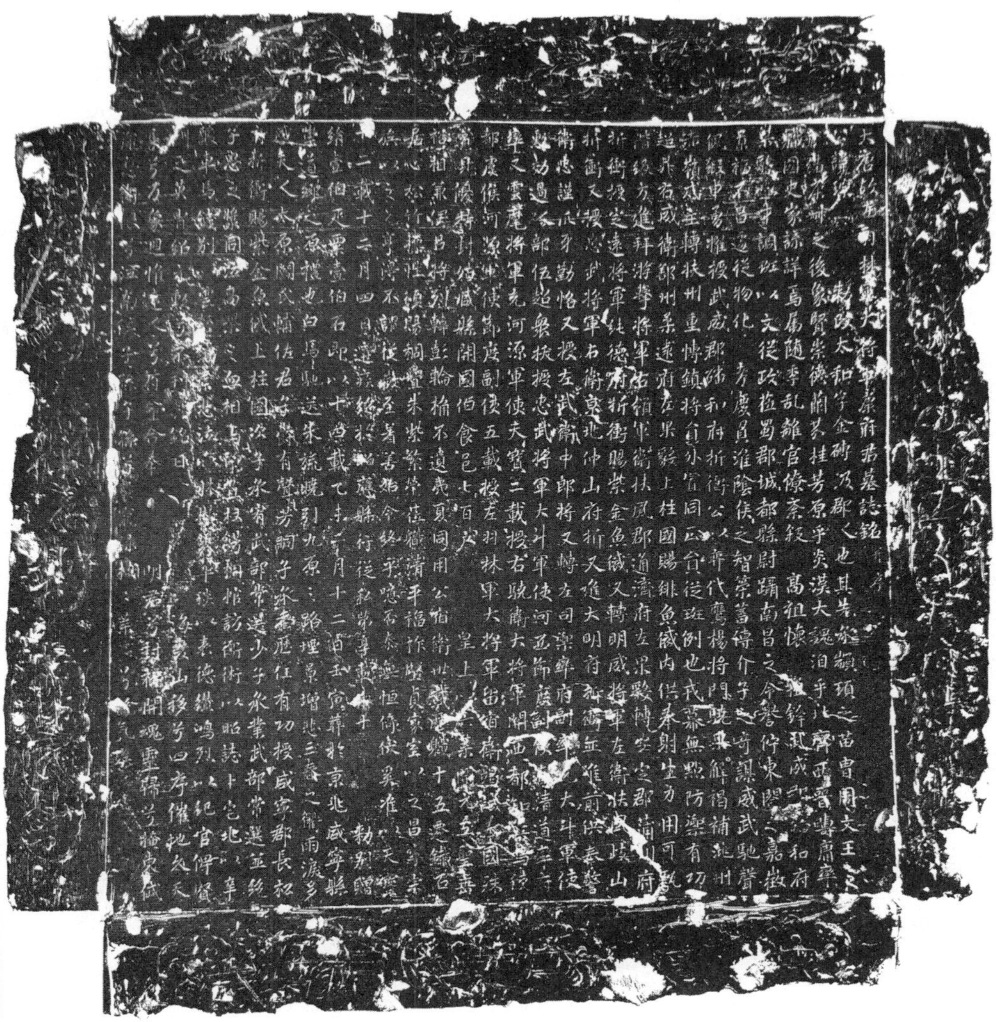

图四　康太和墓志（采自《陕西省考古研究院新入藏墓志》，2019：74）

年）。康太和与其父祖一样，也是以武功起家，历任洮州赤岭戍主、扶州重博镇将、右威卫鄯州柔远府左果毅、右领军卫扶风郡通济府左果毅、安定郡蒲川府折冲、纯德府折冲、左卫扶风岐山折冲、右卫京兆仲山府折冲、大明府折冲、左武卫中郎将、大斗军使、河西节度副使、河源军使等职。这些任职中，洮州赤岭戍主值得注意，并且康太和的任官地点绝大多数都在唐蕃边界地带。

开元十七年（729年）到开元二十一年（733年）赤岭立碑之前，这一时期的唐蕃关系如何，我们根据《资治通鉴》、两《唐书》《册府元龟》及藏文文献等作简要梳理。

开元十七年 春，二月，丁卯，嶲州都督张审素破西南蛮，拔昆明城及盐城，杀获万人[57]。三月，瓜州都督张守珪、沙州刺史贾师顺击吐蕃大同军，大破之。同月甲寅，朔方节度使信安王祎攻吐蕃石堡城，拔之（以上据《资治通鉴》）。唐廷使者李总管前来致礼[58]（据敦煌藏文《吐蕃大事纪年》）。

开元十八年 四月戊戌，吐蕃遣使来朝贡（据《册府元龟》）。五月，吐蕃遣使致书于境上求和。秋九月，唐朝命忠王友皇甫惟明及内侍张元方出使吐蕃。赞普大喜，悉出贞观以来所得敕书以示惟明。十月，吐蕃遣论名悉猎随惟明入贡，自是吐蕃复款附（以上据《资治通鉴》）。十二月，吐蕃赞普遣其臣悉诺勃藏来朝贡，献方物（《册府元龟》）。

开元十九年 正月辛未，唐遣鸿胪卿崔琳使于吐蕃。秋九月，辛未，吐蕃遣其相论尚它硉入见，请于赤岭为互市；许之（《资治通鉴》）。十一月壬子，幸东都，敕亲王赐物八十匹，……突厥、吐蕃使共五百匹，令鸿胪等据蕃望高下节级分付（《册府元龟》）。

开元二十年 唐廷使者李卿与大食、突骑施之使者均前来赞普王廷致礼[59]（敦煌藏文《吐蕃大事纪年》）。

开元二十一年 春，正月，己未，命工部尚书李嵩使于吐蕃（《旧唐书》）。二月，丁酉，金城公主请立碑于赤岭以分唐与吐蕃之境，许之（《资治通鉴》）。七月，吐蕃遣宰相论纥野赞等来朝，且通和好（《册府元龟》）。秋，吐蕃大入河西，为王忠嗣大败（《册府元龟》）。

通过对相关材料的归纳，不难发现，在开元十七年的时候，唐蕃间仍有战事，关系紧张，这一年的交战中，汉文史料记载为吐蕃均大败，并且唐军攻下了石堡城，玄宗改其名为振武军。石堡城的地理位置十分重要，石堡城以西为唐蕃有争议的九曲地区，控制石堡城，对吐蕃而言就相当于作为进犯唐洮岷地区的一个桥头堡，而对唐朝而言，则可以此为据点，向西夺取河西九曲地[60]。正是由于其战略位置的重要性，唐蕃双方在石堡城发生过多次战事。开元十七年李祎攻下石堡城以后，唐军可以在石堡城以东及周边地区来去自如，“自是河陇诸军游奕，拓境千余里。”[61]时隔十二年之后的开元二十九年，吐

57 据郑炳林等研究，开元以前，西南蛮多归属于吐蕃，开元十五年唐蕃河陇战争开始后，西南也是对吐蕃的主要战场。而开元十七年初唐派嶲州都督征伐西南蛮，实际上就是这场唐蕃战争的一次战役。详参郑炳林、黄瑞娜：《唐敦煌米钦道墓志与嶲州都督张审素冤案》，《兰州大学学报》2020（1）：93-98。

58 王尧编著：《王尧藏学文集》第1册，北京：中国藏学出版社，2012：205。

59《王尧藏学文集》第1册，2012：205。

60 李宗俊：《唐前期西北军事地理问题研究》，2015：279。

61《资治通鉴》，1956：6903。

蕃再次攻下石堡城，此为后话，暂不作讨论。但开元十七年的这场石堡城之战，无疑是唐蕃关系由战到和的一个转折点。

从开元十四年起到开元十七年，唐蕃间持续数年的大战，使得唐蕃双方的实力都极大消耗，特别是吐蕃方面，败多胜小，吐蕃上层开始意识到短时间内无法打败唐朝，因此主动入贡请和，希望能缓和局势。唐朝也因连年边境战争而消耗国力，趁此机会，也遣使吐蕃，商讨两国和盟之事。这一时期，见于文献记载的唐朝出使吐蕃的使节有皇甫惟明、张元方、崔琳、李卿、李嵩等，吐蕃派往唐朝的使节有论名悉猎、悉诺勃藏、论尚它硉、论纥野赞等，并且金城公主也上书玄宗，请求在赤岭（唐洮州西境，今甘南碌曲境内）立碑，划分边界。在多种因素的影响下，唐蕃双方最终在赤岭立界碑，同归旧好。

据《资治通鉴》载：

（开元二十一年）二月，丁酉，金城公主请立碑于赤岭以分唐与吐蕃之境，许之。[62]

《册府元龟》载：

二十一年二月，金城公主上言请以今年九月一日树碑于赤岭，定蕃汉两界。时李暠使于吐蕃，金城度其还期暮秋，故有是请。及树之日，诏张守珪、李行祎与吐蕃使莽布支及同观树焉。既树，吐蕃遣其臣随汉使分往剑南及河西、碛西，历告边州，使曰：两国和好，无相侵掠。汉使随蕃使入蕃，告亦如之。[63]

其碑文曰："维大唐开元二十一年岁次壬申，舅甥修其旧好，同为一家。……赤岭之外其所定边界，一依旧定……铭曰：言念旧好义不忒兮，道路无厝烽燧息兮，指河为誓子孙亿兮，有渝其诚神明殛兮。"[64]

《旧唐书·李暠传》载：

62《资治通鉴》，1956：6920。

63《册府元龟》卷979《外臣部·和亲二》，1960：11503。另《唐会要》卷97《吐蕃》所记略同。

64《册府元龟》卷979《外臣部·和亲二》，1960：11503。

（李暠）宜持节充入吐蕃使……及还，金城公主上言，请以今年九月一日树碑于赤岭，定蕃、汉界。树碑之日，诏张守珪、李行祎与吐蕃使莽布支同往观焉。[65]

《旧唐书·玄宗纪上》载：

（开元二十二年）六月乙未，遣左金吾将军李佺于赤岭与吐蕃分界立碑。[66]

《旧唐书·吐蕃传上》载：

（开元）二十二年，遣将军李佺于赤岭与吐蕃分界立碑。[67]

关于唐蕃赤岭立界碑一事，《资治通鉴》、两《唐书》等典籍多有记载，主要有开元十九年、二十一年、二十二年三种观点，薛宗正考证开元二十二年为赤岭划界的时间[68]，李宗俊认为上述三个时间应该分别是在此期间不同地点的几次会盟和最后划界的时间[69]。我们同意李宗俊的观点。

康太和的第一任官就是"洮州赤岭戍主"，根据他的生卒年及其为官履历推测，康太和任职赤岭戍主的时间是在唐蕃赤岭立界碑前后，因此，他极有可能见证并参与了这一历史时刻。康太和的第二任官职为扶州重博镇将，重博镇也位于唐蕃边境，属于吐蕃常常侵扰的边地，他在此地担任镇将，肩负着防御吐蕃的重要职责[70]。此后，他所任职的地点也多在河陇一带，究其原因，除了其出身军人世家，作战勇猛之外，或许与他熟悉河陇边地形势不无联系。康太和最后官至左羽林大将军，封姑臧县开国伯，食邑七百户。于天宝十二载（753年）十二月四日卒于昭应县行从私第，朝廷赠绢一百匹、粟一百石。天宝十四载二月十二日，由其子康承奎等葬于京兆府咸宁县崇道乡之原。

从开元十八年（730年）到开元二十二年（734年）赤岭立碑再到开元二十四年

65《旧唐书》，1975：3336。
66《旧唐书》，1975：201。
67《旧唐书》，1956：5233。
68 薛宗正：《吐蕃王国的兴衰》，1997：90-92。
69 李宗俊：《唐前期西北军事地理问题研究》，2015：296。
70 李宗俊、沈传衡：《康太和墓志与唐蕃道路等相关问题考》，《西藏大学学报》2019（4）：9-16。

（736 年），唐蕃间维持了约七年的和平期。随着开元二十五年（737 年），吐蕃再次攻打小勃律，唐蕃和盟关系破裂，吐蕃开始全面对唐发动战争，开元后期，唐蕃关系再度陷入紧张局面。

小结

结合传世典籍、敦煌文献及藏文文书，通过对新出土的崔怀珍、李礼、鱼涉、康太和等四方墓志的解读，我们看到了开元中期唐蕃之战的某些具体细节。比如李礼墓志记载了一场史籍阙载的唐蕃玉门之战，记录了吐蕃水攻玉门军，守城唐军如何防御等诸多细节；鱼涉墓志记载了唐蕃祁连城之战的惨烈局面，鱼涉战殁之日正是史籍所载的唐军大败蕃军的当天，恰与史籍相印证，且他有可能是那场战争中唐军伤亡的最高级别的将领。窥斑见豹，联系当时的时代背景，我们可以想见开元时期唐蕃之间战争的惨烈。这四方墓志，不仅再现了开元年间唐蕃玉门之战、祁连城之战等战事的真实状况，而且或将对今后唐蕃关系史、唐代河陇史地等研究起到一定帮助。当然，本文只是初步研究，难免有不足之处，仍有待提高。

◆ 魏迎春　兰州大学敦煌学研究所教授
马振颖　兰州大学敦煌学研究所讲师

召弘安墓志与唐九征南征

——兼论唐中宗时期的唐蕃关系 *

苑恩达　陆离

内容摘要：唐九征南征是唐中宗时期唐朝对西南地区的一次军事行动，但相关史书中对此事件的记载则较为简略，并且存在着相互矛盾和阙载的问题。不过，大唐西市博物馆所收藏的《召弘安墓志》却为解决上述问题提供了帮助。通过对《召弘安墓志》的考证，可以发现唐九征此次南征的主要对象为姚州地区（约今云南省姚安县地）的蛮族部落，与吐蕃并未有太大的关系。同时，在唐九征南征中，唐蕃双方虽然为了继续维持双方之间的关系而各自作出了让步，但吐蕃一方所作的让步要大于唐朝。这也意味着尽管中宗时期唐蕃双方恢复了和平，但在实际交往过程中吐蕃一方依然是处于劣势地位。

唐中宗景龙元年（707 年）六月，监察御史唐九征奉命南征姚州（治所为姚城县，即今云南省姚安县）。史书记载，唐高宗麟德元年（664 年）设置姚州都督府（治所为

* 本文为国家社科基金重大项目“《敦煌本吐蕃历史文书》相关民族、人物、事件研究及分年、分类辑注”（17ZDA212）的阶段性成果。

姚州，辖境约当今云南西北部）[1]，但唐廷在姚州地区的统治并不牢固，姚州地区动乱时常发生。究其原因，一方面是因为在该地区活动的蛮族部落“时附时叛”，他们或单独发动“叛乱”，或联合吐蕃发动“叛乱”，以反对唐朝的统治。另一方面则是因为吐蕃此时也在积极向唐朝西南地区扩张，而姚州地区也因此成为了唐朝与吐蕃之间进行激烈争夺的地带。在这两方面原因的影响下，特别是吐蕃的直接扩张和其对姚州蛮族部落的支持，使得唐朝都督府时设时废。唐高宗中后期姚州都督府便遭到废除，唐朝被迫退出姚州地区。直到垂拱四年（688 年），武则天在“蛮郎将王善宝、昆州刺史（治益宁县，即今云南省昆明市）爨乾福又请置州”[2]的情况下才再度复置姚州都督府，重新恢复唐朝在姚州地区的势力，并逐渐取得了对吐蕃的优势，遏制了吐蕃在西南地区的扩张势头[3]。但在长安三年（703 年），吐蕃又再次进入西南地区，并恢复了与姚州蛮族部落的联系，唐蕃双方在姚州地区再度陷入一种僵持状态。唐九征的此次南征便是在唐蕃僵持之时，唐朝针对姚州地区再度发生动乱而采取的一次军事行动。关于唐九征的这次军事行动，虽在史书中也有所记载，但是不同史书在记载唐九征此次南征的细节问题上却存在着相互矛盾和阙载的情况，特别是唐九征此次南征的对象以及南征的结果，仅依靠目前史书记载似乎无法得以确定。但大唐西市博物馆在 2009 年收藏的唐代《召弘安墓志》却为进一步探讨唐九征南征提供了帮助。该篇墓志的志主召弘安不仅是唐九征南征时的姚州刺史，而且还直接参与了唐九征南征这一行动。因此，本文拟通过对《召弘安墓志》的考证来对唐九征南征这一事件做进一步的研究，对传世史料相关记载中所存在的疑难问题进行辨析考证。同时，通过对《召弘安墓志》以及史书中关于唐九征南征相关记载的研究，来对此一时期的唐蕃关系进行探讨。

一、传世史料记载中的唐九征南征

关于唐九征南征一事，《旧唐书》《新唐书》以及《资治通鉴》中都有所记载。为方便研究，现特将相关记载摘录如下：

> （神龙三年）六月丁卯朔，日有蚀之。戊子，姚巂道讨击使、侍御史唐九

1 《资治通鉴》卷 201，唐纪十七，麟德元年五月条，北京：中华书局，1956：6340。

2 《旧唐书》卷 91《张柬之传》，北京：中华书局，1975：2941。

3 关于此时期唐朝与吐蕃在姚州地区的争夺情况，可参阅陈明迪、陆离：《〈元释墓志〉与吐蕃入滇》，《藏学学刊》第 22 辑，2020（1）：60-62。

征击姚州叛蛮，破之，俘虏三千计，遂于其处勒石纪功焉。[4]

（景龙元年）六月丁卯朔，日有食之。庚午，雨土于陕州。戊子，吐蕃及姚州蛮寇边，姚巂道讨击使唐九征败之。[5]

会监察御史李知古建讨姚州蛮，削吐蕃向导，诏发剑南募士击之。蛮酋以情输虏，杀知古，尸以祭天，进攻蜀汉。诏灵武监军右台御史唐九征为姚巂道讨击使，率兵击之。虏以铁絙梁漾、濞二水（漾水即今云南省澜沧江支流漾濞江，濞水即今云南省漾濞江支流顺濞河 - 笔者注），通西洱蛮（为当今白族族源之一，其主要活动范围为洱海一带 - 笔者注），筑城戍之。九征毁絙夷城，建铁柱于滇池以勒功。[6]

（景龙元年）六月，丁卯朔，日有食之。姚巂道讨击使、监察御史晋昌唐九征击姚州叛蛮，破之，斩获三千馀人。[7]

根据上述史书的记载，可知唐九征南征一事当发生于景龙元年（即神龙三年，707年）六月，而《新唐书 · 吐蕃传上》中则将其放在李知古讨姚州蛮一事后，明显是颠倒了两事之先后顺序。按《资治通鉴》记载，李知古讨姚州蛮一事发生于睿宗景云元年（710 年），要晚于中宗景龙元年（707 年）的唐九征南征[8]。同时，关于此次讨伐对象，《旧唐书》与《资治通鉴》都明确记载为“姚州叛蛮”，《新唐书》则将其记载为“吐蕃及姚州蛮”，并且还将此事归于《吐蕃传下》，似乎是认定了此次姚州蛮叛乱有吐蕃的参与。关于此次作战的具体经过，《旧唐书》与《资治通鉴》阙载，而《新唐书》则记载唐九征在此战中“毁絙夷城，建铁柱于滇池以勒功”。至于此次作战的最终结果及后续，三者均简单的记载为“破之”、“败之”，即唐朝获得了胜利，但是对唐九征此战后是否得到唐廷的封赏却只字不提。

虽然《旧唐书》《新唐书》《资治通鉴》三书中对于唐九征南征一事的记载较为简略，但在唐人刘肃所编撰的《大唐新语》一书中则较为完整地记载了这一事件。该书记载如下：

4 《旧唐书》卷 7《中宗本纪》，1975：144。
5 《新唐书》卷 4《中宗本纪》，北京：中华书局，1975：109-110。
6 《新唐书》卷 216 上《吐蕃传上》，1975：6081。
7 《资治通鉴》卷 280，唐纪二十四，景龙元年六月条，1956：6610-6611。
8 《资治通鉴》卷 210，唐纪二十六，景云元年条，1956：6661。

唐九征为御史，监灵武诸军。时吐蕃入寇蜀汉，九征率兵出永昌郡（其治所先后为嶲唐县，即今云南云龙县漕涧镇；不韦县，即今云南保山市金鸡村；永寿县，云南耿马傣族佤族自治县境；永安县，今地不详。其辖境约当今滇西、滇南的广大地区，南朝梁末时废除 - 笔者注）千余里讨之，累战皆捷。时吐蕃以铁索跨漾水、濞水为桥，以通西洱河（即今云南洱海 - 笔者注），蛮筑城以镇之。九征尽刊其城垒，焚其二桥，命管记闾丘均勒石于剑川（即今云南省剑川县 - 笔者注），建铁碑于滇池，以纪功焉。俘其魁帅以还。中宗不时加褒赏，左拾遗呼延皓论之，乃加朝散大夫，拜侍御史，赐绣袍、金带、宝刀，累迁汾州刺史。开元末与吐蕃赞普书云："波州铁柱，唐九征铸。"即谓此是也。[9]

在上述记载中，可知唐九征此次的征讨对象为吐蕃，而在此次作战中唐九征不仅"尽刊其城垒""焚其二桥""建铁碑于滇池"，还"俘其魁帅以还"。但在战后唐中宗却"不时加褒赏"，直到左拾遗呼延皓上书劝谏后，才对唐九征予以褒赏。

结合关于唐九征南征的所有史书记载来看，可以发现其中存在着两个问题。一是唐九征南征的具体作战对象到底为谁。《旧唐书》与《资治通鉴》将其认定为"姚州叛蛮"，而《新唐书》和《大唐新语》则将其认定为"吐蕃"（虽然《新唐书》中将吐蕃与姚州蛮并举，但从其具体行文和内容安排来看，还是将吐蕃认定为主要对象，否则其不会将这一事件归于《吐蕃传下》）。不过以当时吐蕃的形势来看，似乎《旧唐书》与《资治通鉴》的记载更为准确。根据《吐蕃大事纪年》的记载可知，此段时期吐蕃内部正因赞普墀都松赞的突然去世而陷入混乱中。长安四年（704 年），"冬，赞普牙帐赴蛮地，薨"。[10] 神龙元年（705 年），"岱仁巴农囊扎、开桂多囊等叛，于本教之'那拉'山顶杀岱仁巴等诸叛臣。于邦拉让，赞普兄乞黎拔布自王位被迫引退"。"麴 · 莽布支拉松获罪"，"悉立叛"。[11] 神龙二年（706 年），"洛 · 都鞁获罪谴"。[12] 景龙元年（707 年）唐九征南征之时，吐蕃内部依然还没有完全稳定下来，在该年还发生了"清点查抄麴氏、洛氏等获罪谴家族之财物。"[13] 直到景龙三年（709 年），以"擒悉立国王"为标志吐蕃

9 （唐）刘肃：《大唐新语》卷十一《褒锡第二十四》，北京：中华书局，1984：164
10 王尧、陈践：《敦煌本吐蕃历史文书（增订本）》，北京：民族出版社，1992：149。
11 王尧、陈践：《敦煌本吐蕃历史文书（增订本）》，1992：149。
12 王尧、陈践：《敦煌本吐蕃历史文书（增订本）》，1992：149。
13 王尧、陈践：《敦煌本吐蕃历史文书（增订本）》，1992：150。

内部才算完全稳定下来[14]。在这种情况下，吐蕃根本无心也无力再与唐朝继续坚持作战下去，甚至反而要担心唐朝是否会趁机对其发动进攻。这也就决定了吐蕃在这一时期不会主动进攻唐朝，以避免引起唐朝的不满与反击。另外，史书记载，景龙元年（707 年）三月“赞普之祖母遣其大臣悉薰热来献方物，为其孙请婚”[15]，而在同年四月唐中宗便“以所养雍王守礼女为金城公主许嫁之”[16]。如果在此时期，吐蕃对唐朝西南地区再度发动了进攻，那么唐朝绝对不会如此轻易地答应吐蕃和亲请求。

虽然通过分析研究，可以发现唐九征作战对象为“姚州叛蛮”的可能性更高一些，但是也不能完全否定《新唐书》和《大唐新语》中的相关记载。因为也存在着当时吐蕃边将私自挑起唐蕃冲突的可能性，这一点在开元十八年（730 年）墀德祖赞的《请约和好书》中便有所体现。其中明确记载“又缘年小，枉被边将谗构斗乱，令舅致怪。伏乞垂察追留，死将万足。前数度使人入朝，皆被边将不许，所以不敢自奏。”[17] 关于墀德祖赞的这一说法，林冠群曾进行过分析，认为“此明显为推卸责任的饰词”[18]，这一判断是十分准确的。不过这一说法也反映出当时的确存在着吐蕃边将私自挑起唐蕃争斗的情况，否则墀德祖赞不会以此为借口，而唐朝一方也不会认可这一说法。这一情况的出现则与吐蕃“以贵族官僚及封建混合之君主集权制之王朝政体”[19] 有着很大的关系，在此种政体之下，官僚贵族为“寻求更多的采邑及奴隶”[20]，相对于和平而言其更倾向于战争，乃至于会主动破坏唐蕃之间的和平。此外，从唐九征的具体作战内容来看，似乎也证明了吐蕃可能参与其中，否则唐九征也不会“毁絙夷城”。再加上姚州蛮在与唐朝作战之时，的确会寻求吐蕃的支持。正如上述李知古在讨伐姚州群蛮之时，因其处置不当，而导致“蛮酋傍名引吐蕃攻知古，杀之，以其尸祭天，由是姚、巂路绝，连年不通”[21]。因此，虽然相较于《新唐书》《大唐新语》中的记载而言，《旧唐书》和《资治通鉴》中的记载可能性更高一些，但是在现有资料的基础上却也无法完全否定《新唐书》和《大唐新语》中的记载。至于其他史料则或与《新唐书》《大唐新语》中的记载相似，或与《旧唐书》《资治通鉴》中的记载相似，无法提供太大的帮助。如《册府元龟》中对此事

14 王尧、陈践：《敦煌本吐蕃历史文书（增订本）》，1992：150。
15《旧唐书》卷 196 上《吐蕃传上》，1975：5226。
16《旧唐书》卷 196 上《吐蕃传上》，1975：5226。
17《全唐文》卷 999，北京：中华书局，1983：10344。
18 林冠群：《玉帛干戈：唐蕃關係史研究》，台北：联经出版事业股份有限公司，2016：287。
19 张云、林冠群：《西藏通史 · 吐蕃卷》，北京：中国藏学出版社，2016：91。
20 张云、林冠群：《西藏通史 · 吐蕃卷》，2016：91。
21《资治通鉴》卷 210，唐纪二十六，景云元年条，1956：6661。

的记载便为“唐九征为姚巂道讨击使，中宗神龙三年击姚州叛蛮，败之，俘虏三千馀计，遂树碑以纪功焉”[22]。《滇考》中对此事的记载则为“睿宗（中宗）景龙元年，吐蕃及姚州蛮寇边，以铁絙跨漾、濞二水为桥，以通西弥蛮（西洱蛮），筑城戍之。击讨使唐九征受命自巂入永昌，累战皆捷。尽刊其城垒，毁絙焚桥，命管记闾丘均勒石于剑川，俘其魁帅以还。”[23]

关于唐九征南征的另一个问题便是唐九征回朝后受到“褒赏”一事。如上所述，关于唐九征受到褒赏一事，《旧唐书》《资治通鉴》《新唐书》中完全没有记载，《大唐新语》中虽指出唐九征最后得到了“加朝散大夫，拜侍御史，赐绣袍、金带、宝刀”的“褒赏”，但是这一“褒赏”却并非是唐九征回朝后就进行的，而是在左拾遗呼延皓因“中宗不时加褒赏”而上书“论之”的情况下才进行的。另外，《滇考》中也称其“爵赏久淹，论者惜之”。[24] 按唐九征此次南征，不仅顺利平定了姚州地区的叛乱，更是直接切断了吐蕃进入姚州地区的一条路线，更好地维护了唐朝在西南地区的利益。但是在此情况下，唐中宗却没有立即对其进行“褒赏”，反而是在“掌供奉讽谏”[25] 的拾遗专门上封事后才予以“褒赏”。这种反常现象的出现，也值得进一步的探究。按中宗一朝，虽然政局混乱，先后出现“大权尽归三思矣”[26]“宗楚客与弟晋卿及纪处讷等恃权势，朝野岳牧除拜多出其门”[27]“皇后淫乱，干预国政，宗族强盛；安乐公主、武延秀、宗楚客图危宗社”[28] 等政治混乱现象。但是，此次唐九征的“不时加褒赏”一事，应当与上述人等无关。如若真是上述诸人阻拦，《大唐新语》中不会不加以记载，并且以当时上述诸人对政治的干预程度来看，若真加以阻拦，则唐九征很有可能得不到任何赏赐。因此，中宗之所以会对唐九征“不时加褒赏”应是考虑到了其他因素，而非是受到朝中政局以及韦后等人的影响。此外，还要考虑的一点是，由于史料记载的缺失，导致现也无法确定中宗的“不时加褒赏”是只针对唐九征一人，还是针对当时所有参与此次南征的人员。如果是针对所有人，那么“不时加褒赏”一事就不能被算作是关于唐九征的反常现象，反而是唐朝当时“政出多门，滥官充溢”[29] 情况下的一种正常现象。

22《册府元龟》卷 358《将帅部 · 立功第十一》，北京：中华书局，1989：820。
23（清）冯甦：《滇考》卷上《唐初经理滇中》，台北：成文出版社，1967：87-88。
24（清）冯甦：《滇考》卷上《唐初经理滇中》，1967：88。
25《旧唐书》卷 43《职官志二》，1975：1845。
26《资治通鉴》卷 208，唐纪二十四，神龙元年五月条，1956：6592。
27《大唐新语》卷 2《刚正第四》，1984：35。
28《资治通鉴》卷 209，唐纪二十五，景云元年五月条，1956：6641。
29《资治通鉴》卷 209，唐纪二十五，景龙三年三月条，1956：6633。

二、召弘安墓志与唐九征南征

通过上述研究可发现史料记载中的唐九征南征一事存在着两个疑问，一是唐九征此次南征的对象，二是唐九征南征之后的“褒赏”问题。然而现存传世文献中的记载，对于解决这两个问题并没有太大的帮助。不过，大唐西市博物馆中所收藏的《召弘安墓志》却对解决上述两个问题提供了最新的史料支持。该墓志高 89 厘米，宽 88.5 厘米，厚 17.5 厘米，铭文四十三行，行四十三字（图一）。志盖高 89 厘米，宽 89 厘米，厚 16 厘米，铭文四行，行四字，墓志撰写者和篆刻者不明，目前学术界尚未有专文对此墓志进行研究。据墓志记载，召弘安后期常年镇守于唐朝边疆地区，最后更是在景龙三年（709 年）去世于积石军所。在其镇守边疆的过程中，其曾被任命为“正议大夫、使持节都督姚州诸军事、守姚州刺史、上柱国”[30] 一职，而在其任职姚州期间便曾参与唐九征南征一事。

为方便论述，特将其墓志中所涉及到的相关内容转录如下：

> 又加正议大夫，使持节都督姚州诸军事，守姚州刺史，上柱国。下车抚俗，把扇扬风。夷落肃清，蛮陬无事。迺有孤恩背德，窜谷依山。爰命偏裨，龚行吊伐。制以君有宽猛之材，遂假君为管内经略安抚使，仍与右台监察御史唐九征相知讨击。于是练士卒，简车徒。开却月之营，挑横云之阵。七纵七擒之策，出自胸襟；九攻九伐之奇，运诸指掌。示之以好恶，陈之以祸福。狼心尚梗，枭性未悛。曜将军禁暴之威，阐天子好生之德。王师不战，期无染锷之刑；夷貊犹迷，尚结持戈之众。类螳螂之拒辙，罔识尧心；命貔豹之挟辀，须均禹贡。君迺运筹帷幄，遥察孤虚。扬后一之佳兵，拥前三而制敌。径路悬绝，飞走无从。朱旗动兽而绛天，玄甲含犀而照地。北斗七星之下，武曲破军；南宫五将之前，先鸣大捷。遐陬底定，边徼获清。懋赏畴庸，超孙越霍。贼平朝集，主上加焉。迁拜云麾将军，行左领军卫中郎将，检校廓州刺史，上柱国，兼积石军经略使。[31]

通过上述墓志的记载，可知志主是与唐九征一同进行南征的，并且其墓志中还较为

30 胡戟、荣新江主编：《大唐西市博物馆藏墓志》，北京大学出版社，2012：353。

31 胡戟、荣新江主编：《大唐西市博物馆藏墓志》，2012：353-354。

图一　召弘安墓志（图片采自《大唐西市博物馆藏墓志》，2012：353）

详细地记载了此次南征的具体经过，这也就为解决上述两个问题提供了直接的帮助和史料支持。

首先是唐九征此次南征的讨伐对象。《召弘安墓志》在最开始就点明了此次征讨对象，即“迺有孤恩背德，窜谷依山”，再结合上文所提及的“夷落肃清，蛮陬无事”，便可推断出此处的“孤恩背德”所指的便是姚州治下“夷落”与“蛮陬”，也就是《旧唐书》与《资治通鉴》中所记载的“姚州叛蛮”。这就意味着景龙元年（707 年）的此次姚州动乱，只是由姚州当地的蛮族发动的，与吐蕃并无太大的关系。如若吐蕃真的参与进了此次姚州蛮族“叛乱”，势必会在墓志内容中有所体现，但在墓志有关此次征讨的记载中却始终没有出现过“吐蕃”或者指代吐蕃的字眼。另外，尽管从永隆元年

（680年）“由是西洱诸蛮皆降于吐蕃”[32]、中宗时期（705-710年）“湟中杂种诱訹西南夷，蜂合蚁聚，将陷賨蜀，朝廷骇焉”[33]、景云元年（710年）“蛮酋傍名引吐蕃攻知古”以及贞元七年（791年）“又遣间使持书喻之。道出磨些蛮，其魁主潜告吐蕃。使至云南，吐蕃已知之，令诘牟寻”[34]等记载中可以看出吐蕃与姚州地区的蛮族部落的确关系密切，两者也的确曾联合应对唐朝在西南地区的行动。但是姚州蛮族除了与吐蕃联合行动外，也经常会独自采取行动以反对唐朝在姚州地区的统治，这一点在圣历元年（698年）张柬之的《请罢姚州屯戍表》中便有所记载。在该封上书中便提及自龙朔年间（661-663年）设立姚州到圣历元年（698年）之间，姚州地区先后发生“长史李孝让、辛文协并为群蛮所杀”，“郎将赵武贵讨击，贵及蜀兵，应时破败，噍类无遗”，“将军李义总等往征，郎将刘惠基在阵战死”，“录事参军李棱为蛮所杀”等一系列事件[35]，而在咸亨三年（672年）正月，“姚州蛮寇边，太子右卫副率梁积寿为姚州道行军总管以伐之”[36]，这些事件也就是所谓的“西南诸蛮，元是异类，或叛或附，恍惚无常”[37]。由此可以确定，唐九征此次南征的讨伐对象只有“姚州叛蛮”，与吐蕃并未有太大的关系，即相关史书记载当以《旧唐书》和《资治通鉴》中的记载为准。

其次是关于唐九征南征之后的“褒赏”问题。如上所述，唐九征在南征之后曾遇到“中宗不时加褒赏”的问题，但是与其共同作战的召弘安却没有遇到这种问题。其墓志中明确记载，召弘安在完成此次军事行动后便得到了朝廷的“褒赏”，即“贼平朝集，主上加焉。迁拜云麾将军，行左领军卫中郎将，检校廓州刺史，上柱国，兼积石军经略使。”这也就意味着“不时加褒赏”一事只是针对唐九征个人的特殊情况。此外，两人在平定姚州蛮族叛乱之后的官职变动情况也值得进一步的考证。根据墓志记载，可知在此次南征之前，召弘安的官职为“正议大夫”“姚州刺史”。其中，正议大夫的官品为正四品上[38]，姚州刺史为正四品下[39]。南征之后，召弘安的官职变为“云麾将军”“左领军卫中郎将”“廓州刺史”。其中，云麾将军的官品为从三品上[40]，左领军卫中郎将为正四品

32《资治通鉴》卷202，唐纪十八，永隆元年七月条，1956：6396。

33 吴钢主编：《全唐文补遗》第5辑《甘元柬墓志》，西安：三秦出版社，1998：21。

34《旧唐书》卷197《南蛮西南蛮传》，1975：5282。

35《全唐文》卷175，1983：1784-1785。

36《新唐书》卷3《高宗本纪》，1975：70。

37《全唐文》卷286，1983：2904。

38《旧唐书》卷42《职官志一》，1975：1785；《新唐书》卷46《百官志一》，1975：1187。

39《旧唐书》卷44《职官志三》，1975：1918；《新唐书》卷49下《百官志四下》，1975：1318；《新唐书》卷42《地理志六》，1975：1086。

40《旧唐书》卷42《职官志一》，1975：1785；《新唐书》卷46《百官志一》，1975：1197。

下[41]，廓州刺史为正四品下[42]。从此次官职变动来看，志主召弘安不仅散官官品提升了两个品级，又新获得了正四品下的左领军卫中郎将官职，可谓是收获颇丰。反观唐九征，其在平定叛乱之前的官职为“监察御史”，官品为正八品上[43]。在南征之后，其官职则变为“朝散大夫”“侍御史”。其中朝散大夫的官品为从五品下[44]，侍御史的官品为从六品下[45]。也就是说，在此次官职变动中，唐九征不仅新获得了从五品下的文散官，其职事官也提升了五个品级。此外，唐九征还获得了“绣袍、金带、宝刀”等赏赐。两相比较，便可发现唐廷对唐九征的“褒赏”要远超过召弘安。这便表明在此次南征的过程中，唐九征的功绩是大于召弘安的，唐廷对此也是有所了解的。

同时，这也就意味着关于唐九征的“褒赏”问题，还需做进一步的探讨。回顾上文《召弘安墓志》中关于此次南征的记载以及史书中关于此次南征的记载，两相对比便会发现二者之间在内容上存在着出入。史书中对于唐九征此次南征的记载重点放在了其切断吐蕃与姚州群蛮的联系上，也就是所谓的“毁絙夷城”。但是《召弘安墓志》中的记载重点却放在了对于姚州蛮族的讨伐上，即“示之以好恶，陈之以祸福……君逌运筹帷幄，遥察孤虚。扬后一之佳兵，拥前三而制敌。……遐陬底定，边徼获清”。此外，从唐廷对两者的“褒赏”程度来看，明显唐廷更看重唐九征的军事行动。但是《召弘安墓志》却没有记载唐九征的这一行动，这也就意味着召弘安很可能并没有参与唐九征“毁絙夷城”的行动，其主要进行的是对姚州蛮族的作战。否则以当时唐廷对唐九征这一行动的重视程度来看，志主若是真的参与了唐九征“毁絙夷城”，在其墓志中势必会有所体现，而不是仅描述其平定“姚州叛蛮”的军事行动。总之，召弘安在此次南征中，主要参与的是唐朝对姚州蛮族的作战，结果在作战后便得到了“褒赏”。唐九征在此次南征中不仅参与了对姚州蛮族的作战，更是采取了进一步的军事行动“毁絙夷城”，直接切断了吐蕃与姚州蛮族的联系，结果在作战后却“不时加褒赏”，直到其他大臣上书后才得到“褒赏”，但其最后的“褒赏”程度要高于召弘安。两相对比，便可发现唐九征“褒赏”问题的出现应当与其“毁絙夷城”的军事行动有着较大的联系。

最后，还要指出的是《召弘安墓志》也在一定程度上纠正和补充了关于此次南征的

41《旧唐书》卷 44《职官志三》，1975：1899，1900-1901；《新唐书》卷 49 上《百官志四上》，1975：1281。

42《旧唐书》卷 44《职官志三》，1975：1918；《新唐书》卷 49 下《百官志四下》，1975：1318；《旧唐书》卷 40《地理志三》，1975：1637；《新唐书》卷 40《地理志四》，1975：1043。

43《旧唐书》卷 42《职官志一》，1975：1799；《新唐书》卷 48《百官志三》，1975：1239。

44《旧唐书》卷 42《职官志一》，1975：1795；《新唐书》卷 46《百官志一》，1975：1187。

45《旧唐书》卷 42《职官志一》，1975：1797；《新唐书》卷 48《百官志三》，1975：1237。

细节内容。如从墓志中记载的“爰命偏裨，龚行弔伐”一句，可推断出此次姚州蛮族动乱，姚州刺史召弘安应当是曾先行派军进行过讨伐，但是关于此次的作战结果，墓志中却没有记载，不过此次作战很可能是以失败告终。也正因此，唐朝才会派出唐九征南下平定姚州的动乱，墓志则对此讳而不言。同时，这也从另一个角度反映了此次姚州动乱应当没有吐蕃的参与，否则召弘安不会一开始只派遣“偏裨”前去讨伐。另外便是唐九征此时的官职问题，《旧唐书》的记载为“侍御史”，《新唐书》的记载为“右台御史”，《资治通鉴》的记载为“监察御史”，《大唐新语》的记载则为“御史”。结合《召弘安墓志》中的记载，可知此处当以《资治通鉴》的记载为准，即“监察御史”。

三、唐九征南征与唐蕃关系

通过对《召弘安墓志》的考证，可以确定唐九征的“褒赏”问题与其“毁絙夷城”的军事行动之间应当是存在着较大的联系，再加上墓志中明确记载召弘安在此次南征中是与“右台监察御史唐九征相知讨击”，但却对唐九征“毁絙夷城”这一行动完全阙载。这似乎不仅意味着召弘安没有参加此次行动，更意味着唐九征的“毁絙夷城”很有可能是其自作主张。事实上，从志主此次出征所担任的“管内经略安抚使”一职以及墓志中所记载的“示之以好恶，陈之以祸福。……曜将军禁暴之威，阐天子好生之德”便可看出，唐朝并不想扩大此次出征的作战规模，只想快速简单的解决“姚州叛蛮”，乃至于为此先行采取招抚的措施，在招抚失败后才兴兵讨伐。在这种情况下，唐九征“毁絙夷城”的行动无疑是与唐廷的设想背道而驰，其这一行动固然切断了吐蕃与姚州群蛮的联系，进一步巩固了唐朝在西南地区的统治。但是从另一个方面来看，其这一行动很有可能会引起吐蕃的不满，因为唐九征的所作所为无疑是损害了吐蕃在西南地区的利益。如果吐蕃因此事再度和姚州蛮族联合，这绝对不是此时唐朝想要看到的情况。之后的景云元年（710 年）吐蕃与姚州蛮族的联合，便直接导致了“由是姚、巂路绝，连年不通。”

同时，唐九征“毁絙夷城”的行动也存在着破坏唐蕃神龙会盟的可能。根据“所缘和事者，孝和帝在日，其国界并是逐便断当讫，彼此亦已盟誓”[46] 以及“琬既行，敕琬赍神龙二年吐蕃誓文，与达延定界”[47] 的记载可知唐朝与吐蕃在神龙二年（706 年）便已经通过会盟将双方的疆界进行了确定。当时吐蕃应当便已经“以铁絙梁漾、濞二水，通西

46《全唐文》卷 999，1983：10343。
47《册府元龟》卷 981《外臣部 · 盟誓》，1989：3922。

洱蛮，筑城戍之”，而这一情况一直到景龙元年（707 年）六月唐九征南征之时还存在，这也就意味着唐朝一方默许了吐蕃这一行动，甚至很有可能是得到了双方会盟确定的。在此背景下，唐九征“毁絚夷城”的行动无疑对唐蕃神龙会盟产生一定的破坏作用。再加上唐九征南征的同年三月“吐蕃遣其大臣悉薰热入贡”[48]，四月唐朝则“以上所养雍王守礼女金城公主妻吐蕃赞普”[49]，可见唐蕃双方依然处于和平交往中，而唐九征的“毁絚夷城”则有可能会破坏唐蕃之间的和平交往。在此情况下，唐廷势必会暂时对唐九征进行冷处理，避免进一步激怒吐蕃，使其误认为唐九征的所作所为是得到了唐廷的授意。但是随着时间的发展，唐廷发现吐蕃一方对此并没有太大的过激反应，再加上唐九征的“毁絚夷城”虽然是自作主张，但是的确进一步维护了唐朝在西南地区的利益，唐廷便以大臣上书为契机，对唐九征大加“褒赏”。

事实上，从唐九征南征之后的“褒赏”问题中也可看出中宗时期不仅吐蕃一方注重维持唐与吐蕃之间的和平，唐朝一方也比较重视。究其原因，则在于这一时期不仅吐蕃政局动荡，唐朝一方也出现了问题。在政治上，唐朝此时期先后出现武三思“既杀五王，权倾人主”[50]，韦皇后“数改制度，阴储人望。稍宠树亲属，封拜之”[51]以及“时安乐公主与驸马武延秀、侍中纪处讷、中书令宗楚客、司农卿赵履温互相猜贰，迭为朋党”[52]等情况，使得内部政治混乱，争权夺利现象层出不穷。在对外关系上，后突厥汗国成为唐朝的首要敌人，中宗甚至为此“下制绝其请婚，仍购募能斩获默啜者封国王，授诸卫大将军，赏物二千段。又命内外官各进破突厥之策”[53]，“制募猛士武艺超绝者，各令自举”[54]。在此内忧外患的情况下，唐朝也较为积极主动的维持唐蕃之间的和平，也正因此唐朝才会对唐九征进行一个暂时的冷处理。

不过，尽管唐朝在此时较为积极主动的维持与吐蕃之间的关系，但是并不意味着唐朝与吐蕃之间的关系是平等的，这在唐九征南征这一事件中也有所体现。固然唐九征南征之后，唐廷出于维护唐蕃关系的考虑，对其进行了暂时的冷处理。但是从后续发展来看，唐朝的这种处理方式只不过是为了应付吐蕃，唐九征在之后便得到了唐朝的大加“褒赏”，唐朝也并未打算让吐蕃再次“以铁索跨漾水、濞水为桥，以通西洱河”“筑

48《资治通鉴》卷 208，唐纪二十四，景龙元年三月条，1956：6610。
49《资治通鉴》卷 208，唐纪二十四，景龙元年四月条，1956：6610。
50《资治通鉴》卷 208，唐纪二十四，神龙二年七月条，1956：6606。
51《新唐书》卷 76《韦皇后传》，1975：3487。
52《旧唐书》卷 51《韦庶人传》，1975：2174。
53《旧唐书》卷 194 上《突厥传上》，1975：5170。
54《旧唐书》卷 7《中宗本纪》，1975：143。

城以镇之”。甚至到了唐玄宗时期，唐朝更是利用唐九征此次南征所建铁柱作为唐蕃双方在西南地区划界的主要依据。这在唐玄宗的两封《敕吐蕃赞普书》中便有所体现，即“至如彼中铁柱州图地记，是唐九征所记之地，诚有故事，朕岂妄言？所修城壁，亦依故地，若不复旧，岂为通和？”[55]“缘彼州铁柱，前书具报，一言不信，朕岂厚诬？更以相仍，便非义也。铁柱书唐九征所作，百姓咸知，何不审之？徒劳往复。”[56]由此可见，唐朝虽然对唐九征进行了暂时的冷处理，但是却也将唐九征此次“毁絙夷城”行动所带来的好处全盘接纳。反观吐蕃一方，对于唐九征的这一行动则没有任何反应与表示。这也就意味着，在此段时期的唐蕃交往中，相对于唐朝，吐蕃处于一种劣势地位。

最后，还要指出的一点是，唐九征在南征过程中“毁絙夷城”的根本作用应当是重新确立了唐朝在姚州西北洱海地区的统治。按《吐蕃大事纪年》中关于长安三年（703年）“冬，赞普赴姜地（六诏），并攻陷之”[57]的记载，可知长安三年时吐蕃曾攻占六诏。同时，根据“蒙舍诏在诸部南，故称南诏。居永昌、姚州之间，铁桥之南，东距爨，东南属交趾，西摩伽陀，西北与吐蕃接，南女王，西南骠，北抵益州，东北际黔、巫”[58]的记载可知六诏的活动范围主要便是在洱海地区。随着长安三年吐蕃赞普亲征六诏，也就意味着洱海地区唐朝统治的丧失和吐蕃统治的建立。同时根据“冬，赞普于赴蛮地主政期间升天”[59]的记载可知吐蕃的确曾试图在洱海地区建立稳固的统治秩序，不过这一行动很快便因为吐蕃赞普墀都松赞的去世和吐蕃政局的动荡而夭折。但是不可否认的是，此时吐蕃已经将洱海地区纳入到了自己的管辖之下，而唐朝一方则因为神龙政变一事而进入内部政治大变动时期尚未来得及关注此事。在此情况下，唐九征南征中“毁絙夷城”所起到的作用，不仅仅是上文所提到的切断吐蕃与姚州蛮族的联系，更重要的是直接推翻了吐蕃在洱海地区的统治，将该地区再次纳入到唐朝管辖范围之内，这也是其“褒赏”程度远大于召弘安的根本原因。不过，可惜的是，唐朝此次重新确立统治也只是暂时的，随着景龙三年（709年）吐蕃政治秩序的稳定，吐蕃又再度和姚州蛮族建立联系，并与唐朝再次展开争夺，也因此导致了景云元年（710年）李知古再度率兵讨伐姚州蛮族一事。

综上所述，通过结合史书和墓志中的相关记载，可知景龙元年（707年）六月唐九

55《全唐文》卷287，1983：2906。
56《全唐文》卷286，1983：2904。
57 黄布凡、马德：《敦煌藏文吐蕃史文献译注》，兰州：甘肃教育出版社，2000：46。
58《新唐书》卷222上《南蛮传上》，1975：6267。
59 黄布凡、马德：《敦煌藏文吐蕃史文献译注》，2000：46。

征南征的主要讨伐对象当为姚州蛮族，而在此次姚州蛮族“叛乱”中，吐蕃一方因内部政局动荡的影响并未参与其中。但是唐九征在此次行动中，却自作主张“毁絙夷城”，也因此遭到了唐廷暂时的冷处理。不过，很快他就得到唐廷的大加“褒赏”，原因就在于唐九征虽自作主张，但是其军事行动的确进一步地维护了唐朝在西南地区的利益，特别是清除了吐蕃在洱海地区的势力，重新确立了唐朝在洱海地区的统治。与此同时，吐蕃在唐九征南征行动中的消极被动，也意味着在此时期的唐蕃交往中，吐蕃属于劣势的一方，并且相对于唐朝而言吐蕃更希望能继续维持唐蕃之间的和平，以至于为此而暂时退出与唐朝在西南地区的争夺。另外，《新唐书》和《大唐新语》在记载此事时，之所以会将吐蕃视作主要征讨对象，应是依据唐九征“毁絙夷城”军事行动的影响而得出的结论。正因其这一行动不仅切断了吐蕃与姚州蛮族的联系，更是直接推翻了吐蕃在洱海地区的统治，再加上在唐朝与吐蕃的交往中，吐蕃又经常联合西南地区的蛮族对唐朝发动进攻，于是便直接认定吐蕃为此次主要讨伐对象。

◆ 苑恩达　南京师范大学历史系博士研究生
陆离　南京师范大学历史系教授

哥舒翰收复石堡城原因探赜 *

李学东

内容摘要：唐玄宗开元二十九年（741 年），吐蕃袭取石堡城。鉴于其重要的战略位置，自天宝四载（745 年）始，唐廷先后令皇甫惟明、王忠嗣、哥舒翰统兵经略石堡城，最终哥舒翰击败吐蕃，重新将其纳入唐军的控制之下。唐玄宗天宝年间，宰相李林甫与太子李亨的权力斗争日趋激烈，作为太子亲党的皇甫惟明与王忠嗣虽身处边疆，但依然无法置身事外，相继发起的石堡城之役，因受朝堂权力之争的波及，致使唐军无功而返。哥舒翰则因出身蕃将，未涉朝堂之争，得以规避中枢斗争对前线战事的恶性干扰；参战将领阿布思与李林甫的交私亦使此战免受政治斗争的影响。此外，哥舒翰攻打石堡城之时兵力较为强大，并且唐军事先于剑南向摩弥城发动进攻，通过摩弥之役来牵制吐蕃兵力，为哥舒翰攻拔石堡城提供策应，使其最终成功收复石堡城。战后哥舒翰逐步构筑以石堡城为中心的防御体系，巩固石堡城防守。

石堡城因地处战略要津，故而成为唐朝与吐蕃在河陇交战争夺的重要目标，石堡城的归属在某种程度上决定了其中一方能否在双方的交战中占据有利态势，因而唐蕃双方

* 本文系国家社科基金“铸牢中华民族共同体意识研究专项”项目“历史视野下中国古代各族群交往交流交融资料的搜集整理与研究”（22VMZ011）阶段性成果。

都对此地极为重视，势在必得。学界关于石堡城的研究一直热度不减，相关学术成果层出不穷。现有研究成果主要集中于对石堡城地望、战略位置的阐释[1]。邵文实、陆离、李宗俊利用P.3885号文书对开元二十九年（741年）唐蕃战事作了研究[2]。刘子凡通过对《陇右纪圣功颂》残存文字的考释，指出唐玄宗对石堡城之役的重视与谋划是哥舒翰成功克复石堡城的重要原因[3]。然而，既有研究对天宝时期唐军攻打石堡城的成败之因尚缺乏深入细致的讨论，因而仍有进一步挖掘的空间。今拟在诸先学的基础上，尝试探究天宝年间哥舒翰成功收复石堡城之原因，以期加深对此问题的认识。不当之处，敬祈学界教正。

开天之际，唐朝与吐蕃的频繁交战，使得河陇地区战事连绵，干戈不息。石堡城位于唐蕃交兵的前沿，因其重要的战略位置，一度成为唐朝与吐蕃反复争夺的重要据点，石堡城也因此几经易手。开元十七年（729年）信安郡王李祎率军攻拔石堡城，不失时机地扭转了唐蕃河陇之争的不利局面。至开元二十九年吐蕃袭取石堡城，直接威胁着唐陇右边境重镇的安危。天宝时期，皇甫惟明、王忠嗣[4]相继攻之，但均铩羽而归[5]；而后哥舒翰继任陇右节度使，积极备战以夺取石堡城，最终振旅而归[6]。三位节帅均是玄宗寄

1 吴景敖：《西陲史地研究》，上海：中华书局，1948：11；小畑龙雄：《唐代隴右振武軍考》，羽田博士還曆記念會編：《東洋史論叢：羽田博士頌壽記念》，京都：東洋史研究會（京都大学文学部内），1950：453-476；包寿南：《石堡城疑辨》，《西北史地》1982（1）：38-43；李振翼、马明达：《甘南卓尼县〈唐李将军碑〉考略》，《兰州大学学报》1982（1）：8-17；黄新亚：《唐蕃石堡城之争辨析》，《青海社会科学》1982（6）：99-105；孙显宗：《也谈唐石堡城遗址》，《西北史地》1983（2）：91-93；曾毅、温彬、永吉：《关于唐石堡城的地理位置问题》，《西北史地》1983（2）：85-91；王子贞：《关于唐石堡城地理位置的辨析——与李振翼、马明达二同志商榷》，《青海社会科学》1983（6）：124-128；李振翼：《唐石堡城方位之我见》，《西北史地》1985（2）：89-93；陈小平：《唐石堡城地理位置考索——兼驳甘肃卓尼县羊巴城即石堡城址说》，《青海民族学院学报》1987（2）：34-40；李晓伟：《哥舒翰与石堡城之战》，《社科纵横》1997（6）：60-61；王昱：《石堡城遗址考察纪实》，《青海社会科学》2009（5）：120-125；王昱：《石堡城唐蕃争夺战及其方位》，《青海社会科学》2010（6）：178-184；李宗俊：《唐代石堡城、赤岭位置及唐蕃古道再考》，《民族研究》2011（6）：38-50；常磊：《〈石堡战楼颂〉及有关历史地理问题研究》，兰州大学硕士学位论文，2017：18-34；郑红翔、张旭：《唐、蕃战争中的九曲之地与石堡城》，《兰州大学学报》2020（1）：106-114。

2 邵文实：《开元后期唐蕃关系探谜》，《西北史地》1996（3）：80-84；陆离：《敦煌文书P.3885号中记载的有关唐朝与吐蕃战事研究》，《中国藏学》2012（2）：90-98；李宗俊：《敦煌文书P.3885反映的吐蕃行军路线及神策军驻地、洮州治所等相关问题考》，《唐史论丛》第22辑，西安：三秦出版社，2016：233-250。

3 刘子凡：《哥舒翰与〈陇右纪圣功颂〉——唐哥舒翰纪功碑考实》，《隋唐辽宋金元史论丛》第7辑，上海古籍出版社，2017：116-128。

4 王忠嗣主政河陇之时，力主攻拔石堡城的将领是董延光，王忠嗣只是奉诏出兵助战而已。参看《旧唐书》卷103《王忠嗣传》，北京：中华书局，1975：3200。

5 《旧唐书》卷196上《吐蕃传上》，1975：5235。

6 《旧唐书》卷9《玄宗纪下》天宝八载六月条，1975：223。

予厚望的边将，然而在攻略石堡城的战役上，却出现大相径庭的结果，令人百思不得其解。皇甫惟明与王忠嗣并非庸将，所统兵马亦非弱旅，为何二人无功而返？哥舒翰最终竟其全功，一举克复石堡城，原因何在？

一、政争对战争的波及——唐军攻略石堡城失利之原因

唐玄宗天宝年间，唐军攻略石堡城的战役肇始于皇甫惟明。《资治通鉴》载："陇右节度使皇甫惟明与吐蕃战于石堡城，为虏所败，副将褚诩战死。"[7]不难发现，天宝四载皇甫惟明率兵攻打石堡城，唐军败北，损兵折将。此役乃是石堡城于开元二十九年陷蕃之后，唐军谋取石堡城的首战，而此时适逢宰相李林甫与太子势力角逐于朝堂之上。孟彦弘虽注意到李林甫利用太子与皇甫惟明、王忠嗣等边将之关系大做文章，意图倾覆太子[8]，但未深入探讨中枢政治斗争对于边疆战事之影响。当时宰相李林甫与太子李亨之间的斗争日趋激烈，双方之间的矛盾或可追溯到此前太子人选的问题上，史载：

> 储宫虚位，玄宗未定所立。（李）林甫曰："寿王年已成长，储位攸宜。"玄宗曰："忠王仁孝，年又居长，当守器东宫。"乃立为皇太子。自是林甫惧，巧求阴事以倾太子。[9]

李林甫最初属意的储位人选乃是寿王，但事与愿违，忠王最终被立为太子，李林甫自此便阴谋倾覆太子。由此可见，太子与李林甫之间逐渐形成一种对立关系，并且彼此忌惮[10]。忠王于开元二十六年被立为太子[11]，原忠王府的属官自然与有荣焉，政治前途可以预见。根据《唐会要》记载："（开元）十七年，（吐蕃）复遣使来朝，诏忠王友皇甫惟明及内侍张元方使于吐蕃。"[12]皇甫惟明所任忠王友一职的职责是"掌侍游处，规讽道义。"[13]其既为忠王府属官，那么应为忠王亲信。其后，皇甫惟明弹劾李林甫的举措更是

---

7 《资治通鉴》卷215，唐玄宗天宝四载九月条，北京：中华书局，1956：6987。

8 孟彦弘：《唐前期的太子问题及其政治后果——兼论安史叛乱之因果》，《原道》第2辑，北京：团结出版社，1995：238-263；后收入氏著《出土文献与汉唐典制研究》，北京大学出版社，2015：158-178。

9 《旧唐书》卷106《李林甫传》，1975：3237-3238。

10 ［加］蒲立本著，丁俊译：《安禄山叛乱的背景》，上海：中西书局，2018：152。

11 《旧唐书》卷9《玄宗纪下》开元二十六年六月庚子条，1975：210。

12 《唐会要》卷97《吐蕃》，上海古籍出版社，2006：2053。

13 《新唐书》卷49下《百官志四下·王府官》，北京：中华书局，1975：1305。

为其遭谗埋下祸根。据《新唐书》记载："河西、陇右节度使皇甫惟明数于帝前短（李）林甫，称（韦）坚才，林甫知之。"[14]李林甫既已决定颠覆太子之位，为免后患，太子的亲信之人亦当成为其清除的对象，皇甫惟明作为太子的辅弼良佐，自然也在其中。

值得一提的是，李林甫此前曾兼领河西、陇右节度事，然而到天宝年间却停兼节度事。《旧唐书》载："（李）林甫既秉枢衡，兼领陇右、河西节度，又加吏部尚书。天宝改易官名，为右相，停知节度事，加光禄大夫，迁尚书左仆射。"[15]唐玄宗于天宝元年二月[16]改易官名，那么李林甫停兼节度事的时间应为天宝元年（742年）二月。李林甫业已罢领节度，唐廷又将委派何人继任?《全唐文》载："（皇甫）惟明，天宝元年官陇右节度使。"[17]揆诸史籍，我们并未发现皇甫惟明继任陇右节度使的确切时间，很有可能是李林甫于天宝元年二月停兼陇右节度事之后，唐玄宗即令皇甫惟明接任之。此举虽是西北边军中的一个变化，但与当时中枢政局的演变息息相关，是在玄宗抑制相权的背景下发生的[18]。不难发现，当时的朝堂并不平静，宰相与太子之间的权力纷争日益加剧。李林甫对忠王承继储位本就有所怨望，现又失去军事权柄，而这一边防要职恰恰由太子亲信皇甫惟明出任，此举或许会进一步加剧宰相与太子之间的斗争。皇甫惟明对石堡城的经略即是在这一背景下展开的。

如果说以皇甫惟明为代表的军将是太子势力在军方的突出代表，那么以韦坚为代表的朝官则是太子在财政领域的重要倚仗。《资治通鉴》载："（天宝元年）三月，以长安令韦坚为陕郡太守，领江、淮租庸转运使。"[19]需要注意的是，韦坚与太子乃是姻亲关系，韦坚以外戚身份成为太子势力的重要延伸。《旧唐书》载："（韦）坚姊为赠惠宣太子妃，坚妻又楚国公姜皎女，坚妹又为皇太子妃，中外荣盛，故早从官叙。"[20]韦坚领使时间亦为天宝元年，皇甫惟明与韦坚作为太子阵营的重要成员竟于天宝元年同时担任重要职务，耐人寻味；韦坚领使与皇甫惟明节度陇右，标志着太子势力在财赋与军事领域的增长。全汉昇指出开天之际，唐廷对西北的经略之所以能够取得较大成功，与江淮布帛大

14《新唐书》卷134《韦坚传》，1975：4561。

15《旧唐书》卷106《李林甫传》，1975：3238。

16《资治通鉴》卷215，唐玄宗天宝元年二月条，1956：6971。

17《全唐文》卷357《皇甫惟明小传》，北京：中华书局，1983：3631。

18 丁俊：《李林甫研究》，南京：凤凰出版社，2014：364-378。另外，赵鸿昌认为唐玄宗天宝年间朝廷矛盾从藩镇节度使的任免可窥一斑，皇甫惟明与王忠嗣为其典型代表。参读氏著：《论南诏天宝之战与安史之乱的关系》，《云南社会科学》1985（2）：49-54。

19《资治通鉴》卷215，唐玄宗天宝元年三月条，1956：6972。

20《旧唐书》卷105《韦坚传》，1975：3222。

量运往西北密不可分，而韦坚则为促成此事做出巨大贡献[21]。由此观之，天宝元年皇甫惟明能够于陇右大败吐蕃[22]或许与韦坚掌管江淮财赋的转运不无关系。

另外，当时江淮租赋所供者不唯西北，东北边军亦仰赖于此，陈子昂曾上奏朝廷："江南、淮南诸州租船数千艘已至巩洛，计有百余万斛，所司便勒往幽州，纳充军粮。"[23]《颜鲁公行状》的相关记载则进一步点明江淮租赋的供军作用。其文曰："国家旧制，江淮郡租布贮于清河，以备北军费用，为日久矣，相传为天下北库。"[24]两则史料所记虽是江淮租赋充当东北边军粮饷之事，但在一定程度上表明边境战事的胜利与充足的粮饷供应密不可分，而职司其事的正是财赋使臣。

既然边境战事的胜利有赖于财赋使臣提供源源不断的粮饷供给，那么财赋使臣与边将之间一旦出现因政治斗争而势同水火的状况，很可能会波及到边疆军队粮饷的正常补给。《资治通鉴》载："（天宝四载）九月，癸未，以陕郡太守、江淮租庸转运使韦坚为刑部尚书，罢其诸使，以御史中丞杨慎矜代之。"[25]表面看来，韦坚官职得到升迁；实则不然，"罢诸使"表明其财赋使职已被褫夺，无法继续掌管财赋大权。《资治通鉴》记载："李林甫以杨慎矜屈附于己"[26]，表明韦坚财赋使职的继任者杨慎矜是李林甫阵营的重要成员。开元二十九年牛仙客去世后，李适之继任相位。李适之的入相并非李林甫所愿，双方之间的角逐由此展开，韦坚作为李适之的重要同盟，自然难以置身事外；李林甫打击韦坚，令杨慎矜接任财赋使职，可以减轻李适之的威胁[27]。韦坚的明升暗降同样使得太子的势力受到削弱，换言之，此举致使江淮财赋脱离太子亲党的掌控，转而为李林甫势力所控制。

在宰相与太子政治斗争愈演愈烈的情势下，杨慎矜极有可能秉承宰相之命在陇右军队的粮饷供给上设阻[28]，使皇甫惟明在攻略石堡城之时因后援粮草掣肘，无法全力对敌，

21 全汉昇：《唐宋帝国与运河》，上海：商务印书馆，1946：32-41。

22 《新唐书》卷5《玄宗纪》天宝元年十二月戊戌条，1975：143。

23 （唐）陈子昂撰，徐鹏校点：《陈子昂集》（修订本）卷8《上军国机要事》，上海古籍出版社，2013：203。

24 《全唐文》卷514，殷亮《颜鲁公行状》，1983：5226。

25 《资治通鉴》卷215，唐玄宗天宝四载九月癸未条，1956：6987。严耕望指出《旧唐书·韦坚传》所记韦坚于天宝三载九月任刑部尚书，时间存在讹误；《资治通鉴》所载当为是。参见氏著：《唐仆尚丞郎表》，上海古籍出版社，2007：989。

26 《资治通鉴》卷215，唐玄宗天宝三载八月条，1956：6979。

27 [加]蒲立本著，丁俊译：《安禄山叛乱的背景》，2018：149-151。

28 此处虽是推断，但并非无的放矢；盖因韦坚之狱的始作俑者乃是杨慎矜，而杨慎矜则是奉李林甫之命阴发其事。参看《旧唐书》卷106《李林甫传》，1975：3238。皇甫惟明与韦坚同为太子亲党，李林甫为斩草除根，也极有可能令杨慎矜利用职务之便从中作梗。

最终兵败，其目的在于借此打击太子势力。杨慎矜所司财赋大权为此事的实施提供了可能，其侄杨偁墓志的相关记载可补史之阙，有助于我们进一步了解当时杨慎矜的主要职掌，为便于讨论，兹引述如下：

> 天宝中，（杨偁）叔父户部侍郎兼中丞慎矜[29]，专判度支，实敦勤俭。玄宗尝赐手诏："朕之府库，委卿一门。"渥恩有殊，特拜在近。[30]

根据志文记载，天宝时期，杨慎矜时任户部侍郎并专判度支；当时边军军资、粮仗需要申报"度支而会计之"[31]，杨慎矜正好职司其事。在唐前期度支军费统筹统支的管理体制下[32]，边军和籴物资的发放须由度支勘会；庞大的军费开支是由中央政府配给[33]，而度支掌管天下经费。皇甫惟明所统陇右兵马的军费自然应由杨慎矜负责，在太子与宰相权力斗争的政治背景下，杨慎矜作为宰相李林甫阵营的重要一员，其置身事外的可能性微乎其微。

史书记载，就在韦坚罢领财赋使职的同年，皇甫惟明攻打石堡城，损兵折将，败于吐蕃[34]。表面看来，两件事情无甚关联，然而若将二者置于天宝四载中枢政局的变化中加以考察，个中联系则较为明了。崔瑞德指出韦坚与皇甫惟明等人已结成一个强大的集团，集中表现在财政与军事两个领域[35]。忠王继立储贰，虽木已成舟，但李林甫仍潜谋倾覆之；韦坚与皇甫惟明因是太子亲党[36]，故而李林甫将此二人作为打击太子的突破口。《新唐书》载：

> 太子既定，（李）林甫恨谋不行，且畏祸，乃阳善韦坚。坚，太子妃兄也。

---

29 "矜"同"矜"。

30《唐故均州刺史杨府君墓志铭并序》，赵力光主编：《西安碑林博物馆新藏墓志续编》128，西安：陕西师范大学出版社，2014：389-391。

31（唐）李林甫等撰，陈仲夫点校：《唐六典》卷3《尚书户部》度支郎中员外郎条，北京：中华书局，2014：81。

32 贾志刚：《唐肃代之际河西军费问题试析》，《敦煌研究》2005（2）：58-63。

33 王永兴：《唐代前期军事史略论稿》，北京：昆仑出版社，2003：124-125。

34《新唐书》卷5《玄宗纪》天宝四载九月甲申条，1975：145。

35 [英]崔瑞德编，中国社会科学院历史研究所西方汉学研究课题组译：《剑桥中国隋唐史》，北京：中国社会科学出版社，1990：419。

36 参读赵鸿昌：《论南诏天宝之战与安史之乱的关系》，《云南社会科学》1985（2）：49-54。

使任要职，将覆其家，以摇东宫。乃构坚狱，而太子绝妃自明，林甫计黜。[37]

韦坚之狱是李林甫试图动摇太子储君地位的开端，此举不但使韦坚遭贬，手握重兵的边将皇甫惟明亦未能幸免，被贬为“播川太守”[38]。天宝五载（746 年），李林甫罗织罪名，使韦坚与皇甫惟明惨遭贬黜，实现了其削弱太子势力的初步计划。李林甫倾覆太子之举既然蓄谋已久，那么此前杨慎矜代韦坚掌管财赋大权应是其翦除太子羽翼的重要一步，正在筹备攻取石堡城的皇甫惟明或许也会成为其打击对象。

钩稽史料，我们并没有发现李林甫阻挠军计的相关记载，但我们可以根据当时宰相李林甫与太子势力的斗争形势作一合理推断。皇甫惟明入朝献捷之时，曾“乘间微劝上去（李）林甫”[39]，李林甫在得知这一消息后，便“使杨慎矜密伺其所为”[40]，利用一切机会打击皇甫惟明。天宝时斯天下兵马食粮有和籴、租税支给、屯田、斫田收入四种来源；陇右军粮完全由和籴与屯田供给，其中和籴所占比重远远超过屯田，成为陇右军粮的主要来源[41]。既然和籴关乎陇右边军的粮饷供给，那么籴本的筹集就显得尤为重要，只有提供充足的籴本，才能确保和籴的顺利实施。唐玄宗年间乃是籴本的发展期，当时籴本的主要来源是户部所入，供支度国用的各项税物，包括匹段与钱[42]。籴本筹集完毕后，其后和籴将如何运作?《通典》载：

按天宝中天下计帐，户约有八百九十余万，其税钱约得二百余万贯。……其度支岁计，粟则二千五百余万石，布绢绵则二千七百余万端屯匹，钱则二百余万贯。（……六十余万添充诸军州和籴军粮。）[43]

不难发现，天宝年间度支岁计有专门划拨给诸军州和籴军粮的钱。由于常平监废置不常，和籴主要由户部度支司主管[44]。从前揭志文记载可以得知当时杨慎矜担任户部侍郎

37《新唐书》卷 223 上《奸臣上 · 李林甫传》，1975：6344-6345。

38《旧唐书》卷 105《韦坚传》，1975：3224。

39《资治通鉴》卷 215，唐玄宗天宝五载正月条，1956：6989。

40《资治通鉴》卷 215，唐玄宗天宝五载正月条，1956：6989。

41 李锦绣：《唐代财政史稿》（上卷），北京大学出版社，1995：1228-1235。

42 罗彤华：《唐代和籴问题试论》，原载《新史学》第 15 卷第 1 期，2004：45-92；后收入陈国栋、罗彤华主编：《台湾学者中国史研究论丛 · 经济脉动》，北京：中国大百科全书出版社，2005：100-135。

43（唐）杜佑撰，王文锦等点校：《通典》卷 6《食货六 · 赋税下》，北京：中华书局，1988：110-111。

44 参读李雪华：《唐代和籴制度述论》，《贵州大学学报》1985（2）：71-75；赵文润：《唐代和籴制度的性质及作用》，《唐史论丛》第 5 辑，西安：三秦出版社，1990：23-32。

并专判度支，由此言之，从籴本的筹集到和籴的运作等诸项事宜均由杨慎矜来掌管，陇右边军的“经济命脉”已经为杨慎矜所把持。

一方面，宰相李林甫汲汲于倾覆太子，作为太子亲党的皇甫惟明自然是其打击的对象；另一方面，皇甫惟明“数于帝前短（李）林甫”[45]，无疑成为激化双方矛盾，导致皇甫惟明引祸上身的催化剂。皇甫惟明统辖的陇右边军主要依靠和籴来补充粮饷，而杨慎矜又恰恰负责和籴的各项事务，那么杨慎矜完全可以利用手中职权来制约陇右地区的军队。作为李林甫集团的重要成员，杨慎矜自然承望风旨，按照李林甫的意志行事，在和籴之事上层层设阻，处处掣肘，造成陇右边军粮饷供应难以为继，无法克捷，进而实现削弱太子势力的目的。从这个意义上来说，唐廷的中枢政治斗争或许是导致皇甫惟明攻击石堡城失利的重要因素。

尽管皇甫惟明发起的石堡城之役丧师失律，但唐玄宗并未就此放弃。天宝六载（747 年），玄宗意欲再攻石堡城，诏王忠嗣问对，王忠嗣认为厉兵秣马，相机而动才是上策[46]。以往骁勇善战的王忠嗣为何在攻取石堡城之时变得如此审慎？军事层面的问题固然不可忽视，但其他因素的干扰则更加令人担忧。《资治通鉴》载：“李林甫以王忠嗣功名日盛，恐其入相，忌之。”[47] 由此可见，王忠嗣当时因军功卓著，有入相之资，致使李林甫忌惮不已。任士英认为李林甫嫉恨王忠嗣并非单纯恐其入相，“日求其过”实则阴谋利用王忠嗣倾动太子[48]。既然李林甫欲借王忠嗣倾覆太子，那么王忠嗣与太子之间应当存在较为紧密的关系。《旧唐书》载：“肃宗在忠邸，与之（王忠嗣）游处。”[49] 此外，《王忠嗣碑》则对二人的交往情况做了更为详尽的勾勒：

> （王忠嗣）每随诸王问安否，独与肃宗同卧起；至尊以子育，储后以兄事。[50]

王忠嗣与太子昔日游处的经历应该使得二人交情甚深，元献皇太后（肃宗母）又为

45《新唐书》卷 134《韦坚传》，1975：4561。

46《资治通鉴》卷 215，唐玄宗天宝六载十月条，1956：6997。

47《资治通鉴》卷 215，唐玄宗天宝六载正月条，1956：6996。

48 任士英：《唐代玄宗肃宗之际的中枢政局》，北京：社会科学文献出版社，2003：106-109。

49《旧唐书》卷 103《王忠嗣传》，1975：3197。

50《全唐文》卷 369，元载《朔方河东河西陇右节度使御史大夫赠兵部尚书太子太师清源公王府君神道碑铭并序》，1983：3750。

其“盛择配之礼”[51]。曩昔所受之恩遇无疑会使王忠嗣对太子心存感激，反观王忠嗣与李林甫之关系，则势同水火。史言：“李林甫居逼示专，嫌公（王忠嗣）不附。”[52]两相比较之下，王忠嗣的立场已不言自明。基于此，李林甫很可能已经将王忠嗣列为太子亲党[53]，通过罗织罪状使王忠嗣身陷囹圄，或已成迫在眉睫之事；其终极目的乃是通过陷害王忠嗣，进而动摇太子地位。

石堡城之役的败衄成为王忠嗣遭谗下狱的导火索。《旧唐书》载：“（天宝）六载，会董延光献策请下石堡城，诏（王）忠嗣分兵应接之。忠嗣僶俛而从，延光不悦。……及延光过期不克，诉忠嗣缓师，故师出无功。”[54]李林甫趁机令济阳别驾魏林诬枉王忠嗣尝有“早与忠王同养宫中，我欲尊奉太子”[55]之语。玄宗盛怒之下，命三司讯验，幸得哥舒翰表请为其赎罪，最终左迁汉阳太守。此案以王忠嗣的贬黜而告终，太子则因玄宗的介入幸免于难。

尽管王忠嗣攻击石堡城失利，但罪不至死；导致其锒铛入狱、几陷极刑的主要原因乃是魏林的谗慝之举。石堡城之战前夕，李光弼曾言于王忠嗣：

> 大夫（王忠嗣）财帛盈库，何惜数万段之赏以杜其谗口乎！彼如不捷，归罪于大夫矣。[56]

李光弼之语发人深思，此次攻打石堡城，军事统帅是董延光，王忠嗣只是出兵助役，为何一旦兵败要归罪于王忠嗣？此前皇甫惟明与吐蕃战于石堡城，唐军损失惨重，尚未罢官免职；而此役王忠嗣仅是出兵助战，却要承担战败罪责，着实令人费解。另外，李光弼提及用“财帛贾士勇”以杜谗口，此处所述“谗口”意指何人？表面看来，似乎是指董延光，但作为此役的实际指挥者，即便可以通过进谗将战败责任归咎于王忠嗣，董延光亦难辞其咎。故“谗口”当另有所指，从后续事件的发酵来推断，始作俑者应是

51 《全唐文》卷 369，元载《朔方河东河西陇右节度使御史大夫赠兵部尚书太子太师清源公王府君神道碑铭并序》，1983：3751。

52 《全唐文》卷 369，元载《朔方河东河西陇右节度使御史大夫赠兵部尚书太子太师清源公王府君神道碑铭并序》，1983：3749。

53 任士英指出从王忠嗣之狱来看，李林甫确有故意将王忠嗣与皇太子的政治势力联系起来，借以将太子牵连进来。参见氏著：《唐代玄宗肃宗之际的中枢政局》，2003：109。

54 《旧唐书》卷 103《王忠嗣传》，1975：3200。

55 《旧唐书》卷 103《王忠嗣传》，1975：3200。

56 《旧唐书》卷 103《王忠嗣传》，1975：3200。

李林甫。李林甫选择在石堡城战事失利之时令魏林进谗，实则对王忠嗣的被贬起到了推波助澜的作用。任士英认为王忠嗣之狱表明地方军将已经卷入中央朝廷的政争，中枢政治斗争业已延伸到边疆军事将领[57]。恐怕战前王忠嗣就已经对当时的中枢政治环境有所察觉，故有“岂失一黔中上佐”[58]之语。

不难发现，朝中宰相与太子的权力斗争已经波及到地方将帅，王忠嗣作为太子亲信，尽管身在边陲，但已泥足深陷，无法置身事外；故而其在疆场对敌时已无法单纯从军事层面谋划，朝中纷繁复杂的政治斗争往往影响着其决断。石堡城之败与其说是由于吐蕃重兵防守，唐军难以取胜；倒不如说是唐廷中枢斗争对前线将领的掣肘所致。

二、哥舒翰成功收复石堡城的原因

虽然皇甫惟明与王忠嗣攻打石堡城的军事行动相继失败，但鉴于石堡城重要的战略位置，唐廷并未就此作罢，继而重新择取良将筹谋攻取，哥舒翰最终一举克复之。基于此前两次败北教训，唐廷究竟采取了什么策略才使局面得以翻转，进而成功攻取石堡城。

（一）朝廷政治斗争对战事干扰的摒除

皇甫惟明与王忠嗣经略石堡城的失利在一定程度上是由于朝廷权力斗争的掣肘，然而哥舒翰却无需为此忧心。盖因其出身行伍，且为蕃将，在朝中孤立无援，可以在很大程度上远离朝廷权力之争的漩涡，将中枢政争对军事行动的影响降至最低。李林甫正是看重哥舒翰并未过多参与朝廷权力争斗，才对其委以重任，使其逐渐成为独当一面的节帅。此事可以从李林甫的奏疏中觅得踪迹，《资治通鉴》载：

> 李林甫欲杜边帅入相之路，以胡人不知书，乃奏言：“文臣为将，怯当矢石，不若用寒畯胡人；胡人则勇决习战，寒族则孤立无党，陛下诚以恩洽其心，彼必能为朝廷尽死。”上悦其言，始用安禄山。至是，诸道节度尽用胡人。[59]

李林甫提议用胡人为将固然是为了长久把持相位，但其奏议也透露出哥舒翰得到重

57 任士英：《唐代玄宗肃宗之际的中枢政局》，2003：119-122。
58《旧唐书》卷 103《王忠嗣传》，1975：3200。
59《资治通鉴》卷 216，唐玄宗天宝六载十二月条，1956：7008。

用的原因，即蕃将结党可能性较小，只要皇帝恩抚之，便能使其忠于朝廷。换言之，对于朝中的政治斗争，哥舒翰应该并未涉足。刘子凡认为军功是蕃将的晋升之资，因而不会过多涉足朝廷政治[60]。胡人蕃将的身份使得哥舒翰得以“独善其身”，可以全力在边疆统兵作战，无需担心来自朝堂的“暗箭”，而这正是皇甫惟明与王忠嗣所不具备的优势。

另外，此役唐军杂糅了大量蕃兵，突厥阿布思兵马乃是一支重要力量[61]。阿布思与李林甫关系颇深，《李林甫除削官秩诏》将李林甫与阿布思交结的情况描述得十分明了：

> 阿布斯振降塞上，委于绥辑，敢行交结，输竭深衷。严室焚香，要之誓信。指期撤警，纵以叛离。且肆犬羊之群，侵轶我疆埸；方申犄角之契，图危我宗社。可隐之状，所不忍言。以亲党荐引，咸归谄黩；子息蕃多，曾无教诲。[62]

在阿布斯[63]款塞归唐之初，李林甫便利用绥辑之机与其交结，并“输竭深衷”，图谋颠覆李唐宗社。阿布思于天宝元年（742年）降唐[64]，二人相结即始于此，石堡城之役发生于天宝八载（749年），当时李林甫仍旧大权在握，当此之际阿布思率部协助哥舒翰攻打石堡城，以李林甫与阿布思之密相结托，李林甫定然不会横加阻拦，甚至可能会大开方便之门，为前线军队提供必要的帮助，以确保其后方无虞。

此役之所以能够取得胜利，与当时得天独厚的政治环境密不可分。哥舒翰作为军事统帅，并未过多卷入朝廷政治斗争，因而得以在一定程度上排除了政争对战事的干扰。李林甫亲信势力阿布思的参战亦为此役平添了几分胜算，盖因李林甫与阿布思交结甚深，故李林甫不会对军事行动多方干预，以致重蹈覆辙。

（二）哥舒翰攻略石堡城的兵马来源

虽然有利的政治环境不可或缺，但强大的兵力才是哥舒翰取胜的重要砝码。《旧唐

---

60 刘子凡：《哥舒翰与〈陇右纪圣功颂〉——唐哥舒翰纪功碑考实》，《隋唐辽宋金元史论丛》第7辑，2017：116-128。

61《资治通鉴》卷216，唐玄宗天宝八载六月条，1956：7015。

62《唐大诏令集》卷126《李林甫除削官秩诏》，北京：商务印书馆，1959：679。

63《资治通鉴》卷216，唐玄宗天宝十一载五月条载：“（杨）国忠与王鉷俱为中丞，鉷用（李）林甫荐为大夫，故国忠不悦，遂深探邢縡狱，令引林甫交私鉷兄弟及阿布思事状，陈希烈、哥舒翰从而证之；上由是疏林甫。”1956：7031。“阿布斯”与“阿布思”应同为一人。

64《旧唐书》卷9《玄宗纪下》天宝元年八月条，1975：215。

书》载："（天宝）八载，以朔方、河东群牧十万众委（哥舒）翰总统攻石堡城。"[65]此前哥舒翰已任陇右节度使[66]，那么其所统兵马应来自陇右、朔方、河东三镇；但史籍关于此次石堡城之役唐军兵马来源的记载不一[67]。为深入了解哥舒翰成功收复石堡城的原因，这一问题的厘清显得至关重要。哥舒翰时任陇右节度使，陇右边军当在其所统军队之列，此点应无异议；其它藩镇出兵助战的实际情况则有待进一步探究。《李光弼碑》的相关记载为我们明晰此事提供了一定的帮助，其文曰：

> （天宝）五载，（李光弼）充王忠嗣河西节度兵马使，加游骑将军、守右领军、赐紫金鱼袋，仍充赤水军使。……八载，迁右金吾卫将军，充节度副使，以破吐蕃及招讨吐谷浑，加云麾将军、左武卫大将军。[68]

不难发现，河西节度兵马使李光弼于天宝八载因攻破吐蕃立功受赏；细检史籍，是年发生的唐蕃战事唯有石堡城之役，此战唐军振旅而还。李光弼之奖掖当是在此次战事中破敌所得，此役本为陇右节度使哥舒翰发起，但身为河西节度兵马使的李光弼亦参与其中，足见河西军队应是此役唐军的重要组成部分。此外，据《资治通鉴》载："上命陇右节度使哥舒翰……攻吐蕃石堡城。……翰进攻数日不拔，召裨将高秀岩、张守瑜，欲斩之，二人请三日期可克。"[69]高秀岩与张守瑜乃是石堡城之战的亲历者，胡三省注曰："高秀岩后为安禄山守大同，盖二人朔方、河东将也。"[70]高秀岩与张守瑜虽为朔方、河东将领，但却率军攻打石堡城，表明此役确有朔方与河东军队的参与。又《新唐书》记："朔方节度兼陇右兵马使"[71]，是时值天宝八载。爬梳史籍，可以发现，张齐丘于天宝五载十二月担任朔方节度使[72]，至天宝九载八月左迁济阴太守[73]。根据张齐丘任职朔方节度使的终始时间可知，石堡城之役爆发之时，朔方节度使为张齐丘。时任朔方节度使的张齐丘

65《旧唐书》卷104《哥舒翰传》，1975：3213。

66《资治通鉴》卷215，唐玄宗天宝六载十一月条，1956：6998。

67《资治通鉴》卷216，唐玄宗天宝八载六月条载："上命陇右节度使哥舒翰帅陇右、河西及突厥阿布思兵，益以朔方、河东兵，凡六万三千，攻吐蕃石堡城。"1956：7015。

68《全唐文》卷342，颜真卿《唐故开府仪同三司太尉兼侍中河南副元帅都督河南淮南淮西荆南山南东道五节度行营事东都留守上柱国赠太保临淮武穆王李公神道碑铭》，1983：3469。

69《资治通鉴》卷216，唐玄宗天宝八载六月条，1956：7015。

70《资治通鉴》卷216，唐玄宗天宝八载六月条，1956：7015。

71《新唐书》卷64《表四·方镇表一》天宝八载条，1975：1765。

72《唐会要》卷78《诸使中·节度使》朔方节度使条，2006：1686。

73《资治通鉴》卷216，唐玄宗天宝九载八月条，1956：7018。

于天宝八载唐军收复石堡城之际兼任陇右兵马使，或许是唐廷出于两镇军队协同作战的需要而做出的部署。另外，《旧唐书》载："突厥首领阿布思先率众内附，隶朔方军，玄宗赐姓名曰李献忠。"[74] 突厥阿布思部于天宝元年（742 年）归款，后隶属朔方军管辖，因此极有可能也参与了此战。

由此可知，天宝八载的唐蕃石堡城之战，唐军能够最终取胜，首先得益于强大兵力的支撑。此役唐军由陇右、河西、河东、朔方四镇兵马组成，并佐之以突厥阿布思兵马，在哥舒翰的统一指挥下攻克石堡城，雄厚的兵力成为唐军得胜的重要保障。

（三）摩弥之役的牵制与石堡城的收复

相较于皇甫惟明与王忠嗣，除得天独厚的政治优势与强大兵力的支撑外，正确的作战方略亦是哥舒翰收复石堡城不容忽视的关键因素。尽管战前哥舒翰曾"筑城于青海中龙驹岛"[75]，并"击吐蕃于积石军"[76]，在一定程度上削弱了吐蕃的军力；但石堡城周边地区仍有吐蕃军队驻扎[77]，一旦石堡城防守告急，可随时增援。为顺利收复石堡城并阻止可能突如其来的吐蕃援军，哥舒翰又将采取什么策略加以应对？《全唐文》收录的《鲜于仲通神道碑》记载了石堡城之战前夕唐军与吐蕃在剑南地区所发生的一次战役，其文曰：

> 天宝五载，户部侍郎兼御史大夫郭公虚己代（章仇兼）琼节制，郭以庶务，一皆仗公（鲜于仲通）。……六载，拜监察御史，公诛羌豪董哥罗等数十人，以靖八州之地。郭公将图弱水西之八国，奏公入觐，元宗骇异之，即日拜尚书屯田员外郎兼侍御史、蜀郡司马、剑南行军司马。既略三河，收其八国，

74《旧唐书》卷 187 下《忠义下 · 程千里传》，1975：4903。

75《旧唐书》卷 104《哥舒翰传》，1975：3212。

76《册府元龟》卷 358《将帅部 · 立功十一》，南京：凤凰出版社，2006：4039。李新贵认为此役乃是鉴于吐蕃于开元二十九年经廓州一路北上攻克石堡城，而廓州境内的积石军却未能组织有效防御，所做出的讨伐之举。参见氏著：《开元二十九年吐蕃行军路线与唐陇右、河西兵力调动研究》，《历史地理》第 32 辑，上海人民出版社，2015：225-245。

77（清）顾祖禹撰，贺次君、施和金点校：《读史方舆纪要》卷 64《陕西十三》西宁镇大漠门城条载："唐景龙初吐蕃得河西九曲地，因置洪济、大漠门等城以守之。"北京：中华书局，2005：3014。又《资治通鉴》卷 216，唐玄宗天宝十二载五月条记："陇右节度使哥舒翰击吐蕃，拔洪济、大漠门等城，悉收九曲部落。"1956：7037。据此可知，哥舒翰攻打石堡城之时，洪济、大漠门等城仍为吐蕃所控制。《全唐文》卷 275，卢怀慎《请毁河桥奏》载："顷者吐蕃以河为界，神龙年中降公主，吐蕃遂过河筑城，置独山、九曲两军，去积石三百里，又于河上造桥。"1983：2794。积石军仍处在吐蕃兵锋威胁之下，吐蕃可随时调兵北上增援石堡城，一如开元二十九年攻陷石堡城之事。

长驱至故洪州[78]，与哥舒翰陇右官军相遇于横岭，鸣鼓而还。及郭公云亡，恸哭之曰：公亡矣，吾无为为善乎！初郭公对扬天休，每荐公有文武之材，堪方面之寄。至是，遂拜公为蜀郡大都督府长史兼御史中丞、持节充剑南节度副大使，公当大任，既竭丹诚，射讨吐蕃摩弥城，拔之。改洪州为保宁都护府，堑弱水为蕃汉之界，收户数十万，辟土千余里。[79]

考察碑主鲜于仲通的活动轨迹，可以发现，其在攻略弱水西之八国后，继续率军前进，与哥舒翰陇右官军相遇于横岭。郭声波认为“横岭”即陇右道与剑南道军事活动的界山——大积石山[80]（今阿尼玛卿山），因当时哥舒翰所统陇右军队与吐蕃在赤岭[81]（今青海日月山）地区交战正酣，其游骑或侦骑极有可能抵达大积石山一带与鲜于仲通军队前锋相遇[82]。根据碑文记载，此次两军相遇当在天宝六载（747 年）之后，可能是石堡城之战前夕两军之间的一次偶然际遇。此外，鲜于仲通担任剑南节度副大使之后，便攻拔吐蕃摩弥城，并将洪州改为保宁都护府。仅就碑文而言，我们无从得知鲜于仲通征讨吐蕃摩弥城的具体时间，然而《郭虚己墓志》为我们了解此役发生的确切时间提供了一些线索，兹引述如下：

天宝五载，（郭虚己）以本官兼御史大夫、蜀郡长史、剑南节度支度营田副大使、本道并山南西道采访处置使。……前后摧破吐蕃不可胜纪。有羌豪董哥罗者，屡怀翻覆，公奏诛之。而西山底定，特加银青光禄大夫、工部尚书。七载，又破千碉城，擒其宰相，八载三月，破其摩弥咄霸等八国卌余城，置金川都护府以镇之。深涉贼庭，蒙犯冷瘴。夏六月，舆归蜀郡，旬有五日而薨。[83]

78 郭声波认为“故洪州”即指唐高宗显庆元年所置之“拱州”，其所在之索磨川即今马尔康县梭磨河，位于弱水之东。参见氏著：《唐弱水西山羁縻州及保宁都护府考》，《中国史研究》1999（4）：82-93。

79《全唐文》卷 343，颜真卿《中散大夫京兆尹汉阳郡太守赠太子少保鲜于公神道碑铭》，1983：3483-3484。

80（唐）骆宾王著，（清）陈熙晋笺注：《骆临海集笺注》卷四《边庭落日》载：“大积石山，今名大雪山，在今青海甘肃西宁府边外西南五百三十余里。”上海古籍出版社，1985：127。

81《通鉴》胡注引宋白曰：“石堡城西三十里有山，土石皆赤，北接大山，南连小雪山，号曰赤岭，去长安三千五百里。自鄯州鄯城县西行二百里，至赤岭。”参见《资治通鉴》卷 202，唐高宗仪凤三年九月条，1956：6501。

82 郭声波：《唐弱水西山羁縻州及保宁都护府考》，《中国史研究》1999（4）：82-93。

83《唐工部尚书赠太子太师郭公（虚己）墓志铭并序》，吴钢主编：《全唐文补遗》第 8 辑，西安：三秦出版社，2005：57。

根据志文记载，天宝八载（749 年）三月，志主郭虚己率军攻破摩弥咄霸等八国卌余城，并设置金川都护府加以镇抚，是年六月返回蜀郡后不久便去世。上揭提到鲜于仲通曾攻拔摩弥城，后将洪州改为保宁都护府。《唐会要》载："天宝八载六月，剑南奏：'索磨川许新置都护府，宜以保宁为名。'"[84] 王义康指出保宁都护府初名金川都护府，并非鲜于仲通所置，两则文献记载矛盾的原因或许与郭虚己去世之后剑南节度使的职位交接有关[85]。真实情况可能是郭虚己于天宝八载三月攻破摩弥等国后，便奏请设置保宁都护府，然而天不假年，不久便亡故；朝廷正式宣布设置保宁都护府是在天宝八载六月，而此时的剑南节度使已为鲜于仲通。郭声波指出摩弥城当在白兰国境内，白兰国至天宝十三载（754 年）一直是吐蕃属国[86]。天宝八载三月，在唐军出兵攻打吐蕃属国白兰的情况下，吐蕃理当发兵救援，唐蕃双方之间的一场冲突在所难免。而同年（天宝八载）六月乙卯，哥舒翰与吐蕃战于石堡城，并攻拔之[87]。两地战事发生时间如此接近，不由令人顿生疑窦；摩弥之役是否是唐廷为了扰乱视听，转移吐蕃注意力，减轻唐军攻取石堡城的阻力而有意为之？杜甫的一篇表文为我们了解当时的事实真相提供了一定的帮助，现将相关史料抄录如下：

> 臣之兄（王）承训，自没蕃以来，长望生还，伪亲信于赞普，探其深意，意者报复摩弥、青海之役决矣。同谋誓众，于前后没落之徒，曲成翻动，阴合应接，积有岁时。每汉使回，蕃使至，帛书隐语，累尝恳论。[88]

在王承训没蕃之后，探知吐蕃赞普一直对摩弥[89]、青海之役耿耿于怀，并欲伺机报复。王承训陷蕃之事发生在天宝八载（749 年）至广德元年（763 年）之间[90]，其从吐蕃赞普处探察的"摩弥之役"或为天宝八载三月的摩弥城之役，而"青海之役"很有可能是同年六月哥舒翰发起的石堡城之役，两次战役唐军均大获全胜，使吐蕃蒙受巨大损

84《唐会要》卷 73《姚州都督府》，2006：1577。

85 王义康：《唐代边疆史地五题——唐代墓志札记五则》，《西北民族论丛》第 8 辑，北京：中国社会科学出版社，2012：81-94。

86 郭声波：《唐弱水西山羁縻州及保宁都护府考》，《中国史研究》1999（4）：82-93。

87《新唐书》卷 5《玄宗纪》天宝八载六月乙卯条，1975：146。

88（唐）杜甫著，（清）仇兆鳌注：《杜诗详注》卷 25《为阆州王使君进论巴蜀安危表》，北京：中华书局，1979：2195。

89《杜诗详注》卷 25《为阆州王使君进论巴蜀安危表》引朱注曰：《唐书》鄯州註：度西月河一百十里，至多弥国摩弥。疑即多弥。1979：2195。

90 王新芳：《玄宗朝监军宦官王承训事迹考略》，《兰台世界》2013（21）：7-8。

失，因此也使得吐蕃赞普对这两场战役一直耿耿于怀，定要寻机报复。此外，《吴岳祠堂记》载："至天宝八年，哥舒翰拔石堡，破番蛮，封神为成德公。"[91] 不难发现，是年哥舒翰不仅收复石堡城，还攻破番蛮。此处之"番蛮"究竟来自何方，是否与石堡城之役存在某种关联？天宝十二载（753年），唐廷册封哥舒翰的制文亦述及"蛮落"之事：

> 顷者犬戎芭藏，祸盈恶稔，南援蛮落，东窥塞垣，特禀庙谋，励八神于金匮，长驱戎境，麾三军于玉堂，决水奔雷，固无前敌，屠城拔垒，靡有孑遗。收九曲之旧疆，开千里之沃壤，亭障卧鼓，既成禁暴之勋；屯田馈军，以益封财之用，则议功行赏，厚礼酬劳。[92]

制文提到吐蕃曾"南援蛮落，东窥塞垣"，哥舒翰因之出师征讨，"屠城拔垒"，大获全胜。其中"蛮落"极有可能是指唐朝剑南道的蛮人，盖因此处之蛮落毗邻吐蕃，便于吐蕃出兵相助。另外，剑南道与陇右道相邻接，在唐蕃于陇右交战频仍的情况下，剑南也往往成为双方角逐的场所。由是观之，吐蕃东犯唐境与南助蛮部之间或许存在一定联系，彼时唐朝与吐蕃之间的较量同时关涉剑南与陇右两地战事的以天宝八载的摩弥之战与石堡城之役最为典型。当时吐蕃向南出兵援助蛮落，或许是为救援摩弥城，"东窥塞垣"则可能与石堡城之役有关。哥舒翰"特秉庙谋"，最终收复石堡城。之所以将"破番蛮"亦归为哥舒翰之功，是因为摩弥之役乃是唐军攻打石堡城战略中的一条重要战线，旨在牵制吐蕃兵力，为唐军攻取石堡城减轻阻力。

由此可见，剑南军队于天宝八载三月攻打摩弥城乃是唐廷为顺利收复石堡城所制定的作战方略中的重要一环，其目的在于将吐蕃的注意力转移至剑南，吸引吐蕃军队救援摩弥城，从而为是年六月哥舒翰发起的石堡城之役减轻压力，确保唐军此役能够一举攻克石堡城。

三、以石堡城为中心的防御体系之构建

唐军虽成功收复石堡城，但九曲之地仍旧处于吐蕃的控制之下，潜在威胁依然尚未

91《全唐文》卷513，于公异《吴岳祠堂记》，1983：5218。
92《唐大诏令集》卷60《陇右河西节度使哥舒翰西平郡王制》，1959：323。

消除。战前之军事措置[93]仍显薄弱，需进一步构筑以石堡城为中心的军事防御体系，才能巩固石堡城的防守。据林梅村先生研究，哥舒翰在收复石堡城之后，修筑了石堡城战楼以防御吐蕃[94]。此外，又“以赤岭为西塞，开屯田，备军实”[95]，积蓄力量，为九曲之地的收复做准备。天宝九载（750年），哥舒翰部将王难得出击吐蕃，收复五桥，攻破树敦城[96]。至此，黄河北岸的军事要冲纳入唐军的管控之下；而后哥舒翰于天宝十二载（753年）攻破洪济、莫门等城，并成功收复九曲之地[97]。为进一步加强对九曲之地的控制，增强防御力量，哥舒翰又奏请设置洮阳、浇河二郡[98]。九曲之地的收复拓展了唐蕃之间的缓冲地带，一旦吐蕃寇边，唐军可从容调集军队御敌。随着石堡城周边吐蕃军事据点的拔除，以石堡城为中心的军事防御体系得以构筑，唐军在唐蕃的较量中渐趋占据有利地位，陇右地区也因而获得短暂的安定。和平稳定的外部环境促进了陇右经济的恢复和发展，“闾阎相望，桑麻翳野，天下称富庶者无如陇右”[99]，应是对当时陇右地区繁荣富庶，百姓安居乐业局面的真实写照。

四、结语

开元二十九年（741年），吐蕃攻陷石堡城，对唐朝陇右边境形成威胁。为收复这一战略要地，唐军与吐蕃展开了反复较量与争夺。天宝四载（745年），皇甫惟明攻打石堡城失利，损兵折将；究其原因，在宰相与太子权力之争的背景下，作为太子亲党的皇甫惟明已被卷入其中，杨慎矜因是宰相李林甫阵营中的重要一员，为打击太子势力，奉命在和籴之事上设置重重障碍，致使陇右边军粮饷短缺，无法取胜。天宝六载（747年）的石堡城之役虽为董延光所主导，王忠嗣仅是承旨助役，但因其不屈附于李林甫，

---

93 郑红翔指出哥舒翰节度陇右后，先在周边地区稳固局势，而后再向石堡城发起攻击。参见氏著：《安史之乱前唐王朝对吐蕃的军事对策——以陇右节度为中心》，兰州大学博士学位论文，2018：93-95。

94 林梅村：《一将功成万骨枯——芝加哥菲尔德博物馆藏〈石堡战楼颂碑〉调查》，《藏学学刊》第16辑，2017（1）：183-201。

95《新唐书》卷135《哥舒翰传》，1975：4570。李宗俊、沈传衡认为赤岭是继石堡城之后，唐军遏制吐蕃东进、北犯的又一战略据点。参见氏著：《康太和墓志与唐蕃道路等相关问题考》，《西藏大学学报》（社会科学版）2019（4）：9-16。

96《旧唐书》卷183《外戚·王子颜传》，1975：4751。

97《新唐书》卷216上《吐蕃传上》，1975：6087。

98《资治通鉴》卷216，唐玄宗天宝十三载秋七月癸丑条载：“秋，七月，癸丑，哥舒翰奏：于所开九曲之地置洮阳，浇河二郡及神策军，以临洮太守成如璆兼洮阳太守，充神策军使。”1956：7046。

99《资治通鉴》卷216，唐玄宗天宝十二载秋八月条，1956：7038。

且与太子过从甚密，亦成为李林甫诬枉以倾覆太子的对象，尽管其身在边陲，却仍无法摆脱朝廷权力斗争对军事行动的干扰。显而易见，中枢政治斗争对于边疆将帅的影响成为石堡城之战无法克捷的一个不容忽视的因素。在此需要说明的是，笔者并非强调朝廷政治斗争乃是决定一场战事胜败的关键性因素，但在对历史事件进行抽丝剥茧式的分析时不应忽略任何一个细节。因将相不和导致师出无功的案例也并非无迹可寻，《资治通鉴》载：

> 先是，朔方大总管王晙奏请西发拔悉密，东发奚、契丹，期以今秋掩毗伽牙帐于稽落水上；毗伽闻之，大惧。暾欲谷曰："不足畏也。……（王）晙与张嘉贞不相悦，奏请多不相应，必不敢出兵。晙兵不出，拔悉密独至，击而取之，势甚易耳。"[100]

其结局果如暾欲谷所言，唐军未能如期出兵，以致计划付之东流。胡三省注其失败原因曰："史言在廷在边之谋不叶，为夷狄所窥。"[101] 因此，边疆战事的胜利离不开朝廷重臣的支持，一旦朝廷政治斗争牵扯到边境将领，相关战役将无法顺利展开，甚至会造成兵败的局面。

天宝八载（749 年）哥舒翰统兵攻打石堡城之时，因其为蕃将，与朝中政治斗争关联甚少，在一定程度上避免了朝堂政争对于军事行动的干扰；阿布思与李林甫的紧密交结亦为此役营造了有利的政治环境。另外，此役哥舒翰之所以能够成功收复石堡城，亦得益于强大兵力的支撑，其所统兵马来自陇右、河西、河东、朔方四镇，并得到突厥阿布思部军队的协助，对于攻取石堡城发挥了重要作用。更为重要的是，剑南唐军事先向摩弥城发动进攻，吸引吐蕃军队救援，为哥舒翰攻拔石堡城减少了阻力，使其得以一举克复石堡城。此后，为进一步确保石堡城的安全，哥舒翰逐步清除石堡城周边的吐蕃军事据点，构建以石堡城为中心的防御体系，使边境局势趋于稳定，为陇右地区经济的恢复与发展提供了良好的外部环境。

◆ 李学东　北京师范大学历史学院博士研究生

100《资治通鉴》卷 212，唐玄宗开元八年十一月条，1956：6861。
101《资治通鉴》卷 212，唐玄宗开元八年十一月条，1956：6861。

恩兰 · 达扎禄恭职官考 *

张旭　郑红翔

内容摘要：恩兰 · 达扎禄恭主导和参与了唐蕃和战互动的一系列事件，是唐中后期影响唐蕃关系的重要人物。据《雪碑》记载，禄恭因检举叛乱，升任囊论平章事，后又晋升至大囊论、大喻寒波平章事。因禄恭并非尚系贵族出身，并且笃信苯教，其晋升之路充满坎坷。禄恭率军陷落长安凯旋之后，其官职不仅没有得到晋升，反而被长期雪藏。十余年后，禄恭再次出现在公众的视野。禄恭复出就任大囊论、大喻寒波平章事，其职位的排次，仅次于大论，这也是他担任的最高官职。纵观禄恭的一生，他并没有担任过吐蕃大论。

恩兰 · 达扎禄恭（ངན་ལམ་སྟག་སྒྲ་ཀླུ་ཁོང）是正史典籍中提及的马重英、论悉诺罗，多次率军袭击唐境，长期左右唐蕃关系，亦是广德元年（763 年）攻破长安城的主要将领。位于布达拉宫山脚下的雪村现立有一石碑，一般称之为“雪碑”（ཞོལ་རྡོ་རིངས་ཕྱི་མ），又称《恩兰 · 达扎禄恭纪功碑》，碑铭为藏文。碑文记载禄恭检举叛逆大臣，率军攻克唐都长安；透露出禄恭于吐蕃官场中职官变迁的历程。国内外学者已对碑文、碑刻性质、立碑

*　本文为国家社科基金后期资助暨优秀博士论文项目“敦煌本《吐蕃大事纪年》与吐蕃制度研究”（20FMZA002）阶段性成果。

位置和碑主的身份等问题，进行了专题研究[1]。然而，对立碑时间及碑主职官等问题的研究相对较少。本文以汉藏史料的相关记载为基础，对禄恭的职场生涯进行探讨。

一、禄恭的职官

禄恭一生仕宦沉浮，其职场生涯可谓精彩纷呈。《雪碑》碑文追述了禄恭的功绩，包含禄恭检举叛逆大臣和率军攻克唐都长安的事件；记载着禄恭与赞普的盟誓文，及其家族后裔受恩荫所获得的特权。禄恭身份转化的拐点是检举朗氏（ལང）和末氏（འབལ）的政变，并协助新任赞普清除叛逆，稳定局势。禄恭以此为契机，升至囊论平章事（ནང་བློན་བཀའ་ལ་གཏོགས་པ），步入权力中枢。最终，禄恭晋升为大囊论（ནང་བློན་ཆེན་པོ）、大喻寒波平章事（ཡོ་གལ་འཆོས་པ་ཆེན་པོར་བཀའ་སྣྱལད），位列权力核心决策层。

禄恭早年在吐蕃担任中下级官吏，默默无闻，名不见经传。墀德祖赞执政时期（705-754 年），禄恭仅是政绩平平的普通官员。禄恭在墀松德赞执政时期（754-797 年），借机上位，成为左右吐蕃朝政的实力派大臣。《雪碑》背面和左侧碑文，简要描述了禄恭的主要功绩及升迁历程；正面碑文是禄恭与赞普的共同盟誓辞。

背面碑文：

（第 1-2 行）། །བཙན་པོ་ཁྲི་ལྡེ་གཙུག་བརྟན་གྱི་རིང་ལའ། །......（第 14-16 行）ཀླུ་ཁོང་གིས། འབལ་དང་། ལང་གློ་བ་རིངས་པའི་གཏན་གཙིགས།......（第 18-20 行）འབལ་དང་ལང་གློ་བ་རིངས་བདེན་པར་ཕྱུརད་ཏེ། ཁོང་ཏ་ནི་བཀྱོན་ཕབ་སྟེ། །ཀླུ་ཁོང་གློ་བ་ཉེའོ་

（第 21-28 行）ཨོཾ། །བཙན་པོ་ཁྲི་སྲོང་ལྡེ་བརྟན་གྱི་རིང་ལ། །ངན་ལམ་ཀླུ་ཁོང་གློ་བ་ཉེ་བ་ལ་བཀའ་གྲོས་ཆེ་ནས། ཐུགས་བརྟནད་ཏེ ། །ནང་བློན་བཀའ་ལ་གཏོགས་པར་བཅུག་ནས། རྒྱའི་སྲིད་ཀྱི་ཞམ་དྲུད་རྟོག་ཅིང་། ཁར་ཙན་ཕྱོགས་སུ་ཐོག་མ་དྲང་པའི་དམག་དཔོན་དུ།......（第 49-50 行）དེའི་འོག་དུ། རྒྱ་རྗེ་ཡབ་ཧེའུ་འགི་ཤང་

1　学术界基于《雪碑》碑文的记载，对禄恭及其相关问题已有较多研究。其中熊文彬和林冠群等先生著文指出，禄恭的任职履历出现断层。王尧：《恩兰·达扎禄恭纪功碑》，《社会科学战线》1981（4）：223-229。王尧：《吐蕃金石录》，北京：文物出版社，1982：88，90-91。李方桂著，龙达瑞译：《马重英考》，《西藏研究》1987（3）：129-131。熊文彬：《吐蕃著名宰相恩兰·达札路恭生平考》，《西藏民族学院学报》1988（1）：45-51。李方桂、柯蔚南著，王启龙译：《唐蕃会盟碑研究——李方桂、柯蔚南〈古代西藏碑文研究〉摘译之五》，《西藏民族学院学报》2006（2）：15-22+105。李方桂、柯蔚南著，王启龙译：《唐蕃会盟碑研究——李方桂、柯蔚南〈古代西藏碑文研究〉摘译之六》，《西藏民族学院学报》2006（3）：25-30+106。林冠群：《唐代吐蕃史论集》，北京：中国藏学出版社，2006：316-336。江琼·索朗次仁：《雪碑最初立碑位置考》，《西藏研究》2015（3）：37-42。任小波：《公元 763 年吐蕃陷长安之役——吐蕃王朝军政体制探例》，《历史地理》2016（1）：108-117。

དེ་གྲོངས་སྟེ། རྒྱ་རྗེ་སྲས་ཡང་པེང་ཡང་རྒྱལ་པོར་ཞུགས་ནས།......（第 54-59 行）བོད་ཀྱིས་དམག་དྲང་བའི་བཀའ་གྲོས་ཀྱི་མགོ་ཆེན་པོ་གསོལད་ནས་ཀེང་ཤིར་དྲང་བའི་དམག་དཔོན་ཆེན་པོར། །ཞང་མཆིམས་རྒྱལ་རྒྱལ་（此处碑文中多出了一个 རྒྱལ）ཟིགས་ཞུ་ཞེང་དང་། །བློན་སྟག་སྒྲ་ཀླུ་ཁོང་གཉིས། བཀའ་སྐྱལད་དེ། ཀེང་ཤིར་དྲངས་ནས། །

赞普墀德祖赞之世……禄恭揭发末氏和朗氏的叛逆事实……末、朗氏叛乱属实。其获罪遭遣。禄恭忠诚如此。

赞普墀松德赞之世。恩兰·达扎禄恭足智多谋、英勇沉毅。[赞普]任命他担任囊论平章事。其侦知唐地内情。[赞普]任命其为姑臧道先锋元帅……后，唐王父皇孝感皇帝崩。汉（唐）帝子广平王继位……商讨蕃之军队总管大首领，京师道行军大元帅，由尚琛·野息书通和论达扎禄恭担任。直趋[唐朝]京师。

左面碑文：

（第 1-5 行）། །བློན་སྟག་སྒྲ་ཀླུ་ཁོང་། ནང་བློན་ཆེན་པོ་དང་ཡོ་གལ་འཆོས་པ་ཆེན་པོར། བཀའ་སྐྱལད་ཀྱིས་ཀྱང་།

论达扎禄恭担任大囊论、大喻寒波平章事。[2]

正面碑文：

（第 1-4 行）། །བློན་སྟག་སྒྲ་ཀླུ་ཁོང་། དཀུ་རྒྱལ་གཙིགས་གནང་བའི་མདོ་རྗེ་རིངས་ལ་ཡིག་གྲ་བྲིས་པའ། །

（第 5-11 行）། །བཙན་པོ་ཁྲི་སྲོང་ལྡེ་བརྩན་གྱི་ཞ་སྔ་ནས་དབུ་རྨུང་གནང་སྟེ། བློན་སྟག་སྒྲ་ཀླུ་ཁོང་གི་བུ་ཚ་རྒྱུད་འཕེལད་ལ་ནམ་ནམ་ཞ་ཞར་དཔྱལ་གྱི་ཡི་གེ་ཆེན་པོ་གཅིག། །ན་མྱི་དབབ་པར་གཡུང་དྲུང་། དུ་སྐྱལད་ཕར་གནང་ངོ......（第 41-47 行）སྐུ་སྲུང་འཕན་ཡུལ་པའི་སྟོང་དཔོན་དུ་གཞན་སུ་ཡང་མྱི་གཞུག་པར་བློན་སྟག་སྒྲ་ཀླུ་ཁོང་གི་མྱི་པོ་གསས་སྙིབས་ཀྱི་བུ་ཚ་རྒྱུད་པེལད་ལས་གང་རྗེ་ཐོགས་པའ། དམངས་འདྲང་བ་གཅིག། །སྐུ་སྲུངས་

2 碑文录文及汉译文据王尧：《吐蕃金石录》，1982：71-79，83-84；李方桂、柯蔚南著，王启龙译：《唐蕃会盟碑研究——李方桂、柯蔚南〈古代西藏碑文研究〉摘译之五》，《西藏民族学院学报》2006（2）：18-19。王尧先生将此碑背面禄恭的头衔“ནང་བློན་བཀའ་ལ་གཏོགས་པར་བཅུག་ནས”，译作大论平章事；而李方桂、柯蔚南先生的英译文为 interior minister participating in state affairs。王尧先生将左面碑文禄恭的头衔“ནང་བློན་ཆེན་པོ་དང་ཡོ་གལ་འཆོས་པ་ཆེན་པོར་བཀའ་སྐྱལད་ཀྱིས་ཀྱང”译作大内相平章事；而李方桂、柯蔚南先生译作 Great Interior Minister and Great Administrative Officer。本文为便于理解和文意统一，将“ནང་བློན་བཀའ་ལ་གཏོགས་པར་”译作“囊论平章事”；将“ནང་བློན་ཆེན་པོ་དང་ཡོ་གལ་འཆོས་པ་ཆེན་པོར་བཀའ་སྐྱལད་ཀྱིས་ཀྱང”译作“大囊论、大喻寒波平章事”。

འཕན་ཡུལ་པའི་སྟོང་དཔོན་གཡུང་དྲུང་དུ་སྐལད་པར་གནང་ངོ་།

敕授达扎禄恭盟誓诏书，并篆刻于石碑上。

赞普墀松德赞陛下诏誓盟书如下：恩兰氏之子孙后代，无论何时，地久天长，皆赐以大银牌章饰，永作盟证，固若雍仲……彭域护卫千户长，永不授予他人。达扎禄恭之祖，悉列之子孙，才干杰出者，皆委以护卫千户长之职位。[3]

禄恭初次显露身手，便是扳倒当权势力朗氏和末氏家族集团。禄恭协助新赞普墀松德赞，清除叛逆。禄恭凭借此功绩，晋升为囊论平章事。背面碑文提及的唐广平王继位，是指 762 年肃宗即皇帝位；出兵唐朝京师，是指广德元年（763 年），蕃军攻陷长安，致使代宗出逃的事件。左面碑文显示，禄恭右迁大囊论、大喻寒波平章事。正面碑文的内容是禄恭与新任赞普的盟誓辞。盟誓诏书显示，恩兰氏子孙后代获得大银牌章饰的恩赏；彭域千户长的职位，永久由恩兰氏家族成员世袭罔替；禄恭宗族亲属有才望者，也被委任以千户长的职务。

《雪碑》中所提及的揭发朗、末二氏的事件，与敦煌本《吐蕃大事纪年》（下文简称《大事纪年》）的记载，可相互补充。遗憾的是，禄恭揭发这两大家族的详细经过，两处材料均无记载。大事纪年羊年（755 年）记事：

ཡབ་ཀྱི་ཁོར་པ་དག་དམག་གྱིས་ཕབ། སྟོང་སར་སྟོང་སྡེ་གསུམ་གྱི་སྟོང་དཔོན་བསྐོས། ལང་འབལ་གྱི་བྲན་སྤྱུགསྟེ། མཉོང་སོད་དུ་བཏོན……ལང་འབལ་བཀུན་པབ་པེའི་ནོར་བརྩིས་པར་ལོ་ཅིག།

士兵捕杀谋害［赞普］父王的凶手。任命东撒尔三个千户区的千户长。他们迁移朗、末氏之奴户；将其放逐到东索……清查［没收］朗、末氏的财产。[4]

朗、末二氏因参与政变，受到严惩，封邑被瓜分，奴户被迁移，家族成员被流放，财产被没收。

朗、末二氏是谋害前赞普墀德祖赞（705-754 年）的主要推手，被禄恭揭发，受到赞普制裁。禄恭不仅揭发了叛逆，也直接参与了抓捕凶手。文中带领士兵捕杀凶手的官员，应是禄恭。禄恭敢于挑战当权大臣朗、末二氏，向新任赞普墀松德赞表忠。禄恭检举有功，忠心于王室，受到赞普的青睐，晋升至囊论平章事。囊论是内侍机构的官员，

3　王尧：《吐蕃金石录》，1982：63-70，83。

4　王尧、陈践：《敦煌本吐蕃历史文书》（增订本），北京：民族出版社，1992：155。

其长官为大囊论。禄恭被任命为囊论，加授平章事开始参与吐蕃王朝政务。吐蕃王朝前期，噶尔氏家族成员相继担任大论，专权擅政，尾大不调。吐蕃王室为分化大论权力，效仿唐朝“同中书门下三品”“同中书门下平章事”等加官衔称，而进行官制改革。吐蕃在多位官员的本官之上，加以平章事的衔称，使他们具有参决政务的权利。据史料所示，吐蕃官员的加衔称“བཀའ་སྦྱལད་ཀྱི་སྣང”“བཀའ་ལ་གཏོགས་པར”，均指“平章事”[5]。《雪碑》左侧碑文提及的禄恭担任大囊论、大喻寒波平章事。囊论、大囊论和大喻寒波是禄恭的本官，“平章事”是参决王朝政务入职中枢的加衔。

禄恭自晋升囊论平章事以来，便具有了论（བློན）的头衔。在吐蕃职官体系中，“论”具有两方面的含义：一方面，“论”可以泛指吐蕃官员，例如“རྗེ་བློན”的含义是“王臣”；另一方面，“论”是吐蕃高层官员才能拥有的头衔。王尧先生早已指出，“论”的含义是“臣”“相”，是高层官员的头衔[6]。极少数的地方官员也可以称为论，如德伦（བདེ་བློན）；其他地方官和级别低的官员，并不能有论的衔称。敦煌本吐蕃历史文书和《唐蕃会盟碑》等文献资料，记载了吐蕃具有论衔称的高层职官。

吐蕃大论（བློན་ཆེན་པོ），毫无疑问具有论衔称。另外，大囊论（ནང་བློན་ཆེན་པོ）、囊论（ནང་བློན）、大贡论（སྤྱང་བློན་ཆེན་པོ）、政事之大论（ཆབ་སྲིད་ཀྱི་བློན་པོ་ཆེན་པོ）、紕论（ཕྱི་བློན）、给事中（བཀའི་ཕྲིན་བློན）、大审计官（རྩིས་པ་ཆེན་པོ）、大法官（ཞལ་ཅེ་པ་ཆེན་པོ）等官员，全部具有论的头衔。这些职衔的官员，能够参与唐蕃会盟，并在盟约中署名，说明这些官职名称是蕃廷高层职官。禄恭担任的囊论平章事，应是蕃廷高层内侍职官。

禄恭在担任囊论平章事之前，所任官职应是彭域千户长（འཕན་ཡུལ་སྟོང་དཔོན）[7]。《雪碑》记载的禄恭与赞普盟誓辞提及，赞普恩赏恩兰氏家族，永久保留彭域护卫千户长之职，并且此官职永不授予他人。毫无疑问，这些恩赏是禄恭立功所得。禄恭晋升囊论平章事之前的官职为彭域护卫千户长。禄恭晋升囊论平章事之后，空下的彭域千户长之职，由其子孙世代承袭。彭域千户长，既是彭域千户区的首领，也是赞普卫队长之一。赞普驻地周围有专职负责赞普安全的卫队，长庆二年（822年），唐使刘元鼎入蕃会盟，对赞普驻地周围的护卫有描述：

5　林冠群：《唐代吐蕃众相制度研究》，《中国藏学》2012（1）：48-67。黄辛建、多杰扎西：《བཀའ་ལ་གཏོགས་པ与同平章事：唐代多相制对吐蕃宰相制度的影响》，《西藏民族学院学报》2014（3）：14-19。

6　王尧：《吐蕃金石录》，1982：84。

7　任小波：《公元763年吐蕃陷长安之役——吐蕃王朝军政体制探例》，《历史地理》2016（1）：109-110。

藏河之北川，赞普之夏牙也。周以枪累，率十步植百长槊，中剚大帜为三门，相距皆百步。甲士持门，巫祝鸟冠虎带击鼓，凡入者搜索乃进。[8]

此处对唐使搜索检查者，便是赞普卫队长属下的卫兵。这些卫兵应即出自护卫千户区，其长官为千户长。据杜晓峰（B. Dotson）考证，吐蕃四翼共有四十个千户区，其中有四个置于首位的是“王室护卫千户区”；千护区内所有储备兵丁的任务是护卫赞普，以赞普卫队的身份，驻扎于吐蕃驻地的四周[9]。彭域护卫千户长作为宫廷卫队长，协助新赞普抓捕凶手，平息先赞普遇害的政变案。禄恭也因而由护卫系统的官员晋升为内侍系统的官员。

吐蕃仿效唐朝进行的行政体制改革，不仅是本官之上的加衔。吐蕃王室为高层官员加授军职，这种加衔方式也应是仿效唐朝而进行的官僚行政体制改革。禄恭担任囊论平章之后，兼任了姑臧道行军先锋元帅（ཁར་ཙན་ཕྱོགས་སུ་ཐོག་མ་དྲང་པའི་དམག་དཔོན）[10]。此处的姑臧道行军先锋元帅，便是在本职之上兼任的官职。蕃军进攻唐都长安时，禄恭也兼任了京师道行军大元帅（གེང་ཤིར་དྲང་བའི་དམག་དཔོན་ཆེན་པ）。此时禄恭所任职官，仍然是囊论平章事。战事结束后，禄恭回到蕃廷继续行使囊论平章事的职权。

自长安凯旋之后，赞普对率军作战的将领予以封赏。据文献记载，立功将领均得到位阶章饰的恩赏，唯独缺乏禄恭的封赏信息。《大事纪年》Or.8212/187 部分兔年（763年）记事：“大论囊热被授予白宝石章饰，任命为［大］论。尚野息被授予大瑟瑟章饰，并给予噶尔孜门等同之职位。任命论支桑为大论。东赞为瑟瑟章饰。论·［管］支桑［雅卜拉］被任命为大论（བློན་ཆེ[ན་པོ]་སྣང་བཞེར་ཀེ་ཀེ་རུའི་ཡི་གེ་སྩལ་ཏེ། བློན་ཆེར་བཅུག་། ཞང་རྒྱལ་ཟིགས་ཆེན་པོ་གཡུའི་ཡི་གེ་་སྩལ་ཏེ། མགར་འཛི་རྨུན་[མགོས]་ཀྱི་ཐང་[ཡབ་ལག] ་དུ་ཆོག་ཤེས་བསྩོད་། བློན་ཁྲི་བཟང་བློན་ཅེར་བཅུག་།

8 《新唐书》卷 216《吐蕃传下》，北京：中华书局，1975：6103。

9 Brandon Dotson, *The Old Tibetan Annals: An Annotated Translation of Tibet's First History.* Wien: Verlag der Österreichischen Akademie der Wissenschaften, 2009: 39.

10 王乃昂、蔡为民：《凉都姑臧城址及茂区变适初探》，《西北史地》1997（4）：7-12；任小波：《公元 763 年吐蕃陷长安之役——吐蕃王朝军政体制探例》，《历史地理》2016（1）：115；Fang Kuei Li & W. South Coblin, *A Study of the Old Tibetan Inscriptions*, Taipei: Institute of History and Philology, Academia Sinica, 1987: 162-163; Géza Uray, "The Location of Khar-can and Leṅ-ču of the Old Tibetan sources." In *Varia Eurasiatica: Festschrift für Professor A Róna-Tas*, 1991: 195-227. 李方桂和柯蔚南两位先生指出，khartsan 对应灵州。乌瑞指出 khartsan 是凉州，即甘肃武威，任小波采用此观点。凉州武威古称姑臧，khartsan 是姑臧的藏文对译。

སྟོང་རྩན་གཡུའི་ཡི་གེ་སྩལ་ཏེ་།)。”[11] 大论被授予特级白宝石章饰，尚野息为大瑟瑟章饰，而东赞为瑟瑟章饰。此处位阶章饰的等级叙述，仅写到瑟瑟一级，并没有记载瑟瑟以下的位阶等级。而立功将领中，也只有禄恭的位阶受封没有记载。由此可推测，禄恭的位阶应为瑟瑟之下的金牌章饰，或金镶银（即颇罗弥）牌章饰。

吐蕃职官章饰是显示官员地位的标记，正史典籍对吐蕃职官章饰略有描述。

> 又云：大略其官章饰有五等：一谓瑟瑟，二谓金，三谓金饰银上，四谓银，五谓熟铜。各以方圆三寸褐上装之，安膊前以别贵贱。
>
> 自号吐蕃为宝髻。爵位则以宝珠、大瑟瑟、小瑟瑟、大银、小银、大瑜石、小瑜石、大铜、小铜等为告身，以别高下。[12]
>
> 其官之章饰，最上瑟瑟，金次之，金涂银又次之，银次之，最下至铜止。[13]

尽管史料对吐蕃章饰的记载不尽相同，但也描述出吐蕃章饰等级的基本框架。从禄恭与赞普的盟誓诏书可知，禄恭子孙以恩荫获得大银牌章饰。大银牌章饰之上，还有宝珠、瑟瑟、金、金镶银四个等级。

禄恭子孙受恩荫获得大银牌章饰，禄恭本人的位阶章饰应高于大银牌章饰；即使禄恭没有位阶章饰，也拥有大银牌章饰的附属特权。敦煌本《狩猎伤人赔偿律》（P.t.1071）第 107-108 行载第四等级特权享有者为“颇罗弥告身尚论本人与有颇罗弥告身之祖、父及尚论有金告身者之子侄及叔伯昆仲无告身诸人，及继母、儿媳、妾媵、未婚之妹等”（ཞང་ལོན་ཕྲ་མེན་གྱི་ཡི་གེ་པ་ རྫོ་བོ་དང་། ཕྲ་མེན་གྱི་ཡི་གེ་པའི་། མྱེས་པོ་དང། ཕའ་དང་། ཞང་ལོན་གསེར་གྱི་ཡི་གེ་པའི་བུ་སྤད་པན་ཅད），137-138 行载第五等级特权享有者为“银告身尚论本人与有银告身者之祖、父，及颇罗弥告身尚论子侄及叔伯昆仲无告身诸人，及继母、儿媳、妾媵、未婚之妹等”（ཞང་ལོན་དངུལ་གྱི་ཡི་གེ་པ་རྫོ་བོ་དང་། དངུལ་གྱི་ཡི་གེ་པའི་། མྱེས་པོ་དང་ཕའ་དང་། ཞང་ལོན་ཕྲ་མེནཔའི་། བུ་པོ་སྤད་པན་

11 Brandon Dotson, *The Old Tibetan Annals: An Annotated Translation of Tibet's First History*, 2009: 133-134. 王尧、陈践：《敦煌本吐蕃历史文书》（增订本），1992：111，156。此条记事抄写混乱，可能是抄写员的漫不经心所致。写卷中连续出现任命为大论（བློན་ཆེར་བཙུག）的记载，确实令人困惑。文献中的记载的真实含义可能是，囊热卸任，支桑晋升为大论。此条记事的内容，应是包括了两年的记事。杜晓峰认为此条为藏历龙年（764 年）记事，而王尧、陈践等指出此条为兔年（763 年）记事。依据正史记载，吐蕃占领长安为 763 年（广德元年），此条记事的内容占领长安之后。依据大事纪年的记事习惯，此条记事开头为赞普驻地的记载。因此，此条为 764 年记事。

12 《册府元龟》卷 961《外臣部 · 土风三》，北京：中华书局，1960：11308-11309。

13 《新唐书》卷 216《吐蕃传上》，1975：6072。

ཙད)[14]。因此禄恭本人所具有的位阶章饰，应比大银牌章饰高一个等级，即金镶银牌（颇罗弥）章饰。换句话说，禄恭获得金镶银章饰，其子嗣受恩荫获得低于金镶银章饰的大银牌章饰及其附属特权。

据《雪碑》所示，禄恭后又升任大囊论、大喻寒波平章事。大囊论是吐蕃内侍机构的长官，为赞普陪侍官员，充任赞普幕僚的角色，正史称之为内大相。大喻寒波是司法系统的长官，掌整顿风纪纠察百官之职，正史称之为整事大相[15]。《新唐书》载：

> 其官有大相曰论茝，副相曰论茝扈莽，各一人，亦号大论、小论；都护一人，曰悉编掣逋；又有内大相曰曩论掣逋，亦曰论莽热，副相曰曩论觅零逋，小相曰曩论充，各一人；又有整事大相曰喻寒波掣逋，副整事曰喻寒觅零逋，小整事曰喻寒波充：皆任国事，总号曰尚论掣逋突瞿。[16]

文中曩论掣逋是藏文 ནང་བློན་ཆེན་པོ 的音译，对译为大囊论，掌管内侍系统；喻寒波掣逋是藏文 ཡོ་གལ་འཆོས་པ་ཆེན་པོ 的音译，对译为大喻寒波巴，掌管司法系统。禄恭从普通的内侍官员，升任内侍系统的长官，兼任司法系统的长官；同时拥有平章事的加衔，可以参决王朝政务。其在蕃廷中的权势，可谓炙手可热。

二、雪藏与复出

广德元年（763 年）吐蕃攻陷长安之际，禄恭是前线指挥官，其本人也进入了长安城。永泰元年（765 年），禄恭再次率军袭击唐境。随后，禄恭便在吐蕃失去了踪迹。直至多年以后，禄恭才又出现在唐蕃前线。《贤者喜宴》收录的墀松德赞兴佛第一诏书显示，禄恭位列第三，头衔为论，位居大论尚琛·野息书通之下。这也说明，永泰元年之后，禄恭的仕途履历，出现了断层。桑耶寺兴佛盟誓诏书名单显示出，禄恭官职和政治地位得到了大幅度提升。禄恭的仕宦生涯，经历了晋升、雪藏和复出三个阶段。

据史载，达扎禄恭在吐蕃攻陷唐都长安的活动中起着重要作用。《资治通鉴》载：“戊寅，吐蕃入长安，高晖与吐蕃大将马重英等立邠王守礼之孙（子）承宏为帝，改元，

14 王尧、陈践：《敦煌古藏文文献探索集》，上海古籍出版社，2008：329-330，344-345。
15 林冠群：《吐蕃“尚论掣逋突瞿”考释——〈新唐书·吐蕃传〉误载举隅》，《中国藏学》2008（3）：10-11。
16《新唐书》卷 216《吐蕃传上》，1975：6071-6072。

置百官，以前翰林学士于可封为相。”[17]《大事纪年》此事载于虎年（762 年），尚·［琛］野息［书通］和论·［恩兰］悉逻诺（达扎［禄恭］）、尚·东赞、尚·赞哇（磨）（ཞང་[མཆིམས]་རྒྱལ་ཟིགས་[ཤུ་ཐེང]་དང་[ངན་ལམ]་སྟག་སྒྲ་[ཀླུ་གོང]་ཞང་སྟོང་རྩན）等人“引劲旅至京师，京师陷。唐帝遁走，乃立新君，劲旅还”[18]。实际上，禄恭只是参战大臣之一。《雪碑》也提及尚野息和禄恭共同担任元帅一职，但撰写碑文者将尚野息列于碑主之前，显然是因为碑主的官职在尚野息之下。尚野息和尚东赞也参与了这次行动，禄恭位居尚野息之下，高于尚东赞。此役蕃军的实际指挥官应是尚琛·野息书通，禄恭服从尚野息的调遣。禄恭职权相对较小，不具有坐镇后方统领蕃军全局行动的职权。

永泰元年的唐蕃边境冲突中，禄恭也随军参与战事。《旧唐书》载，永泰元年，“吐蕃大将尚结息赞磨、尚息东赞、尚野息及马重英率二十万众至奉天界，邠州节度使白孝德不能御，京城戒严”[19]。此次边境冲突之后的十余年间，不见有禄恭的相关记载。直至大历十三年（778 年）二月，“已亥（二月），吐蕃遣其将马重英帅众四万寇灵州，夺填汉、御史、尚书三渠水口以弊屯田……辛未（六月），吐蕃将马重英二万众寇盐、庆二州，郭子仪遣朔方都虞候李怀光击却之。”[20] 永泰元年唐蕃边境冲突中，禄恭的官职依然是囊论平章事。倘若禄恭此时的官职是大囊论、大喻寒波平章事，独掌内侍和司法两大系统，那么禄恭的职官排位，不应在尚野息等尚系官员之后。同时也说明，蕃军陷落长安之役，并没有为禄恭带来升职的机遇，甚至，禄恭所获得的金镶银牌位阶章饰，远低于共同参与陷落长安之役的尚野息和尚东赞所获的瑟瑟级位阶章饰。而长安之役时，禄恭的地位高于尚东赞。由此说明，永泰元年之后，禄恭的政治地位进一步下降，在率军将领中排在末位；直至十余年后的 778 年才得以复出。

禄恭被王室雪藏的原因，来自宗教和派系之争两个方面。禄恭最初笃信苯教，反对佛教。桑耶寺兴建前后，赞普墀松德赞压制苯教，扶植佛教[21]，禄恭被逐出蕃廷的权力中枢。此外，禄恭在王室中的起起伏伏，实际上也是尚系家族与传统贵族之间派系之争的缩影。吐蕃王朝中后期，尚系外戚家族势力把持着王室的要害部门，占据着主导地位。禄恭的传统贵族身份，影响了他的仕途，甚至受到排挤。这或许也是禄恭于长安之役凯旋后封赏低于尚系家族的尚野息和尚东赞的原因；两年后的 765 年，蕃军寇唐边关时，

17《资治通鉴》卷 223，广德元年九月条，北京：中华书局，1956：7152。

18　王尧、陈践：《敦煌本吐蕃大事纪年》（增订本），1992：156。

19《旧唐书》卷 196《吐蕃传上》，北京：中华书局，1975：5240。

20《资治通鉴》卷 225，大历十三年二月条，1956：7251。

21　巴卧·祖拉陈哇著、黄颢译：《〈贤者喜宴〉摘译九》，《西藏民族学院学报》1982（4）：48-49。

其在蕃将中的排位，依然在尚野息等尚系家族成员之下。禄恭的权势，明显受到尚系家族的压制。

禄恭后来改变信仰，并同赞普盟誓，是其复出晋升的节点。改信佛教，是禄恭复出晋升的阶梯。雪碑上铭刻的赞普与禄恭的共同盟誓文，显示出禄恭获得“大银牌雍仲章饰（དཔལ་གྱི་ཡི་གེ་ཆེན་པོ་གཡུང་དྲུང）”[22]。此章饰是超越职官赏赐体系的特殊恩赏，只有佛教高僧和对佛教有突出贡献者才能获得[23]。禄恭获得大银牌雍仲章饰，说明其已改崇佛教。也只有禄恭改崇佛教之后，才能同赞普共同盟誓，确立自己的权势与地位。禄恭与赞普举行盟誓的时间，也应在其复出前后，即778年2月率军进犯灵州之前。

赞普与禄恭的盟誓辞显示，禄恭家族子孙获得大银牌章饰。按照敦煌本《狩猎伤人赔偿律》的记载，立功者本人才能获赏位阶章饰，包括子孙在内的直系亲属，享有相应特权。但禄恭的家族子孙恩授大银牌章饰，不仅如此，其家族子孙也世袭彭域千户长，甚至远房宗族亲属也被授以千户长的职务。恩兰氏家族所受到的恩赏规格，高于普通的赏赐，与其说是蕃廷给予超规格恩赏，倒不如说这是禄恭改信佛教复出致仕的条件，或是禄恭与蕃廷的政治交易。这些补偿性赏赐，只能是在禄恭复出之后。

墀松德赞时期（754-797年），王室为宣扬佛教，修建桑耶寺。779年，桑耶寺落成，赞普墀松德赞带领臣属，共同盟誓，并颁布兴佛诏书。在此诏书中详细记载了参与盟誓官员的姓名和头衔，《贤者喜宴》收录的墀松德赞兴佛第一诏书，部分盟誓名单如下：“坌吐谷浑王，大尚论平章事、大论尚［琛］野息书通，论［恩兰］达扎禄恭，尚［那囊］野赞拉囊（དགོན་ཨ་ཞ་རྗེ། བློན་ཆེན་པོ་ཆེན་པོ་ཞང་[མཆིམས]་རྒྱལ་གཟིགས་ཤུ་ཐེང་། བློན་[ངན་ལམ་]སྟག་སྒྲ་ཀླུ་གོང་། ཞང་[སྣ་ནམ་]རྒྱལ་ཚན་ལྷ་སྣང)”[24]。尽管桑耶寺兴佛盟誓诏书名单中，没有记载禄恭的官职头衔，但据此名单可知，此时禄恭的职权和政治地位，仅次于坌吐谷浑王和大论尚野息。禄恭参与桑耶寺兴佛盟誓，向世人展示其已改信佛教。此次兴佛盟誓表明，复出后的禄恭已位列蕃廷核心决策层，在蕃廷中的排位仅次于大论，已步入蕃廷权力核心，很可能是吐蕃大论位的候选人。

桑耶寺兴佛盟誓之后，禄恭主导了唐蕃清水会盟初期谈判。建中二年（781年）“十二月，入蕃史判官常鲁与吐蕃使论悉诺罗等至自蕃中”[25]。此处的论悉诺罗，便是达扎禄恭。有韦氏大论名为悉诺逻恭禄者，其藏文名 དབའས་སྟག་སྒྲ་ཁོང་ལོད，与禄恭的藏文名

22 王尧：《吐蕃金石录》，1982：66、83。

23 张云：《上古西藏与波斯文明》，北京：中国藏学出版社，2017：141-143。

24 巴卧·祖拉陈哇著、黄颢译：《〈贤者喜宴〉摘译九》，《西藏民族学院学报》1982（4）：36。

25《旧唐书》卷196《吐蕃传下》，1975：5246。

ངན་ལམ་སྟག་སྒྲ་ཀླུ་ཁོང 近似。《旧唐书》将此韦氏大臣的姓名，译作悉诺逻恭禄；正史中提及的论悉诺罗或论悉诺逻，则是 བློན་སྟག་སྒྲ 的音译。然而，清水会盟初期谈判，是禄恭最后一次出现在吐蕃朝堂之上。此后，吐蕃政坛中便再无禄恭的踪迹。

三、禄恭是否曾担任大论的疑问

上文分析禄恭曾任吐蕃内侍及司法两大系统的长官，那么，禄恭是否担任过吐蕃大论？据 P.t.1287《吐蕃赞普传记》，尚野息之后，禄恭出任吐蕃大论，其第二章“大论世系”载：“后，管 · 支桑雅卜拉出任［大论］。随后，琛 · 尚野息书通出任［大论］。后，由恩兰 · 达扎禄恭出任［大论］。后，那囊 · 尚野赞拉囊出任［大论］（དེ་འི་འོག་དུ་མགོས་ཁྲི་བཟང་ཡབ་ལག་གིས་བྱས་སོ། དེ་འི་འོག་དུ་མཆིམས་ཞང་རྒྱལ་ཟིགས་ཤུ་ཏིང་གིས་བྱས་སོ། དེ་ནས་ངན་ལམ་སྟག་སྒྲ་ཀླུ་གོང་གིས་བྱསོ། དེ་འི་འོག་དུ་སྣ་ཞམ་རྒྱལ་ཚན་ལྷ་སྣང་གིས་བྱས་སོ)”。[26] 据此记载，禄恭于尚琛 · 野息书通之后任职大论，后来由那囊 · 尚野赞拉囊接替禄恭担任大论。然而，有关恩兰 · 达扎禄恭担任大论的详情，仍有待进一步探讨[27]。

据《吐蕃大事纪年》兔年（763 年）记事显示，论管 · 支桑雅卜拉接替囊热，担任大论。此时禄恭的头衔是论，所任官职是囊论平章事。765 年之后，禄恭因宗教信仰和派系矛盾的原因，被长期雪藏。779 年墀松德赞于桑耶寺兴佛盟誓之际，尚野息的头衔是大尚论，说明他已接替支桑担任吐蕃大论。禄恭被雪藏的一段时期内，论支桑和尚野息相继担任大论。桑耶寺兴佛盟誓后，尚野息依然担任着大论。《旧唐书》载：

> （建中）三年（782 年）四月……九月……时吐蕃大相尚结息（尚野息）忍而好杀……其次相尚结赞（尚野赞）有才略……赞普然之，竟以结赞代结息为大相，终约和好，期以十月十五日会盟于境上。以崔汉衡为鸿胪卿，以都官员

---

26 王尧、陈践：《敦煌本吐蕃历史文书》（增订本），1992：160。

27 有关禄恭职位的记载见塔波本《声明要领二卷》，然文中出现明显的错误，如文中记载的猪年记事为 783 年，尚野息为大尚论，同时将禄恭的头衔也写作大尚论。禄恭是传统贵族成员，其家族没有同吐蕃王室联姻，因此他不能享有尚的衔称。蕃廷之中，也不可能出现两位大论或大尚论。事实上，尚野息于建中三年（782 年）四月已被尚野赞代替。杜晓峰认为禄恭在尚野息与尚野赞之间短暂担任过吐蕃大论。参见 Géza Uray, "L'annalistique et la pratique bureaucratique au Tibet ancient." *Journal Asiatique* 263, 1975: 157-170. Cristina A. Scherrer-Schaub, "Enacting Words: A Diplomatic Analysis of the Imperial Decrees（*bkas bcad*）and their Application in the *sGra sbyor bam po gnyis pa* tradition." *Journal of the International Association of Buddhist Studies* 25（1-2）2002: 263-340. Brandon Dotson, *The Old Tibetan Annals: An Annotated Translation of Tibet's First History*, 2009: 154.

外郎樊泽兼御史中丞、充入蕃计会使。初，汉衡与吐蕃约定月日盟誓，汉衡到，商量未决，已过其期，遂命泽诣结赞复定会盟期，且告遣陇右节度使张镒与之同盟。泽至故原州，与结赞相见，以来年正月十五日会盟于清水西……四年正月（783 年），诏张镒与尚结赞蒙于清水。[28]

据此可知，782 年，地位低于禄恭的尚野赞，以次相（副大论）的身份晋升为大论[29]。尚野赞接任尚野息登上大论位之后，马上致力于唐蕃和谈。尚野息和尚野赞之间衔接紧密，没有为禄恭留下担任大论的时间空档。

781 年清水会盟初期会谈之后，禄恭再次失势，原因依然是派系之争。吐蕃王室中的派系之争，不仅表现在传统贵族和尚系家族之间的此消彼长，政见的异同也会形成不同的派系。禄恭自步入决策层以来，便屡屡参与对唐战事。据雪碑碑文，禄恭熟知唐朝各事宜，与大论尚野息共同承担对唐战事，主张强硬解决唐蕃争端。唐蕃清水会盟初期，禄恭主要负责唐蕃和谈之事，但他为和谈设置了诸多障碍，例如唐蕃双方就书函中的用词反复磋商，将“贡献”改为“进”，“赐”改为“寄”等，皆是禄恭的暗中操纵[30]。随着唐蕃和谈继续开展，主张和谈的尚野赞执掌中枢，尚野息被尚野赞取代，禄恭也失去了赞普的信任和重用。782 年 2 月，唐蕃清水会盟的第二阶段和谈，蕃方会谈代表改为区颊赞[31]。此后，禄恭便消失在历史长河之中。

尚野赞担任大论以来，主导了唐蕃之间的一系列事件。尚野赞最初继续推动唐蕃和谈，促成清水会盟；建中四年（783 年）二月，答应于頔提出的“疆场既定，请归其使”的请求；兴元元年（784 年），蕃廷助唐平定朱泚之乱。之后，尚野赞一手筹划了贞元三年（787 年）的平凉劫盟事件，令唐朝方面损失惨重。尚野赞长期把持大论位，直至贞元十二年（796 年）卒于任所[32]。尚野赞的履职经历说明，尚野息之后，尚野赞长期担任大论，禄恭再无晋升大论的机会。

综上所述，那囊 · 尚野赞拉囊接替尚琛 · 野息书通担任吐蕃大论，并没有留给恩兰 · 达扎禄恭担任大论的时间空档。在此时段内，禄恭没有担任大论的时机，吐蕃王室

28《旧唐书》卷 196《吐蕃传下》，1975：5246-5247。

29《册府元龟》卷 980《外臣部 · 通好》，1960：11513-11514。文中记载：“吐蕃大相尚结息忍而好杀，以当覆败于剑南，思刷其耻不肯约和，其次相尚结赞有才略，固言于赞普请定界盟约，以息边民。”

30《旧唐书》卷 196《吐蕃传下》，1975：5246。

31《旧唐书》卷 196《吐蕃传下》，1975：5248。

32《新唐书》卷 216《吐蕃传下》，1975：6099。

中亦不会同时出现两位大论[33]。《吐蕃赞普传记》第二章“大论世系”部分，将禄恭归为大论之列，可能是文书抄写员疏忽，所导致的抄写错误。禄恭所担任的最高官职，应是大囊论、大喻寒波平章事。

结语

目前学界公认的《雪碑》立碑时间是吐蕃军队自长安凯旋之后，为纪念达扎禄恭征战功绩所立。因为全部碑文中，仅有两个断代依据，即禄恭检举朗、末二氏的反叛，和吐蕃军队陷落长安。禄恭检举朗、末二氏的时间，并不能完全明确，仅能根据《吐蕃大事纪年》的残缺记事，推断出大概在754年到755年之间。吐蕃攻陷长安的时间点很明确，即广德元年（763年）。于是学术界将碑文中能够确定的时间下限，定为立碑时间的依据[34]。然而，禄恭官职和信仰的变迁，也可以作为探讨《雪碑》立碑问题的线索。

赞普同禄恭共同盟誓，显示出他已得到赞普的认可。盟誓文的创作时间，也是《雪碑》的立碑时间下限。778年2月，禄恭重掌兵权，进犯唐境，说明其已经复出。碑文的撰刻时间，也在此时期。从碑文内容来看，亦非禄恭的纪功碑。其三面碑文，可分为三部分：背面碑文主要记载禄恭的主要功绩，包括检举叛逆和陷落长安；正面碑文则透露出此部分内容为赞普与禄恭的盟誓辞；左面碑文，记载禄恭的最高官职。碑文追述了禄恭的主要功绩与职官，其主旨应是宣扬蕃廷恩赏禄恭及其家族的荣耀特权。

经过梳理藏汉史料的记载，对达扎禄恭在吐蕃的宦海沉浮之路，有了更明晰的理解。755年之前，禄恭担任彭域护卫千户长；755年，凭借检举政变、抓捕叛逆之功，晋升为囊论平章事；长安凯旋之后，因功配享金镶银牌位阶章饰；765年之后，被排挤出权力中枢；778年，复出晋升为大囊论、大喻寒波平章事；779年，以此身份参与桑耶寺兴佛盟誓，地位仅次于坌吐谷浑小王和大论；781年，参与清水会盟的初期谈判。

---

33 林冠群：《唐代吐蕃史论集》，2006：349。林冠群：《吐蕃大论恩兰达札路恭（ངན་ལམ་སྟག་སྒྲ་ཀླུ་ཁོང）研究》，《敦煌学辑刊》2019（4）：7-42。两文中均提及，禄恭在尚野赞出镇边关、专职负责唐蕃和谈之时，短暂担任了吐蕃大相（论）。

34 王尧：《吐蕃金石录》，1982：82；熊文彬：《吐蕃著名宰相恩兰 · 达札路恭生平考》，《西藏民族学院学报》1988（1）：45-51。王尧先生著文指出，立碑时间在占领京师之后不久的一段时期。熊文彬先生著文指出，雪碑立碑时间在763至797年之间，是为纪念禄恭的功劳而建。

782 年，随着尚野赞代替尚野息担任大论，禄恭也退出权力中枢。终禄恭一生，其所担任的最高官职，为大囊论、大喻寒波平章事，并未曾担任过吐蕃大论。

◆ 张旭　河北大学历史学院教授

郑红翔　西北大学丝绸之路研究院讲师

略论伏藏文本《密咒教授库藏》对中观的分类 *

杨杰

内容摘要： 12 世纪的大伏藏师娘热 · 尼玛沃色及其所掘伏藏《修部八教善逝集》对于研究宁玛派早期伏藏传统至关重要，学界已对其中部分密教文本的来源做了颇具启发意义的探索。本文基于该伏藏所收宗义学文本《密咒教授库藏》中对中观的分类，通过相关的比较与溯源工作，明确了这一分法乃植根并取材于当时的宗义学背景，且有其印度先例，继而显示出娘氏的伏藏文本有吸收其本人在当时所能接触到的教法思想的痕迹。在此基础上，作者进一步分析了该文本对于研究后弘期初期之宗义学所具有的价值。

一

作为藏传佛教宁玛派五大伏藏王（གཏེར་སྟོན་རྒྱལ་པོ་ལྔ）之首，娘热 · 尼玛沃色（ཉང་རལ་ཉི་མ་འོད་ཟེར། 1124-1192 年）对于后世的伏藏[1]乃至整个宁玛派传统都具有深远的影响，学界在娘氏的生平、教法传承以及他对莲花生崇拜的缔造与推动等方面取得了卓越的研究

* 本文为中国人民大学科学研究基金（中央高校基本科研业务费专项资金资助）项目“藏文古籍经典集成《宁玛噶玛》编纂史研究”（21XNA009）的阶段性成果。

1 本文不涉及苯教伏藏，此处及后文所说伏藏均指宁玛派伏藏。

成果[2]。近年来，对娘氏最重要的伏藏《修部八教善逝集》（བཀའ་བརྒྱད་བདེ་གཤེགས་འདུས་པ། 以下简称《善逝集》）中部分密教文本的研究也逐渐展开[3]，然而引发笔者研究兴趣的则是该伏藏法汇中一篇名为《密咒教授库藏》（གསང་སྔགས་ལུང་གི་བང་མཛོད）的论，该论标题虽冠以密咒之名，其实质却是包含了丰富的显教哲学讨论的宗义书（གྲུབ་མཐའ），特别是其中对中观的分类方法既不见于吐蕃时期的宗义书，也与后世流行的“自续—应成”二分法不同，本文将通过相关文本的比较，揭示其分法与后弘期初期藏土宗义学背景的密切联系及其在印度文献中的先例，并进一步探讨这份以伏藏形式出现的宗义书对藏土的宗义学和伏藏研究本身所具有的价值和意义。

二

数年前，笔者曾着力研究宁玛派摩诃瑜伽（Mahāyoga）修部之根本修习—“修部八教”（སྒྲུབ་སྡེ་བཀའ་བརྒྱད། 亦名八大修部）[4]之传承史及其密法修习理趣[5]，在研究过程中，笔者完整翻译了对近现代宁玛派影响巨大的学者米庞嘉措（མི་ཕམ་རྒྱ་མཚོ། 1846-1912 年）[6]所造之《吉祥修部八教总义释 · 悉地藏》（དཔལ་སྒྲུབ་པ་ཆེན་པོ་བཀའ་བརྒྱད་ཀྱི་སྤྱི་དོན་རྣམ་པར་བཤད་པ་དངོས་གྲུབ་སྙིང་པོ）。该论首先概述了经、论出现之方式，并通说九乘次第（ཐེག་པ་རིམ་པ་དགུ），而后才

2　例见 Daneil A. Hirshberg, *Remembering the Lotus-Born: Padmasambhava in the History of Tibet's Golden Age.* Somerville: Wisdom Publications, 2016. Cathy Cantwell, "Myang ral Nyi ma 'od zer (1124-1192): Authority and Authorship in the Coalescing of the rNying ma Tantric Tradition." *Medieval Worlds*, No.12, 2020: 68-79.

3　例见 Robert Mayer, "Rethinking Treasure (part one)." *Revue d'Etudes Tibétaines* 52, 2019: 119-184. 另见 Guy Grizman, "Resurrecting an Old Advice: Funerary Teachings in the Bka' brgyad Cycle of Nyang ral nyi ma 'od zer (1124-1192)." *Revue d'Etudes Tibétaines* 55, 2020: 182-197. Nichloas Trautz, "Curating a Treasure: The Bka' brgyad bde gshegs 'dus pa in the Development of Rnying ma Tradition." *Revue d'Etudes Tibétaines* 55, 2020: 495-521.

4　宁玛派将摩诃瑜伽分为续部（རྒྱུད་སྡེ）与修部（སྒྲུབ་སྡེ），修部复分为八部，亦即文殊身（འཇམ་དཔལ་སྐུ）、莲花语（པདྨ་གསུང）、真实意（ཡང་དག་ཐུགས）、甘露功德（བདུད་རྩི་ཡོན་ཏན）、普巴事业（ཕུར་པ་ཕྲིན་ལས）、差遣非人（མ་མོ་རྦོད་གཏོང）、世间供赞（འཇིག་རྟེན་མཆོད་བསྟོད）、猛咒诅詈（དམོད་པ་དྲག་སྔགས），此八部各有一忿怒尊为其修习所依本尊，依次为阎摩敌（གཤིན་རྗེ་གཤེད），马头金刚（རྟ་མགྲིན），真实嘿噜嘎（ཡང་དག་ཧེ་རུ་ཀ），最胜嘿噜嘎（ཆེ་མཆོག་ཧེ་རུ་ཀ），普巴金刚（རྡོ་རྗེ་ཕུར་པ），现前圆满王（མངོན་རྫོགས་རྒྱལ་པོ），普降傲慢（དྲེགས་པ་ཀུན་འདུལ），黑具力尊（སྟོབས་ལྡན་ནག་པོ）。参见沈卫荣、杨杰：《〈秘密藏续〉与旧译无上密法于西藏的传播》，Guntram Hazod、沈卫荣主编：《西藏宗谱：纪念古格 · 次仁加布藏学研究文集》，北京：中国藏学出版社，2018：451-511。

5　杨杰：《宁玛派修部八教研究》，中国人民大学博士学位论文，2015。

6　有关米庞的生平与教法，见 John Whitney Pettit, *Mipham's Beacon of Certainty: Illuminating the View of Dzogchen.* Boston: Wisdom Publications, 1999: 19-23. Douglas Duckworth, *Jamgön Mipam: His Life and Teachings.* Boston: Shambhala Publicaitons, 2011. 沈卫荣：《近代西藏宗派融合派大师不败尊者传略》，《民族学报》（台北），2005（24）：11-45。

分别对修部八教所依八大忿怒尊之外、内、密修习理趣加以逐次解说。在论述九乘次第中菩萨乘所摄唯识、中观二宗部之宗义时，其对中观宗的判别引起了笔者的注意：

中观宗者，纵是无二取之心识亦不许为实有，任何所知法皆无微尘许可成立为实有，法界即此空性与缘起显现之双运，（该宗）能以甚深见证悟法界。此中，于考量实相之方式上，依慧力之大小而有如幻无二派（māyopamādvaya, སྒྱུ་མ་ལྟར་གཉིས་སུ་མེད་པ）与极无所住派（apratiṣṭhāna, རབ་ཏུ་མི་གནས་པ）。前者认为，如是显现之世俗一经观察，即无法成立，是故显现亦非实有，犹如幻化。因此，如幻之现空无二乃诸法实相，基道果一切位皆如幻。于此传规中，世俗亦分正世俗与倒世俗，胜义亦分异门胜义与离异门胜义。此仅为依大乘中观传规之后得位决定，如实抉择离戏论。

至于极无所住派，亦分为空极无所住派（སྟོང་ཉིད་རབ་ཏུ་མི་གནས་པ）、断极无所住派（རྒྱུན་ཆད་རབ་ཏུ་མི་གནས་པ）、舍极无所住派（བཏང་སྙོམས་རབ་ཏུ་མི་གནས་པ）[7]、双运极无所住派（ཟུང་འཇུག་རབ་ཏུ་མི་གནས་པ）四者。空极无所住派认为，世俗与胜义相异，显现为世俗，虽如是显现，然其为迷乱，故为假立，一经观察，即非真实，故于胜义中不存在，离世俗之空性则为实相，此即许断灭空为实相。该派于了知显现本空之同时，却不知离显现之空性边，由是执破除世俗后之唯空（སྟོང་རྐྱང）为空性，遂落于边执。断极无所住派承许胜义为空性之方式与前派相类，该派认为，只要有分别（རྣམ་རྟོག），则必有资粮之积集，亦有果智之生起，最终分别断尽时，智亦断灭。基道果一切位中，现空二者本无离合，该派实未通达此离边法界之实相。舍极无所住派认为，有、无等任何承许皆不出增益之范畴，彼增益一经观察，即不成立，故而执一无所许之见地。一般而言，实相超越言思，故离诸承许，此虽属实，然而仅凭依理能破即舍离、弃置一切承许与所缘者，并不能如实抉择实相。第四，双运极无所住派认为，现空本性无离合之法界远离一切戏论网，此为诸圣者之内自证，于此二谛无别之甚深实相中，诸法悉成一味，世俗与胜义亦无从安立。于名言中，对诸显现皆不作伺察，依世间之显现而作承许者，即为世俗；法界远离显现自性之有、无等一切边，安住于此法界自性者即为胜义。简言之，此即当今所共许之应成派（ཐལ་འགྱུར）传规，以其如实抉择佛母（《般若经》）中所宣之般若波罗蜜多法界密意，故为因乘之究竟见。

7　此处之舍（བཏང་སྙོམས）乃“平等舍”意。

此等大乘行人缘于离二我见之法界，复修大乘传规之三十七菩提分，其行即于三大阿僧祇劫等中行六度，其果则许为成就圆满佛果。至于此中详细理趣，当参阅《密咒教授库藏》。[8]

时至米庞所处的 19 世纪，以自续（Svātantrika）—应成（Prāsaṅgika）二分法来判别中观传规的做法早已通行于藏传佛教各大教派[9]，无论是专门的中观学论著还是通说大小乘诸宗部的宗义书，都不离此总纲[10]。因此，在上引段落中，米庞将中观宗判为如幻无二与极无所住二派就显得比较突兀，特别是对极无所住派所做的四支判别更是不见于其同时代以及略早于米庞的前代上师著作。这种与当时的藏土中观学背景有些格格不入

---

8 དབུ་མ་པས་ནི་གཟུང་འཛིན་མེད་པའི་རྣམ་ཤེས་ཙམ་ཡང་བདེན་གྲུབ་ཏུ་མི་འདོད་དེ། ཤེས་བྱའི་ཆོས་གང་ལའང་བདེན་པར་གྲུབ་པ་རྡུལ་ཙམ་མེད་པའི་སྟོང་པ་དང་རྟེན་འབྱུང་གི་སྣང་བ་ཟུང་དུ་ཞུགས་པའི་ཆོས་ཀྱི་དབྱིངས་ཟབ་མོ་ལྟ་བས་རྟོགས་པར་བྱེད་པའོ། འདི་ལའང་གནས་ལུགས་གཞལ་ཚུལ་ལ་བློའི་རྩལ་ཆེ་ཆུང་གིས་སྒྱུ་མ་ལྟར་གཉིས་སུ་མེད་པ་དང་། རབ་ཏུ་མི་གནས་པ་གཉིས། དང་པོའི་འདོད་པ་ནི་འདི་ལྟར་སྣང་བའི་ཀུན་རྫོབ་འདི་དག་བརྟགས་ན་མ་གྲུབ་པའི་ཕྱིར་སྣང་ཡང་མི་བདེན་པ་སྒྱུ་མ་ལྟ་བུ་ཡིན་ཏེ། དེས་ན་སྣང་སྟོང་གཉིས་མེད་སྒྱུ་མ་ལྟ་བུ་འདི་ཆོས་ཀྱི་གནས་ལུགས་ཡིན་པས་གཞི་ལམ་འབྲས་བུའི་སྐབས་ཐམས་ཅད་སྒྱུ་མ་ལྟ་བུར་ཞེས་འདོད་དོ། འདི་དག་གི་ལུགས་ལ་ཀུན་རྫོབ་ལ་ཡང་ལོག་དང་དོན་དམ་ལ་རྣམ་གྲངས་ཡིན་མིན་གཉིས་སུ་འབྱེད་དོ། འདི་ནི་ཐེག་པ་ཆེན་པོ་དབུ་མའི་ལུགས་ཀྱི་རྗེས་ཀྱི་ངེས་པ་ཙམ་ལས་སྤྲོས་བྲལ་ཇི་བཞིན་དུ་གཏན་ལ་མ་ཕེབ་པའོ། གཉིས་པ་རབ་ཏུ་མི་གནས་པ་ལའང་། སྟོང་པར་རབ་ཏུ་མི་གནས་པ། རྒྱུན་ཆད་རབ་ཏུ་མི་གནས་པ། བཏང་སྙོམས་རབ་ཏུ་མི་གནས་པ། ཟུང་འཇུག་རབ་ཏུ་མི་གནས་པ་བཞི་ལས། དང་པོ་ནི་ཀུན་རྫོབ་དོན་དམ་ཐ་དད་དེ། སྣང་བ་ཀུན་རྫོབ་ནི་འདི་ལྟར་སྣང་ཡང་འཁྲུལ་པས་བཏགས་པ་སྟེ་དཔྱད་ན་མི་བདེན་པའི་ཕྱིར་དོན་དུ་མེད་ལ། ཀུན་རྫོབ་མེད་པའི་སྟོང་པ་ནི་གནས་ལུགས་སོ་སྙམ་དུ་སྟོང་པ་ཕྱང་ཆད་པ་ཞིག་གནས་ལུགས་སུ་འདོད་པའོ། འདི་ནི་སྣང་བ་ཉིད་ཡེ་ནས་སྟོང་བཞིན་དུ་སྣང་བའི་སྟོང་ཉིད་མཐའ་བྲལ་མ་ཤེས་པར་ཀུན་རྫོབ་བཀག་པའི་སྟོང་རྐྱང་ལ་སྟོང་པར་འཛིན་པ་མཐར་འཛིན་དུ་ལྷུང་བའོ། རྒྱུན་ཆད་རབ་ཏུ་མི་གནས་པས་ནི་དོན་དམ་སྟོང་པ་འདོད་ལུགས་སྔ་མ་དང་ཕྱོགས་འདྲ་ལ། རྣམ་རྟོག་ཡོད་ཀྱི་རིང་ལ་ཚོགས་གསག་པའང་ཡོད། དེའི་འབྲས་བུ་ཡེ་ཤེས་སྐྱེ་བའང་ཡོད་ལ། མཐར་རྣམ་རྟོག་ཟད་ནས་ཡེ་ཤེས་ཀྱང་རྒྱུན་ཆད་པར་འདོད་པའོ། འདིས་ཀྱང་གཞི་ལམ་འབྲས་བུའི་གནས་སྐབས་ཐམས་ཅད་སྣང་སྟོང་གཉིས་པོ་ཡེ་ནས་འདུ་འབྲལ་མི་སྲིད་པའི་ཆོས་དབྱིངས་མཐའ་བྲལ་གྱི་གནས་ལུགས་མ་རྟོགས་པའོ། བཏང་སྙོམས་རབ་ཏུ་མི་གནས་པས་ནི་ཡོད་པ་དང་མེད་པ་སོགས་ཇི་ལྟར་ཁས་བླངས་ཀྱང་སྒྲོ་བཏགས་པ་ལས་མ་འདས་ལ། སྒྲོ་འདོགས་དེ་ནི་དཔྱད་ན་མ་གྲུབ་པས་འདི་ཞེས་ཁས་ལེན་པ་གང་ཡང་མེད་པའི་ལྟ་བ་འཛིན་པའོ། ཕྱིར་གནས་ལུགས་ནི་བློ་བསམ་བརྗོད་པ་ལས་འདས་པས་ཁས་ལེན་དང་བྲལ་བ་ནི་བདེན་མོད་ཀྱི། གང་དུ་ཁས་བླངས་ཀྱང་རིགས་པས་སུན་ཕྱུང་ནུས་པ་ཙམ་ཞིག་ལ་བརྟེན་ནས་ཁས་ལེན་དང་དམིགས་པ་ཐམས་ཅད་བཏང་སྙོམས་སུ་བཞག་པ་ཙམ་གྱིས་གནས་ལུགས་ཇི་བཞིན་པ་གཏན་ལ་ཕེབ་པ་མ་ཡིན་ནོ། བཞི་པ་ཟུང་འཇུག་རབ་ཏུ་མི་གནས་པ་ནི། སྣང་སྟོང་ངོ་བོ་ཉིད་ཀྱིས་འདུ་འབྲལ་མེད་པའི་ཆོས་དབྱིངས་སྤྲོས་པའི་དྲྭ་བ་ཀུན་གྱིས་དབེན་པ་འཕགས་པ་རྣམས་ཀྱིས་སོ་སོ་རང་གིས་རིག་པར་བྱ་བ། བདེན་པ་གཉིས་དབྱེར་མེད་པའི་གནས་ལུགས་ཟབ་མོ་དེའི་ངང་དུ་ཆོས་ཀུན་རོ་མཉམ་པར་གྱུར་པས་ཀུན་རྫོབ་དང་དོན་དམ་གཉིས་སུ་ཡང་བཞག་པ་མེད་ལ། ཐ་སྙད་དུ་ནི་ཇི་ལྟར་སྣང་བ་རྣམས་ལ་བརྟག་དཔྱད་མེད་པར་འཇིག་རྟེན་ན་སྣང་བ་ལྟར་ཁས་ལེན་པ་ཀུན་རྫོབ་དང་། དེའི་རང་བཞིན་ཡོད་མེད་ལ་སོགས་པའི་མཐའ་ཐམས་ཅད་དང་བྲལ་བའི་ཆོས་ཀྱི་དབྱིངས་ཀྱི་རང་བཞིན་དུ་གནས་པ་དོན་དམ་བདེན་པ་ཞེས་བྱ་སྟེ། མདོར་ན་དེང་སང་དབུ་མ་ཐལ་འགྱུར་བ་ཞེས་ཡོངས་སུ་གྲགས་པའི་ལུགས་ཉིད་དོ། འདི་ནི་རྒྱལ་བའི་ཡུམ་ནས་བསྟན་པའི་ཤེས་རབ་ཀྱི་ཕ་རོལ་ཏུ་ཕྱིན་པ་ཆོས་ཀྱི་དབྱིངས་ཀྱི་དགོངས་པ་ཇི་བཞིན་པ་གཏན་ལ་ཕབ་པའི་ཕྱིར་རྒྱ་ཡི་ཐེག་པའི་ལྟ་བ་མཐར་ཐུག་པའོ། ཐེག་པ་ཆེན་པོ་པ་འདི་དག་གིས་ལྟ་བ་བདག་གཉིས་དང་བྲལ་བའི་ཆོས་ཀྱི་དབྱིངས་ལ་དམིགས་ནས། སྒོམ་པ་ཐེག་པ་ཆེན་པོའི་ལུགས་ཀྱི་བྱང་ཕྱོགས་སོ་བདུན་དང་། སྤྱོད་པ་ཕ་རོལ་ཏུ་ཕྱིན་པ་དྲུག་ལ་བསྐལ་པ་གྲངས་མེད་གསུམ་ལ་སོགས་པར་སྤྱད་པས་འབྲས་བུ་རྫོགས་པའི་སངས་རྒྱས་སུ་འགྲུབ་པར་འདོད་པ་ཡིན་ནོ། འདི་དག་གི་ཚུལ་རྒྱས་པར་ནི་གསང་སྔགས་ལུང་གི་བང་མཛོད་དུ་བལྟ་བར་བྱའོ། *The Expanded Redaction of the Complete Works of 'Ju mi-pham Series*, Paro: Lama Ngodrup and Sherab Drimey, TBRC: W23468-21: 33-36.

9 关于自续与应成两系中观在印度的起源以及藏土学者对二者的诠释，见 Georges B. J. Dreyfus & Sara L. McClintok eds., *The Svātantrika-Prāsaṅgika Distinction: What Difference dose a Difference Make?* Boston: Wisdom Publications, 2003.

10 例外的是，自他空见（གཞན་སྟོང）开始在藏土传播后，各教派内以他空见为究竟见的上师往往都将他空见置于自续与应成中观之上，并以自续、应成为共通中观，而以他空中观为了义大中观（ངེས་དོན་དབུ་མ་ཆེན་པོ），例如深受觉囊派教法影响的工珠 · 云丹嘉措（ཀོང་སྤྲུལ་ཡོན་ཏན་རྒྱ་མཚོ）即是如此，有关他对中观的判别，见工珠 · 云丹嘉措著，多吉杰博、土登尼玛编：《知识总汇》卷 2，北京：民族出版社，1982：512-556。

的分法是否为米庞的新创？若仔细分析文中“此（极无所住派）即当今所共许之应成派传规”一句，可知米庞此处乃依循某一旧说，其论述应有所本。由米庞在《悉地藏》全论最后的跋尾部分的陈述可知，该论乃以 12 世纪著名伏藏师娘热 · 尼玛沃色所掘伏藏《善逝集》为所依，并结合其上师[11]所授口诀而造，特别在这一解说九乘次第的部分，米庞更进一步明确其中详细理趣应当参考《密咒教授库藏》[12]（以下简称《库藏》）。《库藏》本身即出自《善逝集》，通过文本的仔细比对发现，米庞的《悉地藏》从结构到内容通篇都与《库藏》高度相似，前者实际上是对后者的浓缩与改写。在《库藏》的九乘次第部分，也的确见到了如幻无二与极无所住之中观传规二分法的详细论述。在正式讨论这一部分之前，笔者有必要对《库藏》乃至整个《善逝集》法汇的相关背景做简要介绍。

据娘氏的传记《修部八教善逝集伏藏师娘氏化身尼玛沃色传 · 明镜》（བཀའ་བརྒྱད་བདེ་གཤེགས་འདུས་པའི་གཏེར་སྟོན་མྱང་སྤྲུལ་སྐུ་ཉི་མ་འོད་ཟེར་གྱི་རྣམ་ཐར་གསལ་བའི་མེ་ལོང）可知，娘氏曾从一商人手中得一佛像之断指，其中有一伏藏细目（གཏེར་བྱང），娘氏据此细目而从孔廷寺（མཁོ་མཐིང་ལྷ་ཁང）之大日如来像背后取出一紫一白两个伏藏宝箧，紫色宝箧中即盛有《善逝集》全套法汇[13]。这套法汇乃藏土第一部基于八大忿怒尊而建立观修体系的伏藏[14]，自娘氏起，后世陆续有伏藏师取出众多同类伏藏[15]，然而这些后出之伏藏实际上都是《善逝集》的变体，

11 指蒋扬 · 钦哲旺波（འཇམ་དབྱངས་མཁྱེན་བརྩེའི་དབང་པོ། 1820-1892 年）。

12 收录于《修部八教善逝集法类》（བཀའ་བརྒྱད་བདེ་གཤེགས་འདུས་པའི་ཆོས་སྐོར）, Paro: Ngodrup, 1980, TBRC: W22247-4: 97-178.

13《修部八教善逝集法类》，TBRC: W22247-2: 335-339.

14 值得注意的是，在此八大忿怒尊中，与普巴金刚相关的密续、仪轨等已于前弘期阶段流传，然而在娘氏所取《善逝集》之前，未见有将此八大忿怒尊合于一套法轨而修习之传规。有关敦煌古藏文文献中与普巴金刚相关部分的研究，见 Cathy Cantwell and Robert Mayer, "The Dunhuang *Phur pa* Corpus: A Survey." In *Contributions to Tibetan Buddhist Literature. PIATS 2006: Tibetan Studies: Proceedings of the Eleventh Seminar of the International Association for Tibetan Studies, Königswinter 2006*, ed. Orna Almogi, Halle: International Institute for Tibetan and Buddhist Studies, 2008: 247-276. Cathy Cantwell and Robert Mayer, *The Kīlaya Nirvāṇa Tantra and the Vajra Wrath Tantra: two texts from the Ancient Tantra Collection*, Vienna: The Austrian Academy of Sciences Press, 2007. Cathy Cantwell and Robert Mayer, *Early Tibetan Documents on Phur pa from Dunhuang*, Vienna: The Austrian Academy of Sciences Press, 2008.

15 噶妥 · 次旺诺布（ཀཿཐོག་ཚེ་དབང་ནོར་བུ། 1698-1755 年）之《大密金刚胜乘八大修部简史 · 善说妙瓶》（གསང་ཆེན་རྡོ་རྗེ་ཐེག་མཆོག་སྒྲུབ་པ་བཀའ་བརྒྱད་ཀྱི་ལོ་རྒྱུས་རབ་བསྡུས་ལེགས་བཤད་བུམ་བཟང）列举了最核心的五部，除了娘氏所取之《善逝集》外，后续还有古如曲旺（གུ་རུ་ཆོས་དབང་། 1212-1270 年）所取之《秘密圆满》（གསང་བ་ཡོངས་རྫོགས），仁增果登坚（རིག་འཛིན་རྒོད་ལྡེམ་ཅན། 1337-1409 年）所取之《自生自现》（རང་བྱུང་རང་ཤར），白玛林巴（པདྨ་གླིང་པ། 1450-1521 年）所取之《意镜》（ཐུགས་ཀྱི་མེ་ལོང），桑丹德钦林巴（བསམ་གཏན་བདེ་ཆེན་གླིང་པ། 15 / 16 世纪）所取之《极密普降傲慢》（ཡང་གསང་དྲེགས་པ་ཀུན་འདུལ），见噶妥 · 仁增次旺诺布著：《噶妥 · 仁增次旺诺布文集》（藏文）第二卷，北京：中国藏学出版社，2006：401。工珠在此基础上补列了六种，于此不赘。

其根本的修习架构和法义理趣都明显以《善逝集》为范本。依宁玛派传统，一套完整的法要需包含密续、教授、口诀（རྒྱུད་ལུང་མན་ངག）三大版块，《善逝集》同样如此，下文将要讨论的《库藏》即属于其中的“口诀”部分。《库藏》以本师释迦牟尼之生平开篇，继而介绍经（sūtra）与论（śāstra）出现之方式，而后逐一详细介绍九乘次第之见、修、行、果，其现存各版本的每一句都以伏藏句点（གཏེར་ཚེག）“༔”结尾，这一标志性符号向读者明确宣示了该文本的伏藏属性，换言之，其意在表明该文本的作者并非伏藏师娘氏本人，而是娘氏直接从埋藏者（此处即指莲花生）当年所封印之黄卷（ཤོག་གསེར）破译转录而得。然而，如果仔细分析其中关于中观宗义的部分，可以察觉其鲜明的时代特征，其中的中观划分方式与11世纪流行于藏土的分法有直接的联系，而与吐蕃时代以及14世纪开始流行于藏土的分法明显不同，这让我们不得不重新思考该伏藏文本内容观点的来源以及该文本真正的形成方式。为了展开后续的论述，笔者先将其中观宗部分翻译如下：

中观分二：如幻无二派；极无所住派。

1.说如幻无二派者，即离四边之真实中道。虚相唯识认为，心之习气所现（似显现之外境相）与心不可说为一与异，胜义则为刹那圆成。如幻无二之见破此（虚相唯识之见），而许除心识外，无有外境。或问：“然则，如何承许此等红白显现？”答言：“此等显现乃许为习气所（致），仅如幻而已，复藉自证分之缘而生，故为无生。”复次，该派许胜义世俗二（谛），世俗复分为二，倒世俗与能起功用之世俗[16]。倒世俗者，犹如由（一）月而显现为二（月），（此第二月）虽然显现，却不能起功用。能起功用之世俗者，具足四性相，依因缘而生，能起功用，显现为共，一经观察则为空。胜义分二，亦即异门胜义谛与离异门胜义谛。异门（胜义）者，乃将四因（གཏན་ཚིགས་བཞི）[17]加诸有法，由是断除真实之法，并将其成立为如幻。以其乃智之对境，故名为“胜义”。以其无谬无欺故名为“谛”。所谓异门，即能量之正理。非相之胜义者，眼识不生，则彼不生，若（眼识）生，则生为色法，色法即眼识之体性，眼具色法之相，故名“带相”。带相之同时，无有真实之法，故而显现不灭，仅显现为如幻，此（二者）无二，故名如幻无二。

从四边解脱之方式者，以其空无实事，故离常边；空而显现不灭，故离断

16 能起功用之世俗即正世俗（ཡང་དག་པའི་ཀུན་རྫོབ）。

17 即金刚屑因（རྡོ་རྗེ་གཟེགས་མའི་གཏན་ཚིགས）、破有无生因（ཡོད་མེད་སྐྱེ་འགོག་གི་གཏན་ཚིགས）、离一多因（གཅིག་དུ་བྲལ་གྱི་གཏན་ཚིགས།）、大缘起因（རྟེན་འབྲེལ་ཆེན་པོའི་གཏན་ཚིགས）。

边；以其仅现为如幻，且空无实事，故离二边；无可由（同时遮破显现与空）二者而成立无二，故离无二之边。《中观庄严论》云：[18]

种种法非常，亦不许为断，

常断二俱非，究竟离四边。

如幻无二之主张说竟。

2. 极无所住派分四：空极无所住，断极无所住，舍极无所住，双运极无所住。

空极无所住者，许胜义与世俗为相异，此等种种显现皆为世俗谛，亦即迷乱不实之显现；于胜义谛层面，则离一切戏论边。此等（世俗）法皆许为全然无有，譬如梦中所见一切实事，醒后即一无所有。《现观庄严论》云：[19]

依空性而得解脱 不知彼空则受缚

又云：

“诸法之真实为何者？”答言：“（其乃）空性。”

断极无所住者，主张只要有分别，即有作为对治之智慧资粮，断尽分别后，纵是智慧之名亦无。譬如木炭未尽，则白色不现。

舍极无所住者，其下见地皆住于增益与减损边。声闻乃二取之增益；（如幻无二派）许（诸法）如幻且自性空，故为减损，（许诸法）如幻，故为增益；空极无所住（许）如幻者亦无，故为减损，许（诸法毕竟）空，故为增益。

双运极无所住者[20]，心毕竟无所住，显现即自心之缘起轮，当其现为种种（相）时，不可成立为实法；实法无可成立，亦不执其为假，无任何承许，《月灯（三昧经）》云：[21]

若有见地不承许　有无二俱二俱非

则无任何具慧者　能指斥其过失处

如幻（无二）中观，遮破将显现许为真实者后，即主张依正理成立（诸法）如幻。此不应理，至于如幻，任何依理成立之性相皆可依理而破。

18 此段引文不见于《中观庄严论》。

19 此段引文不见于《现观庄严论》。值得一提的是，慈护所造《真性宝鬘》（*Tattvaratnāvalī*, དེ་ཁོ་ན་ཉིད་རིན་པོ་ཆེའི་ཕྲེང་བ）中也引用了这一句，见《中华大藏经 · 丹珠尔（对勘本）》第26卷，北京：中国藏学出版社，1998：345。

20 原文此处写作 བཏང་སྙོམས་རབ་ཏུ་མི་གནས་པ（舍极无所住），明显系误写。

21 此段引文不见于《月灯三昧经》，然而与之相近者可见于《中观庄严论》第68颂：ཡོད་དང་མེད་དང་ཡོད་མེད་ཅེས། ཁས་མི་ལེན་པ་གང་ཡིན་པ། དེ་ལ་ནན་ཏན་ལྡན་པས་ཀྱང་། ཅིར་ཡང་ཀླན་ཀ་བྱ་མི་ནུས། 见《中华大藏经 · 丹珠尔（对勘本）》第62卷，2000：901。

难言：许显现如幻之心，乃依正理成立，不受正理妨害。

答言：然则，显现乃由生而成立，抑或由无生而成立？若依金刚屑（因），此幻乃由生而成立，抑或由无生而成立？若（如幻无二派）认为其乃生而无可成立，故而如幻，则亦可类推而说，以其生而无可成立，故名显现。

或问：中观之谛分二，（此二谛）为一抑或为异？

答言：若许为一，则胜义即同具戏论之世俗，亦成具戏论者；世俗亦同离戏论之胜义，亦成离戏论者。若许为异，则（二者）即如对面与此面之山，彼此无有利害。故许（二者）非一亦非异，不可说为同一，亦不可说为相互异离。[22]

---

22 དབུ་མ་ལ་གཉིས་སྟེ། སྒྱུ་མ་ལྟར་གཉིས་སུ་མེད་པ་དང་། རབ་ཏུ་མི་གནས་པའོ། སྒྱུ་མ་ལྟར་གཉིས་སུ་མེད་པར་སྨྲ་བ་ནི། མཐའ་བཞི་དང་བྲལ་བ་དོན་གྱི་དབུ་མའོ། སྒྱུ་མ་གཉིས་མེད་ཀྱི་ལྟ་བ་ནི། རྫུན་གྱི་སེམས་ཉིད་ཀྱི་བག་ཆགས་དང་། དེ་ཉིད་དང་གཞན་དུ་བརྗོད་དུ་མེད་པ་དང་། དོན་དམ་ཡོངས་གྲུབ་སྐད་ཅིག་མར་འདོད་པ་བཀག་ནས་འདི་ཤེས་པ་ལས་མ་རྟོགས་པ་ཕྱི་རོལ་གྱི་དོན་མེད་པར་འདོད་པ་དེ། འོ་ན་དཀར་དམར་གྱི་སྣང་བ་འདི་ཇི་ལྟར་འདོད་ཞེས་ན། སྣང་བ་འདི་ཉིད་བག་ཆགས་ཀྱི་དབང་གིས། སྒྱུ་མ་ཙམ་དུ་སྣང་བར་འདོད། དེ་ཡང་རང་རིག་པའི་རྐྱེན་ལས་བསྐྱེད་པའི་ཕྱིར་མ་སྐྱེས་པ་ཅེས་བྱའོ། དེ་ཡང་དོན་དམ་ཀུན་རྫོབ་གཉིས་སུ་འདོད་དོ། ཀུན་རྫོབ་ལ་ཡང་གཉིས། ལོག་པའི་ཀུན་རྫོབ་དང་། དོན་བྱེད་པའི་ཀུན་རྫོབ་བོ། ལོག་པ་ནི་ཟླ་བ་ལས་གཉིས་སུ་སྣང་བ་ལྟ་བུ་སྟེ། སྣང་ཡང་དོན་བྱེད་མི་ནུས་པའོ། དོན་བྱེད་པའི་ཀུན་རྫོབ་ནི། མཚན་ཉིད་བཞི་དང་ལྡན་པ་སྟེ། རྒྱུ་རྐྱེན་ལས་སྐྱེས་པ། དོན་བྱེད་ནུས་པ། མཐུན་པར་སྣང་བ། བརྟགས་ན་དབེན་པའོ། དོན་དམ་ལ་གཉིས། རྣམ་གྲངས་ཀྱི་དོན་དམ་པའི་བདེན་པ་དང་། རྣམ་གྲངས་མ་ཡིན་པའི་དོན་དམ་པའི་བདེན་པའོ། རྣམ་གྲངས་ནི། གཏན་ཚིགས་བཞི་ཆོས་ཅན་ལ་བཞག་པས། ཡང་དག་པའི་དངོས་བཅད་ནས། སྒྱུ་མ་ཙམ་དུ་བསྒྲུབ་པའོ། ཡེ་ཤེས་དམ་པའི་ཡུལ་དུ་གྱུར་པས་དོན་དམ་པ་ཞེས་བྱའོ། མ་ནོར་མི་བསླུ་བས་བདེན་པ་ཞེས་བྱའོ། རྣམ་གྲངས་ནི་འཇལ་བྱེད་ཀྱི་རིག་པ་ལ་བྱའོ། རྣམ་པ་མ་ཡིན་པ་དོན་དམ་པའི་བདེན་པ་ནི། མིག་གི་རྣམ་པར་ཤེས་པ་མ་སྐྱེས་ན་མ་སྐྱེས། སྐྱེས་ན་གཟུགས་སུ་སྐྱེས། གཟུགས་མིག་གི་རྣམ་པར་ཤེས་པའི་ངོ་བོ་ཡིན། མིག་གཟུགས་ཀྱི་རྣམ་པ་དང་བཅས་པ་རྣམ་བཅས་ཞེས་བྱའོ། བཅས་བཞིན་དུ་ཡང་དག་པའི་དངོས་པོར་སྟོང་པས་སྣང་བ་མ་འགགས་སྟེ། སྒྱུ་མ་ཙམ་དུ་སྣང་བ་ཡིན་ལ། དེ་གཉིས་སུ་མེད་པས་སྒྱུ་མ་གཉིས་མེད་ཅེས་བྱའོ། མཐའ་བཞི་ལས་གྲོལ་ལུགས་ནི། ཡང་དག་པའི་སྟོང་པས་རྟག་པའི་མཐའ་དང་བྲལ། སྟོང་ཞིང་སྣང་བ་མ་འགགས་པས་ཆད་པའི་མཐའ་དང་བྲལ། སྒྱུ་མ་ཙམ་དུ་སྣང་བ་ཉིད་ཡང་དག་པའི་དངོས་པོར་སྟོང་པས་གཉིས་ཀའི་མཐའ་དང་བྲལ། གཉིས་ཀ་བས་གཉིས་མེད་མ་གྲུབ་པས་གཉིས་མེད་ཀྱི་མཐའ་དང་བྲལ། དབུ་མ་རྒྱན་ལས། སྣ་ཚོགས་རྟག་པ་མ་ཡིན་པས། ཆད་པ་ཡང་ནི་ཁས་མི་ལེན། རྟག་ཆད་གཉིས་ཀ་མ་ཡིན་པས། མཐའ་བཞི་ལས་ནི་ཡོངས་སུ་གྲོལ། ཞེས་བྱུང་ངོ་། སྒྱུ་མ་ལྟར་གཉིས་སུ་མེད་པའི་འདོད་པ་བཤད་ཟིན་ཏོ། རབ་ཏུ་མི་གནས་པ་ལ་བཞི་སྟེ། སྟོང་པ་རབ་ཏུ་མི་གནས་པ། རྒྱུན་ཆད་རབ་ཏུ་མི་གནས་པ། བཏང་སྙོམས་རབ་ཏུ་མི་གནས་པ། ཟུང་འཇུག་རབ་ཏུ་མི་གནས་པའོ། སྟོང་པ་རབ་ཏུ་མི་གནས་པ་ནི། དོན་དམ་དང་ཀུན་རྫོབ་ཐ་དད་དུ་འདོད་པ་སྟེ། སྣང་བ་སྣ་ཚོགས་འདི་ཀུན་རྫོབ་ཀྱི་བདེན་པ་འཁྲུལ་བའི་སྣང་བ་མི་བདེན་པའོ། དོན་དམ་པ་ན་སྤྲོས་པའི་མཐའ་ཐམས་ཅད་དང་བྲལ་བའོ། དཔེར་ན་མི་ལམ་རྨས་ཀྱི་དངོས་པོ་ཅི་ཡོད་པ་ལས། སད་ནས་གཏན་ནས་མེད་པ་བཞིན། དངོས་པོ་འདི་གཏན་ནས་མེད་པར་འདོད། མངོན་པར་རྟོགས་པའི་རྒྱན་ལས། སྟོང་པ་ཉིད་ཀྱིས་གྲོལ་བར་འགྱུར། དེ་མ་ཤེས་ན་འཆིང་བར་འགྱུར། ཞེས་པ་དང་། ཆོས་ཐམས་ཅད་ཀྱི་ཡང་དག་པ་ཇི་ལྟ་བུ་ལགས། བཀའ་སྩལ་པ། སྟོང་པ་ཉིད། ཅེས་པའོ། རྒྱུན་ཆད་རབ་ཏུ་མི་གནས་པ་ནི། ཇི་སྲིད་རྣམ་རྟོག་ཡོད་ཀྱི་བར་དུ། གཉེན་པོ་ཡེ་ཤེས་ཀྱི་ཚོགས་ཀྱང་ཡོད་ལ། རྣམ་རྟོག་ཟད་ནས་ཡེ་ཤེས་ཀྱི་མིང་ཡང་མེད་པར་འདོད་དོ། དཔེར་ན་སོལ་བ་མ་ཟད་ན་དཀར་པོ་མི་ཡོང་བ་ལྟར་རོ། བཏང་སྙོམས་རབ་ཏུ་མི་གནས་པ་ནི། དེ་མན་ཆད་ཀྱི་ལྟ་བ་སྒྲོ་བཏགས་དང་། སྐུར་འདེབས་ཀྱི་མཐའ་ལ་གནས་ཏེ། ཉན་ཐོས་ནི་གཟུང་འཛིན་གྱི་སྒྲོ་བཏགས། སྒྱུ་མ་ལྟ་བུར་རང་བཞིན་གྱི་སྟོང་པར་འདོད་པས་སྐུར་བ་བཏབ། སྒྱུ་མ་སྒྲོ་བཏགས་སྟོང་པ་རབ་ཏུ་མི་གནས་པས་སྒྱུ་མ་ཙམ་དུ་ཡང་མེད་ཅེས་སྐུར་བ་བཏབ། སྟོང་པ་སྒྲོ་བཏགས་སོ། བཏང་སྙོམས་རབ་ཏུ་མི་གནས་པ་ནི། བློ་ཡོངས་སུ་མི་གནས་པ་མེད་སྟེ། སྣང་བ་རང་གི་སེམས་ཀྱི་རྟེན་འབྲེལ་གྱི་འཁོར་ལོ་སྣ་ཚོགས་སུ་སྣང་བའི་དུས་ན་བདེན་པའི་དངོས་པོར་མ་གྲུབ། བདེན་པའི་དངོས་པོ་མ་གྲུབ་པའི་རྫུན་པར་མི་འཛིན། ཁས་གང་དུ་ཡང་མི་ལེན་ཏེ། ཟླ་བ་སྒྲོན་མ་ལས། ཡོད་དང་མེད་དང་ཡོད་མེད་མེད། ཁས་མི་ལེན་པའི་ལྟ་བ་ལ། དེ་ལ་བློ་དང་ལྡན་པ་ནི། སུས་ཀྱང་སླན་ཀ་ཏྲ་མི་ནུས། ཞེས་བྱུང་ངོ་། དབུ་མ་སྒྱུ་མ་ལྟ་བུ་ནི། སྣང་བ་ཡང་དག་ཏུ་འདོད་པ་བཀག་ནས། སྒྱུ་མ་རིགས་པས་བསྒྲུབ་པར་འདོད་དེ་མི་འཐད་དེ། སྒྱུ་མ་མཚན་ཉིད་ཅི་ཡིན་རིགས་པས་གྲུབ་ལ། རིགས་པས་གནོད་པའོ། སྣང་བ་ཡང་དག་ཏུ་འདོད་པའི་བློ་ཡང་། རིགས་པས་གྲུབ་པ་ལ་རིགས་པས་མི་གནོད་པ་ལ་བྱའོ། འོ་ན་སྣང་བ་སྐྱེས་ནས་གྲུབ་བམ་མ་སྐྱེས་པས་གྲུབ་ཟེར་ནས་རྡོ་རྗེ་གཟེགས་མ་གཏོང་ན། སྒྱུ་མ་སྐྱེས་ནས་གྲུབ་བམ། མ་སྐྱེས་པས་གྲུབ་བྱའོ། སྐྱེད་ནས་མ་གྲུབ་དེས་ན་སྒྱུ་མ་ལྟ་བུར་ཞེས་བྱའོ། ཞེས་ཟེར་ན། སྐྱེད་ན་མ་གྲུབ་པ་དེས་སྣང་བ་ཡང་ཞེས་བྱའོ། ཞེས་མགོ་འགྲེའོ། དབུ་མའི་བདེན་པ་གཉིས་སུ་གནོན་དེ། གཅིག་གམ་ཐ་དད་ཅེས་འདྲིའོ། གཅིག་པར་འདོད་ན་ཀུན་རྫོབ་སྤྲོས་པ་དང་བཅས་པ་བཞིན་དུ་དོན་དམ་པ་ཡང་སྤྲོས་བཅས་སུ་ཐལ། དོན་དམ་སྤྲོས་པ་དང་བྲལ་བ་བཞིན་དུ་ཀུན་རྫོབ་ཀྱང་སྤྲོས་བྲལ་དུ་ཐལ། ཐ་དད་པར་འདོད་ན་ཕ་རི་ཚུ་རི་བཞིན་དུ་ཕན་གནོད་མེད་པར་ཐལ་ལོ། གཅིག་པ་ཡང་མ་ཡིན་ཐ་དད་ཀྱང་མ་ཡིན། དེ་ཉིད་ཀྱང་གཞན་དུ་བརྗོད་དུ་མེད་པའོ།《修部八教善逝集法类》（བཀའ་བརྒྱད་བདེ་གཤེགས་འདུས་པའི་ཆོས་སྐོར）, TBRC: W22247-4: 141-145.

通过对比可知米庞的论述几乎完全脱胎于上引《库藏》的相关段落，只是对后者的表述进行了改写并加以补充解释。既然如此，以《库藏》之表述为出发点可引发一系列问题，首先，《库藏》里的中观二分法有无依据？特别是其中对极无所住的四分法能否在此前的印藏传统中找到出处？对此，我们可以简单回顾西藏历史上不同时期对中观传统的划分方式，以便理清相关线索。根据鲁埃格（David Seyfort Ruegg）对西藏中观传统的分期，可知中观学在藏土的演变可大致分为四个阶段：（1）8 世纪后期至 9 世纪初（即藏传佛教之前弘期）；（2）10 世纪末、11 世纪初至 14 世纪；（3）14 至 16 世纪；（4）16 世纪及以后[23]。在第一阶段，龙树的《中论》(*Mūlamadhyamaka-kārikā*) 等部分中观根本论典首次被译介到藏土，藏人开始系统整理、消化并阐释印度的中观学，从这一时期的大译师智军（ཡེ་ཤེས་སྡེ）所造之《见差别》(ལྟ་བའི་ཁྱད་པར)[24]、吉祥积（དཔལ་བརྩེགས）所造之《说见次第》(ལྟ་བའི་རིམ་པ་བཤད་པ)[25] 等宗义书来看，当时都以“经部（行）中观”(མདོ་སྡེ་（སྤྱོད་པའི）དབུ་མ）与“瑜伽（行）中观”(རྣལ་འབྱོར་（སྤྱོད་པའི）དབུ་མ）来划分中观宗的部居。在第二阶段，藏传佛教进入后弘期，数量更大的佛教经论被翻译成藏文，藏人开始撰述本土的中观学论著，并进一步写作相关的宗义书来整理、判别卷帙浩繁的经论中所包含的不同层次的见地，特别需要指出的是，在该阶段内，随着译师巴察 · 尼玛扎（པ་ཚབ་ཉི་མ་གྲགས）将月称（Candrakīrti）的论著译为藏文，月称与清辨（Bhāviveka）有关中观见的争议也随之传入藏土，自续与应成这两种中观论辩方式也开始逐渐为藏人熟知。此时，自续与应成虽然尚未被藏人明确视为中观的两个独立的学派，但这二元组合已成为后世的中观二分法之雏形[26]。到了第三阶段，随着隆钦巴（ཀློང་ཆེན་རབ་འབྱམས་པ།1308-1363 年）、萨迦班智达（ས་སྐྱ་པཎྜི་ཏ་ཀུན་དགའ་རྒྱལ་མཚན།1182-1251 年）、宗喀巴（ཙོང་ཁ་པ། 1357-1419 年）、米觉多杰（མི་བསྐྱོད་རྡོ་རྗེ།1507-1554 年）等著作等身的大学者更加系统而细致地抉择并阐

23 David Seyfort Ruegg, *Three Studies in the History of Indian and Tibetan Madhyamaka Philosophy: Studies in Indian and Tibetan Madhymaka Thought,* Universität Wien: Arbeitskreis für Tibetische und Buddhistische Studien, 2000: 1-71.

24 该论汉译见谈锡永、沈卫荣、邵颂雄、许锡恩：《宁玛派四部宗义释》，北京：中国藏学出版社，2012：172-253。

25 该论汉译见上揭《宁玛派四部宗义释》，2012：254-279。

26 尽管后世一般都将月称视为应成派在印度的祖师，并将其见地视为最究竟之中观见，然而现有的印度文献证明，月称在印度的地位远没有后世的藏土学者追捧的那么高，其学说在传入藏土之初亦曾受到恰巴等人的批评。月称及其学说在西藏之地位的提升、自续—应成二分法主流地位的形成都是一个复杂的渐进过程，关于这些问题的代表性研究见 Kevin A. Vose, *Resurrecting Candrakīrti: Disputes in the Tibetan Creation of Prāsaṅgika.* Boston: Wisdom Publications, 2009.

释[27]，各大教派的中观传规开始得以确立，尽管这些传规都各具特色且旗帜鲜明，但将中观正式分为自续派、应成派的做法已被广为接受，并一直延续至今。在第四阶段，各大教派的后辈学者在上述前辈的奠基性著作基础上不断写作出更多的释论，他们在延续各自所属传规的同时，又有了进一步的发挥，并且在19世纪时，通过“利美运动”（རིས་མེད）的不断推行，各教派的中观见有了前所未有的交流互动与融通。

鲁埃格指出，尽管自续和应成作为两种中观论辩方式早已存在于印度，但是svātantrika和prāsaṅgika二词在梵文文献中并没有准确的依据，而是藏人依据藏文རང་རྒྱུད་པ和ཐལ་འགྱུར་བ做的重构[28]，用自续派和应成派来指涉中观两大学派的做法，萌芽于11至13世纪，其确立与广泛接受始于14世纪，这一点已为学界普遍承认。综观鲁埃格的中观学著作，可明显看到他对11至13世纪期间西藏中观学图景的研究侧重于自续与应成传规在西藏的萌芽、对后世的影响以及两系传规之间的交锋，他的考察对象主要集中于独立而专门的中观论典，然而这一时期藏人的中观著作保存至今者为数甚少，使得鲁埃格认为该时期的西藏中观发展史相对模糊。必须指出的是，鲁埃格的确注意到这一时期译为藏文的印度论典中有将中观分为“如幻理成”（སྒྱུ་མ་རིགས་སྒྲུབ། 亦即如幻无二）与“说极无所住”（རབ་ཏུ་མི་གནས་པར་སྨྲ་བ）两部者，但他并未进一步深入考察这种分法在印度的源流，以及11至13世纪期间藏人对这种分法的接受史，只是简单罗列了这种分法在印度文献中的几个出处，并指出俄译师·洛丹喜绕（རྔོག་བློ་ལྡན་ཤེས་རབ།1059-1109年）曾对这种分法加以驳斥[29]，给读者留下的印象便是这种分法并没有对藏人产生显著的影响。由于《库藏》对中观的分法既非前弘期宗义书中所见之“经部行—瑜伽行”，亦非14世纪开始广为流行之“自续—应成”，而恰好与鲁埃格留意到的11至13世纪之间的上述分法吻合，因此我们必须进一步全面考察这种分法在印度及其传入西藏后的流传过程。

随着近年来奥娜·艾默吉（Orna Almogi）和克劳斯·迪特·马特斯（Klaus-Dieter Mathes）对相关研究的推进，中观的“如幻无二—极无所住”二分法在印度的来源及其在西藏的接受过程逐渐变得清晰。艾默吉逐次翻译并分析了印藏文献中涉及该二分法的

27 此外还包括绒敦（རོང་སྟོན།1367-1449年）、果然巴（གོ་རམས་པ།1349-1412年）、克主杰（མཁས་གྲུབ་རྗེ།1385-1438年）、贾曹杰（རྒྱལ་ཚབ་རྗེ།1364-1431年）、笃补巴（དོལ་པོ་པ།1292-1361年）等重要上师，于此不再一一列举。

28 David Seyfort Ruegg, "The Svātantrika-Prāsaṅgika Distinction in the History of Madhyamaka Thought." In *Indo-Iranian Journal* 49, 2006: 320.

29 David Seyfort Ruegg, *Three Studies in the History of Indian and Tibetan Madhyamaka Philosophy: Studies in Indian and Tibetan Madhymaka Thought*, 2000: 32-35.

相关段落[30]，其中印度部分包括马鸣（Aśvaghoṣa/Śūra，7 世纪）[31]之《胜义菩提心修习次第》（*Paramārthabodhicittabhāvanākrama*）、月狮足（Candraharipāda，10 世纪）之《宝鬘论》（*Ratnamālā*）、智金刚（Jñānavajra，约 11 世纪）之《见真性之道》（*Tattvamārgadarśana*）、不二金刚（Advayavajra，亦即慈护，1007-1085 年）之《决定显示幻化》（*Māyānirukti*）、《明示极无所住》（*Apratiṣṭhānaprakāśa*）、金刚手（Vajrapāṇi）之《上师传承次第口诀》（*Guruparamparākramopadeśa*）、阿底峡之弟子所录之《噶当子法》（བཀའ་གདམས་བུ་ཆོས），西藏部分包括卓龙巴·罗珠迥乃（གྲོ་ལུང་པ་བློ་གྲོས་འབྱུང་གནས། 11 世纪）之《教法次第广论》（བསྟན་རིམ་ཆེན་མོ）[32]、恰巴·曲吉僧格（ཕྱ་པ་ཆོས་ཀྱི་སེང་གེ 1109-1169 年）之《辨善逝与外道之宗》（བདེ་བར་གཤེགས་པ་དང་ཕྱི་རོལ་པའི་གཞུང་རྣམ་པར་འབྱེད་པ），若·喜饶沃（རོག་ཤེས་རབ་འོད།1166-1244 年）之《明示宗义之灯》（གྲུབ་མཐའ་བསྟན་པའི་སྒྲོན་མེ）[33]。实际上，除艾默吉上列文献以外，7 世纪时有另一篇重要论著同样采用该二分法来判别中观，此即月官（Candragomin）所造《圣妙吉祥真实名经广释》（*Ārya-mañjuśrī-nāmasaṃgīti-mahāṭīkā*）[34]。因此，基于现有文献，我们可以明确《库藏》中的中观二分法至少早在 7 世纪时已在印度流传开来，这一分法随着后弘期初期的佛典翻译而传入藏土，而且时至 13 世纪仍有藏土学者沿用这一分法[35]。马特斯长期致力于研究在藏土饱受争议的“显教大手印”（མདོ་ལུགས་ཀྱི་ཕྱག་རྒྱ་ཆེན་པོ）教法在印度的来源，通过对大量印度文献的整理、翻译与比较研究，可知该教法直接源自慈护（Maitrīpa）一系的大手印传规，该传规的其中一个重要特色便是将大手印与当时已

30 Orna Almogi, "Māyopamādvayavāda versus Sarvadharmāpratiṣṭhānavāda: A Late Indian Subclassification of Madhyamaka and its Reception in Tibet." In *Journal of the International College for Postgraduate Buddhist Studies* 14, 2010: 135-212.

31 此马鸣应非公元 1 至 2 世纪的佛教诗人马鸣，有关该马鸣生平年代的考证，见 N.C. Krom, *Barabuḍur*, The Hague: Martinus Nijhoff, 1927: 313. A.K. Warder, *Indian Kāvya Literature*, Vol.2, Delhi: Motilal, 1974: 903。

32 有关该论中观部分的讨论，见 José Cabezón, "The Madhyamaka in Gro lung pa's *Bstan Rim chen mo*." In *Proceedings of the International Association of Tibetan Studies*, ed. Maret Kerk. Leiden: Brill, 2009: 11-58.

33 该论之英译与研究见 José Cabezón, *The Buddha's Doctrine and the Nine Vehicles: Rog Bande Sherab's Lamp of the Teachings*, Oxford: Oxford University Press, 2013.

34 藏文标题为 འཕགས་པ་འཇམ་དཔལ་གྱི་མཚན་ཡང་དག་པར་བརྗོད་པའི་རྒྱ་ཆེར་འགྲེལ་པ། 相关部分见于其对 135 颂之解释：“中观亦有二种，说诸法如幻，说极无所住…”依冯伟强、黄基林译：《圣妙吉祥真实名经释论三种》，台北：全佛文化，2011：137。

35 见后文的相关例证。实际上到十四世纪初，藏土对中观的划分仍未完全统一为“自续—应成”二分法，觉囊派上师笃补巴即曾批评并弃置“自续—应成”二分法而改用“有相（སྣང་བཅས）—无相（སྣང་མེད）”来区分中观，参 Tsering Wangchuk, "Dol po pa shes rab rgyal mtshan on Mahāyāna Doxography: Rethinking the Distinction between Cittamātra and Madhyamaka in Fourteenth-century Tibet." *Journal of the International Association of Buddhist Studies* 34, 2011(2012): 321-348.

在印度流行的“极无所住中观”融合[36]，由是在传统的密教大手印之外建立了无需灌顶及生圆二次第（བསྐྱེད་རྫོགས་རིམ་གཉིས）修习之波罗蜜多乘大手印[37]，这一系大手印教法随着相关文本的翻译与流通，逐渐通过冈波巴（སྒམ་པོ་པ་བསོད་ནམས་རིན་ཆེན། 1079-1153 年）等上师在达波噶举等传承中流传开来[38]。在此过程中，该大手印教法对极无所住中观以及“如幻无二—极无所住”二分法的倡导也渗透到达波噶举及其后来所开各大支系中。当然，这种二分法的影响绝不仅限于达波噶举，我们在阿底峡及其后的噶当派上师乃至萨迦派上师的著作中也能见到相关论述。就旧译密咒宁玛派而言，娘氏所取伏藏中的《库藏》便是笔者目前所见该派最早提及并论述该二分法的著作。

鲁埃格对 11 至 13 世纪藏土中观的讨论局限于这一阶段为数不多的中观学专论，然而晚近的研究通过更广泛的文献考察，表明“如幻无二—极无所住”二分法除了在 10 至 11 世纪的印度文献中有较为集中的体现外，更广见于 11 至 13 世纪藏土的宗义书以及大手印、道次第论书等各类文献，换言之，该分法在这一阶段的西藏获得了良好的接受，而这正是《库藏》这一伏藏文本被“发掘”时的教法背景。笔者上来的大段讨论目的即在于说明《库藏》里出现的上述中观分类法绝非偶然，而是与其时代环境密切相关。若依宁玛派对伏藏的定义及叙事传统，伏藏文本都是莲花生等人[39]在吐蕃时期封藏的，但《库藏》对中观的分法与吐蕃时期所见的“经部行—瑜伽行”二分法明显不同[40]，而与 11 至 13 世纪间流行于藏土的“如幻无二—极无所住”一致。因此，我们有理由推断，就《库藏》这一所谓的伏藏文本而言，至少其中的中观宗义部分是极有可能由娘氏

36 Klaus Dieter Mathes, "Can Sūtra Mahāmudrā be Justified on the Basis of Maitrīpa's Apratiṣṭhānavāda?" In *Pramāṇakīrtiḥ: Papers dedicated to Ernst Steinkellner on the occasion of his 70th birthday*, eds. B. Kellner, H. Krasser, H. Lasic, M.T. Much, H. Tauscher. Vienna: Arbeitskreis für tibetische und buddhistische Studien, 2007: 545-566. Klaus Dieter Mathes, *A Fine Blend of Mahāmudrā and Madhyamaka: Maitrīpa's Collection of Texts on Non-conceptual Realization (Amanasikāra)*. Vienna: Österreichischen Akademie Der Wissenschaften, 2015.

37 在印度密乘佛教传统中，大手印乃作为四手印之一环，其与法手印（dharmamudrā）、誓句手印（samayamudrā）、事业手印（karmamudrā）皆属于密教修习。参 Klaus Dieter Mathes, "The 'Succession of the Four Seals' (*Caturmudrānvaya*) Together with Selected Passages from Karopa's Commentary." In *Tantric Studies*, vol. 1, Centre for Tantric Studies: University of Hamburg, 2008: 89-130.

38 这一系大手印教法甚至由冈波巴的弟子传到了西夏，见杨杰：《西夏对藏传佛教的吸收与融创——以〈大乘要道密集〉所收数篇大手印文本为例》，《中国藏学》2020（2）：54-63。

39 宁玛派的伏藏教法并非以莲花生为唯一的封藏者，无垢友（Vimalamitra）、译师毗卢遮那（Vairocana）、努钦 · 桑杰益西（གནུབས་ཆེན་སངས་རྒྱས་ཡེ་ཤེས）等人亦封藏有大量伏藏，见 Dudjom Rinpoche (trans. Gyurmed Dorje and Matthew Kapstein), *The Nyingma School of Tibetan Buddhism: Its Fundamentals and History*, Boston: Wisdom Publications, 1991: 747.

40 目前没有任何文献证据表明“如幻无二—极无所住”二分法已在吐蕃时期传入藏土。

本人依据当时流行于藏土的分类方式撰写[41]，由是具有鲜明的时代烙印。

至此，我们对《库藏》的中观分类法之追问仍未结束，因为其中还将极无所住派进一步分为四类：空极无所住、断极无所住、舍极无所住、双运极无所住，这一四分法是否也有更早的来源也待考察。通过查阅大量藏文文献，可以见到较娘氏稍早及稍晚的上师的确也有论及极无所住中观的分类，然而其中仅将其分为两类而非四类[42]，例如冈波巴在其《会众法 · 善美》(ཚོགས་ཆོས་ལེགས་མཛེས་མ) 中写道：

> 中观分为如幻（无二）与极无所住，（后者）复分为双运极无所住与断极无所住。[43]

又如萨迦三祖扎巴坚赞（གྲགས་པ་རྒྱལ་མཚན།1147-1216 年）于其《密续部总建立及本续现证之大纲科判》(རྒྱུད་སྡེ་སྤྱིའི་རྣམ་བཞག་དང་རྒྱུད་ཀྱི་མངོན་པར་རྟོགས་པའི་སྟོང་ཐུན་ས་བཅད) 亦将大小乘各宗部罗列如下：

> 第一分四：声闻之承许方式，瑜伽行之承许方式，断极无所住之承许方式，双运极无所住之承许方式。[44]

笔者所见到的与娘氏的四分法一致或近似者则见于较晚的两部著作，其一是弟吾贤者（མཁས་པ་ལྡེའུ།13 世纪）所著《弟吾宗教源流》(ལྡེའུ་ཆོས་འབྱུང)：

> 中观分如幻（无二）与极无所住二部，极无所住复分为四：断极无所住、

41 实际上，除了中观部分以外，整篇论以九乘次第来论述旧译密咒教法的做法也令人对这一文本的产生年代生疑。因为根据目前学界认为比较可靠的莲花生本人的著作《口诀见鬘》(མན་ངག་ལྟ་ཕྲེང) 以及稍晚的吉祥音（དཔལ་དབྱངས）等人所造论典来看，九乘次第这一架构至少在莲花生所处的时代尚未建立，该架构直到努钦 · 桑杰益西为《密意总集经》(མདོ་དགོངས་འདུས) 所造释论《黑暗铠甲》(མུན་པའི་གོ་ཆ) 中才有明确的体现。

42 这种二分法在《丹珠尔》中仅见于因陀罗菩提（Indrabhūti）所造《吉祥集轮续王胜乐略续释》(དཔལ་འཁོར་ལོ་སྡོམ་པ་རྒྱུད་ཀྱི་རྒྱལ་པོ་བདེ་མཆོག་བསྡུས་པ་ཞེས་བྱ་བའི་རྣམ་པར་བཤད་པ)，见《中华大藏经 · 丹珠尔（对勘本）》第 9 卷，1998：1223。

43 དབུ་མ་ལ་སྒྱུ་མ་ལྟ་བུ་དང་རབ་ཏུ་མི་གནས་པའོ། དེ་ལས་ཟུང་འཇུག་རབ་ཏུ་མི་གནས་པ་དང་། རྒྱུན་ཆད་རབ་ཏུ་མི་གནས་པའི་གཞུང་།《三界法王吉祥无比冈波巴众生怙主索南仁钦全集 · 如意宝》(ཁམས་གསུམ་ཆོས་ཀྱི་རྒྱལ་པོ་དཔལ་མཉམ་མེད་སྒམ་པོ་པ་འགྲོ་མགོན་བསོད་ནམས་རིན་ཆེན་གྱི་གསུང་འབུམ་ཡིད་བཞིན་ནོར་བུ)，Kathmandu: Khenpo Shedup & Lama Thinley Namgyal, 2000, TBRC: W23439-1: 336.

44 དང་པོ་ལ་བཞི། ཉན་ཐོས་ཀྱི་འདོད་ཚུལ་དང་། རྣལ་འབྱོར་སྤྱོད་པའི་འདོད་ཚུལ་དང་། རྒྱུན་ཆད་རབ་ཏུ་མི་གནས་པའི་འདོད་ཚུལ་དང་། ཟུང་འཇུག་རབ་ཏུ་མི་གནས་པའི་འདོད་ཚུལ་ལོ།《萨迦全集》(ས་སྐྱ་བཀའ་འབུམ)，Kathmandu: Sachen International, 2006, TBRC: W00EGS1017151-6: 318.

舍极无所住、灭极无所住[45]、双运极无所住。开示（如幻无二与极无所住）二者宗义之论书即理聚论与中观东方三师（之论著）。[46]

其二为 15 世纪萨迦派上师果然巴 · 索南僧格（གོ་རམས་པ་བསོད་ནམས་སེང་གེ 1429-1489 年）所著《了义极明》(ངེས་དོན་རབ་གསལ)，其中提到：

第二，（极无所住者），仅以离一多因遮破对显现之谛实，并未建立无实有，即便建立（无实有），亦仅将无遮作为标的，而不许其为非遮、如幻、能为理智所考量。有人亦将此派分为主张离戏论之中观与离一切承许之中观二者，亦有人将其分为四者：双运极无所住、空极无所住、舍极无所住、断极无所住。[47]

鉴于上述情况，我们一时难以在现有的西藏本土文献中找到娘氏对极无所住中观所做的四分法找到直接的来源。因此，笔者选择继续从印度文献中寻找线索，最终在两篇论著中发现了与上述四分法相关的论述，其一见于慈护所造《多哈藏之心要义歌释》（*Dohakoṣahṛdaya-arthagītiṭīkānāma*, དོ་ཧ་མཛོད་ཀྱི་སྙིང་པོ་དོན་གྱི་གླུའི་འགྲེལ་པ），在解说如何通达轮回与涅槃无二时，论主基于根器之不同而将瑜伽士分为三品，并对每一层次的瑜伽士之见地与修持做了如下概括：

若按上中下（三品）瑜伽（士）而说区分，下品（瑜伽士）以现空无别为见，以乐空无别为修，以三身无别为果。中品瑜伽士云："下品瑜伽士仅于分别上施设名言，彼分别亦仅为念而已，故为大圆镜智，依口诀而体证无念，则

45 灭极无所住当与空极无所住对应。

46 该书原名《印藏教法源流广论》(རྒྱ་བོད་ཀྱི་ཆོས་འབྱུང་རྒྱས་པ)。所引部分藏文如下：དབུ་མ་ལ་སྒྱུ་མ་ལྟ་བུ་དང་རབ་ཏུ་མི་གནས་པ་གཉིས། རབ་ཏུ་མི་གནས་པ་ལ་བཞི་སྟེ། རྒྱུན་ཆད་རབ་ཏུ་མི་གནས་པ་དང་། བཏང་སྙོམས་རབ་ཏུ་མི་གནས་པ་དང་། འགོག་པ་དང་། ཟུང་འཇུག་རབ་ཏུ་མི་གནས་པའོ། 弟吾贤者：《弟吾宗教源流》（藏文），拉萨：西藏人民出版社，1987：119。关于该书及其作者年代之考证，见 Leonard W.J. van der Kuijp, "Dating the Two Lde'u Chronicles of Buddhism in India and Tibet." In *Asiatische Studien /Études Asiatiques*, vol. XLVI.1, 1992: 468-491.

47 གཉིས་པ་ནི། གཅིག་དུ་བྲལ་གྱི་རྟགས་ཀྱིས་སྣང་བའི་སྟེང་དུ་བདེན་པ་བཀག་པ་ཙམ་ཡིན་གྱི་བདེན་མེད་མ་བསྒྲུབས་པའམ། བསྒྲུབ་ཀྱང་མེད་དགག་ཙམ་ཞིག་ཡུལ་དུ་བྱེད་ཀྱི། མ་ཡིན་དགག་སྒྱུ་མ་ལྟ་བུ་རིགས་ཤེས་ཀྱིས་མི་འཇལ་བར་འདོད་པའོ། ཁ་གཅིག་འདི་ལའང་སྤྲོས་བྲལ་དུ་འདོད་པའི་དབུ་མ་པ་དང་། ཁས་ལེན་ཐམས་ཅད་དང་བྲལ་བའི་དབུ་མ་པ་གཉིས་སམ། ཡང་བཞི་སྟེ། ཟུང་འཇུག་རབ་ཏུ་མི་གནས་པ་དང་། སྟོང་པ་ཉིད་རབ་ཏུ་མི་གནས་པ་དང་། བཏང་སྙོམས་རབ་ཏུ་མི་གནས་པ་དང་། རྒྱུན་ཆད་རབ་ཏུ་མི་གནས་པའོ།《诸佛甚深密意—中观真性之语示 · 了义极明》(རྒྱལ་བ་ཐམས་ཅད་ཀྱི་ཐུགས་ཀྱི་དགོངས་པ་ཟབ་མོ་དབུ་མའི་དེ་ཁོ་ན་ཉིད་སྤྱིའི་ངག་གིས་སྟོན་པ་ངེས་དོན་རབ་གསལ)，《遍知果然巴全集》第 5 卷，德格：宗萨康谢佛学院，2014：55。

为平等性智，以其显示无生之地，故为妙观察智，以其通达离一切所作，故为成所作智，以其无所思且极清净，故为极清净之法界体性（智），由口诀而体证彼等（智）者，则名为中品瑜伽士。”上品瑜伽士云：“中品瑜伽所立名为智者，仅为忆念如幻与不作意（二者）无分别而成双运极无所住，一无所念、无作意者乃空性极无所住，无生无灭乃舍极无所住，无论如何皆不以心觉察且无所思乃断极无所住。”[48]

此处虽非专论中观，且未涉及与极无所住相对之如幻无二，然而由上品瑜伽士所总结之四种极无所住与《库藏》至少在名相上已高度一致。除此之外，另一篇则为慈护之弟子金刚手所造《薄伽梵母般若波罗蜜多心经释 · 义灯》（*Bhagavatiprajñāpāramitāhṛdaya-arthapradīpanāmaṭīkā*, བཅོམ་ལྡན་འདས་མ་ཤེས་རབ་ཀྱི་ཕ་རོལ་ཏུ་ཕྱིན་པའི་སྙིང་པོའི་འགྲེལ་པ་དོན་གྱི་སྒྲོན་མ། 以下简称《义灯》），该释论对《心经》内容的阐释颇具特色，针对从“舍利子，色不异空，空不异色”至“无智亦无得，以无所得故”一段经文，金刚手用四种现量、四种等持、与四种无所住来逐节解释该段经文的不同部分。

首先，对“色不异空，空不异色，色即是空，空即是色，受想行识，亦复如是”，论主指出：“（此即）以根现量（དབང་པོའི་མངོན་སུམ）抉择藉忆念而将种种显现作为对境之如幻等持，（由是）基于忆念诸法皆为双运而开示凡夫之法。”[49] 对“舍利子，是诸法空相”至“以无所得故”，论主认为：“（此）乃基于甚深法性而（开示）无念、无生、超越心识行境之非凡夫行境，此中以空、无相、无愿三等持，意现量（ཡིད་ཀྱི་མངོན་སུམ）、自证现量（རང་རིག་པའི་མངོན་སུམ）、瑜伽现量（རྣལ་འབྱོར་གྱི་མངོན་སུམ），以及空极无所住、舍极无所

48 དེ་ལ་རྣལ་འབྱོར་ཐ་མ་དང་འབྲིང་དང་རབ་ཀྱི་དབང་དུ་བྱས་ན། ཐ་མ་སྣང་སྟོང་དབྱེར་མེད་ལྟ་བ། བདེ་སྟོང་དབྱེར་མེད་བསྒོམ་པ། སྐུ་གསུམ་དབྱེར་མེད་འབྲས་བུའོ། །རྣལ་འབྱོར་འབྲིང་པོ་ན་རེ། རྣལ་འབྱོར་ཐ་མ་ནི་རྣམ་པར་རྟོག་པ་འབའ་ཞིག་ལ་མིང་དུ་བཏགས་པའོ། རྣམ་རྟོག་དེ་ཡང་དྲན་པ་ཙམ་ཡིན་པས་མེ་ལོང་ལྟ་བུའི་ཡེ་ཤེས་དང་། མན་ངག་གིས་དྲན་མེད་སྟོང་བ་མཉམ་པ་ཉིད་ཀྱི་ཡེ་ཤེས་དང་། སྐྱེ་མེད་ས་བསྟན་པས་སོ་སོར་རྟོག་པའི་ཡེ་ཤེས་དང་། བྱ་བ་དང་བྲལ་བ་རྟོགས་པས་བྱ་བ་ནན་ཏན་གྱི་ཡེ་ཤེས་དང་། བསམ་དུ་མེད་པ་ཤིན་དུ་རྣམ་པར་དག་པས་ཆོས་ཀྱི་དབྱིངས་ཤིན་དུ་རྣམ་པར་དག་པའི་དབྱིངས་དེ་དག་མན་ངག་གིས་ཉམས་སུ་སྒྲོང་བས་རྣལ་འབྱོར་འབྲིང་པོ་ཞེས་བྱའོ། །རྣལ་འབྱོར་རབ་ན་རེ། རྣལ་འབྱོར་འབྲིང་པོས་ཡེ་ཤེས་སུ་མིང་དུ་བཏགས་པ་ནི་སྒྱུ་མ་ལྟ་བུ་དྲན་པ་དང་ཡིད་ལ་མ་བྱས་པ་དབྱེར་མི་ཕྱེད་པ་ཟུང་འཇུག་རབ་ཏུ་མི་གནས་པ་ཙམ་ཡིན་གྱི། གང་དྲན་པ་མེད་ཅིང་ཡིད་ལ་བྱ་བ་མེད་པ་དེ་སྟོང་ཉིད་རབ་ཏུ་མི་གནས་པ་དང་། སྐྱེ་བ་མེད་ཅིང་དགག་ཏུ་མེད་པ་དེ་བཏང་སྙོམས་རབ་ཏུ་མི་གནས་པ། གང་གིས་བློས་མི་རིག་པ་བསམ་དུ་མེད་པས་རྒྱུན་ཆད་རབ་ཏུ་མི་གནས་པའོ། 《中华大藏经 · 丹珠尔（对勘本）》第 26 卷，1998：1130。

49 སྣང་བ་སྣ་ཚོགས་དྲན་པས་ཡུལ་དུ་བྱས་པའི་སྒྱུ་མ་ལྟ་བུའི་ཏིང་ངེ་འཛིན་དབང་པོའི་མངོན་སུམ་གྱིས་གཏན་ལ་ཕབ་པའི་ཆོས་ཐམས་ཅད་ཟུང་དུ་འཇུག་པའི་དྲན་པ་ལ་བརྟེན་པ་སོ་སོའི་སྐྱེ་བོའི་ཆོས་བསྟན་ཟིན་ཏོ། 《中华大藏经 · 丹珠尔（对勘本）》第 56 卷，2000：1554。

住、断极无所住（开示）远离三缘之三慧口诀。”[50]

进一步而言，“舍利子，是诸法空相”至“无老死亦无老死尽”乃“开示以意现量抉择空极无所住、空等持”[51]；“无苦集灭道”乃“由不住于杂染法、清净法之四谛而以自证现量抉择舍极无所住之无相等持”；“无智亦无得，以无所得故”乃以瑜伽现量抉择断极无所住之无愿等持[52]。

虽然没有证据表明《库藏》中对极无所住的四分法与金刚手这一篇释论中的相关部分有直接的继承关系，且二者的具体表述在字面上也并不完全吻合，但就法义理趣而言，金刚手的《义灯》已比上引慈护的释论更为贴近《库藏》。首先，《义灯》以《心经》中开示色空双运之“色空四句”对应双运极无所住，《库藏》以显现与显现本身之无实有（亦即空性）双运为双运极无所住，二者相合；其二，《义灯》以《心经》所说无生灭直至无老死等乃空极无所住，而《库藏》将其解释为世俗诸法于胜义谛中全然无有，二者相合；其三，《义灯》以不住杂染法与清净法之平等性为舍极无所住，《库藏》解释为不对诸法作增益与减损，二者虽不完全一致，但在不落取舍二边方面仍有共通处；其四，《义灯》以无智、无得等为断极无所住，《库藏》认为智乃凡夫分别之对治，一旦断尽分别，作为对治之智亦不复存，二者吻合。

由上可知，在现存的藏译本印度文献中，极无所住的四分法集中见于融合大手印与极无所住中观的慈护一系大手印传规，上引慈护及其弟子金刚手的两篇论著虽非专门的中观论典或宗义书，但其中的四分法足以说明《库藏》中对极无所住的相关论述也在印度有其先例。遗憾的是，在13世纪之前的西藏本土文献中，目前仅发现《库藏》有这种四分法，但我们很难说《库藏》就是西藏本土的首例，在《库藏》之前，应当还有其他尚未被发现或已佚失的文献采用了这种四分法。从上引印度文献到西藏本土的宗义书与中观论典，该四分法可能经历了较为复杂的流传与演变过程，只是现有资料的匮乏使得这一过程的详情并不明确。但可以肯定的是，慈护一系大手印传承在这种四分法的理论阐释以及向西藏传播的过程中扮演了重要的角色，由于后弘期初期阶段，西藏尚未形

---

50 ཟབ་མོའི་ཆོས་ཉིད་ལ་བརྟེན་པ་སོ་སོའི་སྐྱེ་བོའི་སྤྱོད་ཡུལ་མ་ཡིན་པ་དྲན་པ་མེད་པ་དང་། སྐྱེ་བ་མེད་པ་དང་། བློའི་སྤྱོད་ཡུལ་ལས་འདས་པ་དེ་ནི་སྟོང་པ་ཉིད་དང་། མཚན་མ་མེད་པ་དང་། སྨོན་པ་མེད་པའི་ཏིང་ངེ་འཛིན་གསུམ་པོ་ནི་ཡིད་ཀྱི་མངོན་སུམ་དང་། རང་རིག་པའི་མངོན་སུམ་དང་། རྣལ་འབྱོར་གྱི་མངོན་སུམ་གྱིས་སྟོང་པ་ཉིད་རབ་ཏུ་མི་གནས་པ་དང་། བཏང་སྙོམས་རབ་ཏུ་མི་གནས་པ་དང་། རྒྱུན་ཆད་རབ་ཏུ་མི་གནས་པ་དང་གསུམ་གྱིས་རྐྱེན་གསུམ་དང་བྲལ་བའི་ཤེས་རབ་རྣམ་གསུམ་གྱི་གདམས་ངག《中华大藏经 · 丹珠尔（对勘本）》第56卷，2000：1554-1555。此中所说空、无相、无愿亦即三解脱门。

51 འདིས་ནི་སྟོང་པ་ཉིད་རབ་ཏུ་མི་གནས་པ་སྟོང་པ་ཉིད་ཀྱི་ཏིང་ངེ་འཛིན་ཡིད་ཀྱི་མངོན་སུམ་གྱིས་གཏན་ལ་ཕབ་པ་བསྟན་ཏོ།《中华大藏经 · 丹珠尔（对勘本）》第56卷，2000：1556。

52 原文字面仅说该句乃无愿等持，然依前三组合，可补充完整这一抉择。

成壁垒森严的教派阵营，只有不同的教法传规（བརྒྱུད་ལུགས），不同传规之间的交流与融合颇为常见[53]，在文本翻译和师徒授受的基础上，作为中观究竟见的极无所住中观及其不同的分类法（包括上文提到的二分法与四分法）开始渗透到不同的传规中。在这样的背景下，作为教法的集大成者，娘氏有充分的机会与动机学习、接受这些分法及相关阐释，并将其融入到他所取的伏藏中。

三

在对《库藏》中所见中观分类法的溯源工作告一段落后，我们还应回过头来思考，既然这部伏藏文本中所包含的中观分类法异于其封藏年代（吐蕃时期）的宗义书，却吸收了其取藏年代流行于藏土的分类法，这一现象本身说明了什么？作为一个案例，它对我们研究伏藏内容的来源可以带来哪些启发？综观整个伏藏传统，可以见到它同时具有“封闭”与“开放”两种特征。首先，按宁玛派自身的叙事传统，伏藏教法都是莲花生等上师在吐蕃时期埋藏并封印的，其内容早已确定，伏藏师只是作为“解码者”将这些教法取出并忠实地完成译录工作，其本人无权在伏藏中加入本人的撰述，这是伏藏具有的封闭性的一面；其次，宁玛派认为，莲师的加持永恒不灭，作为其事业（ཕྲིན་ལས）的伏藏教法会尽未来世永不枯竭，作为其使者的伏藏师会不断化现于世间，因此，每一个时代都会有伏藏源源不断地被发掘出来，这是伏藏之开放性的其中一个体现；至于其开放性的另一个体现，则是在现代学术的考察下，随着相关案例研究的逐步展开，我们已经看到不同时期的伏藏师或多或少有向其前代或同时代的文本、教法中获取素材的痕迹[54]，例如梅尔（Robert Mayer）于 2010 年在其学术博客 Kīli Kīlaya 上发表了一篇题为“作为被发现之写本的早期伏藏”（Early Terma as Found Manuscripts）的博文，其中即指出娘氏之伏藏《善逝集》中就有大量篇幅与敦煌藏文文本 IOL TibJ 331.III 密合，结合其他一些迹象，梅尔推测部分敦煌文本可能经过某些渠道重新流通并成为娘氏的伏藏取材的对象。而在笔者研究《善逝集》的过程中，也发现其八部忿怒尊的世间三部修习中也吸纳了大量苯教的鬼神，结合本文所讨论的宗义书性质的《库藏》可知，从显教哲学和

53 沈卫荣、杨杰：《略述西夏和元朝所传藏传佛教之宗派源流》，载王颂主编：《宗门教下：东亚佛教宗派研究》，北京：宗教文化出版社，2019：189-218。

54 例见 Cathy Cantwell, "Development of a Tantric Meditation Practice: Three Generations of Tibetan Lamas." In *Buddhist Meditative Traditions: Their Origin and Development* (Dharma Drum Buddhist College Special Series, no. 2; Editor-in-Chief, Kuo-pin Chuang), Taipei: Shin Wen Feng Print Co., 2014: 373-403.

密教的续典与仪轨两方面而言，娘氏的伏藏《善逝集》中的部分文本都有从当时他能接触到的文本与教法中汲取素材的痕迹，通过对这些素材加以整合、编辑或者补充阐释，并用伏藏句点和“空行密符”（མཁའ་འགྲོ་བརྡ་ཡིག）进行“封装”，最终形成我们今天能看到的伏藏文本。

随着国际藏学的发展，对于伏藏的研究也从早先对伏藏之定义、分类、真伪及合法性的考察开始逐渐扩宽路径，切入的视角也日趋多元，例如从西藏本土及本土以外的宗教、政治、民俗文化等多个角度探索伏藏起源的多种可能性[55]，通过文本的对勘研究揭示早期伏藏与敦煌文本之间的连续性[56]，以及从伏藏内在的叙事传统出发、跳出传统的真伪二元对立窠臼来重新思考伏藏师的角色和伏藏合法性的隐秘逻辑[57]等等。以上第二种路径实际上可以进一步延展，亦即通过广泛而细致的语文学研究以及必要的义理分析，揭示出伏藏师如何从其所置身的文本与教法环境中吸取相关的显密元素，并融入到他所取伏藏的见地与观修体系中[58]。本文即以娘氏之伏藏《善逝集》中所收录的宗义书《密咒教授库藏》为例，呈现了其中对中观的分类与阐释对后弘期初期阶段藏土宗义的吸收与借鉴，并进一步揭示了其中对极无所住中观的四分法在印度的雏形。这一研究也提醒我们注意，伏藏文本中除了解说其源流的叙事文本以及指导实修的密教文本外，可能还隐藏着一些与宗义学相关的文本，而这些文本对于我们了解特定历史时期的藏传佛教哲学思想有重要的意义。就本文的讨论来看，鉴于 11 至 13 世纪是后弘期的宗义学、中观学形成与发展的关键时期，而正如鲁埃格所言，这一时期流传至今的相关文本相对稀少，要进一步重构这一时期的宗义学与中观学的发展史，《库藏》这部全面而详细、覆盖了显密各乘的宗义书无疑是一份弥足珍贵的材料，本文仅涉及其中的中观部分，将来还需进一步完成对全论的翻译与研究。

◆ 杨杰　中国人民大学国学院讲师

55 Robert Mayer, "Rethinking Treasure (part one)." *Revue d'Etudes Tibétaines* 52, 2019: 119-184.

56 除前文提到的 "Early Terma as Found Manuscripts" 一文外，另见 Cathy Cantwell, "The Action Phurpa (*'phrin las phur pa*) from the *Eightfold Buddha Word, Embodying the Sugatas* (*bKa' brgyad bDe gshegs 'dus pa*), revealed by Nyang-rel Nyima Özer (1124-1192, Tib. Myang ral Nyi ma 'od zer)." *Buddhist Road Paper* 7.2, 2020.

57 Robert Mayer, "gTer ston and Tradent: Innovation and Conservation in Tibetan Treasure Literature." *Journal of the International Association of Buddhist Studies*, Vol.36/37, 2013/2014 (2015): 227-242.

58 本文的研究对象主要涉及伏藏师对当时流行的显教义理的吸收，有关在密教方面从其他修习传规中吸取元素的问题，笔者将以十六世纪伏藏师喜绕沃色（ཤེས་རབ་འོད་ཟེར། 1518-1584 年）所取伏藏中对大手印传规中四瑜伽（རྣལ་འབྱོར་བཞི）修习的吸收为例另撰专文予以讨论。

止贡赞普与苯教伏藏叙事传统的形成

——以 14 世纪嘎顿《伏藏史》为中心 *

闹九次力

内容摘要：伏藏文化主要流行于藏传佛教宁玛派与苯教传统中。苯教伏藏文献自 11 世纪以来不断涌现，至 14 世纪，其专门的历史叙事也已形成，内容涉及伏藏的埋藏、发掘及流派等多个主题。在此类伏藏叙事中，对伏藏传承起源的解释往往占据开篇的重要位置。在这一问题上，两种传统的叙事分别选择与不同的历史背景相衔接：宁玛派学者普遍依据吐蕃时期莲花生的传说，而苯教则利用吐蕃本土的宗教与政治的两次转折期——止贡赞普和墀松德赞时期（苯教史亦称之为两次“法难”）。本文以 14 世纪嘎顿《伏藏史》中的第一次法难故事为案例，检视苯教伏藏起源故事的形成，并探讨当时的苯教学者如何利用有关吐蕃时期的历史传说，以确立苯教伏藏经典的正统性和合法性。通过对这个故事的解读，本文提出，苯教伏藏历史叙事模式是在继承和保留了独特的本土宗教元素与文化背景的基础上，受到藏传佛教法难叙事手法的启发，同时又与不断完善的苯教教义体系的形成过程互动的结果。

* 本研究受到了西南民族大学 2018 年研究生创新型科研项目（CX2018BS03）的资助。本文写作过程中多次得到哈佛大学内亚与阿尔泰研究博士生孙鹏浩和四川大学中国藏学研究所博士生扎旺的点评和建议，在此特别致谢。

一、佛苯教法史中的苯教伏藏起源叙事

根据苯教教法史中的叙事传统，苯教从天赤七王时代就流行于吐蕃，在止贡赞普（5世纪）时期因遭遇法难而被驱逐出境，由此进入了第一次伏藏阶段。布德贡杰重掌王政后，苯教徒们被迎回吐蕃。然而，在墀松德赞（742-797年）时期，由于佛苯之争，苯教再次遭遇法难，进入了第二次伏藏阶段。相较而言，佛教教法史中的苯教历史叙事主要分为两种。第一种为止贡巴·吉丹贡布（འབྲི་གུང་པ་འཇིག་རྟེན་མགོན་པོ།1143-1217年）所提出的苯教三阶段论。他认为，先有辛饶弥沃时期的原始苯教，即“笃苯”（བརྡོལ་བོན），后有止贡赞普时期受到外来宗教影响的混合苯教，即“恰苯”（འཁྱར་བོན），最后为墀松德赞时期受到佛教影响而产生的变异苯教，即“具苯”(བསྒྱུར་བོན)[1]。另一种则是《西藏王统记》与《贤者喜宴》等佛教教法史中提出的观点。这一传统认为，苯教创始者辛饶弥沃是止贡赞普至布德贡杰时期的人物，且由他初创的苯教已经具备了因果八乘和无上乘（རྒྱུ་འབྲས་ཀྱི་ཐེག་པ་དང་བླ་མེད་ཀྱི་ཐེག་པ）的理论体系。墀松德赞时期，因为佛苯之争，苯教遭遇法难并进入了伏藏阶段[2]。苯教在西藏的再弘期，则是在吐蕃分裂之后，其主要标志则是辛钦鲁嘎（གཤེན་ཆེན་ཀླུ་དགའ། 996-1036年）于1017年在直仓塔嘎（འབྲི་མཚམས་མཐའ་དཀར）[3]获得伏藏的事件[4]。如此，伴随着佛教后弘期的开始，苯教也进入了开启伏藏的历史阶段。

1 འབྲི་གུང་ཨ་མགོན་རིན་པོ་ཆེ་དང་ར་སེ་དཀོན་མཆོག་རྒྱ་མཚོས་བསྒྲིགས། འབྲི་གུང་བཀའ་བརྒྱུད་ཆོས་མཛོད་ཆེན་མོ། པོད་སོ་བརྒྱད་པ། འཇིག་རྟེན་མགོན་པོའི་གསུང་བཞི་བཅུ་པ། TBRC: W00JW501203-38: 377-388. 土观·罗桑曲吉尼玛（ཐུའུ་བཀྭན་བློ་བཟང་ཆོས་ཀྱི་ཉི་མ།1737-1803年）在其1801年所著《土观宗派源流》(གྲུབ་མཐའ་ཤེལ་གྱི་མེ་ལོང) 中引用了该观点，产生了广泛影响，见ཐུའུ་བཀྭན་བློ་བཟང་ཆོས་ཀྱི་ཉི་མ། ཐུའུ་བཀྭན་གྲུབ་མཐའ། ལན་ཀྲོའུ། ཀན་སུའུ་མི་རིགས་དཔེ་སྐྲུན་ཁང་། 1984: 378-389. 印度学者萨拉特·钱德拉·达斯（Sarat Chandra Das，1849-1917年）在80年后将之介绍至欧洲，奠定了西方学者对苯教的基本认知，对赫尔穆特·霍夫曼等早期的苯教研究者产生了深远的影响。Sarat Chandra Das, "Contributions on the Religion, History &c., of Tibet." *The Journal of the Asiatic Society of Bengal*, Calcutta, Bishop's College Press, V.50, 1881: 187-205. Helmut Hoffmann, *Quellen zur Geschichte der tibetischen Bon-Religion*, Wiesbaden: Steiner Verlag, 1950: 327-338. Per Kvaerne, "The Study of Bon in the West: Past, Present and Future." *New Horizons in Bon Studies*, eds. Samten G. Karmay & Yasuhiko Nagano, Osaka: National Museum of Ethnology, 2000: 7-20. 也有不少东方学者吸纳了土观的观点，相关研究可参见才让太：《苯教三段论之来源剖析》，《中国藏学》2008（4）：61-68。班班多杰：《论止贡巴·玖旦贡布关于苯教发展三阶段说的价值》，《青海民族大学学报》2013（3）：1-6。御牧克已：《トゥカン『一切宗義』「ボン教の章」》，东洋文库，2014：55-73。

2 བསོད་ནམས་རྒྱལ་མཚན། རྒྱལ་རབས་གསལ་བའི་མེ་ལོང་། པེ་ཅིན། མི་རིགས་དཔེ་སྐྲུན་ཁང་། 2002: 57-58, 203. དཔའ་བོ་གཙུག་ལག་ཕྲེང་བ། ཆོས་འབྱུང་མཁས་པའི་དགའ་སྟོན། པེ་ཅིན། མི་རིགས་དཔེ་སྐྲུན་ཁང་། 1986: 164, 332-333.

3 又称觉茹直仓（ཅོག་རོ་འབྲི་མཚམས）、桂域直仓（མགོས་ཡུལ་འབྲི་མཚམས），为吐蕃时期桂（མགོས）家族的统辖区域，主要包括门吉曲拉康（མོན་སྐྱིད་ཆུ་ལྷ་ཁང）至日喀则境内的岗巴县、康玛县和定结县一带。པ་ཚབ་པ་སངས་དབང་འདུས། བོད་ཀྱི་གནའ་བོའི་རྒྱལ་ཕྲན་དང་། རྒྱལ་ཕྲན་སིལ་མ། སྟོང་སྡེ། ཡུལ་དཔོན་ཚན་བཅས་ཀྱི་ཞིབ་འཇུག་ལྷ་ས། བོད་ལྗོངས་མི་དམངས་དཔེ་སྐྲུན་ཁང་། 2020: 205-207.

4 Samten G. Karmy, "A History overview of the Bon Religion." In *The Arrow and the Spindle*, Vol.3. Kathmandu: Mandala Boon Point, 2014: 42-43.

佛、苯教法史中对墀松德赞时期的佛苯之争以及苯教在吐蕃失势的叙事较为统一。由于佛教的胜利，这一时期成为后世宁玛派教法史中所描述的黄金时期。历代宁玛派学者和掘藏师们以莲花生的传说故事为后来的教法史叙事传统的开创提供依据，并佐证伏藏经典源源不断出现的合理性。同样，后世的苯教教法史中，也将墀松德赞时期遭遇法难的历史叙事作为其伏藏经典来源的主要背景。如此，法难叙事也成为宣示苯教伏藏经典的正统性和权威性的重要途径。然而，如前所述，佛、苯教法史对止贡赞普时期的苯教状况的描述有较大的分歧：佛教史中认为该时期是苯教的创始或改革期，而苯教史中认为当时苯教遭遇了法难。值得注意的是，苯教徒笔下的两次法难叙事中存在一些平行元素，例如，赞普因为灭苯而遭遇报应的情节，或同一名称的苯教徒出现在了相隔甚远的两次法难的叙事中。对于这个问题，桑旦 · 卡尔梅（Samten G. Karmay）曾指出，“尽管苯教在墀松德赞时期的法难在佛教教法史中得到了证实，但苯教教法史学者们似乎将对苯教的一次镇压伪造成了两次灭法的叙事。”[5] 然而，这个推论又会引出另外一个问题：为什么后弘期以来的苯教徒需要用两次灭法叙事来解释伏藏的来源呢？即使其原因与苯教一直以来强调自身古老性的主张有关，但在佛教教法史中，为何需要将其视为与苯教相关的一个重要历史时期呢？

作为从天赤七王到地列六王时期天神王统的重要转折，止贡赞普的历史传说成为了讨论吐蕃王权、神话与历史关系的核心材料，并因此受到了学者们的长期关注[6]。任小波将佛、苯教法史中的相关记载均看作后世西藏史学传统中对早期的（至少不晚于9世纪的 P.t.1287）止贡赞普的传说故事的延续和流变[7]，索仁森（Sørensen）从文献学

---

5 Samten G. Karmy, *The Treasury of Good Sayings: A Tibetan History of Bon*, London: Oxford University Press, 1972: XXXIII.

6 关于止贡赞普传说历史的经典考释主要有：王尧、陈践：《敦煌吐蕃历史文书》，北京：民族出版社，1992。འབྲི་གུང་སྐྱབས་མགོན་ཆེ་ཚང་། བོད་བཙན་པོའི་རྒྱལ་རབས། སྲོང་བཙན་དཔེ་མཛོད་ཁང་། 2010. J. Bacot, F.W.Thomas, and CH.Toussaint, *Documents de Touen-houang relatifs à l'histoire du Tibet*. Paris: Librairie Orientaliste Paul Geuthner, 1940-1946. Erik Haarh, *The Yar-Luṅ Dynasty, A study with particular regard to the contribution by myths and legends to the history of Ancient Tibet and the origin and nature of its kings*. København: G.E.C. Gad's Forlag, 1969. Ariane Macdonald, "Une lecture des Pelliot Tibétain 1286, 1287, 1038, et 1290: essais sur la formation et l'emploi des mythes politiques dans la religion royale de Sroṅ bcan Sgam po." In *Études dédiées à la mémoire de Marcelle Lalou*. Paris: Adrien Maisonneuve, 1971. 山口瑞凤：《吐蕃王国成立史研究》，东京：岩波书店，1983。

7 任小波：《赞普葬仪的先例与吐蕃王政的起源——敦煌 P.T.1287 号〈吐蕃赞普传记〉第 1 节新探》，《敦煌吐鲁番研究》第十三卷，2013：419-440。

的角度将佛、苯教法史和 P.t.1287 中的叙事分别标记为三个不同的传统[8]。学者们利用 P.t.1287 中的止贡赞普的历史传说，主要分析了王统传说、替身仪轨和葬仪的起源[9]。但是，有关止贡赞普的传说如何被后世的苯教学者利用和发展则仍然缺乏具体的研究。以下，笔者将围绕嘎顿《苯教伏藏史》中的法难叙事，讨论止贡赞普的传说与苯教伏藏起源之间的关系。

二、嘎顿与《伏藏史》介绍

根据隆多嘉措（ལུང་རྟོགས་རྒྱ་མཚོ། 1879-1917 年）所著《苯教教法史 · 明析 · 澄水珠链》中的记载，嘎顿 · 慈城坚赞（སྒ་སྟོན་ཚུལ་ཁྲིམས་རྒྱལ་མཚན། 14-15 世纪）[10] 出生于嘉绒金川（ཆུ་ཆེན）境内，后前往卫藏，在苯教主寺堆隆谢桑寺（སྟོད་ལུང་ཤེར་བཟང）、达丁寺（དར་ལྡིང），以及温萨卡（དབེན་ས་ཁ）和桑日寺(སྐྱི་མོ་བཟང་རི) 学习[11]。在松顿 · 桑波贝（སུམ་སྟོན་བཟང་པོ་དཔལ）座前接受苯教圆满比丘戒。萨迦派著名学者绒敦 · 释迦坚赞（རོང་སྟོན་ཤཱཀྱ་རྒྱལ་མཚན། 1367-1449 年）、更钦谢沃（ཀུན་མཁྱེན་ཤེར་འོད། 14-15 世纪）等均为其弟子[12]。嘎顿 · 慈城坚赞开创了苯

---

8 Per K. Sørensen, *Tibetan Buddhist Historiography: The Mirror Illuminating the Royal Genealogies.* Wiesbaden: Harrassowitz Verlag, 1994: 141-144.

9 任小波：《赞普葬仪的先例与吐蕃王政的起源—敦煌 P.T.1287 号〈吐蕃赞普传记〉第 1 节新探》，2013 : 419-440。Brandon Dotson, "Theorising the King: Implicit and Explicit Sources for the Study of Tibetan and Sacred Kingship." *Revue d'Etudes Tibétaines* 21, 2011: 3-103. Samten G. Karmay, "Mount Bon-ri and its Association with Early Myths." 和 "The Man and the Ox: a Ritual for Offering the *glud*." *The Arrow and the Spindle*, Vol. 1, Kathmandu: Mandala Book Point, 1998: 211-227, 339-379.

10 མཁས་གྲུབ་ལུང་རྟོགས་རྒྱ་མཚོ། བསྟན་འབྱུང་རིག་པའི་ཤན་འབྱེད་ནོར་བུ་ཀེ་ཏ་ཀའི་དོ་ཤལ། གངས་ཏི་སེ་བོན་གཞུང་རིག་མཛོད། དེབ་དང་པོ། པེ་ཅིན། མི་རིགས་དཔེ་སྐྲུན་ཁང་། 2009: 536。根据该教法史，嘎顿应生于火狗年（1238 年），但从相关研究来看，应为 14 世纪人物。见 Dan Martin, *Unearthing Bon Treasures: Life and Contested Legacy of a Tibetan Scripture Revealer, with a General Bibliography of Bon*, Leiden·Boston·Köln: Brill, 2001: 99.

11 卫藏中心的苯教五大家族在十三世纪之前先后建立了各自的寺院，辛 · 根钦益西罗追（གཤེན་ཀུན་མཁྱེན་ཡེ་ཤེས་བློ་གྲོས）于 1173 年建立了达丁寺，竹钦南卡雍仲（བྲུ་ཆེན་ནམ་མཁའ་གཡུང་དྲུང）于 1072 年建立了温萨卡寺，许耶勒波（ཞུ་གཡས་ལེགས་པོ）于 11 世纪建造了日星寺，芭顿贝却（སྤ་སྟོན་དཔལ་མཆོག）于 11 世纪建立了德钦岗寺（བདེ་ཆེན་སྒང），枚乌 · 慈诚巴钦（རྨེའུ་ཚུལ་ཁྲིམས་དཔལ་ཆེན）于 1096 年建立了桑日寺（བཟང་རི་དགོན）。许多著名的苯教学者都来自这五大家族的寺院，且各家族拥有独立的仪轨传统，对苯教发展影响巨大。Samten G. Karmay, Yasuhiko Nagano eds., *A Survey of Bonpo Monasteries and Temples in Tibet and the Himalaya*, Osaka: National Museum of Ethnology, 2003: 29-43.

12 当时卫藏中心的各苯教家族寺院与新兴的佛教经院之间的互动较为频繁。绒敦 · 释迦坚赞早年为苯教徒，后入萨迦派，著有不少与当时卫藏中心的苯教宗师们相关的祈愿文及苯教经典的注疏。见 རོང་སྟོན་ཤེས་བྱ་ཀུན་རིག། རོང་སྟོན་གསུང་འབུམ། པོད་དང་པོ། ཁྲིན་ཏུའུ། སི་ཁྲོན་མི་རིགས་དཔེ་སྐྲུན་ཁང་། 2008: 192-193. རོང་སྟོན་ཤེས་བྱ་ཀུན་རིག། བྱམས་མ་འབུམ་ལྷའི་བཀའ་འགྲེལ། གངས་ཏི་སེ་བོན་གཞུང་རིག་མཛོད། དེབ་དགུ་པ། པེ་ཅིན། མི་རིགས་དཔེ་སྐྲུན་ཁང་། 2009: 47-60. 有关更钦谢沃对苯教的相关的论述，见 སྤྱན་སྔ་བློ་གྲོས་རྒྱལ་མཚན། སྤྱན་སྔ་བློ་གྲོས་རྒྱལ་མཚན་གྱི་གསུང་འབུམ། པོད་དྲུག་པ། ལྷ་ས། སེར་གཙུག་ནང་བསྟན་དཔེ་རྙིང་འཚོལ་བསྡུ་ཕྱོགས་སྒྲིག་ཁང་། 2011: 358.

教宗义“九乘次第”学修传统，其主要著作有《世间库》（ཀུན་ལས་བཏུས་པ་སྲིད་པའི་མཛོད་ཕུགས་ཀྱི་གཞུང）及其注疏《明析世间库之钥》（བདེན་པའི་མཛོད་ཕུགས་རྣམ་པར་འབྱེད་པའི་ལྡེ་མིག）、《大乘教法根道果要义》（ཐེག་པ་ཆེན་པོའི་གཞི་ལམ་འབྲས་བུའི་གསལ་བྱེད）及其注疏《大乘教法根道果要义释 · 明镜》（ཐེག་པ་ཆེན་པོའི་གཞི་ལམ་འབྲས་བུའི་རང་འགྲེལ་གསལ་བྱེད་མེ་ལོང）、《教法宗义明镜》（བསྟན་པའི་ཤན་འབྱེད་འཕྲུལ་གྱི་མེ་ལོང་རབ་གསལ་མེ་ལོང）、《教法要义》（བསྟན་པ་ཐམས་ཅད་བོན་གྱི་ཀླད་དོན་བཞུགས），为当时苯教寺院主修的“地论”“密意大圆满”和“对法（世间库）”（ས་གབ་མཛོད་གསུམ）三方面的论著。

嘎顿所著的《伏藏史》（གཏེར་གྱི་ཁ་བྱང）是迄今所知的第一部由苯教学者书写的专门讲述苯教伏藏历史的著作[13]。该著作内容分为三个部分，前一部分主要讲述了苯教宇宙论中的贤劫千佛的历史；第二部分为苯教始祖辛饶弥沃的历史，以及苯教密法、大圆满和显宗戒律的传承；第三部分是对 11-14 世纪的苯教伏藏历史与流派的梳理。嘎顿对当时已经形成的苯教文献系统做出了“甘”（བཀའ）和“甘丹”（བཀའ་བརྟེན）的分类[14]，二者分别用以指代苯教祖师辛饶弥沃的教言及其追随者根据其教言所做的注疏，正如当时佛教中已经成熟的分类方法，即《甘珠尔》和《丹珠尔》分别代表佛的教言及其弟子的著作。《伏藏史》中第一次对苯教伏藏流派进行了分析，以伏藏的来源为依据，将苯教四门一库（སྒོ་བཞི་མཛོད་ལྔ）的文献系统[15]分别划分为中伏藏（དབུས་གཏེར）、北伏藏（བྱང་གཏེར）、南伏藏（ལྷོ་གཏེར）、边伏藏（ཁམས་གཏེར）和新伏藏（གཏེར་གསར）五大伏藏流派（གཏེར་ལུགས），以及与其对应的伏藏弟子（གཏེར་སྟོན），即伏藏教法的传承者。后世的《教法史弘扬明灯》

---

13 该著作原始手稿是孤本，印刷版于 2009 年首次在加德满都出版，见 Dangsong Namgyal ed., *Collection of Rare Bonpo Texts*, Kathmandu: Vajra Publications, 2009: 101. 西藏古籍出版社 2019 年出版的《嘎顿 · 慈城坚赞全集》第六卷中收录了该书，见 ཁྱུང་པོ་སྙིང་ཆེན་དགོན་ནས་བསྒྲིགས། མཁས་དབང་སྨ་སྟོན་ཚུལ་ཁྲིམས་རྒྱལ་མཚན་གྱི་གསུང་འབུམ། པོད་དྲུག་པ། གསུང་དུས་ལེའུ་ཐན་སྙོར། ལྷ་ས། བོད་ལྗོངས་བོད་ཡིག་དཔེ་རྙིང་དཔེ་སྐྲུན་ཁང་། 2019: 47-116. 值得注意的是，在加德满都版本中，关于止贡赞普时期的伏藏部分误将编者增加的题目编入了正文，这个错误在 2019 年的拉萨版中未能得到修正。著名的宁玛派掘藏师古茹 · 曲吉旺秀（གུ་རུ་ཆོས་ཀྱི་དབང་ཕྱུག 1212-1270 年）是已知第一位探讨苯教伏藏历史的学者，他在其《伏藏源流》（གཏེར་འབྱུང་ཆེན་མོ）中专门对苯教伏藏的来源和传承进行了理论化的论述。གུ་རུ་ཆོས་ཀྱི་དབང་ཕྱུག གུ་རུ་ཆོས་དབང་གི་རང་རྣམ་དང་ཞལ་གདམས། TBRC: W23802-2: 82-84. 相关研究见 Janet Gyatso, "Guru Chos-dbang's *gTer 'byung chen mo*: An Early Survery of the Treasure Tradition and Its Strategies in Discussing Bon Treasure." In *Tibet Studies*, vol.1, ed. by Per Kvaerne, Oslo: The Institute for Comparative Research in Human Culture, 1994: 271-287.

14 枚乌 · 慈诚巴钦（1052-？）在《〈般若〉释》（ཁམས་ཆེན་ཏིཀ་འགྲེལ）中对当时已有的伏藏经典如何划归“甘”和“甘丹”的探讨是目前所知最早的。见 མེའུ་ཚུལ་ཁྲིམས་དཔལ་ཆེན། ཁམས་ཆེན་པོད་བརྒྱད་ཀྱི་ཊཱིཀྐ། སོག་སྡེ་སྤྱལ་སྐུ་བསྟན་པའི་ཉི་མ། བོན་གྱི་བཀའ་བརྟེན། ལྷ་ས། བོད་ལྗོངས་མི་དམངས་དཔེ་སྐྲུན་ཁང་། No.161, 1998: 77. 彼尔 · 克威诺（Per Kvaerne）认为早期的经典集合并不包含 1386 年以后的伏藏经典，苯教的《甘》和《甘丹》的正式编辑至少是在 1450 年左右才完成的。Per Kvaerne, "The Literature of Bon." In *Tibetan Literature: Studies in Genre*, eds. José Ignacio Cabezón and Roger R. Jackson, New York: Snow Lion Publications, 1996: 140.

15 同美：《四门一库与九乘教法》，《世界宗教研究》2016（2）：163-170。

(བསྟན་པའི་རྣམ་བཤད་དར་རྒྱས་གསལ་བའི་སྒྲོན་མེ)（15 世纪）及《嘉言宝库》(ལེགས་པ་བཤད་པ་རིན་པོ་ཆེའི་གཏེར་མཛོད)（20 世纪）等主要的苯教教法史中的伏藏历史部分，基本都继承了《伏藏史》的叙事框架。其中，关于辛钦鲁嘎的伏藏传承者，在娘域上、下部地区先后有 16 名主要的伏藏弟子，而后世的《教法弘扬明灯》和《嘉言宝库》等苯教教法史中以竹（བྲུ）、许（ཞུ）、芭（སྤ）、枚（མེའུ）四大骨系（གདུང་རྒྱུད）家族作为辛钦鲁嘎主要的伏藏传承系统，可能最早源于与嘎顿同一时代的嘉敦 · 仁钦俄色（1353-？年）的《忿怒神威本尊广释文 · 明灯》[16]。

表一　苯教伏藏流派一览表

伏藏流派	掘藏地点	伏藏名称	埋藏时间	埋藏者	掘藏师
北伏藏[17]	桑耶（བསམ་ཡས）	桑耶噶阔玛（བསམ་ཡས་ཀ་ཁོལ་མ）	墀松德赞	占巴南卡	三位尼婆罗流浪者（སྟོ་བལ་གྱི་ཨ་ཙ་ར་མི་གསུམ）
北伏藏[17]	冈底斯（གངས་ཏི་སེ）	[未注明]	墀松德赞	占巴南卡	昌拉旺秀（?）（འཕྲང་ལྷའི་དབང་ཕྱུག）
北伏藏[17]	普兰的谢措木勒亥湖边（སྤུ་རངས་ཀྱི་ཡུལ་ཞེལ་མཚོ་མུ་ལི་ཏད）	[未注明]	墀松德赞	占巴南卡	玛巴潘拉桑等三位猎人（མར་པ་འཕན་ལ་བཟང་ལ་སོགས་ཁྲི་ར་བ་གསུམ）
北伏藏[17]	拉堆河（ལ་སྟོད་གཙང་པོ）	[未注明]	[未注明]	象雄 · 拉托噶波（ཞང་ཞུང་ལྷ་མཐོ་དཀར་པོ）	瑟顿 · 布格坚赞（གཟེ་སྟོན་སྤྲ་གུ་རྒྱལ་མཚན། 12 世纪）
北伏藏[17]	羊卓朵日云隆（ཡར་འབྲོག་ཏོ་རི་ཡོ་ལུང）	热嘉苯迪（ར་ལྡགས་བོན་གཏེར）	墀松德赞	象雄 · 格科玉旭（ཞང་ཞུང་གི་སྟོན་པ་གི་ཁོད་གཡུ་བཞེར）	热嘉玉布（ར་ལྡགས་གཡུ་ཐོ། 12 世纪） 热衮艾珠（ར་སྒོམ་དངོས་གྲུབ། 12 世纪）
北伏藏[17]	念地的色奥日山（གཉན་གྱི་སེ་འོ་རི）	[未注明]			热顿 · 本杰（ར་སྟོན་འབུམ་རྗེ། 12 世纪）

16 སྐྱབས་སྟོན་རིན་ཆེན་འོད་ཟེར། ཁྲོ་བོ་དབང་ཆེན་ངོ་མཚར་རྒྱས་པའི་རྣམ་བཤད་གསལ་བའི་སྒྲོན་མ། ཁྲིན་ཏུའུ། སི་ཁྲོན་མི་རིགས་དཔེ་སྐྲུན་ཁང་། 2008: 70-71.

17 占巴南卡，是墀松德赞时期的苯教法师，后成为了宁玛派君臣二十五人之一。苯教和宁玛派将墀松德赞时期作为各自伏藏起源的历史背景，宁玛派的叙述主要基于莲花生的故事，而苯教的叙事则以占巴南卡为主，这种叙事在苯教内部逐渐演变成了以泽旺仁增、莲花生和占巴南卡三者为“不灭三父子”（འཆི་མེད་ཡབ་སྲས་གསུམ）的宗教史叙事传统，并在 19 世纪时引起了注重苯教传统的利美人士的注意。见 Samten G. Karmay, "Dorje Lingpa and His Rediscovery of the 'Golden Needle' in Bhutan." *The Arrow and the Spindle*, Vol. 2, Kathmandu: Mandala Book Point, 2005: 119-145. Anne-Marie Blondeau, "Mkhyen brce'i dbaṅ po: la biographie de Padmasambhava selon la tradition du Bsgrags-pa bon, et ses sources." In *Orientalia Iosphi Tucci Memoriae Dicata*, éds. G. Gnoli & L. Lanciotti, Roma: Istituto Italiano per il Medio ed Estremo Oriente, 1985: 111-158.

续表

伏藏流派	掘藏地点	伏藏名称	埋藏时间	埋藏者	掘藏师
南伏藏[18]	直仓塔嘎（འབྲི་མཚམས་མཐའ་དཀར）	直仓巴（འབྲི་མཚམས་པ）	止贡赞普	四贤者（མཁས་པ་མི་བཞི）	辛钦鲁嘎（གཤེན་ཆེན་ཀླུ་དགའ། 996-1035 年）
	娘域上部（མྱང་སྟོད）	念厅玛（གཉན་འཐིང་མ）			念顿 · 西热多杰（གཉན་སྟོན་ཤེས་རབ་རྡོ་རྗེ། 12 世纪）
	巴卓虎穴寺（སྤ་གྲོ）	巴卓玛（སྤ་གྲོ་མ）	墀松德赞	占巴南卡	库查达沃（ཁུ་ཚ་ཟླ་འོད། 1024- ？年）
	洛扎（ལྷོ་བྲག）	章俄玛（དྲང་ང་མ）	俄松和云丹	章艾仁钦当巴（དྲང་ང་རིན་ཆེན་དམ་པ）	章杰增巴（དྲང་རྗེ་བཙུན་པ། 12 世纪）
	洛扎	洛扎玛（ལྷོ་བྲག་མ）	墀松德赞	勒秀达仁（ལི་ཤུ་སྟག་རིང）	雪顿 · 艾珠扎巴（གཞོད་སྟོན་དངོས་གྲུབ་གྲགས་པ། 12 世纪）
中伏藏[19]	查叶巴（ཡེར་པ）	耶宗玛（ཡེར་རྫོང་མ）	墀松德赞	占巴南卡	念顿 · 拉巴（གཉེན་སྟོན་ལྷ་པ། 12 世纪）
	桑耶寺	桑耶嘉德玛（བསམ་ཡས་ཅ་ཏི་མ）			拉日宁波（ལྷ་རི་གཉན་པོ། 1024-1091 年）

18 四贤者分别为董炯图钦（སྟོང་རྒྱུང་མཐུ་ཆེན）、夏日乌钦（ཤ་རི་དབུ་ཆེན）、德 · 吉仓玛琼（ལྡེ་གྱིམ་ཚ་རྨ་ཆུང）、吉擦卡布琼（སྐྱེ་ཚ་མཁར་བུ་ཆུང）。见 Mathew Kapstein, "Commentaries of the Four Clever Men: A Doctrinal and Philosophical Corpus in the Bon po rDzogs chen Tradition." *East and West* 59, 2009: 107-130. 念顿 · 西热多杰和库查达沃均是佛苯共同的掘藏师。见 Robert Mayer, "A Bon Tantric Approach to the Senses." *Revue d'Etudes Tibétaines* 50, 2013: 40-55. 章杰增巴是辛饶弥沃传记《塞米》（མདོ་གཞེར་མིག）的掘藏师，该书成为了后来的《五部遗教》的材料来源之一。见 Anne-Marie Blondeau, "Le lHa-'dre bka'-thang." In *Études tibétaines dédies à la mémoire de Marcelle Lalou*, ed. A. Macdonald, Paris: Adrien-Maisonneuve, 1971: 29-126. 雪顿 · 艾珠扎巴是佛苯共同的掘藏师，佛教《玛尼宝训》的前部分由他掘藏后授予了宁玛派掘藏师娘热 · 宁玛沃色（1124-1192 年），见 Anne-Marie Blondeau, "Le 'découvreur' du *Maṇi bka'-'bum* était-il bon- po? " In *Tibetan and Buddhist Studies Commemorating the 200th Anniversary of the Birth of Alexaner Csoma de Körös*, vol. I, ed. L. Ligeti, Budapest: Akadémia Kiadó, 1984: 77-123.

19 念顿 · 拉巴的伏藏弟子为杰顿绰赛（ཁྱེར་སྟོན་ཁྲོ་གསས། 12 世纪），由其再传于隆苯拉念（ཁྱུང་བོན་ལྷ་གཉན། 1088- ？年）和米拉日巴（མི་ལ་རས་པ། 1052-1135 年），米拉日巴跟随玛尔巴（མར་པ་ཆོས་ཀྱི་བློ་གྲོས། 1012-1097 年）学法后，成为了佛教徒。Samten G. Karmay, *The Treasury of Good Sayings: A Tibetan History of Bon*, London: Oxford University Press, 1972: 152-153.

续表

伏藏流派	掘藏地点	伏藏名称	埋藏时间	埋藏者	掘藏师
边伏藏[20]	秃鹫山（བྱ་རྒོད་བྲག）	[未注明]	[未注明]	[未注明]	象帕 · 木拉珠穆（སྐྱང་འཕགས་མུ་ལ་དྲུང་མུ། 12 世纪）
新伏藏[21]	多堆（མདོ་སྟོད）	嘉格玛（རྒྱ་གར་མ）	[未注明]	[未注明]	邦赛 · 琼管泽（དཔོན་གསས་ཁྱུང་རྒོད་རྩལ། 1175- ？年）
	当热玉措（དྭངས་ར་གཡུ་མཚོ）	当惹玛（དྭངས་ར་མ）	[未注明]	[未注明]	玛顿 · 松泽（རྨ་སྟོན་སྲོལ་འཛིན། 1092-? 年）

在这些流派中，中伏藏是最早发现的苯教伏藏，主要发现于西藏中部地区。北伏藏和南伏藏被认为是最主要的伏藏流派，北伏藏流行于后藏西北部的拉堆（ལ་སྟོད）[22] 一带，主要与源自象雄的伏藏教法有关[23]，其主要神灵均源于象雄。南伏藏主要源于后藏和山南的南部地区。南伏藏被视为苯教后弘的主要标志，一方面是因为苯教历史传统认为其发

20 秃鹫山（བྲག་དཀར་བྱ་རྒོད）是安多地区主要的苯教圣境之一，位于今阿坝藏族羌族自治州若尔盖县境内。象帕 · 木拉珠穆被称为多麦三圣者之一，象派的寺院主要分布于若尔盖、松潘、九寨沟以及邻近的甘肃迭部、舟曲境内。见 Daniel Berounský, "Bon Religion in 11-12 Century Amdo: A Case of Kyangphag Mula Drungmu (sKyang 'phags mu la drung mu)." *Asiatische Studien Études Asiatiques*, LXVII 3, Bern: Internationaler Verlag der Wissenschaften, 2013: 783-808. 阿旺嘉措：《甘南藏区苯教寺院的历史与现状》，《中国藏学》2011（2）：220-225。

21 汉克 · 布莱泽（Henk Blezer）指出卫藏中心的苯教徒将其他地区的苯教徒描述为新伏藏派，并将自己隐含地描述为雍仲苯（གཡུང་དྲུང་བོན），可能与当时卫藏中部的寺院机构和教规的重要性的上升有关。他认为玛氏族的掘藏师与敦煌文献中的玛（རྨ）群体有关联，指出该群体很早就建立了苯教历史叙事的主要范式，并通过该家族的掘藏师和邦赛 · 琼管泽等进行传播。见 Henk Blezer, "The World According to the rMa Family." In *Tibetan After Empire: Culture, Society and Religion between 850-1000*, eds. Christoph Cuppers, Robert Mayer and Michael Walter, Lumbini International Research Institute, 2013: 1-18.

22 至 15 世纪后，拉堆一带佛苯矛盾已经变得相当尖锐，居于芒域贡唐的苯教芭（སྤ）家族最后迁去了藏北一带。见 Hildegard Diemberger, *When a Woman Becomes a Religious Dynasty: the Samding Dorje Phagmo of Tibet*. Columbia University Press, 2007: 55-59. Samten G. Karmy, "A History overview of the Bon Religion." *The Arrow and the Spindle*, Vol.3, 2014: 53. 关于南、北拉堆，见 Elliot Sperling, "Miscellaneous Remarks on the Lineage of the Byang La-stod." *China Tibetology* (Special Issue), 1992: 272–277. Karl-Heinz Everding und Dawa Dargyay Dzongphugpa, *Das tibetische Fürstentum La stod lHo (um 1265-1642): Die Geschichte der Herrschaftsbildung nebst einer Edition des Chronik Shel dkar chos 'byung,* Wiesbaden: Dr. Ludwig Reichert Verlag, 2006.

23 根据伏藏的来源，早期的伏藏叙事中，对北伏藏与南伏藏分别以象雄苯（ཞང་ཞུང་གི་བོན）和吐蕃苯（བོད་ཀྱི་བོན）进行了区分，随着伏藏文本的发展，15 世纪以后的苯教密法与大圆满传承体系中逐渐形成了象雄法系（ཞང་ཞུང་བོན་སྐོར）与印度法系（རྒྱ་གར་བོན་སྐོར）两大系统，或者象雄法系、印度法系与普遍法系（ཡོངས་ལུགས་ཀྱི་བོན་སྡེ）三大系统的划分法。见 སྤ་བསྟན་རྒྱལ་བཟང་པོ། བསྟན་པའི་རྣམ་བཤད་དར་རྒྱས་གསལ་བའི་སྒྲོན་མེ། གངས་ཏི་སེ་བོན་གཞུང་རིག་མཛོད། དེབ་དང་པོ། པེ་ཅིན།། མི་རིགས་དཔེ་སྐྲུན་ཁང་། 2009: 262-273. ཁྱུང་པོ་བློ་གྲོས་རྒྱལ་མཚན། རྒྱལ་རབས་བོན་གྱི་འབྱུང་གནས། གླིང་གཞི་བསྟན་པའི་བྱུང་ཁུངས། གཡུང་དྲུང་བོན་གྱི་དཔེ་མཛོད་ཁང་། 2020: 181.

现者辛氏（རྒྱལ་བ་གཤེན་ཚང）家族直接传承自苯教始祖辛饶弥沃；另一方面是因为南伏藏中所发掘的苯教经典《忿怒神威本尊》（ཁྲོ་བོ་དབང་ཆེན）是苯教最主要的密法系统，属于吐蕃本土的伏藏教法，主要神灵皆源于吐蕃赞普的天神谱系[24]。因此，北伏藏、中伏藏和南伏藏三大流派，分别形成了三种不同的九乘次第教法体系[25]。边伏藏主要来自多麦（མདོ་སྨད），即今安多地区。新伏藏主要源于藏北以及相近的多堆（མདོ་སྟོད）地区。值得注意的是，在嘎顿的《伏藏史》中并未提及例如达那巴 · 古茹怒泽（རྟ་ནག་པ་གུ་རུ་རྣོ་རྩེ།1136-? 年）[26]这样的著名掘藏师。由此可见，五大伏藏流派中，只有南伏藏是源于第一次法难，即止贡赞普灭苯时期的伏藏，其他的基本源于墀松德赞时期。就像宁玛派将墀松德赞时期描述为其教法发展的黄金时期一样，苯教教法史中也将止贡赞普之前的天赤七王时代描述为其辉煌期[27]。

三、嘎顿《伏藏史》中的止贡赞普与法难叙事

在南伏藏历史部分中，关于止贡赞普时期的法难叙事的原文与译文如下：

གཤེན་ཀླུ་དགའི་བོན་གཏེར་སྐོར། ལྷ་གཏེར་འཁྲིག་མཚམས་པའི་ནུབ་ལུགས་ནི། རྒྱལ་གྱི་གུམ་བཙན་པོའི་རིང་ལ། གཤེན་རབ་དང་རྒྱལ་པོའི་བར་དུ་སྣན་ཕྲ་ཞུགས་ཏེ། བཀའ་ཁྲིམས་ལ་གནས་པས། རྒྱལ་པོའི་བཀའ་མ་ཆོགས་སོ། ཆེ་གཉིས་ནང་མ་མཐུན་པའི་སྐྱོན། ལྡེ་གྱིམ་ཚ་རྨ་ཆུང་མཐུ་ཆེ་པས། རྒྱལ་པོ་གླེན་པ་དང་འདྲ་སྟེ། གཤེན་པོ་རྣམས་བོད་ཡུལ་དུ་བཞུགས་པར་ཐུགས་མ་བདེ་ནས། ལྷ་བལ་མོན་ཡུལ་དུ་གཟིགས་པར་དགོངས་ཏེ། ཀུ་རྫངས་གསོན་མ་དང་། ས་དེ་གསོན་མ་ལ། རྒྱུ་འབྲས་ཀྱི་བོན་སྒོ་ཆེན་པོ་དགུ་བཀལ་ཏེ། ཡུལ་གཙང་སྟོད་བྱེ་མ་ལ། གཡུང་དྲུང་བྱེ་མ་

24 མཁས་གྲུབ་ལུང་རྟོགས་རྒྱ་མཚོ། བསྟན་འབྱུང་རིག་པའི་ཤན་འབྱེད་ནོར་བུ་ཀེ་ཏ་ཀའི་དོ་ཤལ། 2009: 506, 512. René Mario de Nebesky-Wojkowitz, *Oracles and Demons of Tibet: The Cult and Iconography of the Tibetan Protective Deities*, The Hague: Mouton, 1956: 313. 查尔斯 · 兰博（Charles Ramble）在最近为纽约大都会博物馆撰写的关于忿怒本尊（ཁྲོ་བོ）神灵的介绍中明显指出，该崇拜是密宗与本土神灵及相关仪式的融合。见 https://projecthimalayanart.rubinmuseum.org/essays/bon-deity-trowo-tsochok-khagying/

25 关于北伏藏、中伏藏和南伏藏的九乘次第系统的详细研究，见同美 :《四门一库与九乘教法》,《世界宗教研究》2016（2）：163-170。御牧克已：《トゥカン『一切宗義』「ボン教の章」》，2014：34-37。

26 又被称为阿雅苯波拉奔（ཨ་ཡ་བོན་པོ་ལྷ་འབུམ），在宁玛派掘藏师传承中被冠以“苯教密士”（བོན་སྔགས）之名，是佛苯共同的掘藏师。见 Dan Martin, *Mandala Cosmogony: Human Body Good Thought and the Revelation of the Secret Mother tantras of Bon*. Wiesbaden: Harrassowitz Verlag, 1994: 27.

27 彼时，神作人主而常护佑，辛波续命而岁寿延，言行向善而誓言净，天绳入穹而攀登妙，神灵洁净而助伴佑，大臣善谋而国政稳。藏文原文为：དེའི་དུས་ན། མི་རྗེ་ལྷས་མཛད་པས་མགོ་སྐྱབས་ཆེ། ཚེ་སྲོག་གཤེན་གྱིས་བསྲིངས་པས་སྐུ་ཚེ་རིང་། ལས་སྤྱོད་དགེ་བ་ལ་སྤྱོད་པས་དམ་ཚིག་གཙང་། དམུ་ཐག་གནམ་ནས་འདྲེན་པས་འཛེག་སྐས་བཟང་། གཙང་རིགས་ལྷ་རིགས་བརྟེན་པས་སྟོང་གྲོགས་ཆེ། བློན་པོ་གྲོས་ལ་མཁས་པས་རྒྱལ་སྲིད་བརྟན་པར་བཞུགས་སོ།། བོད་ཀྱི་ལོ་རྒྱུས་ཡིག་ཆ་ཕྱོགས་སྒྲིག གཡུང་དྲུང་བོན་གྱི་སྒྲ་བསྒྲགས་རིན་པོ་ཆེ་གླིང་གྲགས། ལྷ་ས། བོད་ལྗོངས་བོད་ཡིག་དཔེ་རྙིང་དཔེ་སྐྲུན་ཁང་། 2010: 156.

ལ་མཁར་གད་ཀྱི་བྱི་བ་མཁར་ནས་གཤེགས་པས། གཙོ་གྱིམ་བུ་ལན་ཚ་སྐུ་སྲུང་དུ་བཞུགས་ཏེ་མཆིད་མ་གནང་བས། བོན་སྒོ་ཕྱེད་དང་གཉིས་གནང་སྟེ། རྒྱུའི་བོན་ཟང་མདོ།། རྒྱུ་འབྲས་ཀྱི་བོན་དྲུག་དང་བཅས་ཏེ་གཤེགས་པ་ལ། ལྷོ་དོམ་སྒྲོ་ནག་པོར་བསྟན་པ་མི་ཚུགས་པའི་རྟགས་བྱུང་སྟེ། ནམ་མཁའ་ལ་སྒྲ་མི་སྙན་པ་དང་། ཁ་བ་དང་བུ་ཡུག་རླུང་དམར་ལ་སོགས་པ་བྱུང་། རྙིལ་མཛོ་ལྡེ་ཡུ་བོའི་མགུལ་ནས་སླར་ལོག་སྟེ། གཡུང་དྲུང་གི་བོན་ཐམས་ཅད་གཏེར་དུ་སྦས་ནས། གཤེན་པོ་རྣམས་སུམ་པ་གླང་གི་གྱིམ་ཤོད་ནས་མར་བྱོན་ཏེ། སོག་པོ་སྤྲེའུ་སླག་ཅན་དང་། འཇང་མོ་མིག་དུག་མ་དང་། ཧོར་དང་ཀེ་ལ་སོགས་པ་བོད་ལ་གནོད་པའི་ཡུལ་དུ་འགྲོ་བས། སྨོན་ལམ་བཏབ་ནས། འབྲིག་མཚམས་མཐའ་དཀར་ཀེ་ཏུའི་བྲག་ལ་སྦས་སོ།།[28]

辛钦鲁嘎的伏藏即直仓塔嘎之南伏藏的衰败情形如下。王止贡赞普时期，辛饶（གཤེན་རབ）[29]和国王之间的关系遭受挑拨。因王命（བཀའ）依于律法，故无以反抗。如此，（政教）二道（ཆེ་གཉིས）[30]不相容。法力强大的德 · 吉仓玛琼（ལྡེ་གྱིམ་ཚ་རྨ་ཆུང）见国王如此愚蠢，便对苯教徒留于吐蕃之事，心生不安，想要前往南边尼婆罗和门域四部[31]，便将因果九乘教法的经典驮于野驴、水牛身上，至后藏雍仲协玛（གཡུང་དྲུང་ཤེ་མ）地区的盖吉西瓦城堡（གད་ཀྱི་བྱི་བ་མཁར）（?）时，觉 · 吉乌蓝嚓（གཙོ་གྱིམ་བུ་ལན་ཚ）[32]作为国王的护身（སྐུ་སྲུང），不愿前往，因而德 · 吉仓玛琼便赐予了他属于因四乘的一部半的教法。（德 · 吉仓玛琼）带着因果乘的六部教法继续前行。途中（装有经典的）黑熊皮匣（དོམ་སྒྲོམ་ནག་པོ）中显现了教法不能驻世的迹象，空中响起了不悦之声，刮起了烈风，下起了暴雪。他便从诺佐德余沃（རྙིལ་མཛོ་ལྡེ་ཡུ་བོ）山口（？）折返，将一切永恒之教法（作为伏藏）埋藏。苯教徒们则从苏毗林格吉雪（སུམ་པ་གླང་གི་གྱིམ་ཤོད）[33]前往身披猴皮的索波（阻

28 མཁས་དབང་སྨ་སྟོན་ཚུལ་ཁྲིམས་རྒྱལ་མཚན་གྱི་གསུང་འབུམ། པོད་དྲུག་པ། གསུང་དུམ་ལེའུ་ཐན་སྐོར། 2019: 72-73.

29 此处辛饶（གཤེན་རབ）是指赞普的护身祭司（སྐུ་གཤེན），而非一般的苯教徒（བོན་པོ）或民间的祭司与巫师（ལྷ་བོན）。关于早期苯教祭司古辛（སྐུ་གཤེན）、辛波（གཤེན་པོ）、苯波（བོན་པོ）等术语，以及喜马拉雅地区苯教祭司的相关研究，见阿旺嘉措：《从敦煌藏文写卷看苯教徒的宗教功能》,《中国藏学》2018（2）：50-54。Rolf A. Stein, *La Civilisation Tibétaine*, Paris: L'Asiathèque - maison des langues du monde, 2011: 261-275. Geoffrey Samuel, "Revisiting the Problem of Bon Identity: Bon Priests and Ritual Practitioner in the Himalayas." *Journal of the International Association for Bon Research*, No.21. 2013: 77-97.

30 指政教二道。

31 门域四部（མོན་ཡུལ་སྒོ་བཞི）或称（ལྷོ་མོན་ཁ་བཞི། ལྷོ་ཁ་བཞི། མོན་ཁ་བཞི），通常被用于指称 17 世纪以前的不丹，或者其部分地区。Karma Phuntsho, *The History of Bhutan*, Random House India, 2013: 4-5.

32 觉（ཅོག）为吐蕃时期著名的苯教祭司姓氏之一。见阿旺嘉措、张霞霞:《 P.T.1038 汉译及其专有名词“蔡”、“觉”考释》,《西藏民族大学学报》2016（3）：67-73。

33 在苯教教法史中，主要指藏族传统地理概念四水六岗（ཆུ་བཞི་སྒང་དྲུག）之色莫岗一带（དངུལ་རྫ་ཟལ་མོ་སྒང），今属西藏昌都地区丁青县境内。见 སྨྲ་བའི་སྐྱེས་མཆོག་བློ་ལྡན་སྙིང་པོའི་གསུང་འབུམ་ལས་ཐ་མ་བཀའ་རྒྱ་བགྲོལ་ཚུལ། སོག་རྡེ་སྤྲུལ་སྐུ་བསྟན་པའི་ཉི་མ། གཡུང་དྲུང་བོན་གྱི་བཀའ་བརྟེན། TBRC: W30498-271: 124-125.

卜 སོག་པོ)、女人美目的姜（འཇང）、霍尔（ཧོར）和格（ཀེ）等侵害吐蕃的诸地方。（德 · 吉仓玛琼）发愿后，将经典埋藏在直仓塔嘎（འབྲིག་མཚམས་མཐའ་དཀར）地方的白石崖中。

དེར་བོན་བསྣུབས། གཤེན་པོ་རྣམས་གཤེགས་པས། བོད་ཀྱི་ལྷ་ཐམས་ཅད་མ་དགྱེས་པས། བོད་ཡུལ་དུ་མི་དགེ་བ་སྣ་ཚོགས་བྱུང་ངོ༎ དབུ་ཡོགས་ལངས་ཏེ། རྒྱལ་པོ་གྲི་གུམ་བཙན་པོའི་ཐུགས་སུ་གདོན་ཞུགས་ཏེ། ང་ལ་འཐབས་པའི་ཟླ་དགོས་པར་འདུག རྒྱལ་ཕྲན་ལོ་ངམ་རྟ་རྫི་ལ། འོ་ཆག་གཉིས་འཐབ་དགོས་ཟེར་སྐད། ལོ་ངམ་རྟ་རྫིའི་མཆིད་ནས། བདག་ནི་རྒྱལ་པོ་ཆེན་པོ་ལ་བསྡོ་མི་ནུས་ལགས་སོ༎ ཞེས་གསོལ་པས། གྲི་གུམ་བཙད་པོའི་ཞལ་ནས། འུ་ཅག་གཉིས་ཅི་ནས་རྩོད་དགོས་པས། ཆས་སུ་ཆུག་ཅིག་གསུངས། ལོ་ངམ་རྟ་རྫིའི་མཆིད་ནས། འོ་ན་དབང་མ་མཆིས་པས། རྗེ་ཆེན་པོའི་བཀའ་མི་གཅོག རྗེ་རྒྱལ་ཉིད་ཀྱང་ཆས་སུ་གསོལ་ཅིག བྱི་ལ་ག་མ་ཆིབས་ཀྱི་ཕྱི་ཤ་ལ་ཐོགས། སྤྲེའུ་གྲོ་པོ་ཆིབས་ཀྱི་སྔ་ཤ་ལ་ཐོགས། གཤེན་གྱི་རལ་གྲི་རྨུ་ཙ་སྤྱད་ལ་བསྐོར་གྱིན་བྱོན་ཅིག དཔྲལ་བར་མེ་ལོང་ཐོགས་ལ་བྱོན་ཅིག གླང་དམར་བརྒྱ་ཐམ་པ་ལ་ཐལ་བ་ཁོལ་ལ་བྱོན་ཅིག གླང་གི་རྭ་རྣམས་ལ་ཆུ་གྲི་ཚུགས་ལ་བྱོན་ཅིག བདག་གིས་འབད་པས་ཡོང་ངོ་བརྗོད་པས། རྒྱལ་པོའི་ཐུགས་ལ། ཁོང་ལ་བྱམས་པས། བསླབ་བྱ་སློབ་པས་ཁོ་རང་འཕམ། ང་རྒྱལ་བར་འདོད་པར་འདུག་ཉན་དགོས་ཟེར་ཏེ། ལོ་ངམ་རྟ་རྫིའི་ངག་ཅི་སྐད་ཟེར་བ་བཞིན་བྱས་ནས་བྱོན་ཏེ། ད་སྒྲིར་ཉིན་རིང་པོ་ལ་མྱང་སྟོད་དུ་ཐལ་བས། བྱི་ལ་བཀལ་བས་འོག་གི་ཀླུ་མནོལ། སྤྲེལ་གྱི་བོས་སྟེང་གི་ལྷ་མནོལ། རལ་གྲིས་གཤེན་གྱི་དམུ་ཐག་བཅད། གླང་གི་རྒྱབ་ཀྱི་འབུས་ཚོགས་པས། གླང་འདྲོགས་པས་གཅིག་ལ་གཅིག་བརྡུངས་ཏེ། རྭ་རྩེའི་གྲིས་གླང་གི་ཐལ་སྒྲོ་ཕུག་ནས་ཐལ་ཚུབ་ཀྱིས་དགྲ་མ་མཐོང་། ཐལ་ཚུབ་གསེབ་ནས་རྒྱལ་པོའི་དཔྲལ་བར་མེ་ལོང་ལ། ལོ་ངམ་རྟ་རྫིའི་དམག་གིས་མེ་ལོང་ལ་མདའ་བཙིར་ནས་བརྒྱབ། གྲི་གུམ་རྩད་པོ་སྐྲོངས། ཡུལ་དེར་མྱངས་རོ་ཐལ་ཚན་དུ་བཏགས། གྲི་གུམ་བཙད་པོའི་སྲུར་དེ་ཟངས་ཁ་སྦྱར་དུ་བཅུགས་ནས། ལྕགས་གཟེར་ནས་མྱང་ཆུ་ལ་བསྐྱུར། ཟངས་དེ་ཁྲི་མཐང་འོར་མོའི་མདུན་དུ་ཆགས། ཡུལ་དེ་ཡང་འགྲུར་མོར་བཏགས་སོ༎ ཟངས་དེ་ཡང་རྩང་པོ་ལ་འཁྱོས་ཏེ་ཀོང་ཡུལ་དུ་ཆགས་སོ༎[34]

如此，苯教被灭，苯教徒们离开，触怒了吐蕃诸神，于是吐蕃境内产生了各种不祥，引发了纷乱，王止贡赞普鬼迷心窍，说："我需要找对手比试。"对小邦王罗昂达孜曰："我要与你决斗。"罗昂达孜如此答曰："我岂能与大王您匹敌！"止贡赞普说道："无论如何，我俩都要决斗。（你）就披甲戴盔吧！"罗昂达孜答道："那（我）就别无选择了，只能遵从王命，还请大王披甲戴盔。前来迎战时，请将白额猫悬于坐骑后，褐红[35]猴悬于坐骑前，头顶挥舞辛之宝剑（གཤེན་གྱི་རལ་གྲི་དམུ་ཙ），额上佩戴明镜，令一百头红公牛驮着尘土、牛角绑着

34 མཁས་དབང་སྣ་སྟོན་ཚུལ་ཁྲིམས་རྒྱལ་མཚན་གྱི་གསུང་འབུམ། པོད་དྲུག་པ། གསུང་དུམ་ལེའུ་ཕྲན་སྐོར། 2019: 73-74.
35 也有可能是指黑白混杂的毛。

利刃。（唯有）如此，我才奋力前来（应战）。”王心想，我对他仁慈，他好心叮嘱，是想要自己败而让我胜，要听（他的）。一切依罗昂所说前来迎战。当天，前往娘域上部（མྱང་སྟོད），因为坐骑上挂有白额猫而熏染了下界的鲁（ཀླུ），褐红猴熏染了上界的神，辛之宝剑砍断了天绳（དམུ་ཐག）。因为牛尾的干草被烧（注：上一段的罗昂的要求中缺失了这一点），牛受惊吓，相互顶撞，牛角的利刃戳破了牛背上的装有尘土的袋子，如此尘土飞扬，（止贡赞普）未能看到敌人，罗昂达孜的士兵瞄准灰尘中的（王额上的）镜子射箭，射杀了止贡赞普。该地被称为娘若塔灿（མྱང་རོ་ཐལ་ཚན）[36]。止贡赞普的遗体被装入封闭的铜棺内，用铁钉封口，丢入了年楚河（མྱང་ཆུ）。铜棺漂到赤塘沃玛（ཁྲི་ཐང་འོར་མ）（？）附近，该地便被命名为裹木（འཁྱུར་མོ）。铜棺漂入雅砻藏布江，到达工布地区。

སྐུས་དབང་བྱས། བོད་ཀྱི་ཁྲིམས་རལ། བོད་ལ་མི་དགེ་སྣ་ཚོགས་བྱུང། བོད་མི་རྣམས་ཀྱིས་གྲོད་བཏབ། བོད་མི་ཤེས་རིག་ཅན་རྣམས་ཀྱིས་གྲོས་བྱས། སྤྱིར་རྗེའི་གུད་ཕབ་ནི་སྟོར། རྒྱལ་ཁྲིམས་གསེར་གྱི་གཉའ་ཤིང་ནི་ཆག གཡུང་དྲུང་གི་ཐོན་ནི་བསྒྱབས། དཔྲལ་གྱི་མིག་ནི་ལོང་། ཁོང་ནས་སྙིང་ཕྱུང་བ་དང་འདྲའོ།། ད་ཝུ་ཅག་རྣམས། རྒྱལ་གྱི་གུམ་བཙད་པོའི་དུར་བཙལ་དགོས། དེའི་རྗེང་ལ་སྲས་སྤྱན་དྲངས་དགོས། ཁྲིམས་གསོ་དགོས་ཀྱི་གྲོས་བྱས། སྤུར་བཙལ་བས་མ་རྙེད་དོ།། མོ་དང་ཕྲ་བཏབ་མོ་ཕྲ་མཐུན་པར། བུ་མོ་མཚན་དང་ལྡན་པ་གཅིག་བྱ་མིག་ལྟར་མས་འགེབ་པ་ཞིག་ཆབ་སླུད་དུ་ཐོངས། བཙལ་བས་རྙེད་ཟེར། ཁོད་དེ་བཙལ་པས་དབྱེ་གང་བར་ནས་རྙེད་དོ། ། དེ་སླུད་དུ་བཏབ་པས་ཕུར་རྙེད་དོ།། ཡར་ལུང་མཆོང་བུའི་བྲག་ལ་སྦས། ཀོང་རོ་བདུད་རི་སྣན་ཆད་ཀྱི་ཀེད་ལ་བསམ་ཡས་རང་འདྲའི་ལྷ་ཁང་བཞེངས་ནས་དབུ་རྩེའི་ལྟོ་ཏུབ་ཏུ་སྦས་སོ།། ད་ལྟ་གཏད་ཁྲམས་སྐྱུར་བར་བྱེད། བོན་བསྒྱུབས་པའི་དབུ་གཡོགས་ཀྱིས་བོད་མ་བདེ་ལགས་སོ།།[37]

（遗体）被鲁（ཀླུ）保管，吐蕃秩序崩坏，出现了各种不善之事。吐蕃百姓商议，最终由智者们决议：“总体而言，王被颠覆，金轭般的王政被毁；永恒之苯被灭，犹如双目失明、心窝被掏。而今，我等需要寻找王止贡赞普的遗体，然后商议迎请王子、重整秩序。”寻找遗体未果。便占卜算卦，卜卦和镜卦的结果一致：“需要一位貌美、眼帘如鸟眼般向上翻的女子前去赎身，方可寻得。”依此寻找，寻得了替身女。将其作为替身（སླུད）送出，寻得了遗体。将遗体埋藏于雅砻琼布（ཡར་ལུང་མཆོང་བུ）的石崖中。在工布笃日念谦山（ཀོང་རོ་

36 今属日喀则市江孜县紫金乡香普村一带（གཞིས་རྩེ་གྲོང་ཁྱེར་རྒྱལ་རྩེ་རྫོང་རྩེ་ཆེན་ཤང་ཤམ་པོ་བྱ་བའི་སྡེ་ཚོགས）。པ་ཚབ་པ་སངས་དབང་འདུས། བོད་ཀྱི་གནའ་བོའི་རྒྱལ་ཐན་དང་། རྒྱལ་ཐན་སིལ་མ། སྟོང་སྡེ། ཡུལ་དཔོན་ཚན་བཅས་ཀྱི་ཞིབ་འཇུག 2020: 129-130.

37 མཁས་དབང་སྣ་སྟོན་ཚུལ་ཁྲིམས་རྒྱལ་མཚན་གྱི་གསུང་འབུམ། པོད་དྲུག་པ། གསུང་དུམ་ལེའུ་ཐན་སྐོར། 2019: 74-75.

བདུད་རི་སྙན་ཆད）的山腰，建立了与桑耶寺同样的神殿，遗体埋藏于中央殿的西南边。如今，更改了符印（གཏད་ཁྲམས）[38]。因毁灭苯教的祸乱令吐蕃陷入了不安。

在诸多关于止贡赞普历史传说的研究中，杜晓峰（Brand Dotson）在埃里克 · 哈尔（Erik Haarh）的研究基础上，以提纲的形式较为全面地列出了 P.t.1287 的主要故事内容[39]，以下将之与《伏藏史》与《贤者喜宴》中的关于止贡赞普的相关部分进行对比。

表二　止贡赞普历史传说情节一览表

	P.t.1287	《伏藏史》	《贤者喜宴》[40]
	前半部分		
1	王子被赐予了一个不祥的名字：止贡赞普（དྲི་གུམ་བཙན་པོ）。	苯教徒和国王被离间，教政不和。	被祖母赐予不祥的名字：止贡赞普（གྲི་གུམ་བཙན་པོ）。
2	止贡赞名字中的恶兆应验，鬼迷心窍。	因为灭苯，国王鬼迷心窍（བྲགས་སུ་གདོན་ཞུགས）。	外道阿夏（འ་ཞ）邪苯加持微小，国王鬼迷心窍。
3	止贡赞普向罗昂挑战。	止贡赞普向罗昂挑战。	止贡赞普向罗昂挑战：（根据《柱间史》）在战胜卡钦（ཁ་ཆེ）回归的途中，国王和罗昂被一名卡钦人施计离间。
4	罗昂的攻略（要求止贡赞普放弃王室的武器，选择战斗地点）。	罗昂的攻略，提出要求。	止贡赞普派人偷听罗昂的攻略，并依此备战。
5	止贡赞普的守护神（ལྡེ）逃走，罗昂设计将止贡赞普杀死在了娘若香波（མྱང་རོ་ཤམ་པོ）。	止贡赞普被弑于娘若塔灿（མྱང་རོ་མཐའ་མཚམས）。	止贡赞普被弑于娘若塔巴蔡（མྱང་རོ་རྩིབས་ཀྱི་ཐལ་བ་ཚལ）。
6	止贡赞普遗体被抛入江中，被鲁（ཀླུ）保管。	止贡赞普遗体被装入铜棺，抛入江中，漂至裹木（འགྲུར་མོ），后漂入工布，被鲁（ཀླུ）保管。	止贡赞普遗体被装入铜棺，抛入江中，漂至嘉卡巴嚓（རྒྱང་མཁར་པ་ཚབ）停留七日，后至持塘裹木（ཁྲི་འཐང་འགྲུར་མོ）停留十三日，最后至工布被鲁（ཀླུ་སྲིན）保管。

38 一种以通过占卜、算卦确定怪力乱神的侵害方式后，用以封印、勾招鬼怪的一种木牌，上有菱形符印图案。

39 Brandon Dotson, "Theorising the King: Implicit and Explicit Sources for the Study of Tibetan and Sacred Kingship." *Revue d'Etudes Tibétaines* 21, 2011: 88-89.

40 དཔའ་བོ་གཙུག་ལག་ཕྲེང་བ། ཆོས་འབྱུང་མཁས་པའི་དགའ་སྟོན། 1986: 160-163.

续表

	P.t.1287	《伏藏史》	《贤者喜宴》
后半部分			
7	止贡赞普之二子夏赤和聂赤被流放至工布（ཀོང་པོ）。	吐蕃秩序崩坏，发生灾难。吐蕃人商议，寻回赞普遗体，迎回王子，重整秩序。	止贡赞普的三个儿子骑着白牛逃往工布，分别为之工布（ཀོང་པོ）、波布（པོ་བོ）和娘布（ཉང་པོ）之王。
8	夏（ཟྭ）和那囊（སྣ་ནམ）两氏族用狗毒死罗昂。		
9	夏（ཟྭ）和扎（བཀྲགས）两氏族交战。		
10	扎氏族只有一名女人幸存，生下了阿莱杰（ངར་ལ་སྐྱེས）。		止贡赞普之王后，诞下茹莱杰。
11	阿莱杰寻找王子和国王的遗体。		茹莱杰前往寻找国王的遗体和王兄。
12	龙索要一个鸟眼的儿童替身（གླུད），以换取止贡赞普的遗体。	占卜算卦：需要一位貌美、有着鸟眼般向上翻目的女子前去赎身。	龙女索要一名鸟眼的十六岁少女去交换（བླུ་རུ་བཏང）。
13	阿莱杰回家见母亲，准备食物。		
14	阿莱杰找到了一位有鸟目的孩子，为换取孩子，孩子的母亲要求其在王室的葬礼上遵守某些仪轨，阿莱杰同意。		茹莱杰找到有鸟目的少女，其父要求与少女等身的黄金进行交换，其母要求对遗体用朱砂进行处理。
15	阿莱杰将孩子作为替身，送予龙女，遗体被寻回，聂赤举行葬礼，夏赤前往为父寻仇。	送了替身，寻得遗体。	苯波祭司蔡（ཚེ）和觉（ཅོ）未能成功进行刀荐法仪轨，由吉嘉芒布杰（སྐྱི་རྒྱལ་མང་པོ་རྗེ）举行葬仪，迎回遗体。
16	止贡赞普的陵墓被筑于将托（ཀྱང་ཏོ）神山。	将遗体埋藏于雅砻琼布的石崖、工布笃日念谦山的寺庙西南边。	遗体被运至章木章琼山（དང་མོ་དང་ཆུང་རི），天降光芒至遗体。
17	夏赤领军到达钦瓦（ཕྱིང）。		
18	在娘若香波，罗昂的100男和100女被灭。		茹莱杰用白狗毒死罗昂，降服娘若香波（ཉང་རོ་ཤམ་པོ）城堡，消灭罗昂100男和100女。
19	夏赤凯旋回归钦瓦，征兆吉祥。		二子夏赤回归，重续王统，称布德贡杰。
20	夏赤重续王统，名为布德贡杰。		以娘若香波的堡顶为基石，修建了青瓦达孜（འཆིང་བ་སྟག་རྩེ）城堡。

在故事的前半部分中，除了导致止贡赞普向罗昂达孜发起挑战的原因不同外，其余

的内容基本一致。P.t.1287 中，将原因归咎于止贡赞普出生时，由于玛玛卓夏玛吉林玛（མ་མ་གྲོ་ཞ་མ་སྐྱི་བཞིང་མ）耳背，误认为象征祖先王权的“石崖崩塌、草原被烧、湖泊干枯”（བྲག་ཀྱང་རྡིལ། སྤང་ཡང་ཚིག་ཆུ་མཚོ་ཡང་སྐམས），便赐予了不祥的名字[41]，导致恶兆应验，止贡赞普死在了罗昂达孜的箭下。《贤者喜宴》中虽然继承了“被祖母错误命名”的记叙，但是暗指国王鬼迷心窍，是因为他所信奉的外道阿夏苯波持有邪见、加持微弱而导致（མུ་སྟེགས་ཨ་ཞ་བོན་གྱི་བྱིན་རླབས་ཆུངས།། རྒྱལ་པོའི་ཐུགས་སུ་བདུད་རིས་གདོན་གསོལ་གྱུར）[42]。《伏藏史》中则是因为止贡赞普的灭苯之举，触犯了吐蕃诸神，引起吐蕃纷乱，导致国王鬼迷心窍。由此可见，《贤者喜宴》中主要是从佛教的角度去叙事崇信外道邪见的恶果，以衬托佛教正见的伟大，而《伏藏史》的叙事则立足于吐蕃本土宗教的核心——山神信仰[43]。祭祀山神和净化神灵是当时苯教祭司的主要职能之一，至墀松德赞时期，指责佛教徒的密宗药修（སྨན་སྒྲུབ）熏染了吐蕃神灵的洁净[44]，依然是苯教徒反驳佛教的主要手段之一。即使后来佛教的密法本尊战胜了吐蕃王室的山神雅拉香波，取代了他的地位[45]，苯教祭司净化神灵的这一重要职能还是被佛教延续下来，并以莲花生伏藏教言的形式得到了发展[46]。故事的后半部分中，以替身赎回遗体、为止贡赞普筑墓的两部分，三個叙事传统的内容虽不统一，但主题基本相符。除此之外，《伏藏史》中完全回避了 P.t.1287 中的复仇、举行葬仪和重续王统的主要情节[47]，《贤者喜宴》中举行葬仪和重续王统部分基本与 P.t.1287 一致，然而在复仇的情节中，抹去了两大家族争斗、参与贡献的过程，转而成为了只讲茹莱杰“替父夺回王位，替子报得父仇”（སྲས་ཀྱི་གོ་བཀྱིས་ཡབ་ཀྱི་སྐུ་མཚལ་གཉེར）的光辉事迹的叙事，这种改造似乎与后来的史家将其列为吐蕃七贤臣（འཕྲུལ་བློན་མཛངས་པའི་མི་བདུན）之首，以及构

41 འབྲི་གུང་སྐྱབས་མགོན་ཆེ་ཚང་། བོད་བཙན་པོའི་རྒྱལ་རབས། 2010: 108.

42 根据《贤者喜宴》中的记载，此处的阿夏苯波祭司（མུ་སྟེགས་བོན་པོ་འ་ཞ）来自印度和大食边界（རྒྱ་གར་དང་སྟག་གཟིག་མཚམས）被称为古热瓦达（ཀུ་ར་ཝ་ཏ）的境内，与止贡赞普之后出现的辛饶弥沃的苯教并不相同。དཔའ་བོ་གཙུག་ལག་ཕྲེང་བ། ཆོས་འབྱུང་མཁས་པའི་དགའ་སྟོན། 1986: 160.

43 Nathan W. Hill, "The *SKU BLA* Rite in Imperial Tibetan Religion." *Cahiers d'Extrême-Asie* 24, 2015: 49-58.

44 བོད་ཀྱི་ལོ་རྒྱུས་ཡིག་ཆ་ཕྱོགས་སྒྲིག གཡུང་དྲུང་བོན་གྱི་སྒྲ་བསྒྲགས་རིན་པོ་ཆེ་གླིང་གྲགས། 2010: 178.

45 གསལ་སྣང་། དབའ་བཞེད། ལྷ་ས། བོད་ལྗོངས་བོད་ཡིག་དཔེ་རྙིང་དཔེ་སྐྲུན་ཁང་། 2012: 55.

46 ཨོ་རྒྱན་གླིང་པ་ལྟ་བུ་ཉི་མ་འོད་ཟེར། ཆོས་འབྱུང་མེ་ཏོག་སྙིང་པོ་སྦྲང་རྩིའི་བཅུད། ལྷ་ས། བོད་ལྗོངས་མི་དམངས་དཔེ་སྐྲུན་ཁང་། 1988: 360.

47 《西藏王统记》只记载了 P.t.1287 中的后部分的叙事，叙事细节基本与《贤者喜宴》中的一致。见 བསོད་ནམས་རྒྱལ་མཚན། རྒྱལ་རབས་གསལ་བའི་མེ་ལོང་། 2002: 55-57.

建王族支系库氏（ཁུ）家族的起源叙事有关[48]。整个故事中先后出现的与魂（བླ）、熏染（净化）（གྲིབས）、天绳（དམུ་ཐག）、盔甲（རྨོག་ཁྲབ）、保护神（ཕྱི་བླ）[49]等吐蕃原始宗教仪式相关的元素，如导致止贡赞普被罗昂直接射杀的主要原因——砍断天绳、熏染了保护神而被抛弃等内容，以及后文出现的著名的替身（གླུད）和葬仪（འདུར）仪轨，皆归于后来的雍仲苯教九乘教法（ཐེག་པ་རིམ་དགུ）之四因乘或四门一库（སྒོ་བཞི་མཛོད་ལྔ）系统中的黑水世续苯（ཆབ་ནག་སྲིད་པ་རྒྱུད་ཀྱི་བོན）的内容[50]。止贡巴 · 吉丹贡所说的辛饶弥沃的原始苯教，以及为了举行葬仪而从象雄招来的格科神（གེ་ཁོད）和琼（ཁྱུང）的修法，即受到外来宗教影响的“恰尔苯”的内容，与《伏藏史》中所记叙的“赐予了一部半的因四乘教法”，或《扎巴林哲》等其他苯教教法史中的止贡赞普灭苯之后，只留下了“四因苯和格科神的仪轨”（ལྷ་བོན་སྒོ་བཞི་དང་གེ་ཁོད་ཞིས་འཕེན）记叙是一致的[51]。可以看出，这里不仅展现了吐蕃原始宗教中的外来影响与融合特征，也凸显了西藏本土宗教知识的重要地位——一个涉及宇宙起源以及神与人的关系、具有明确结构的神话故事体系，它不仅贯穿了聂赤赞普的降临人间的神话叙述，同样也反映在止贡赞普被弑的情节中[52]。在该神话故事中，灵魂、净化、天绳、盔甲、替身等观念和仪式象征着赞普与祖先之间的紧密联系，代表了赞普作为祖

48 杜晓峰指出，在这个故事里，阿莱杰作为替身叙事的核心，在后世的教法史中其角色尽管由茹莱杰扮演——是止贡赞普的妻子与雅拉香波山神所生——事实上在 P.t.1287 中阿莱杰是茹莱杰（后者被夏氏（ཞྭ）氏消灭）的儿子，具有王室血统。在这个故事中，阿莱杰作为替身仪式的承载者，在将鸟眼孩子托付给龙女之后，完全消失。这个情节，证实了对阿莱杰这个名字的正确解读方法，与替身仪式中的替身人偶（རང་མི། རང་གླུད）之间的词源联系，如此，阿莱杰这个名字的词源意义为“为止贡赞普的替身而出生”。同样，也能证明阿莱杰出生王室主题的重要性：要赎回一个国王，必须提供一个王室的替身作为交换。所以，这个故事的叙事角度与替身仪式的逻辑完全一致。见 Brandon Dotson, "Theorising the King: Implicit and Explicit Sources for the Study of Tibetan and Sacred Kingship." 2011: 88-89. 佛教教法史对库氏家族的祖先茹莱杰的强调与突出，被指可能与后弘期吐蕃王统早期叙事的主要史料来源《广史》（ལོ་རྒྱུས་ཆེན་མོ）的作者库顿 · 尊追雍仲（ཁུ་སྟོན་བརྩོན་འགྲུས་གཡུང་དྲུང་། 12 世纪）的出身有关。见切排、金鹏飞：《从止贡赞普父子叙事看藏文历史叙事的演变及其功能》，《西藏大学学报》2020（4）：18-27。

49 各类佛、苯教法史中，用于熏染神灵的动物名称不尽一致，赞普的保护神也逐渐演变成了五守舍神（འགོ་བའི་ལྷ་ལྔ）中的祖先神（སྤྲ་བླ）或阳神（ཕོ་ལྷ）等。见 Daniel Berounský, "Iconography and Texts of the Tibetan Five Protecting Deities." *Filosofiya, religiya i kul'tura stran vostoka.* Materialy nauchnoi konferencii chetvertye torchinovskie chteniya, ed. S.V. Pakhomov, Saint Petersburg: Izdatelstvo Sankt Petergburgskogo universitěta, 2007: 331-340.

50 正如桑丹 · 卡尔梅所指出，后期的苯教仪轨文本与敦煌文本中的文学体裁非常接近，继承了吐蕃时期的宗教信仰。*The Call of the Blue Cuckoo*, eds. Samten G. Karmay & Yasuhiko Nagano, Osaka: National Museum of Ethnology, 2002: 8.

51 བོད་ཀྱི་ལོ་རྒྱུས་ཡིག་ཆ་ཕྱོགས་སྒྲིག གཡུང་དྲུང་བོན་གྱི་སྒྲ་བསྒྲགས་རིན་པོ་ཆེ་གླིང་གྲགས། 2010: 162.

52 Samten G. Karmay, "The Origin Myths of the First King of Tibet as Revealed in the *Can lnga." The Arrow and the Spindle*, Vol. 1, 1998: 282-309; "King gNya' khri btsan po and His Origin Myths in the Dunhuang Manuscripts." *The Arrow and the Spindle*, Vol. 3, 2014: 31-38.

先神灵的具体化身，维护宇宙和王国秩序的神圣象征。这一联系突显了赞普的神圣权威与神话体系、社会结构和宗教仪式之间的内在联系机制[53]。可见，后期的佛、苯教法史中关于止贡赞普时期的苯教历史的叙事，都是借以吐蕃时期王统转型的历史记忆完成的。在具体的叙事方面，以《伏藏史》为代表的后世苯教学者笔下对止贡赞普时期的历史背景的渲染，更多地强调了苯教对古代吐蕃社会宗教知识的内部继承（吐蕃本土伏藏教法），以证明苯教在西藏社会历史中的权威性和合法性。该叙事手法，一方面是以吐蕃时期的历史传说故事和宗教文化背景为依据，另一方面则得益于不同时期的相关历史事件，即后来的墀松德赞时期苯教遭遇的法难，以及末代赞普达磨灭佛的佛教法难叙事的启发[54]。《西藏王统记》和《贤者喜宴》等佛教教法史中，把佛教传入之前的吐蕃宗教都归入到了苯教的范围[55]，尽管提法不尽一致，但是在传统的佛、苯教法史中对该问题的记叙是一致的。止贡巴·吉丹贡布倾向于强调苯教对外来宗教文化的吸收，不仅只是为了将其作为一种历史叙事，更主要的是与所处判教文本的语境有着直接的关系，与噶举派学者巴卧·祖拉臣瓦（དཔའ་བོ་གཙུག་ལག་ཕྲེང་བ། 1503-1566 年）所说的“外道苯教加持弱”之说，如出一辙，其原因可能是由当时的苯教和噶举派在后藏和阿里一带紧张的关系所导

53 图齐最早在探讨吐蕃的王权时，以文化比较理论将天绳、盔甲等宗教元素视为了神圣王权的主要标志。此后，石泰安和卡尔梅等先后通过对神话故事与仪式知识的具体分析，进一步讨论了神圣王权的根本来源。相关研究见 Giuseppe Tucci, "The Secret Characters of the Kings of Ancient Tibet." *East and West* 6, 1955: 197-205. Rolf A.Stein, *La Civilisation Tibétaine*, 2011: 261-275. Samten G. Karmay, "The Soul and the Turquoise: a Ritual for Recalling the *bla*." "The Man and the Ox: a Ritual for Offering the *glud*." "The Local deities and the Juniper Tree: a Ritual for purification *bsang*." "The Cult of Mountain Deitiess and its Political Significance." *The Arrow and the Spindle*, Vol.1, 1998: 310-338, 339-379, 380-412, 432-450.

54 关于苯教徒对止贡赞普的恶魔形象的描写，以及被有苯教背景的罗昂达孜弑杀的情节，被认为是借鉴了佛教教法史中对末代赞普达磨形象的刻划和被佛教背景的拉隆贝吉多杰弑杀的历史故事。图齐通过对两位赞普形象和弑杀情节描述的比较，最早指出了这个问题。见 Giuseppe Tucci, *The Religions of Tibet,* Berkeley: University of California Press, 1980: 225-226.

55 关于佛教传入之前的“苯”的内容和形态是藏学家们长期争论和探讨的问题，随着研究的深入，学者们越来越倾向认为，佛教传入西藏之前存在的各种仪式实践和相关信仰是多样的，它们代表了各种传统，当时并没有一个全盘解释的框架以及一个单一的术语可以指称他们。然而，当佛教徒开始在西藏传播他们的宗教，就宗教实践和信仰进行辩论时，才有可能将这些不同的传统构想成一个整体——通过引入的宏大叙事，将这种多样性的西藏仪式和信仰作为一个可被识别、命名和讨论的实体汇集在一起，以一个统一的名称来称呼他们。如此，在研究中主要借以“前佛教”“非佛教”和“无名宗教”等术语。Per Kvaerne, "The Study of Bon in the West: Past, Present and Future." *New Horizons in Bon Studies*, eds. Samten G. Karmay & Yasuhiko Nagano, Osaka: National Museum of Ethnology, 2000: 7-20. Sam van Schaik, "The Naming of Tibetan Religion *Bon* and *Chos* in the Tibetan Imperial Period." *Journal of the International Association for Bon Research*, Vol.1, 2013: 227-257.

致的[56]。所以，佛、苯教法史中，关于止贡赞普的叙事，并无本质上的区别，其差异性的一面，则是与藏传佛教仪轨系统和苯教教义系统不断完善的历史过程互动的结果。即，在不断本土化的过程中，“佛教改造苯教仪轨的变通性做法，反使作为知识传统的藏传佛教得以容纳和保存大量属于西藏土著宗教的元素和特质”[57]，苯教也在教义上对佛教知识进行了大量吸收，使 11 世纪以后走向制度化的苯教，越来越接近于藏传佛教。如此，宁玛派得以借助莲花生的传说故事，以及佛教在西藏的立足、传播和本土化的历程，建立和丰富自己的伏藏历史叙事传统。苯教则通过继承和运用本土的历史故事和宗教文化背景，借以相关历史事件的启发，在与不断丰富和发展的苯教教义的历史过程的互动中，完成了对伏藏历史叙事传统的构建。

四、余论

伏藏作为一种知识，在其文本的创造过程中，首先需要叙述伏藏的起源。一方面，宁玛派主要以莲花生时代为埋葬地伏藏（ས་གཏེར）的历史背景，以及从普贤佛、莲花生至掘藏师传承意伏藏（དགོངས་གཏེར）的两种方式来叙事。而苯教的伏藏（14 世纪之前的主要是地伏藏，之后的意伏藏则与宁玛派类似），基本都是以吐蕃时期的两次王统转折期为历史背景，进行法难叙事。如此，对嘎顿《伏藏史》中止贡赞普的法难叙事与 P.t.1287 和《贤者喜宴》中的相关部分进行比较，有益于更好地理解西藏历史书写传统与苯教叙事传统之间的关联，即后弘期以后的佛、苯教法史作者们如何理解、选择和利用吐蕃时期的历史知识，从而建构各自的叙事传统。同时，《伏藏史》中所展现的 14 世纪之前的苯教和宁玛派之间的关联与各自教法史中所展现的差异性，在 14 世纪之后仍在被不断发掘和利用后，逐渐形成了西藏本土话语体系中对佛陀教法（སངས་རྒྱས་བསྟན་པ）

56 一个著名案例，便是在 15 世纪末由藏虐 · 黑鲁噶（གཙང་སྨྱོན་ཧེ་རུ་ཀ་རུས་པའི་རྒྱན་ཅན། 1452-1507 年）写成的米拉日巴传记中，关于米拉日巴与那若苯琼在冈底斯山斗法的情节。从更早的第三世噶玛巴 · 让迥多吉（ཀརྨ་པ་རང་བྱུང་རྡོ་རྗེ། 1284-1339 年）所编著的《米拉日巴道歌集》（རྗེ་བཙུན་མི་ལའི་མགུར་འབུམ）中的记载来看，米拉日巴当时见到的可能是苯教掘藏师绰仓珠拉（ཁྲོ་ཚང་འབྲུག་ལྷ། 956 ？）。同样，与卫藏中心的苯教关系较为密切的还有当时的噶举派大师帕当巴桑结（ཕ་དམ་པ་སངས་རྒྱས། ?-1117 年）。见 Dan Martin, *Unearthing Bon Treasures: Life and Contested Legacy of a Tibetan Scripture Revealer, with a General Bibliography of Bon*, Leiden·Boston·Köln: Brill, 2001: 117.

57 任小波：《“权现马王” 仪轨故事与西藏早期观音信仰——敦煌 PT293.2 号藏文写本探例》，《复旦学报》2016（6）：19。

的理解，以及一套有关西藏文明史的叙事方法[58]。直至 19 世纪，主张利美（རིས་མེད）的蒋扬 · 钦哲旺布（འཇམ་དབྱངས་མཁྱེན་བརྩེའི་དབང་པོ། 1820-1892 年）和贡珠 · 云丹嘉措（ཀོང་སྤྲུལ་ཡོན་ཏན་རྒྱ་མཚོ། 1813-1899 年），也都同样认识到了整合苯教伏藏的重要性，从而再次整理了二者的统摄关系[59]。另一方面，也正如苯教的权威和合法性借助了吐蕃社会的知识传统，宁玛派以莲花生为历史背景的伏藏叙事的合法性，不仅借助了过去的历史事件，而

58 一般而言，尽管苯教徒不认为自己是释迦牟尼佛的追随者，但他们认为自己是内道（ནང་པ）。对苯教徒而言，“内道”一词是指佛陀所宣的教义（སངས་རྒྱས་བསྟན་པ）的追随者，佛陀（སངས་རྒྱས）不仅指的是释迦牟尼，也指辛饶弥沃。藏传佛教徒，尤其是经院派者，因为苯教不皈依释迦牟尼佛，所以他们并不认为苯教是内道，而是一种非佛教的异端。然而，自后弘期以来，如《柱间史》等伏藏类的佛教教法史中，就已经出现了将释迦牟尼和辛饶弥沃分别作为观世音的化身（苯教也有理论，将释迦牟尼视为辛饶弥沃意之化身），在印度和象雄分别宣讲了佛教和苯教教法的叙事传统。而且，这种叙事传统在 15 世纪左右的佛、苯教法史中得到了强化，并逐渐形成了将佛、苯、医学和历算四个方面作为佛陀所宣之法（བསྟན་པ），用以叙事西藏文明史的传统。见 བཀའ་ཆེམས་ཀ་ཁོལ་མ། ལན་གྲུའུ། ཀན་སུའུ་མི་རིགས་དཔེ་སྐྲུན་ཁང་། 1991: 255-256. ཨོ་རྒྱན་གླིང་པ། བཀའ་ཐང་སྡེ་ལྔ། པེ་ཅིན། མི་རིགས་དཔེ་སྐྲུན་ཁང་། 1986: 493-500. ཉི་མ་བསྟན་འཛིན། དཔལ་གཤེན་བསྟན་སྣང་རིའི་མཁན་པོ་སྨྲ་སྟོན་ཉི་མ་བསྟན་འཛིན་དབང་གི་རྒྱལ་པོའི་རྣམ་ཐར་ཉི་མ་འབུམ་གྱི་འོད་ཅན་འགྲོ་ཀུན་བློ་མུན་སེལ་བའི་སྒྲོན་མེ། པེ་ཅིན། མི་རིགས་དཔེ་སྐྲུན་ཁང་། 2012: 128.

59 因为利美（རིས་མེད）运动的推动，人们开始意识到苯教伏藏的重要性，这形成了一种新的趋势。首先，蒋扬 · 钦哲旺布以苯教掘藏师弥秀 · 雍仲迥乃泽（མི་ཤིག་གཡུང་དྲུང་འབྱུང་གནས་རྩལ）之名，通过创造一部苯教版本的莲花生传记（伏藏），以一个公开倡导者的身份站在宁玛派的立场上与苯教建立了联系。རྒྱལ་སྲས་གུ་རུ་པདྨ་འབྱུང་གནས་ཀྱི་རྣམ་པར་ཐར་པ་མདོར་བྲིལ་བར་བསྒྲགས་པ་བོན་ལུགས་ལྟར་བསྟན་པ། རིན་ཆེན་གཏེར་མཛོད་ཆེན་མོ། ཏ། TBRC: W1KG14-39: 763-778. 相关研究见 Anne-Marie Blondeau, "Mkhyen brce'i dbaṅ po: la biographie de Padmasambhava selon la tradition du Bsgrags-pa bon, et ses sources." In *Orientalia Iosphi Tucci Memoriae Dicata*, 1985: 111-158. 其弟子贡珠 · 云丹嘉措，在他众多的名号中，作为苯教掘藏师时为齐美丹尼雍仲林巴（འཆི་མེད་བསྟན་གཉིས་གཡུང་དྲུང་གླིང་པ），随之接力，将数部苯教仪轨伏藏经典编入《大宝伏藏》（རིན་ཆེན་གཏེར་མཛོད），这些伏藏经典主要为多吉林巴（苯教名为雍仲林巴）(རྡོ་རྗེ་གླིང་པ།1346-1405 年）、秋吉林巴（མཆོག་གྱུར་གླིང་པ།1829-1870 年）等掘藏师及其弟子们的作品。详见 ཡབ་སྲས་བཅུད་དྲིལ་གྱི་ཤོག་གྲངས། ཟབ་མོ་སྐུ་གསུང་ཐུགས་ཀྱི་དྲིལ་སྒྲུབ་ཀྱི་ཁ་ཚར་དབུ་ཕྱོགས། བླ་ཆེན་ཡབ་སྲས་དྲིལ་སྒྲུབ་ཀྱི་ལས་བྱང་ཚོག་ཁྲིགས་བྱིན་རླབས་སྤྲིན་ཕུང་། རིན་ཆེན་གཏེར་མཛོད་ཆེན་མོ། ཏི། TBRC: W1KG14-39: 779-801, 803-817, 819-857. ཚེ་སྒྲུབ་བཻ་རོའི་ཐུགས་ཏིག་གསང་བའི་རྒྱ་ཅན། ཚེ་སྒྲུབ་བཻ་རོའི་ཐུགས་ཏིག་གི་བརྒྱུད་འདེབས། བཻ་རོའི་ཐུགས་ཏིག་དྲན་པ་ཚེ་སྒྲུབ་ཀྱི་ཕྲིན་ལས་དབང་བསྐུར་གྱི་ཚིག་བཀླགས་ཆོག་ཏུ་བཀོད་པ་ཚེ་དབང་གཡུང་དྲུང་འཁྱིལ་བ། བོན་རྩིས་ཟླ་མེད་ཀྱི་སྐོར་རྣམས་ལས་དབང་དྲག་འབར་བའི་སྒྲུབ་ཐབས། བོན་རྩིས་ཟླ་མེད་སྐོར་རྣམས་ལས་ཟ་རྒྱལ་སྒོམ་རའི་སྒྲུབ་ཐབས། བོན་གསས་དབང་དྲག་འབར་བའི་གཏེར་དབང་ཟ་རྒྱལ་སྒོམ་རའི་བཀའ་གཏད་མདོར་བསྡུས། རིན་ཆེན་གཏེར་མཛོད་ཆེན་མོ། ཐི། TBRC: W1KG14-40: 157-163, 165-166, 167-192,193-196, 197-203, 205-210. 贡珠进一步在《宗派无别教法简史 · 明智项饰》（རིས་མེད་ཆོས་ཀྱི་འབྱུང་གནས་མདོ་ཙམ་སྨོས་པ་བློ་གསལ་མགྲིན་པའི་མཛེས་རྒྱན）中，论述了苯教和佛教在西藏的传播史，回顾了 11-14 世纪的苯教伏藏历史，旨在加强佛苯之间的和睦关系，他特别提到了新苯教传统（བོན་གསར་མ）的四大宗师：洛登宁波（བློ་ལྡན་སྙིང་པོ། 1360-? 年）、弥秀多吉（མི་ཤིག་རྡོ་རྗེ། 1650-? 年）、桑吉林巴（སངས་རྒྱས་གླིང་པ། 1705-1735 年）和根卓扎巴（ཀུན་གྲོལ་གྲགས་པ། 1700-1761 年），称他们是莲花生大师的四大后续化身（ཕྱིས་བྱོན་སྤྲུལ་སྐུ་རྣམ་བཞི）。འཇམ་མགོན་ཀོང་སྤྲུལ་བློ་གྲོས་མཐའ་ཡས་ཀྱི་གསུང་འབུམ་རྒྱ་ཆེན་བཀའ་མཛོད། TBRC: W21808-9: 97. 不过，贡珠的这段论述后来遭到了苯教学者夏咱 · 扎西坚赞（ཤར་རྫ་བཀྲ་ཤིས་རྒྱལ་མཚན། 1859-1935 年）的反驳，他认为贡珠将新苯教传统的四大宗师所传伏藏之法称为“必然解脱之法”（ཐར་ལམ་ཡོད་ངེས་ཅན་ཡིན），事实上是对更早的雍仲苯教传统伏藏教法的否定（གཏེར་ཉིད་བོན་ཉིད་ཐམས་ཅད་དེ་ལྟར་མ་ཡིན་པར་གྱུར）和对自身教派的偏袒（ཕྱོགས་ཞེན་ཆེ་བའི་གཏམ）。ཤར་རྫ་བཀྲ་ཤིས་རྒྱལ་མཚན། ལེགས་བཤད་རིན་པོ་ཆེའི་མཛོད་དཔྱོད་ལྡན་དགའ་བའི་ཆར། ཀུན་མཁྱེན་ཤར་རྫ་པ་བཀྲ་ཤིས་རྒྱལ་མཚན་གྱི་གསུང་འབུམ། ཁྲིན་ཏུའུ། སི་ཁྲོན་མི་རིགས་དཔེ་སྐྲུན་ཁང་། 2011: 330-331. 相关论述见 Samten G. Karmay ed., *Feast of the Morning Light,* Osaka: National Museum of Ethnology, 2005: 19-12.

且通常也会面向未来——以授记形式指涉掘藏者时代的政治事件[60]，从而证明莲花生和佛法的强大。可见，佛教叙事的权威，事实上也是通过借用政治权威来证明的。如此，通过对苯教与宁玛派的伏藏历史叙事的梳理与比较，为理论化地探讨后弘期以来的西藏历史叙事传统中的佛教和苯教权威的来源，以及西藏本土文化史观的形成提供了一个有效的视野。

◆ 闹九次力　西南民族大学民族学与社会学学院、巴黎高等应用实验学院、法国国家科学研究中心东亚文明研究所博士研究生

60　Janet Gyatso, "The Logic of Legitimation in the Tibetan Treasure Tradition." *History of Religions*, vol. 33, no. 2, The University of Chicago Press, 1993: 100.

Early Teachings on the Four Phurpas in the Light of the *Eightfold Buddha Word, Embodying the Sugatas* (*bka' brgyad bde gshegs 'dus pa*) Revelation of Myang ral Nyi ma 'od zer (1124-1192), and the Relationship between the Revelatory (*gter ma*) and Transmitted (*bka' ma*) Textual Traditions[1]

Cathy Cantwell

ABSTRACT: Myang ral's twelfth century revealed corpus of the *Eightfold Buddha Word, Embodying the Sugatas* (*bka' brgyad bde gshegs 'dus pa*) became a template for Rnying ma practice focusing on the tradition's eight central tantric deities. In a previous article (2020a), I have suggested that the entire Action Phurpa (*'phrin las phur pa*) section of the *Eightfold Buddha Word* is likely to pre-date Myang ral, and seems to preserve an archaic practice tradition. Here, I explore further Phurpa materials in the corpus which relate to the teachings on the Four Phurpas, or the Four Phurpa Materials (*phur pa'i rgyu bzhi*), alongside related teachings in the corpus of transmitted texts (*bka' ma*) which were also part of Myang ral's heritage. The centrality of the Four Phurpa teachings in these texts may have influenced the later Vajrakīlaya traditions, which generally put considerable emphasis on these teachings. I assess how the specific teachings on the Four Phurpas passed on by Myang ral in the revealed (*gter ma*) and transmitted

1 This work was supported by the DFG Germany under Grant number ME 2006/3-1, Nyang ral's Codification of Rnying ma Literature and Ritual, at the Center for Religious Studies (CERES) of the Ruhr-Universität Bochum, 2017-2019. The research builds on work begun under earlier research projects at the Oriental Institute, University of Oxford, which were supported by the UK. Arts and Humanities Research Council, especially, *Critical editions of two seminal Tibetan texts*, 2002-2005; *Dunhuang Phur-pa Texts*, 2004-2007; and *Critical edition of the Thabs kyi zhags pa, and a comparative study of its commentary*, 2006-2010. I would like to acknowledge the help of Lopon P. Ogyan Tanzin, who acted as consultant to the project in Bochum. I must also thank Robert Mayer and Dylan Esler for fruitful discussions during the Bochum project period. Further acknowledgments are mentioned in some of the footnotes below. In the title, the conventional ordering of *bka' ma* and *gter ma* has been reversed in order to focus the discussion in this article on the role of *gter ma* in this system.

texts (*bka' ma*) relate to each other, and to other early sources on the Four Phurpas. It seems not only that some of the transmitted *Eightfold Buddha Word* texts of *The Fortress and Precipice* (*rdzong 'phrang*) cycle were very early, but one short instruction on the Four Phurpas is quite likely to derive from the historical Padmasambhava. Moreover, it draws upon an authoritative source which seems also to have made its way into texts within Myang ral's *Embodying the Sugatas* revelation dealing with the same topic. Finally, in considering the framing of Myang ral's *Embodying the Sugatas* as revelation, one effect of the new presentation is that King Khri srong lde'u btsan,[2] who was supposed to have been the main original recipient of *The Fortress and Precipice* transmissions, but did not remain in the lineage, was brought back into centre stage in the transmission. For Myang ral was his rebirth, and key texts of the *Embodying the Sugatas* revelation are said to have come from the King's manuscripts.

Preamble

In both the Rnying ma and Sa skya Vajrakīlaya traditions, the Four Phurpas,[3] variously called by such terms as the Four Phurpa Materials (*phur pa'i rgyu bzhi*) or the Four Types of Enlightened Attention to the Phurpa Perforations[4] (*phur pa thal 'byin gyi dgongs pa rnam pa bzhi*), are a central teaching. They are generally elaborated upon in oral teachings accompanying empowerment rites or introductions to Vajrakīlaya, and often feature prominently within written Vajrakīlaya commentaries. They are considered to sum up the crucial aspects of the necessary approach throughout practice on this tantric deity, and moreover, to sum up succinctly the entire path to Enlightenment. Yet these important teachings seem to be at best only hinted at within extant Vajrakīlaya root tantras, so the question arises as to how they developed and became so firmly established within the tradition. Unfortunately, there is not enough evidence from early historical sources to answer this question with certainty, and the relative dating of the early sources which are extant remains an open question. Here, I review a few key early sources, and

---

2 Note that here I use the spelling Khri srong lde'u btsan rather than the apparently more archaic Khri srong lde btsan in deference to my sources which consistently use this spelling, in contrast to the spelling of Myang ral, where most of the earlier sources I use prefer this spelling to Nyang ral.

3 Here, I am treating the word, phurpa, as an English word equivalent for *phur pa*. Generally in this article I simply transliterate Tibetan names terms — phurpa is an exception to this rule, although of course, transliteration is used where the term is included within a longer Tibetan phrase or citation. Note also that the terms, *phur pa* and *phur bu* are used virtually interchangeably in Tibetan sources. Again, I have simplified by using *phurpa* throughout, except where giving a citation which gives, *phur bu*.

4 The Tibetan term *thal 'byin* is not straightforward to render into English in the sense used here. It implies not only the penetration of the phurpa into its object, but the object's total disintegration or transformation. In using the word *perforation*(*s*), with the verbal form, to *perforate*, I have tried to retain one of the literal senses of the term and related words, in the idea of boring or drilling into an object (see, for instance, the example given in the *Bod rgya tshig mdzod chen mo* for *thal byung*: སྦྲང་བུ་རྡོན་པོས་པང་ཞིབ་ཐལ་བྱུང་དུ་ཕུག་ནས་བུག་པ་འདོན་པ་, Volume 2, 1157).

seek to situate the Four Phurpa teachings contained in Myang ral's corpus in the light of the emergent Vajrakīlaya tradition.

First, to introduce briefly the Four Phurpas, the standard set consists of:

1. The Purely Aware Primordial Wisdom Phurpa (*rig pa ye shes kyi phur pa*);
2. The Compassion Emanation Phurpa (*thugs rje sprul pa'i phur pa*);
3. The Secret Bodhicitta Phurpa (*gsang ba byang chub sems kyi phur pa*);
4. The Symbolic Material Phurpa (*mtshan ma rdzas kyi phur pa*).

There are some variations in the list. In particular, the Compassion Emanation Phurpa is also frequently called, the Immeasurable Compassion Phurpa (*tshad med snying rje'i phur pa*).[5] The Secret Bodhicitta Phurpa is often given as, the Superior Bodhicitta Phurpa (*lhag pa byang chub sems kyi phur pa*). There is also some variation in the ordering of the set, in some cases apparently depending on the context for usage — but generally, simply a matter of which textual sources are being referenced in a particular tradition. The order given here can be considered to embody the structure of the path. The first gives the atiyoga view, in the light of which the practice is to be performed throughout. The second consists of the generation stage (*bskyed rim*) practices, with an emphasis on mahāyoga, while the third consists of the completion stage (*rdzogs rim*) practices, and an emphasis on anuyoga. These three together comprise the Primary Ritual (*stod las*), while the fourth and final phurpa relates to the Secondary Ritual (*smad las*). As we shall see, this order is given in the influential *Black Collection* (*'bum nag*) commentary, but many other sources give the second and third categories listed above in reverse order. This ordering creates correspondences for the first three with the three kāyas in their usual order, with the sequence of the Purely Aware Primordial Wisdom Phurpa corresponding to the dharmakāya; the Secret or Superior Bodhicitta Phurpa relating to the sambhogakāya; and the Compassion Emanation Phurpa or Immeasurable Compassion Phurpa relating to the nirmāṇakāya.[6] Another order lists the group according to a progression through different stages of the path. From this perspective, the main tantric practice consists of two aspects, first, engagement in the Primary Ritual through the Compassion Emanation Phurpa, and second, the Secondary Ritual (*smad las*) which involves the usage of the Symbolic

5 A myes zhabs notes (1973: 142.4) *tshad med snying rje'i* (Immeasurable Compassion) as an alternative for *thugs rje sprul pa'i*, and cites the *Rtsa rgyud rdo rje khros pa* (142.6-143.1) on the categories.

6 This is made explicit in Shechen Gyaltsap's (1871-1926) Commentary (*The Concise Quintessential Commentary on the Saadhana, The Utterly Secret Razor Knife Vajrakiilaya*): 13; for the Tibetan, see Zhe chen rgyal tshab 'gyur med padma rnam rgyal, Volume 9: 381-6. Note that Khenpo Namdrol (1995: 45-7), and Gyatrul Rinpoche (1996: 254-260) also use this order.

Material Phurpa.[7] On this basis, the inner anuyoga practices can be developed with the Secret Bodhicitta Phurpa, and finally, the enlightened fruition is expressed in the Purely Aware Primordial Wisdom Phurpa.[8]

Precedents for the Four Phurpas in the root tantras, and the early development of the set

Even the dating of the Vajrakīlaya root tantras is uncertain: it is probable that they were mostly compiled or redacted in Tibet rather than representing direct translations of complete texts from Sanskrit, and were established during the *snga dar* or soon afterwards during the post-imperial period. There is little direct evidence for the Vajrakīlaya root tantras during Imperial times, since the official translation projects seem to have excluded the Inner tantras as inappropriate for public distribution. Nonetheless, the Inner tantras were certainly well-established by the *phyi dar* period: this much is clear from the works of early Rnying ma masters such as the ninth to tenth century Gnubs chen Sangs rgyas ye shes and the eleventh century scholar, Rong zom Chos kyi bzang po. Specific Vajrakīlaya tantras are mentioned or cited in early Vajrakīlaya commentaries. These early tantras often contain apparently disordered or obscure materials,[9] and it is perhaps improbable that they were ever a self-sufficient textual basis for practice — they were surely supplemented by practice manuals. Yet it would seem safe to assume that these tantras represent at least part of the earliest strata of Vajrakīlaya materials.

I have not found any clear discussion of the Four Phurpas as understood by the tradition in any extant Vajrakīlaya root tantra.[10] The set are elaborated upon in verses said to derive from two root tantras — the *Root Tantra, Vajra Wrath* (*rtsa rgyud rdo rje khros pa*) and the *Phurbu Fierce Mantra Teachings Tantra* (*phur bu ngan sngags gtsug lag gi rgyud*). Citations of these

7 Here, I translate *stod las* and *smad las* as Primary and Secondary Ritual respectively, since in Rnying ma practice, they are the two necessary components of the spiritual path, the *smad las* rites for benefitting others dependent upon the prior accomplishment of the *stod las*, which develops one's own understanding. The *smad las* rites are *not* included within the class of mundane rites (*las tshogs*), even if — like many Dharma practices — they may have beneficial worldly effects. See Cantwell 2020c: 110.

8 Dudjom Rinpoche uses this ordering in his Aspiration verses which he wrote for the *Meteoric Iron Razor* (*gnam lcags spu gri*) Ritual Manual (*Collected Works* Volume Tha: 148-149). In the title to his commentary on the verses (Volume Da: 489-499) he notes that this presentation represents the set in terms of a graduated path (*lam rim*).

9 Cantwell and Mayer 2007: 79-82.

10 Robert Mayer and I have produced detailed textual studies of three Vajrakīlaya tantras, see Mayer 1996, and Cantwell and Mayer 2007. During the course of the Oxford research project on the two tantras, I had browsed through the other Vajrakīlaya root tantras found in the *Rnying ma rgyud 'bum* collections without finding any explicit reference to the set of four. It is possible that I might have missed a reference, which future research may identify.

passages are found repeated in many Vajrakīlaya commentaries, apparently on the basis of the citations found in the famous early *Black Collection* (*'bum nag*) commentary.[11] It may be that these root tantra sources were indeed drawn upon by the early tradition, although if the cited passages ever derived from tantras with these titles, no trace of them is available to us now.

Generally in root tantras, when four types of phurpa, or four phurpa materials are mentioned, this refers to the different ritual phurpas used for each of the ritual actions: a white round phurpa for pacifying; a yellow square phurpa for enriching; a red semi-circular phurpa for controlling; and a black triangular phurpa for destroying. This set of phurpas for the four ritual actions persists in the Vajrakīlaya tradition — such a group of phurpas may be included in the periphery of the main deity's maṇḍala, and they may feature in supplementary rites connected with the four actions. The fact that this set of four occurs in the root tantras does not imply that the root tantras have greater interest in mundane rites than the later tradition. In fact, such phurpa rites in the Mahāyoga root tantra literature may imply soteriological interpretations of what may seem to be mundane rituals — there is no doubt that the thrust of the Mahāyoga approach embodied in the Inner Tantras is precisely to develop pure vision of the sameness of saṃsāra and nirvāṇa, and of the tantric deities and the associated rituals as expressions of this pure vision. Thus, an early commentary on the *Thabs kyi zhags pa* offers an entirely soteriological interpretation of the four phurpa rites which are described in Chapters 20, 26, 31, 36.[12] The *Thabs kyi zhags pa* features amongst the list of the Eighteen Tantras of Mahāyoga[13] and was considered to elucidate Mahāyoga in general.[14]

As well as these four types of phurpa, the root Vajrakīlaya tantras[15] often refer to numerous other types or understandings of phurpa which have a good deal in common with what became the standard classification of Four Phurpas in the tradition. Thus, one finds references to the *Bodhicitta Phurpa* and the *Purely Aware Primordial Wisdom Phurpa*, but not as part of the set of four, and not with precisely the same senses as the standard set.[16] Occasionally, such hints of different types of phurpa are tantalisingly close to standard exegesis, although never fully explicit. Thus, in the context of a stabbing ritual, the *Vajra Wrath Root Tantra* (*rdo rje khros pa*

11 Boord 2002: 259ff, 282ff; see below for more on the *Black Collection*.

12 Cantwell and Mayer 2012: 78-81, 319, 327, 333, 338.

13 Almogi 2014.

14 Cantwell and Mayer 2012: 4.

15 In fact, the specifically Vajrakīlaya tantras rarely discuss the four phurpas associated with the four rituals, although they are occasionally mentioned, such as in the *Twelve-fold Kīlaya Tantra* (*phur pa bcu gnyis*)'s Chapter 10 (*gting skyes* vol. Dza 106; *sde dge* vol. Pa 215v) and Chapter 22 (*gting skyes* vol. Dza 183-186; *sde dge* vol. Pa 246r-247r).

16 For instance, both these terms are found in Chapter 12 of the *Kīlaya Nirvāṇa Tantra*; see Cantwell and Mayer 2007: 37, 168-70.

rtsa ba'i rgyud)'s[17] Chapter 7 refers briefly to three of the four categories in familiar terms, and possibly implies the fourth.[18]

What is clear throughout the Vajrakīlaya root tantras is the principle that the phurpa ritual implement serves not only its ritual functions, such as stabbing and releasing negative forces into a buddha field, or pinning protective spirits in a circle around the sacred site, but it becomes a symbol and embodiment of the tantric deity, and moreover, of the enlightened view and of the path or the techniques needed to attain realisation. It is worth stating explicitly here that even if the extant Vajrakīlaya root tantras appear to omit any reference to the set of Four Phurpas, the new classification most probably came out of the same environment and ethos in which these Mahāyoga tantras were being established.[19]

The shift from an earlier pre-Mahāyoga understanding of a ritual phurpa is sometimes explicitly broached in early Vajrakīlaya sources. In later tradition, the topic is so established that it hardly invites comment, but in some early commentarial sources, it seems that an explanation may be necessary. Thus, the longer commentary section of the Action Phurpa (*'phrin las phur pa*) text within Myang ral Nyi ma 'od zer's *Eightfold Buddha Word, Embodying the Sugatas* (*bka' brgyad bde gshegs 'dus pa*) addresses an objection to the idea that the primordial wisdom of emptiness is the naturally abiding [*phurpa*] point in the heart. Since a phurpa should be used for striking, yet the primordial wisdom of emptiness has no [phurpa] point, why should it be called, phurpa? The answer is given that this enlightened heart is called phurpa since it strikes all discursive thoughts.[20]

Similarly, in relation to the Four Phurpa teachings, the early *Black Collection* (*'bum nag*) commentary[21] raises objections that the first three phurpa categories do not appear to correspond to the phurpas of the four ritual actions. The objection is not articulated in relation to the fourth material ritual phurpa, since the four ritual actions are clearly included within its remit, but the discrepancy between the first three and a conventional notion of a phurpa is stark. Thus, in relation to the Purely Aware Primordial Wisdom Phurpa, the hypothetical questioner complains that generally, a phurpa should accomplish pacifying, enriching, controlling or destroying, and asks whether these actions are fulfilled in the inseparability of the spatial field and primordial wisdom. The response is that this is the pacifying phurpa since the afflictions are pacified by

17 Despite the similar name, this tantra is not to be confused with the *rtsa rgyud rdo rje khros pa* mentioned above (see Cantwell and Mayer 2007: 5-7).

18 Cantwell and Mayer 2007: 34, 259.

19 I discuss below a text on the Four Phurpas from the *Bka' ma* transmission, suggesting that its representation as an instruction deriving from the historical Padmasambhava is plausible. If so, then clearly the Four Phurpa teachings derive from the same historical era as the time when the Mahāyoga root tantras were being redacted in Tibet.

20 བརྒལ་བ༔ ཕུར་པ་ནི་འདེབས་པ་ལ་བྱའོ༔ སྟོང་པ་ཉིད་ཀྱི་ཡེ་ཤེས་རྩེ་མོར་མེད་པ་ལ་ཅིའི་ཕྱིར་ཕུར་པ་ཞེས་བྱ་ཞེ་ན༔ ཐུགས་དེ་རྣམ་པར་རྟོག་པ་ཐམས་ཅད་ལ་འདེབས་པས་ཕུར་ཞེས་བྱའོ༔ (KAḤ89-90, TSH383-4, PH254,1, X694-5, Y728-9). See also Cantwell 2020a: 54.

21 Boord 2002: 260-5.

it; it is the enriching phurpa since it expands the buddhas' primordial wisdom; the controlling phurpa since it brings one's own mind under control; and the destructive phurpa since it effects liberation from saṃsāra.[22] Similar responses are given for the other two categories. Thus, the Compassion Emanation Phurpa is the pacifying phurpa since clarity in the deity's form pacifies outer and inner hindrances; it is the enriching phurpa since it increases siddhis; the controlling phurpa since it brings appearances under control; and the destructive phurpa since hostile forces and obstacles are released by it. The Secret Bodhicitta Phurpa is the pacifying phurpa since it pacifies self-centred passion; it is the enriching phurpa since it increases bliss; the controlling phurpa since it brings the channels and airs under control; and the destructive phurpa since it liberates from saṃsāra.[23] In short, all four ritual actions are encompassed within each of the four categories, but those four contain much more, and are not limited by the ritual actions they accomplish.

Early Commentarial Traditions: The Vajrakīlaya Black Collection (*phur pa 'bum nag*)

The extensive early *Black Collection* commentary has had an important role in the coalescing of the Vajrakīlaya traditions. Long passages are cited either with acknowledgment or silently in many of the most influential commentaries,[24] and moreover, the entire text itself is still read widely today by Vajrakīlaya scholars and practitioners. It presents itself as a single work representing the instructions of the three *ācāryas*, Padma (sambhava), Vimala (mitra) and the Newari (Śīlamañju), transmitted to Ye shes mtsho rgyal, and recorded by Ngam 'bre (ācārya Gsal le). While this attribution may just about be within the realm of possibilities, there is not enough evidence for confidence that such a long work, containing many root tantra citations and so forth, is likely to derive in full from the early ninth century. Moreover, the section on the transmission of the teaching, which follows the account of Guru Padma's activities, takes

22 བརྒལ་བ་ནི། ཕྱིར་ཕུར་པ་ལ་ཞི་རྒྱས་དབང་དྲག་ཚང་དགོས་ལ། དབྱིངས་དང་ཡེ་ཤེས་དབྱེར་མེད་དེ་ལ་ཞི་རྒྱས་དབང་དྲག་ཚང་རམ་ཟེར་ན་ཚང་སྟེ། དེ་ཉོན་མོངས་ཞི་བས་ཞི་བའི་ཕུར་པ། སངས་རྒྱས་ཀྱི་ཡེ་ཤེས་རྒྱས་པར་བྱེད་པས་རྒྱས་པའི་ཕུར་པ། རང་སེམས་དབང་དུ་འདུས་པས་དབང་གི་ཕུར་པ། འཁོར་བ་ལས་སྒྲོལ་བར་བྱེད་པས་དྲག་པོའི་ཕུར་པའོ། (Dudjom *Bka' ma*, Volume Tha: 437)

23 ལྷའི་སྐུར་གསལ་བས་ཕྱི་ནང་གི་བར་ཆད་ཞི་བས་ན་ཞི་བའི་ཕུར་པ། དངོས་གྲུབ་རྒྱས་པས་རྒྱས་པའི་ཕུར་པ། སྣང་བ་དབང་དུ་འདུས་པས་དབང་གི་ཕུར་པ། དགྲ་བགེགས་སྒྲོལ་བས་ན་དྲག་པོའི་ཕུར་པའོ། ··· ཆགས་པ་རང་རྒྱུད་པ་ཞི་བས་ཞི་བའི་ཕུར་པ། བདེ་བ་རྒྱས་པས་རྒྱས་པའི་ཕུར་པ། རྩ་རླུང་དབང་དུ་འདུས་པས་དབང་གི་ཕུར་པ། འཁོར་བ་ལས་སྒྲོལ་བས་དྲག་པོའི་ཕུར་པའོ། (Dudjom *Bka' ma*, Volume Tha: 439, 441)

24 This includes the A myes zhabs commentary for the Sa skya Vajrakīlaya tradition, and Kong sprul's widely read commentary on the *Vajrakīlaya Root Tantra Fragment* (*rdo rje phur pa rtsa ba'i rgyud kyi dum bu*).

the record far beyond the earliest era.[25] Ācārya Gsal le is said to have increased his life-span, and transmitted the teachings to Lang lab Byang chub rdo rje, a contemporary and adversary of Rwa lo tsā ba Rdo rje grags, who lived in the eleventh century.[26] The gurus given in the further lineage lists are mostly not easy to identify, but one at the end of the first list, Zur chung Shes rab grags pa (1014-1074) was a famous figure of the Zur clan. The early Zur masters were known for their work in preserving and codifying the Rnying ma Transmitted teachings.[27] In this case, it would seem most likely that the work was compiled from earlier materials, much of which may indeed have been archaic,[28] even if the integrated structure of the text as we have it was created by the editors, who probably supplied the Introduction which lays out the topics to be covered (supplying the outline or *sa bcad*). In fact, some of the sections seem to re-visit themes already covered in earlier sections. Such repetition, however, may suggest that the editorial work was not so extensive as to integrate separate transmitted teachings, but primarily to compile them together.[29] The framing in terms of the instructions of the three *ācāryas* most probably relates to the longest single section of the text.[30] This section would seem to cohere together as a single unit, and its core explanations of the classic verses for establishing the maṇḍala are given through a series of instructions with each of the three *ācāryas* adding their own reflections.

The *Black Collection* supplies two teachings on the Four Phurpas, the first of which[31] runs

25 See Boord 2002: 126-29. Here, we find a long account of Lang lab's exploits, and even the list following this gives some comment on a few of the teachers. Had we found merely a list of later gurus appended at the end of the text, a later editor's addition might have been suspected, but in this case, it would seem improbable that this whole section has been inserted into an otherwise discrete text.

26 The *Black Collection* does not give any account of this encounter in its relation of Lang lab's demonstration of his mastery, but the story is well-known in the Vajrakīlaya traditions. See, for example, Dudjom 1991 Volume 1: 713-4.

27 Kapstein 2019: 268.

28 Here, I concur wholeheartedly with Martin Boord's assessment of the materials as archaic and of great historical significance. I differ only in being more cautious in not assuming the entire work (apart from the lineage list) in something like its present form to derive from Ācārya Gsal le's transcription in the ninth century (Boord 2002: xxv-xxviii). That said, as will be seen from the rest of this article, I think that modern scholarship should be careful not automatically to dismiss claims relating to the teachings of Padmasambhava when those teachings derive from transmitted sources, as in this case. It is to be hoped that future research may bring to light more evidence for the existence of the *Black Collection* or its constituent parts before the eleventh/twelfth centuries.

29 There are, however, rare cross-references, such as the statement at the beginning of *The Ten Steps of Tantric Engagement* (Boord 2002: 252) that the first point relating to the introductory basis has been dealt with above in the first major section. There are also occasionally apparent links between topics in different sections (see the discussion on the two sections which discuss the Four Phurpas below). These limited connections between different discrete sections would seem to demonstrate *either* that there has been at least some editorial intervention to reduce overlaps, *or* that all the segments of the work were in fact integrated from the outset, contrary to my suggestion here.

30 Boord 2002: 143-249.

31 Boord 2002: 257-66.

from the final part of point two through the whole of point three in a section called, *The Ten Steps of Tantric Engagement* (*rgyud kyi them sbyor bcu*). The second teaching is an independent section simply entitled, *The Four Phurpa Materials* (*phur bu'i rgyu bzhi*), said to represent the heart teachings of Padma rgyal po (i.e. Padmasambhava), as given to Ye shes mtsho rgyal.[32]

This article is not the place to review these teachings in detail.[33] In brief, the Four Phurpas are clearly a central instruction within *The Ten Steps of Tantric Engagement* (*rgyud kyi them sbyor bcu*). This text or section constitutes the third main part of the *Black Collection* presentation,[34] following first, the account of the history and transmission of Vajrakīlaya, and second, the above mentioned longest single section of the text, which is structured around a scheme entitled, *The Six Tantric Bonds* (*rgyud kyi chings drug*). The second step of *The Ten Steps of Tantric Engagement* consists of three sets of characteristics, of the maṇḍalas, of the mantras, and of the materials. The first three Phurpas are mentioned in relation to three of the maṇḍala types,[35] and then the section on materials discusses appropriate materials to support each of the Four Phurpas.[36] Step three is entirely devoted to the Four Phurpas.[37] It lists the four along with similes for the types of person who are associated with each, and then works through each Phurpa in turn, breaking down the discussion into the subdivisions of: the person; the nature of the phurpa; the object to strike; the method; evaluating it; the faults of not striking; the necessity for striking; objections; how the practice is absorbed. The separate section specifically on *The Four Phurpa Materials*[38] covers some of the same material, but is more extensive. Each of the four is subdivided into: the practitioner; the purpose of the practice; the methods; and the result. This subdivision corresponds to the final subdivision of the earlier section (how the practice is absorbed), where the four aspects are merely listed, and in the first three cases, illustrated with an appropriate cited root tantra verse. It soon becomes clear that the notion of different persons really implies different approaches appropriate to each stage of practice, and the discussion seeks to connect the meditations for activating each of the phurpas with specific lines in the Vajrakīlaya liturgy for generating the maṇḍala, visualising the

32 པདྨ་རྒྱལ་པོའི་ཐུགས་ཀྱི་བརྟག་པ། གཟུངས་མ་མཁར་ཆེན་བཟའ་ལ་གནང་བ། ཕུར་བུའི་རྒྱུ་བཞི་རྫོགས་སོ། (Dudjom *Bka' ma*, Volume Tha: 486, Gangtok version: 183).

33 Martin Boord's study includes a full translation with reference to the two printed versions then available, and noting meaningful variants. Since that time, further copies have come to light in Tibet, which have now been scanned by TBRC (W3PD894, W2PD17514). It will be for future research to assess whether these additional sources add anything to the picture. Unfortunately, TBRC: W3PD894 has restricted access. TBRC: W2PD17514 is a print on traditional paper from a collection from Zhe chen monastery, and it is clear that the layout in the opening pages is not identical to either of the other prints.

34 Boord 2002: 251-72.

35 Boord 2002: 252.

36 Boord 2002: 257-8.

37 Boord 2002: 259-66.

38 Boord 2002: 282-93.

tantric deity and performing the rituals. The third phurpa includes instructions relating to sexual yoga, while the fourth gives details of various subsidiary rituals needed to accomplish the full range of phurpa rites.

Other Early Commentarial Traditions

Another famous early commentary is *The Glorious Vajrakīlaya Commentary, Light rays from the Sun* (*dpal rdo rje phur pa'i ṭī ka nyi ma'i 'od zer*), composed by Mi bskyod rdo rje, which is a foundational text for the *Rog lugs* Vajrakīlaya tradition. Like the *Black Collection*, it is cited and read widely, beyond its specific tradition.[39] Mi bskyod rdo rje is a common name, but it seems almost certainly to apply to Snye mo Jo sras Bsod nams dpal, who seems to have lived in the twelfth or thirteenth century.[40]

The *Light rays from the Sun* commentary has a relatively short (three pages) section on the Four Phurpas.[41] Each of the four are subdivided into the nature of the phurpa; the object to strike; evaluating it; and the necessity for striking. This list is rather similar to that given in the *Black Collection*, and although not parallel, the treatment of each phurpa is also similar. The most striking aspect of this presentation is its framing: the section is given not as a general teaching to be applied throughout the practice, but as part of the section on generating the maṇḍala of material phurpas. One is therefore left with the sense that here, the categories retain the earlier sense of an equation with the ritual phurpas, even though the explanations carry the same soteriological content as found in the *Black Collection*.

Of other early transmitted Vajrakīlaya traditions, I have not found any clear discussion

---

39 For example, the first introductory part of the commentary on the Dudjom Meteoric Iron Razor (*bdud 'joms gnam lcags spu gri*) by Mkhan po A chung (1918-1998) contains copious citations of both the *Black Collection*, and the *Light rays from the Sun*. My attention was first drawn to this important work by Lama Kunzang Dorjee Rinpoche of Jangsa Monastery, Kalimpong, and of Pema Yoedling, Gelephu, in 2009.

40 This identification is noted in an annotation on the authorial colophon in the text (Dudjom *Bka' ma*, Volume Ta: 451), and furthermore, Dudjom Rinpoche's Lineage Supplication (*rog lugs kyi phur pa'i brgyud 'debs*; Dudjom *Bka' ma*, Volume Ta: 453-454) would seem to affirm Bsod nams dpal in the appropriate position (as the student of Shes rab 'od, who is mentioned at the end of the lineage history (233) in the *Light rays from the Sun*. Thus, the Mi bskyod rdo rje of our text does not seem to be identical to the famous Sman lung Mi bskyod rdo rje of a similar period who wrote important commentaries on the *Rgyud Gsang ba snying po* (Dudjom *Bka' ma*, Volume Ki).

41 Dudjom *Bka' ma*, Volume Ta: 348-51.

of the Four Phurpas in the surviving early materials of the Sa skya 'Khon lugs tradition.[42] For the Rong lugs tradition, the Dudjom *Bka' ma* Collection contains a compilation of the Source Authoritative texts (*gzhung*), which contains some early materials, including some notes written by the eleventh century scholar, Rong zom Chos kyi bzang po.[43] These notes do not include any clear teachings on the Four Phurpas.[44] Unfortunately, apart from the short sections by Rong zom, it is hard to be sure which if any of the other sections represent genuinely old writings. Lengthy sections are from the works of a later authoratitive lama of the tradition, Sog bzlog pa Blo gros rgyal mtshan (1552-1624), but this source collection also includes many short instructions, some of which — like the sections by Rong zom — may well have been passed down since antiquity. Amongst these instructions is one dealing with the Four Phurpas which is said to represent a teaching of the Indian ācārya, Dhanasaṃskṛta, which was taught in Tibet by Padmasambhava (*slob dpon padma thod phreng*) and given to the King, Khri srong lde'u btsan.[45] The problem with all texts said to derive from Padmasambhava is the uncertainty of the historicity. Clearly, most *gter ma* revelations are attributed to Padmasambhava, but without the claim that they have been passed through a transmitted lineage. In the case of *bka' ma* teachings — as indeed also with the *Black Collection* — as I have suggested above (see note 28), it may be that modern scholarship should not be so fast to dismiss the attributions, which may indicate at least that the text (or its parts) might derive from a very early transmission. This section also works through a list of points, such as the characteristics of each of the four, the objects to strike etc., but in this case, all four phurpas are discussed together under each point, so that the presentation gives more of an impression of the four as related aspects to

42 The works of Grags pa Rgyal mtshan contain important teachings, both notes of his own composition, and works on the Vajrakīlaya practice which represent the teachings of his father, Sa chen Kun dga' snying po. These are clearly seminal for the Sa skya Phur pa tradition, but it is in the works of later masters — and especially the commentary by A myes zhabs — that the more extensive explanations can be found. It is worth adding that the Sa skya Phur pa tradition not only relies on a number of Rnying ma root tantras (see, for example, A myes zhabs 1973: 20-2) and other transmitted sources, such as the *Black Collection*, but also preserves its own account of the earliest transmission from Padmasambhava to 'Khon Klu'i dbang po, and records that Grags pa Rgyal mtshan's notes on the Vajrakīlaya practice are based on a textual source, *dkyil chog rdo rje las rim*, written by Padmasambhava (see the introduction to the popular sādhana, *dpal rdo rje phur pa'i bsnyen sgrub gsal byed bdud rtsi'i 'od can* in the *Sgrub thabs kun btus* Volume Pa: 144). Unfortunately, if this *dkyil chog rdo rje las rim* is still extant, I have not been able to locate a copy.

43 See: *dpal rdo rje phur pa'i sgrub skor la/ rong zom lugs kyi phur pa'i gzhung pod bstan pa rgya mtsho'i snying bcud*, Dudjom *Bka' ma* Volume Nya: 5-553. The sections attributed to Rong zom include Volume Nya: 216-30, 230-233, and possibly the following section which ends p.241, but that is less certain; 290-301, 319-38.

44 I have also browsed through other works by Rong zom (such as one of the versions of his *Collected Works*, TBRC: W21617) without finding obvious Vajrakīlaya texts, but I might have missed some materials. It is to be hoped that future research will accomplish studies of Rong zom's tantric practice texts.

45 The section is entitled, *dpal rdo rje phur pa'i spyi thabs bsdus pa'i man ngag gyi sgra bzhi'i bshad pa* (Dudjom *Bka' ma* Volume Nya: 393-413).

be understood in an integrated manner throughout. The discussion also covers the symbolism of different features of the maṇḍala, the various ritual actions involved in the destructive rites, and specific samayas appropriate for each of the four.

If this section from the *Rong lugs* tradition does represent an archaic teaching (or even Padmasambhava's teaching), it may be that by Myang ral's era, various teachings on the Four Phurpas were circulating amongst Vajrakīlaya practitioners. But the caveat must be added that the relative dating of the sources is still uncertain, and also, of course, we can have little sense of how widely distributed these teachings may have been.

The Four Phurpas in the Root Vajrakīlaya Tantra within Myang ral's revealed corpus of the *Eightfold Buddha Word, Embodying the Sugatas* (*bka' brgyad bde gshegs 'dus pa*)[46]

Myang ral's *Eightfold Buddha Word* revelation contains a set of root tantras, including one for each of the eight principal tantric deities. I have mentioned above that the root tantras seem to lack explicit discussion of the Four Phurpas. In fact, Myang ral's root Vajrakīlaya tantra is a partial exception to this point in that its Chapter 3 contains a passage in which the four are indicated although not quite explicitly described.[47] Perhaps Myang ral's revealed root tantras should be considered in a slightly different category from the transmitted tantras. After all, they post-date them, at least in the versions presented as part of Myang ral's revelation, although they doubtless incorporate old materials, and some sections of the Vajrakīlaya tantra describe archaic rituals which it is not easy for representatives of the tradition now to make sense of. However, the version of the root tantras within the *Eightfold Buddha Word* contain explanatory annotations, which seem to go back to the hyparchetype of all extant editions — these annotations have been removed in the *Rnying ma rgyud 'bum* versions. In the case of this section of Chapter 3,[48] the annotations help to clarify that the points relate to our set of four phurpas. The passage gives a short statement relating to each of the four, apparently using the order with the bodhicitta phurpa in second place,[49] and concluding with an interesting list of

46 See Cantwell 2020: 4-5 for background on the collection and the *Eightfold Buddha Word* revelations of subsequent lamas of the tradition.

47 I am grateful to Dylan Esler's philological analysis of this root tantra in our University of Bochum DFG project (2017-2018); see Dylan Esler 2020.

48 Esler 2020: 26-9.

49 Since the four are not presented separately, and the statements are integrated together, the order is not entirely clear, apart from the list of substances.

four symbolic substances to be associated with each.[50]

The Four Phurpas within other sections of Myang ral's revealed corpus of the *Eightfold Buddha Word, Embodying the Sugatas* (*bka' brgyad bde gshegs 'dus pa*)

The multi-volume collections of the *Eightfold Buddha Word* revelation are structured such that the first volumes contain historical and background materials, as well as the root tantras, and also many texts which present integrated teachings on all eight tantric deities. The later volumes contain sections devoted to the eight deities in turn. The specific Vajrakīlaya teachings are given in the *Action Phurpa* part of the collection, consisting of a single text in six sections.[51] This is clearly an archaic text which it appears that Myang ral inherited — the second section of the text is witnessed amongst the Dunhuang materials which pre-date Myang ral's time by at least a century, and here, the entire text is integrated as a single work transmitted by Myang ral. This text differs in some respects from the mainstream or standard works on Vajrakīlaya. It says nothing about the Four Phurpas.

In contrast, the materials relating to Vajrakīlaya in the first volumes where the eight tantric deities are considered as a group, are entirely consistent with the Vajrakīlaya traditions — including established features of the deity and the maṇḍala of deity emanations.[52] It is amongst these earlier sections of the collection that teachings on the Four Phurpas are found. A Subsequent Tantra (*phyi ma'i rgyud*) found in Volume 1 of the Mtshams brag thirteen volume collection[53] works through the appropriate View (*lta ba*) associated with each of the tantric deities. For the Phurpa Action (*phur pa 'phrin las*) section, there is a long list of various types of phurpas striking different objects, including the unchanging bodhicitta phurpa (*mi 'gyur byang chub sems kyi phur pa*); the phurpa of Samantabhadra's display (*kun bzang rol pa'i phur pa*); the self-arisen king of means phurpa (*rang byung thabs kyi rgyal po'i phur pa*);

50 Note that similar although not identical lists to that found here are presented in both the second point of *The Ten Steps of Tantric Engagement* given in the *Black Collection* (Boord 2002: 257), and in Shechen Gyaltsap's Commentary (nd: 14; for the Tibetan, see *zhe chen rgyal tshab 'gyur med padma rnam rgyal gyi gsung 'bum* Volume 9: 384). These two sets have items in common with the set here, but all three are rather different.

51 For an analysis of this *Action Phurpa* text, including a critical edition of its second section, see Cantwell 2020a.

52 See the descriptions, for example, in the *rtsa ba'i rgyud kyi rgyal po* (TSH vol. 1: 68-70); and the *'byed pa lde'u mig gi rgyud* (TSH vol. 2: 130-1). This is discussed also in Cantwell 2020a: 10.

53 TSH vol. 1: 151-82. Note that here I refer primarily to the Mtshams brag collection, not because I privilege this version from a textual viewpoint, but simply for convenience in considering the content of these texts from a general viewpoint. Where readings may be uncertain, or greater clarity is needed, I have also consulted other versions, especially the Kaḥ thog thirteen volume collection. In this case, the Kaḥ thog edition does not appear to have an exact parallel for this text.

the phurpa of resting effortlessly in sameness (*ma brtsal mnyam par gzhag pa'i phur pa*); the dharmatā phurpa (*chos nyid phur pa*); the nature of mind phurpa (*sems nyid phur pa*); the sky phurpa (*nam mkha'i phur pa*). It is clear that all of these in their actions connect with the Purely Aware Primordial Wisdom Phurpa of our fourfold list, and that here, the appropriate View for Vajrakīlaya is seen in much the same terms as found in teachings on this phurpa.

The fourfold list is unpacked in three texts found in Volume 4. These texts cover a range of topics relating to the eight deity system secret mantra practice. The first and most extensive of these texts[54] supplies a substantial section (pp.293-304) on the Four Phurpas. Mi pham's General Commentary on the *Eightfold Buddha Word* references this text for its detailed discussion of the Four Phurpas, noting that his own presentation is a summary.[55] Despite its importance, however, this text is of slightly uncertain status. Its colophon makes it clear that it is from O rgyan gling pa's[56] revelations and therefore a good deal later than Myang ral. However, it claims to accord with Myang ral's writing, and to restore Myang ral's tradition.[57] Given that *gter ma*s, especially those of an early period, may reproduce previous texts, and here we have a statement suggesting a restoration of Myang ral, it has to be said that it is possible that O rgyan gling pa included within his *gter ma*s a text of Myang ral's which had been lost to the transmission of the *Eightfold Buddha Word, Embodying the Sugatas*. Be that as it may, we cannot be certain that the text goes back any further than O rgyan gling pa, so I have not included it in my assessment of Myang ral's Four Phurpa teachings.[58] That said, it is obvious that the presentation of the Four Phurpas in this text is for the most part a more extended treatment of essentially the same material found in the other two texts.[59]

The sections on the Four Phurpas in the two texts which are part of Myang ral's revelation appear to be closely related. The first text is entitled, *The Commands of the Secret Mantra Scriptural Authorities* (*gsang sngags lung gi bka' bsgo*),[60] while the second, which follows immediately, is called, *The Commands of the Scriptural Authorities for the* [*Tantric*] *Practice*

54 *Key for the Secret Mantra Buddha Word, gsang sngags bka'i tha ram*, TSH vol. 4: 181-331; Kaḥ vol.4: 99-278.

55 ཕུར་པ་ཕྲིན་ལས་ཀྱི་སྒྲུབ་པ་ཐམས་ཅད་ཐལ་འབྱིན་རྣམ་པ་བཞིའི་དགོངས་པར་འདུས་པའི་ཚུལ་བཤད་པ་ལ།... རྒྱས་པར་འཆད་པའི་ཚུལ་ནི་གསང་སྔགས་བཀའི་ཐ་རམ་དུ་ཤེས་པར་བྱའོ། འདིར་ནི་དོན་གྱི་གནད་མདོར་བསྡུས་ཏེ་བསྟན་... (*Bka' ma shin tu rgyas pa*, Volume Ye: 548-9). In fact, Mi pham's presentation reproduces and elaborates on some points, and then also adds further material from his own root guru.

56 presumably, the famous fourteenth century revealer.

57 སྤྲུལ་སྐུ་ཨོ་རྒྱན་གླིང་པའི་གཏེར་མ་ཤོག་སེར་གྱི་བུ་ལས་ཞལ་བཤུས་སོ༔ མངའ་བདག་ལུགས་དང་ཚིག་སྒྲ་རིང་ཐུང་ཙམ་ཡོད་ཀྱང༔ ཡིག་སྣ་ལྷ་པོ་དོན་མཐུན་པར་ཡོད་པས༔ ད་ལེན་གྱི་ཕྱི་པོའི་དབང་གི་ལུགས་འདི་ཡི་གེར་བྲིས་པའོ༔ ཕྱིས་ཀྱང་ལུགས་རྙེད་ན་སྤེབས་གཅིག༔ བཤད་པའི་དོན་འདྲ་བར་ཡོད་པས་གང་ཡིན་པའི་སྙིང་ནས་ཞེབས་ཀྱང་ཟུང་སྟེ༔ ཁོ་བོའི་ལུགས་འདི་ལ་མྱང་ལུགས་སོར་བཞག་ཡིན༔ (TSH vol. 4: 331).

58 It is to be hoped that future research will study this interesting source.

59 It also adds sections on the type of person appropriate for each of the phurpas (similar to that found in the *Black Collection*), and the associated practice substances and maṇḍalas.

60 TSH vol. 4: 453-500; Kaḥ vol.4: 417-472. Here, the Mtshams brag version gives *bka' mgo* but I am assuming that *bka' bsgo*, found in the Kaḥ thog version, is intended.

(*sgrub pa lung gi bka' mgo*).[61] As elsewhere in Myang ral's revelation when the Four Phurpas are referred to, the order follows the convention in which the Superior Bodhicitta Phurpa is in second place and the Immeasurable Compassion Phurpa/Compassion Emanation Phurpa[62] is in third place. Both texts cover a list consisting of the objects for each phurpa to strike; the signs of striking; the faults of not striking; and the companions which effect the successful strike. The points are dealt with in almost identical terms, although the order is different. The first text works through the four phurpas in turn, considering all four points for each phurpa, but the second text is ordered according to the list of points, each of which deals with all four phurpas. The second text includes additional points on its list, although the first two of these — the methods of striking, and the purposes of striking — are largely repetitive of the other points. However, the second text concludes with a lengthy section which is a genuine addition. It deals with the results of striking, in terms of the attainment of the buddha kāyas, and although the treatment is brief in the case of the first three phurpas, there is elaboration of different types of material phurpas, and the different rituals to accomplish with them.

The list of points is reminiscent of that given in the *Black Collection's* instruction within its *Ten Steps of Tantric Engagement* (see p.137 above), and there is some overlap in the content, as indeed there is also in other early sources mentioned above.[63] One point which is not found in the *Black Collection* is that on the "companions" (*grogs*):[64] absorption in wisdom accompanying the Purely Aware Primordial Wisdom Phurpa; conjoined means and wisdom accompanying the Superior Bodhicitta Phurpa; the four Immeasurables accompanying the Immeasurable Compassion/Compassion Emanation Phurpa; and the four sections of the ritual approach and accomplishment accompanying the Symbolic Material Phurpa.

61 TSH vol. 4: 501-565; Kaḥ vol.4: 473-552. In this case, both TSH and Kaḥ give *bka' mgo* but I am again assuming this to be a non-standard or incorrect spelling of *bka' bsgo*.

62 Note that the first text refers to the Immeasurable Compassion Phurpa, while the second mostly speaks of the Compassion Emanation Phurpa (but not entirely consistently).

63 The sections given in the *Light rays from the Sun* commentary of the *Rog lugs* tradition (see p.138 above) and the instruction within the *Rong lugs* source texts (see p.139-140 above).

64 A rather different set of companions is found within the *Rong lugs* instruction (Dudjom *Bka' ma* Volume Nya: 399).

An Instruction on the Four Phurpas within the Transmitted cycle of *The Fortress and Precipice* (*rdzong 'phrang*), said to be written by Padma Thod phreng rgyal po and transmitted by Gnubs chen Sangs rgyas ye shes' student, Gnubs Yon tan rgya mtsho, preserved through copying a manuscript handwritten by Myang ral

In the final section of this exploration of early teachings on the Four Phurpas and Myang ral's contribution to this topic, I turn to an instruction preserved within the transmitted cycle associated with the *Eightfold Buddha Word* teachings known as *The Fortress and Precipice* (*rdzong 'phrang*). Although Myang ral's revelation was the first major compilation of the system of eight tantric deities, it is clear that the parallel *Fortress and Precipice* cycle pre-dated him.[65] In fact, it passed through his own gurus and was transmitted by one of his principal gurus, Grub thob Dngos grub, to him. Traditional accounts describe the coming together of the revealed and transmitted texts as a confluence of two streams within Myang ral, when he received *The Fortress and Precipice* transmission following his revelation.[66] Yet perhaps such a confluence was already witnessed in the previous generation, since Grub thob Dngos grub was also a revealer and apparently had a major role in passing on or bringing Myang ral's revelation to fruition.[67] In any case, the point here is that Myang ral is at the fount of both the collections of literature representing the revelatory and transmitted *Eightfold Buddha Word* traditions. Here, a limited exploration of what such a confluence might mean is made by looking at this single example of a text or section on the Four Phurpas.[68]

This instruction is found within an early compilation of *Fortress and Precipice* texts said to have been copied from a manuscript in Myang ral's own hand.[69] There would seem little reason to doubt this provenance, especially since a record is given also of a few of the

65 Here, I would like to acknowledge the advice of Changling Tulku. In the planning stages of our research project at the University of Bochum, Robert Mayer had a discussion with Changling Tulku, who pointed out that *The Fortress and Precipice* (*rdzong 'phrang*) teachings on the eight tantric deities pre-date Myang ral's *Eightfold Buddha Word* revelation. We therefore included a review of *The Fortress and Precipice* literature within the project schedule. The initial work on that survey was conducted through a reading of the texts with the project's lama consultant, Lopon P. Ogyan Tanzin, during his visit to Bochum in May 2018. Most of *The Fortress and Precipice* texts — and all those in the Dudjom *Bka' ma* — represent compilations by later figures, but fortunately, a very much earlier compilation has survived and been included in the longer *Bka' ma*. This is the work I am considering in this article.

66 I have written at greater length on this topic in Cantwell 2020b: 63-4. See also Dudjom Rinpoche 1991 Volume 1: 757; Dudjom Rinpoche *Collected Writings* Volume Ka: 530.

67 Hirshberg 2016: 104-5, 129; and TSH Volume 2: 341-2, and 349-50.

68 It is to be hoped that future research will be able to study this question more comprehensively. Significant overlaps between the two groups of texts are not obvious at first glance.

69 *Bka' ma shin tu rgyas pa* Volume Ha: 425.

prominent lamas of later generations through whom the text passed.[70] Some of the series of instructions found in this compilation supply no further information on their provenance,[71] but many give further information — for example, some are noted to have been a teaching of Myang ral's guru Grub thob Dngos grub.[72] In particular, a large number of short instructions making up a core of key teachings within this compilation, add that Rdo rje Yang dbang gter entrusted the instruction to Gter bzhad rtsal.[73] There is no doubt here that these names refer to Gnubs chen Sangs rgyas ye shes and his student, Gnubs Yon tan rgya mtsho. Gnubs chen and his student are early figures in the *Fortress and Precipice* lineage list; and Rdo rje Yang dbang gter and Gter bzhad rtsal are their special tantric names. Mi pham confirms that Gter bzhad rtsal is the secret name for Gnubs Yon tan rgya mtsho.[74] It seems entirely plausible that these key teachings could have passed through the five intervening lineage lamas to Dngos grub. Gnubs chen is said to have received the *Fortress and Precipice* transmissions from Gnyags Jñānakumara, who received them from the Four Wise Humans (*mkhas pa mi bzhi*).[75] It seems likely, then, that these instructions represent an authentic preservation of the earliest *Fortress and Precipice* teachings. Furthermore, some of these instructions specify the tantric master who originally formulated them. In the case of the instruction on the Four Phurpas, it is presented in the voice of Padma Thod phreng rgyal po, in other words, of Padmasambhava.[76] In

70 Specifically, the colophon (425/426) mentions Mnga' ris paṇ chen (1487-1542); Gter bdag gling pa (1646-1714); his son, Padma 'Gyur med rgya mtsho (1686-1718); Padma Mdo sngags bstan 'dzin of Dpal yul (1830-1892); Kaḥ thog Lcam sprul (according to TBRC, he seems to be Lcam sprul Dkon mchog chos 'phel, a ninteenth century teacher of Kaḥ thog Si tu Chos kyi rgya mtsho, 1880-1923); Dpal sprul mDo sngags bstan pa'i nyi ma.

71 A large number repeat pertinent points of the final colophon, noting for example, Mnga' ris paṇ chen, Gter bdag gling pa and his son, or simply noting Gter bdag gling pa's son (*Bka' ma shin tu rgyas pa* Volume Ha: 27, 37, 48, 59, 76, 89, 100, 106, 114, 122, 126, 142, 158, 171, 175, 186, 214, 224, 236, 264, 268, 299, 303, 347, 392, 415). Since we have a number of variant colophons on some of the individual sections, I considered the possibility that the final colophon might refer only to the very final instruction. However, this would seem extremely unlikely, especially since the final colophon is extensive — while the final instruction only takes five sides of Tibetan. None of the previous comments at the ends of sections contradict the final colophon — they simply provide partial information.

72 *Bka' ma shin tu rgyas pa* Volume Ha: 27, 59, 63, 76, 83, 89, 100, 106.

73 *Bka' ma shin tu rgyas pa* Volume Ha: 122-42, 176-286, 290-319, 324-47, 362-425.

74 *Bka' ma shin tu rgyas pa* Volume Ye: 614. It is clear, then, that Gnubs chen Sangs rgyas ye shes's secret name is Rdo rje Yang dbang gter, and this was confirmed by Dylan Esler, who specialises in the study of Gnubs chen (personal communication, 5th June 2018).

75 Padmasambhava, Vimalamitra, Gnubs nam mkha'i snying po, and Vairocana (Gter bdag gling pa's *rdo rje phreng ba* empowerment text, Dudjom *Bka' ma* Volume Pa: 683; Mi pham, *Bka' ma shin tu rgyas pa* Volume Ye: 612; see also *Bka' ma shin tu rgyas pa* Volume Ha: 107). Sometimes, g.Yu sgra snying po is given instead of Vairocana (*Bka' ma shin tu rgyas pa* Volume Ha: 294).

76 It seems that the appellations, Padma rgyal po, and/or Padma Thod phreng, are used in some early sources when the Guru is being presented — or presents himself — as the tantric master. The name Padmasambhava or Sambhava tends to be used when presenting accounts of the historical transmission.

fact, given how close Gnubs chen is to Padmasambhava in the lineage list, assuming that this instruction was indeed transmitted by Gnubs chen, it would seem quite likely that this short instruction is indeed by Padmasambhava. If the historical Padmasambhava left any writings at all, it seems to me that this text is a strong, perhaps our strongest candidate.[77]

The first point to make about this instruction is that it is not simply one among many relating to the Vajrakīlaya teachings, but it represents the section on the correct view for Phurpa Action within this *Fortress and Precipice* compilation. An instruction near the beginning of the compilation said to have been given by Slob dpon Grub thob Dngos grub at Myang ral's request[78] specifies a series of *Enlightened Attentions* (*dgongs pa*) and other aspects appropriate for each of the eight deities, and it is precisely the specified *Enlightened Attention to the Phurpa Perforations* (*phur pa thal 'byin gyi dgongs pa*) which represents the Phurpa Action section. This point is repeated (p.177) within an instruction of Sangs rgyas ye shes.[79] The group of instructions transmitted from Yang dbang gter to Gter bzhad rtsal contains a consecutive series relating to these *Enlightened Attentions* for each of the first six deities in turn.[80] Thus, the teaching on the Four Phurpas clearly has a central place in this presentation, in a similar way to that found in the teachings introducing the eight deities in the *Eightfold Buddha Word, Embodying the Sugatas* (see p.141-143 above).

The instruction itself is entitled, *Perfecting Phurpa in entirety through Enlightened Attention to the Phurpa Perforations* (*phur pa thams cad phur pa thal 'byin gyi dgongs par rdzogs pa*).[81] It is framed by Padma Thod phreng rgyal po announcing at the beginning his identity with Vajrakīlaya and intention to teach the concise Four Phurpas to liberate all evils

---

77 Perhaps also we can include other sections of this compilation said to be by him, of which there are several. In particular, another instruction called, *Enlightened Attention to the Sovereign Yoga* (*rnal 'byor dbang phyug gi dgongs pa, Bka' ma shin tu rgyas pa* Volume Ha: 361-5), is given in the voice of Padma Thod phreng. Also, although perhaps rather less interesting since it apparently simply paraphrases a root tantra, there is an instruction called, *Concise teaching on Enlightened Attention to the Great Subjugator Neighing Everywhere Three Times* (*dbang chen thams cad rta skad thengs gsum du 'dus pa'i dgongs pa, Bka' ma shin tu rgyas pa* Volume Ha: 214-8). This is said to be a summary by Padma Thod phreng from the root tantra relating to Hayagrīva, the *Tantra of the Supreme Horse Display* (*rta mchog rol pa'i rgyud*). There are also two further instructions which are, however, not given in his voice. One is an atiyoga pith instruction said to be by Padmasambhava (*pad 'byung gi man ngag, Bka' ma shin tu rgyas pa* Volume Ha: 195-8), and another pith instruction says at the beginning that the teaching was given by Slob dpon Padmasambhava in the Yer ba zla ba cave, to the lady from 'Brom (*Bka' ma shin tu rgyas pa* Volume Ha: 264-9). An additional instruction is said to derive from Padmasambhava (*Bka' ma shin tu rgyas pa* Volume Ha: 286-9), but it does not record the transmission through Gnubs chen and his student, so perhaps here the historical evidence does not seem so strong.

78 *Bka' ma shin tu rgyas pa* Volume Ha: 59-63.

79 *Bka' ma shin tu rgyas pa* Volume Ha: 176-9. Here, Gnubs chen's secret name is not used, but his student is given under the name of Gter bzhed (*sic*) rtsal.

80 *Bka' ma shin tu rgyas pa* Volume Ha: 209-37.

81 *Bka' ma shin tu rgyas pa* Volume Ha: 230-4.

throughout the three planes of existence,[82] and at the end, saying that he composed the teaching as a medicine for later generations at the Yang le shod rock cavern.[83] The opening section eulogises the way that ultimate truth is perfected through pure awareness striking or being implanted in the spatial field, while the condition of their non-dual sameness is the enlightened mind phurpa. The Four Phurpa materials (*phur pa'i rgyu bzhi*) are then listed and briefly explained in turn, covering each phurpa's object and its purpose. A citation which epitomises each phurpa's function is then given from the "buddha word" (*bka'*). What is most interesting from the perspective of this study is that in the case of the first three of these four citations, they paraphrase a statement found in the short texts on the Four Phurpas in the *Eightfold Buddha Word, Embodying the Sugatas* (see p.141-143 above). Thus, "realising vividly is the striking"[84] of the Purely Aware Primordial Wisdom Phurpa; and when the Superior Bodhicitta Phurpa strikes in the consort's *space*,[85] "(their) non-duality is union".[86] The Immeasurable Compassion Phurpa strikes sentient beings, "in order that those who have been cast adrift should be seized by compassion".[87] Here, then, Padma Thod phreng rgyal po is quoting an authoritative textual source which, it appears, seems closely to share points found later in Myang ral's revelation. I might add that in the case of the first two, similar turns of phrase are found in other early sources on the Four Phurpas, such as the *Black Collection's Ten Steps of Tantric Engagement*.[88] Yet the imagery here connected with the Immeasurable Compassion Phurpa seizing with compassion those whose rescue rope has been cut, seems distinctive and I have not found it expressed exactly in this manner in other early sources. Moreover, the point made about the purpose of the Bodhicitta Phurpa contrasts starkly with that found in the passages in the

82 པདྨ་ཐོད་ཕྲེང་རྒྱལ་པོ་ངས། རྡོ་རྗེ་ཕུར་པ་སྲིད་གསུམ་མགོན། །སྲིད་གསུམ་གདུག་པ་བསྒྲལ་བའི་ཕྱིར། །མདོར་བདུས་ཕུར་པ་བཞི་རུ་བསྟན། (*Bka' ma shin tu rgyas pa* Volume Ha: 230).

83 གནས་ཡང་ལེ་ཤོད་ཀྱི་བྲག་ཕུག་ཏུ། པདྨ་ཐོད་ཕྲེང་རྒྱལ་པོ་ངས། ཕྱི་རབ་རྣམས་ལ་སྨན་སྣད་དུ། །འདི་བརྩམས་ (*Bka' ma shin tu rgyas pa* Volume Ha: 234).

84 ལྷངས་ཀྱི་རྟོགས་ནས་ཐེབས་པ་ཡིན་ (*Bka' ma shin tu rgyas pa* Volume Ha: 231). The first of the texts in the *Eightfold Buddha Word, Embodying the Sugatas* puts it: "the sign of striking is vivid realisation" (ཐེབས་པའི་རྟགས་ནི་ལྷང་གྱིས་རྟོགས་ནི་ཐེབས་ཏེ༔ TSH volume 4: 491).

85 *Space* (*mkha'*) here is a euphemism for the female genitals.

86 གཉིས་སུ་མེད་ན་སྦྱོར་བ་ཡིན་ (*Bka' ma shin tu rgyas pa* Volume Ha: 231). The second of the texts in the *Eightfold Buddha Word, Embodying the Sugatas* puts it: "striking *space*, there is non-dual union" (མཁའ་ལ་ཐེབས་པས་གཉིས་མེད་སྦྱོར༔ TSH volume 4: 528).

87 དཔུང་ཐག་ཆད་པ་ཐུགས་རྗེས་བཟུང་སླད་དུ་ (*Bka' ma shin tu rgyas pa* Volume Ha: 231). A close parallel here is found in both the texts in *Eightfold Buddha Word, Embodying the Sugatas*. The first gives: དཔུང་ཐག་ཆད་པ་ཐུགས་རྗེས་ཟིན་ཏེ་ (TSH volume 4: 491) and the second, དཔུང་ཐག་ཆད་པ་ཐུགས་རྗེས་བཟུང་བའི་ཆེད་ (TSH volume 4: 528).

88 See, for example, the quote attributed to the *Root Tantra, Vajra Wrath* (*rtsa rgyud rdo rje khros pa*): རིག་པ་ཡེ་ཤེས་ཕུར་པ་དེ། །ལྷང་གིས་རྟོགས་ན་ཐེབས་པ་ཡིན། (Boord 2002: 260; Dudjom *Bka' ma*, Volume Tha: 438).

Black Collection.[89] Here, it seems that the reason for the sexual yoga is to produce bodhisattva children.[90] This is reiterated in the longer text concerning the Four Phurpas which is included in the *Eightfold Buddha Word, Embodying the Sugatas* collection, yet is in fact from O rgyan gling pa's revelations, but claiming to restore the Myang tradition, where it states that the quality of the Bodhicitta Phurpa is the production of children.[91] The two shorter texts from the *Eightfold Buddha Word, Embodying the Sugatas* which I have discussed above hint at the point, although do not make it quite so explicitly. The second text is clearer, stating that the purpose is to consecrate one's own and others' children.[92] Both texts list the fault of not striking with the Bodhicitta Phurpa as the cutting off of the maṇḍala, in the case of the first text, the maṇḍala of sugatas is specified, while the second text refers to the samaya maṇḍala.[93] It may be of interest to reflect on the appropriateness of this perspective to the mantra practitioner (*sngags pa*) traditions amongst the Rnying ma pa, which of course have the principle of patrilineal descent, but that topic cannot be covered by this paper.

The next part of the instruction elaborates further on qualities of the material phurpa in physically perfecting the wisdom maṇḍala, the upper part the wrathful deity with three faces and six arms, and the lower body an iron phurpa, with a three-sided blade. The final section emphasises the importance of continually abiding in the condition of the unified three kāyas, not degenerating from clarity in the experience of the buddha body, whatever ordinary activities one performs, continually maintaining the buddha speech of the mantra, the mind unwavering from the described enlightened attentions. With buddha qualities and actions, one's own enlightened mind is not transgressed, for there is nothing other than bodhicitta, and the mind is primordially buddha.

---

89 In *The Ten Steps of Tantric Engagement*, the fault of not striking with the Bodhicitta Phurpa is that one falls prey to self-centred passion and generates a vermin in the womb (ཆགས་པ་རང་རྒྱུད་པར་སོང་ན་མངལ་གྱི་སྲིན་བུར་སྐྱེ་བའོ། Dudjom *Bka' ma*, Volume Tha: 441; Boord 2002: 262). In the separate section on the Four Phurpas, the summary specifies that the semen should not escape (ཐིག་ལེ་མ་ཤོར་ན་ལུས་ལ་ཀྲས་རྒྱུད་མེད་པའོ།, Dudjom *Bka' ma*, Volume Tha: 479; Boord 2002: 289). Of course, these statements concerning the practices of sexual yoga need not contradict the point about producing bodhisattva children, since the point of the training is to control and transform the process, and choosing to procreate could be consistent with the practice. But there is little doubt that the two types of presentation create a contrast.

90 དེ་ལ་དགོས་པ་ཅི་ཡོད་ན། དེ་བཞིན་གཤེགས་པའི་སྲས་རྣམས་འཚོན་པར་བྱ་བའི་ཕྱིར་གདབ་སྟེ། (*Bka' ma shin tu rgyas pa* Volume Ha: 231).

91 བྱང་ཆུབ་ཀྱི་སེམས་ཕུར་པ་ཡུམ་གྱི་མཁའ་ལ་བཏབ་པས་སྲས་རྣམས་ཐོན་པའི་ཡོན་ཏན་ཡོད་དོ༔ (TSH volume 4: 295).

92 བྱང་ཆུབ་སེམས་ཀྱི་ཕུར་པ་ཡུམ་གྱི་མཁའ་ལ་གདབ་པའི་དགོས་པ༔ བདག་སྲས་དང་གཞན་སྲས་སུ་བྱིན་གྱིས་རླབས་པའི་ཆེད་ (TSH volume 4: 528).

93 མ་ཐེབས་པའི་སྐྱོན་ནི་བདེ་བར་གཤེགས་པའི་དཀྱིལ་འཁོར་རྒྱུན་ཆད་པ་ཡིན༔ (TSH volume 4: 491); བྱང་ཆུབ་སེམས་ཀྱི་ཕུར་པ་མཁའ་ལ་མ་ཐེབ་ན༔ དམ་ཚིག་གི་དཀྱིལ་འཁོར་རྒྱུན་འཆད༔ (TSH volume 4: 528).

Conclusions

(1) The Four Phurpas

In conducting this investigation into the earliest teachings on the Four Phurpas, my original hypothesis — knowing that there is little explicit discussion of the set in the root tantras — was that the specific set and the practices associated with them developed over time as the Vajrakīlaya teachings were systematised in Tibet. It now seems clear that this hypothesis has been disproven, and that on the contrary, the teaching derives in Tibet from Padmasambhava himself, or from the very earliest generations of Vajrakīlaya masters. Thus, rather than a sequential development, perhaps the root Vajrakīlaya tantras and the Four Phurpa teachings were taking shape during the same era.[94]

Yet as we have seen, in some early commentarial sources, the Four Phurpa teachings do not seem to take centre stage. Even the *Black Collection*, whose passages relating to the Four Phurpas have been extensively drawn on by later commentators, presents the teachings in the latter part of the text. The *Light rays from the Sun* commentary confines the teaching to the section on generating the material phurpas. It is possible that the treatment in the *Eightfold Buddha Word* texts transmitted by Myang ral may have helped to draw attention to the Four Phurpa teachings, and to make them more central.

Nowadays, in oral teachings, the Four Phurpas are often taught in the context of introductions to the tradition, and also as part of advanced teachings. Similarly, in Vajrakīlaya commentaries of more recent centuries, the Four Phurpa teachings are invariably emphasised as crucial to the practice, and are often featured in the opening sections of the actual presentation of the teachings, sometimes following surveys of the history and transmission. For example, A myes zhabs' commentary discusses the Four Phurpas (142-143) after his extensive account of the different transmissions of the Vajrakīlaya traditions, along with his short introduction to the maṇḍala deities and the four "rivers", respectively of empowerment, textual explanations, absorbing the spiritual instructions, and the key pith instructions. The commentary by the eighteenth to nineteenth century commentator from Reb kong, Mag gsar Paṇḍita Kun bzang stobs ldan dbang po, first gives the transmissional histories and background to Vajrakīlaya, and then presents general Vajrakīlaya teachings, starting[95] with sections on the Essence (*ngo bo*) and Definitions (*nges tshig*). These are followed by a section on Classification (*dbye ba*), which

94 Padmasambhava is considered to have played a part in establishing the Vajrakīlaya tantras. Numerous accounts of his role in bringing the Vajrakīlaya teachings to Tibet note his collection of the texts of the *Vidyotamala 'bum sde*, the source for the Vajrakīlaya tantras. Some of the root Vajrakīlaya tantras are considered to indicate the presence in the maṇḍala's periphery of the guardian goddesses tamed by Padmasambhava, see Mayer 1996: 128-31.

95 Mag gsar 2003: 13-4.

consists of his presentation of the Four Phurpas.[96] The first few pages of Shechen Gyaltsap's (Zhe chen rgyal tshab) Commentary (1-11; Tibetan 373-81) deal with an overview of the significance of Vajrakīlaya, along with an introduction to the ground, path and fruit Vajrakumāra, the three samādhis, the maṇḍalas and visualisations, empowerment, the samayas, and the fruit. At this point, he turns to the Four Phurpas. Dudjom Rinpoche begins his commentary on the *Meteoric Iron Razor* (*bdud 'joms gnam lcags spu gri*) Vajrakīlaya tradition by listing the sections which structure the *Black Collection*, and then saying that all these can be summed up in the four Phurpa Materials, which he then discusses.[97] In fact, the Four Phurpas feature in other sections of Dudjom Rinpoche's works on Vajrakīlaya. I have mentioned above (note 8) his Aspiration verses and his commentary on those verses. The verses are now commonly recited not only with the *Meteoric Iron Razor* Ritual Manual, but also together with that for his *Razor Disintegration-on-Touch* revelation (*spu gri reg phung*). Moreover, the root source text of this revelation features an instruction on the Four Phurpas.[98] He also integrates a discussion of the four into the empowerment text he wrote for Zil gnon Nam mkha'i rdo rje's Vajrakīlaya revelation.[99]

Perhaps, then, the Vajrakīlaya tradition picked up on the central placement of the Four Phurpas in both the revelatory and transmitted texts on the eight tantric deities which were part of Myang ral's inheritance. The particular content is not always followed by later commentators, although some sources do repeat or paraphrase the presentations in these *Eightfold Buddha Word* materials. Amongst those mentioned above, Mag gsar's explanation[100] consists almost entirely of citations from two revelatory sources, O rgyan gling pa's *Bka' thang sde lnga*[101] and the revelatory source (*gter gzhung*), which presumably indicates the source texts for Mag gsar's own tradition of the Stag tshang Vajrakīlaya. Hardly surprisingly given that O rgyan gling pa had revealed a text apparently restoring Myang ral's tradition (see p.142 above) which teaches at length on the Four Phurpas, the passage cited from his *Bka' thang sde lnga* essentially reproduces the material found in the *Eightfold Buddha Word* texts. The approach is

96 Mag gsar 2003: 14-6.

97 Dudjom *Collected Works* Volume Da: 73-4. Dudjom Rinpoche wrote a separate text on the history and transmission (*lo rgyus*, Volume Tha: 11-75), so had no need to reiterate that background in his commentary.

98 Dudjom *Collected Works* Volume Ba: 464-9.

99 Dudjom *Collected Works* Volume Pha: 63-70.

100 Mag gsar 2003: 14-16.

101 Very helpfully, and unusually for this kind of Tibetan literature, Mag gsar tells us the exact section — Chapter 19 of the *lo paṇ bka'i thang yig*, so I have been able to identify the passage (O rgyan gling pa *bka' thang sde lnga*, pp. 378-81 of TBRC's pdf).

moreover reiterated in the revelation source citation added by Mag gsar.[102]

(2) Myang ral's heritage, and Relations between the Revealed and Transmitted Sources[103]

The case study of the Four Phurpas has illustrated that there would seem to be some overlaps or links between some of the materials within the corpus of the revealed *Eightfold Buddha Word, Embodying the Sugatas* and the transmitted *Fortress and Precipice* compilation, both of which passed through Myang ral's hands. The point should not be overstated — clearly, there is much in the *Eightfold Buddha Word, Embodying the Sugatas* which is unrelated to any of the *Fortress and Precipice* teachings, and conversely, the extended discussions of the *fortress, precipice, and life-force* which make up a large section of the *Fortress and Precipice* compilation is not parallelled in the *Eightfold Buddha Word, Embodying the Sugatas*. Overlaps would seem to be limited, yet what is interesting is the type of link found — in which the very early *Fortress and Precipice* text discussed above is drawing on an authoritative source which seems also to have made its way into texts of the *Eightfold Buddha Word, Embodying the Sugatas*.

As mentioned above,[104] I have shown that the *Action Phurpa* section of the *Eightfold Buddha Word, Embodying the Sugatas* represents a case of a wholesale reproduction of an entire text yet this whole section is framed as a revelation. Here again with the current case study, it is clear that the material on the Four Phurpas within the *Eightfold Buddha Word, Embodying the Sugatas* at the very least is dependent on an earlier source. In later times also revelations may not be altogether new — previous research has shown that before the standardised system of Treasure revelations, with its ideas of the revealer recovering the text from his mind, or decoding it from a few symbolic letters,[105] Myang ral's revelations may have included the recovery of old hidden manuscripts and the receipt from or sharing of revelations with his teachers.[106]

If *gter ma* revelation at this time begins to look little different from the transmission of other tantric manuscripts, the converse may also in some cases be true — that some transmitted texts may resemble the developing *gter ma* traditions. An interesting feature of a large number of the short instructions included within the *Fortress and Precipice* compilation discussed

102 These quotations include the points mentioned above as distinctive to this branch of the traditions on the Four Phurpas, including the Immeasurable Compassion Phurpa seizing with compassion those whose rescue rope has been cut; and the Bodhicitta Phurpa fulfilling a need for producing consecrated children.

103 An earlier version of this final section of the article was presented at the International Association for Tibetan Studies conference in Paris in July 2019, and I am grateful to those who gave me feedback at that event.

104 See p.141 above. For a full analysis, see Cantwell 2020a.

105 I do not wish to overstate the contrast. There are instances of *mkha' 'gro brda yig* at the beginnings of some of the *Eightfold Buddha Word, Embodying the Sugatas* texts, including within the *Action Phurpa* section.

106 See Cantwell 2020c for examples of the re-embedding of earlier materials in revelations in more recent times; and Hirshberg 2016 on Myang ral's life, revelations, and relationships with his mentors; also Cantwell 2020b.

above is that the final words make use of closing statements and secret seals associated with Treasure revelation, adding that the teachings were buried or hidden as Treasure (*gter du sbas*), generally either by or for Gter bzhad rtsal. However, following a close examination of all examples of these text endings, I concluded that the intended sense was most probably simply that these tantric teachings were sealed and protected within Gter bzhad rtsal's mind.[107] Perhaps in these early times, transmitted tantric teachings might use such formulas, which became adopted by the *gter ma* traditions and later confined to them. In fact, some years ago, I had come across a similar example of such wording in a ritual compendium by Ba ri Lo tsā ba (1040-1112) and had been puzzled about the status of the text concerned,[108] but now it seems quite likely to me that the terminology of *gter ma* and *bka' ma* texts may not have been so sharply differentiated as they were later.

The classic contrast between the categories of *bka' ma* or transmitted scriptures, and the revelations or *gter ma*, was clearly a feature of the early period but it seems that it was less stark than the distinction appears to be later. The inclusion of a number of root tantras from Myang ral's *Eightfold Buddha Word* within the various editions of the *Rnying ma rgyud 'bum*, as well as various other texts in the *Rnying ma rgyud 'bum* which have indications that they have been revealed in a *gter ma* like way, makes it clear that the categories were not altogether hermetically sealed. One significant aspect of Robert Mayer's work on early Tibetan tantric traditions has been to highlight continuities in approaches to revelation from transmitted root tantras to early *gter ma*s. Both are seen as inspired revelations, and may follow similar templates for production.[109] In the case of the *snga' 'gyur rnying ma* tantras, some may only have appeared in Tibet a few generations before the era of the early *gter stons*. In both cases, Indic materials may be drawn upon, integrated into presentations with new framing which may reference the Tibetan context. The assumption of an opposition between the anonymous revelation of root tantras and the named revealers of *gter ma*s may be too simplistic. Mayer, in his 2019 article discussing the work of Ben Williams, points out that tantric Śaivism in ninth to eleventh century Kashmir had an active culture of revelation in which texts were linked to named siddha revealers.[110] The same applies to some Buddhist tantras linked with Oḍḍiyāna,

107 Many of the statements are brief, but a few give more detail. At the start of one text, we find the early lineage list, with each of the figures said to bury the text within the heart/wisdom of the disciple recipient (རྒྱ་དང་བོད་ཀྱི་མཁས་པ་མི་བཞི་ཡིས།… བུ་གཅིག་པོ་གཉ་ནའི་ཐུགས་ཀྱི་གཏེར་དུ་སྦས། དེས་སོག་པོ་ལྷ་དཔལ་གྱི་ཡེ་ཤེས་གཏེར་དུ་སྦས། དེས་ཛོ་རྗེ་ཡང་དབང་གཏེར་གྱི་ཐུགས་ཀྱི་གཏེར་དུ་སྦས། དེས་གནུབ་ཁུ་ལུང་པ་ཡོན་ཏན་རྒྱ་མཚོ་ཡི་གཏེར་དུ་སྦས། དེས་པདྨ་དབང་རྒྱལ་གྱི་ཐུགས་ཀྱི་གཏེར་དུ་སྦས།, Volume Ha: 126). Clearly, this is describing a lineage transmission, not a *gter ma* like burial. Sometimes there is a suggestion that Gter bzhad rtsal should bury a teaching inwardly (གཏེར་བཞད་རྩལ་གྱིས་ཁོང་པར་སྦས།, Volume Ha: 200, 248).

108 Cantwell 2017: 149 note 19; Ba ri lo tsā ba 1974: 231-42.

109 Mayer 1996: 64-90.

110 Mayer 2019: 173-5.

such as the mid to late eighth century Vajramahābhairava Tantra, revealed by Lalitavajra.[111] Although the import of references to Padmasambhava in the Dunhuang version of the Commentary to the root *Thabs kyi Zhags pa* tantra are not entirely clear, it seems likely that they give a picture of Padmasambhava as revealing the text through his inspired vision.[112]

To return to the *Eightfold Buddha Word* example, the question arises: what makes these texts *gter ma*? Why frame them as such? Of course, we have to understand the matter against a background of an already vibrant culture of textual revelation — Myang ral's mentors were also apparently revealers — but I found myself asking whether there might be something about this material which might help us to understand the *gter ma* categorisation in this case. One possible clue may come from the conceptualisation of the revealed texts as having passed through the hands of the King, Khri srong lde'u btsan, the eighth century Tibetan emperor who became central to the Rnying ma pa's self identity as spiritual representatives of the glorious days of the Tibetan Empire. All four versions of the *Action Phurpa* section of the *Eightfold Buddha Word*[113] give a colophon after the last section, saying that Khri srong lde'u btsan's manuscript copy of this manual by Vimalamitra was concealed as precious treasure, and then the text ends with the appropriate *gter ma* seals.[114] Other texts in the *Eightfold Buddha Word* collections have similar colophons, including the second of the texts discussed above which cover the topic of the Four Phurpas, that is, *The Commands of the Scriptural Authorities for the* [*Tantric*] *Practice* (*sgrub pa lung gi bka' mgo*).[115] When we consider Myang ral's root tantras we find another formulation which again associates the manuscript copies recovered by Myang ral as the King's. In this case, the colophons refer to Master Padma 'byung gnas and the Tibetan Vairocana as translators and editors of the root tantras, adding that the text is the King's manuscript copy (*bla dpe*), and finishing with the appropriate *gter ma* seals.[116] The different versions, including the various editions of the *Rnying ma rgyud 'bum*, carry a version of these colophons on virtually the entire

111 Siklos 1996: 9, 49, 113.

112 Cantwell and Mayer 2012: 91-8.

113 KAḤ221, TSH502-503, X828, Y864-865.

114 སློབ་དཔོན་བི་མ་ལ་མི་ཏྲ་མཛད་པའི་བྱིན་རླབས་ཕུར་པའི་སྒྲུབ་པ་ཕྲ་ཁྲིད་ཀྱི་མདོ་བྱང་རྫོགས་སོ༔ ༔རྒྱལ་པོ་ཁྲི་སྲོང་ལྡེའུ་བཙན་གྱི་ཕྱག་དཔེ༔ རིན་པོ་ཆེའི་གཏེར་དུ་སྦས་སྟེ་རྒྱས་བཏབ་པའོ༔ གཏེར་རྒྱ༔ སྦས་རྒྱ༔ གཏད་རྒྱ༔ (KAḤ version; minor variants in other versions)

115 I have not fully reviewed enough individual texts to be sure how frequent such colophons are, but this text's colophon is very similar. It adds before the seals a phrase which later became standard for the aspiration that the destined revealer would find it (རྒྱལ་པོ་ཁྲི་སྲོང་ལྡེའུ་བཙན་གྱི་ཕྱག་དཔེ༔ རིན་པོ་ཆེའི་གཏེར་དུ་སྦས་པ་རྒྱས་བཏབ་པའོ༔ ལས་འཕྲོ་ཅན་དང་འཕྲད་པར་ཤོག༔ གཏེར་རྒྱ༔ སྦས་རྒྱ༔ གཏད་རྒྱ༔ KAḤ552, TSH565).

116 KAḤ Volume 3: 373, TSH Volume 3: 387, X Volume 2: 762, Y Volume 2: 789-90. རྒྱ་གར་གྱི་མཁན་པོ་སློབ་དཔོན་ཆེན་པོ་པདྨ་འབྱུང་གནས་དང་། བོད་ཀྱི་ལོ་ཙྪ་བ་བཻ་རོ་ཙ་ན་བདག་གིས་བསྒྱུར་ཅིང་ཞུས་ཏེ་གཏན་ལ་ཕབ་པའོ། རྒྱལ་པོའི་བླ་དཔེ། གཏེར་རྒྱ། སྦས་རྒྱ། གཏད་རྒྱའོ། རྒྱ་རྒྱ་རྒྱ། (KAḤ version; minor variants in other versions)

set of the *Eightfold Buddha Word* root tantras.[117]

In short, we have a situation in which King Khri srong lde'u btsan is linked to these tantras and their associated teachings — at least the associated teachings relating to Phurpa — not through actually transmitting them, but through his manuscript copies which were said to have been hidden. Myang ral himself is considered a rebirth of King Khri srong lde'u btsan, so there is a sense in which he is recovering manuscripts he owned in a previous life.[118]

In contrast, when we consider the traditions surrounding the *bka' ma* transmissions for the *Eightfold Buddha Word,* as given in *The Fortress and Precipice* cycle, the King is given a rather ambivalent position. He was the intended recipient of the original transmissions from the Four Wise Humans (*mkhas pa mi bzhi*),[119] all of whom transmitted the teachings in their entirety to him. However, the story goes that he did not pass them on, so he is not actually in the lineage transmission. Since he failed to transmit the teachings, it fell to Jñānakumāra to receive the teachings from the four masters and to pass them on. Thus, the *Fortress and Precipice* lineage runs from Jñānakumāra to Sog po Lha dpal and Gnubs Sangs rgyas ye shes; to Gnubs Yon tan

---

117 For example, in Volume 3 of the Mtshams brag edition of the *Eightfold Buddha Word*, the text colophons are for: *zhi ba 'dus pa rtsa ba'i rgyud*, 65; *che mchog 'dus pa rtsa ba'i rgyud*, 133; *dpal khrag 'thung 'dus pa rtsa ba'i rgyud,* 196*; bcom ldan 'das gshin rje gshed 'dus rtsa ba'i rgyud*, 258; *dpal dbang chen 'dus pa rtsa ba'i rgyud*, 320; *'phrin las 'dus pa phur pa rtsa ba'i rgyud*, 387; *ma mo 'dus pa rtsa ba'i rgyud*, 445; *rig 'dzin 'dus pa rtsa ba'i rgyud*, 498; *dregs pa 'dus pa rtsa ba'i rgyud*, 556. In Volume 4, we have: *drag sngags 'dus pa rtsa ba'i rgyud*, 55. In Volume Āḥ of the Rig 'dzin edition of the *Rnying ma rgyud 'bum*, the text colophons are for: *de bzhin gshegs pa zhi ba thams cad 'dus pa rtsa ba'i rgyud*, 22r; *dpal che mchog 'dus pa rtsa ba'i rgyud*, 41r; *dpal khrag 'thung 'dus pa rtsa ba'i rgyud*, 57r; *gshin rje gshed rab 'dus pa rtsa ba'i rgyud*, 72v; *dpal bcom ldan 'das dbang chen 'dus pa rtsa ba'i rgyud*, 87r; *bde bar gshegs pa thams cad kyi 'phrin las 'dus pa phur pa rtsa ba'i rgyud*, 105r; *ma mo 'dus pa rtsa ba'i rgyud*, 120v; *rig pa 'dzin pa 'dus pa'i rgyud*, the reference to the King's *bla dpe* is not found 132v (but presumably, the omission is a scribal error in this branch of the transmission; the Gting skyes edition of the *Rnying ma rgyud 'bum*, Volume Āḥ: 338, also omits it, but it is found in the Mtshams brag edition of the *Rnying ma rgyud 'bum*, Volume Ya: 882); *'jig rten mchod bstod bsgrub pa rtsa ba'i rgyud*, 154r; *drag sngags 'dus pa rdo rje rtsa ba'i rgyud*, 170r; *mdo rgyud rtogs pa bsdus pa'i sgron ma*, 186r.

118 Mi pham's account (in the *Bka' ma shin tu rgyas pa* TBRC: W25983 Volume Ye: 438) says that the King requested all the tantras and teachings from Master Padma, and then they were buried as *gter ma* in Lho brag (behind the Vairocana image in Kho mthing temple and elsewhere), where his rebirth, Myang ral, would later discover them (བདེ་གཤེགས་འདུས་པའི་ཆོས་སྡེ་ལ། རྒྱུད་ལུང་མན་ངག་གི་ཆོས་ཚན་བརྒྱ་སུམ་ཅུར་བཀོད་པ་འདི་ནི་མངའ་བདག་རྒྱལ་པོས་ཞུས་པ་ལ་སློབ་དཔོན་པདྨ་ཐོད་ཕྲེང་གིས་གནང་ནས་ལྷོ་བྲག་ཁོ་མཐིང་རྣམ་སྣང་གི་སྐུ་རྒྱབ་ལ་སོགས་པར་གཏེར་དུ་སྦས་པ་ཉིད། མངའ་བདག་རྒྱལ་པོའི་སྐུ་ཡི་སྐྱེ་བ་བཅུ་དྲུག་པ་མངའ་བདག་ཆེན་པོ་ཉང་ཉི་མ་འོད་ཟེར་གྱིས་གཏེར་ནས་གདན་དྲངས་ཤིང་།).

119 Padmasambhava, Vimalamitra, Gnubs nam mkha'i snying po, and Vairocana (Gter bdag gling pa's *rdo rje'i phreng ba* empowerment text, Dudjom *Bka' ma* Volume Pa: 683; Mi pham, *Bka' ma shin tu rgyas pa* Volume Ye: 612; see also *Bka' ma shin tu rgyas pa* Volume Ha: 107). Sometimes, G.yu sgra snying po is given instead of Vairocana (*Bka' ma shin tu rgyas pa* Volume Ha: 294).

rgya mtsho, and down to Grub thob Dngos grub, and to his student Myang ral.[120] In Gter bdag gling pa's Vajra Rosary (*rdo rje phreng ba*) empowerment text, we find the statement:

> The four streams of empowerment flowing together in Tibet were bestowed upon King Khri srong lde btsan by Master Padma 'byung gnas; Master Vimalamitra; Pagor Vairocana; and Gnubs Nam mkha'i snying po. The four streams of empowerment of India and Tibet flowed together and went to the King, but he did not bestow empowerment on anyone else, so the stream of empowerment was broken off.[121]

In other words, we have an explicit recognition that the transmission was cut off due to the King not passing it on; but that fortunately, Jñānakumāra was able to transmit the stream of empowerment instead. Without making too much of this, it seems striking to me that with the *gter ma* transmission of the *Eightfold Buddha Word*, it is as though the King is brought back into the line, since the teachings are given to him, hidden, and recovered by Myang ral. It is surely too great a stretch to attribute the *gter ma* framing of the texts to the desirability of restoring the King to the lineage of transmission, yet it is interesting that one effect of the *gter ma* narrative in this case is to bring the King back as a central figure in the transmission.

Bibliography

Tibetan Language Sources

Kong sprul, 'Jam mgon kong sprul blo gros mtha' yas (1813-1899). 1975-1976. *dpal rdo rje phur pa rtsa ba'i rgyud kyi dum bu'i 'grel pa snying po bsdus pa dpal chen dgyes pa'i zhal lung*, in Volume Ga of Kong sprul's *rGya chen bka' mdzod* in 20 volumes. Paro: Ngodup, reproduced from the dpal spungs xylographic blocks at the order of Ven. Dingo Chhentse Rimpoche, 27-213 (TBRC: W21808; there is also a version in the Dudjom *Bka' ma*: Volume Tha: 15-213).

Bka' ma shin tu rgyas pa (*snga 'gyur bka' ma*). 1999. 120 vols. Chengdu: Kaḥ thog Mkhan po 'Jam dbyangs (TBRC: W25983). Specific compilation consulted, *bka' brgyad rdzong*

120 Mi pham, *Bka' ma shin tu rgyas pa* TBRC: W25983 Volume Ye: 613. Dudjom Rinpoche adds the intermediate figures after the two Gnubs: Padma dbang rgyal, Tshul khrims rgyal mtshan, Ldan brtson, Ye shes dbang phyug, Se ston pa (Dudjom *Bka' ma* Volume Pa: 591). These figures are elaborated further in Gter bdag gling pa's rdo *rje'i phreng ba* empowerment text, Dudjom *Bka' ma* Volume Pa: 684.

121 བོད་དུ་དབང་གི་ཆུ་བོ་བཞི་འདུས་པ་ནི། རྒྱལ་པོ་ཁྲི་སྲོང་ལྡེ་བཙན་ལ། སློབ་དཔོན་པདྨ་འབྱུང་གནས་དང་། སློབ་དཔོན་བི་མ་ལ་མི་ཏྲ་དང་། པ་གོར་བཻ་རོ་ཙ་ན། གནུབས་ནམ་མཁའི་སྙིང་པོ། རྒྱ་བོད་ཀྱི་དབང་གི་ཆུ་བོ་བཞི་འདུས་ཏེ། རྒྱལ་པོར་སོང་བས་གཞན་ལ་དབང་མ་བསྐུར་ཏེ། དབང་གི་ཆུ་བོ་ཆད་དོ། (Dudjom *Bka' ma* Volume Pa: 683).

'phrang, gzhung pod, Volume Ha: 15-425/426. Versions of this compilation are found also in the following sources:

i. *Bka' ma shin tu rgyas pa* (*snga 'gyur bka' ma*). n.d. 110 vols. Chengdu: Kaḥ thog Mkhan po Mun sel (TBRC: W21508). Volume Ju (67): 15-425/426.

ii. *Snga' 'gyur bka' ma shin tu rgyas pa*. 2009. 133 Vols. Chengdu, Si khron mi rigs dpe skrun khang: Tshe ring Rgya mtsho (TBRC: W1PD100944). Volume Tsa (17): 93-404.

iii. *Snga 'gyur bka' ma'i yig rnying phyogs bsdus*. n.d. 50 vols. n.p. (TBRC: W3CN53). Volume Ja (7): 1r-140r; PDF: 10-292.

iv. *Bka' brgyad rdzong 'phrang* (A Collection of Kagye Teachings by Nyang Ral Nyima Odzer). n.d., n.p., pagination discontinuous (TBRC: W8LS19778). PDF: 15-678. Note also that this manuscript is reproduced also in *Gzhi chen mkhar dmar gsang sngags bstan rgyas gling du bzhugs pa'i dpe dkon phyogs bsdus*. n.d. 69 vols. n.p. (TBRC: W3PD889). Volume 67, pagination discontinuous. PDF:17-680.

Sgrub thabs kun btus 14 volumes. n.d. Kangra, H.P.: Indo-Tibetan Buddhist Literature Publisher and Dzongsar Institute for Advanced Studies, reproduced by photomechanical process from the sde-ge xylograph edition of 1902 (TBRC: W23681).

Rnying ma rgyud 'bum (NGB, *Ancient Tantra Collection*). here noting only versions specifically cited in this publication:

Gting skyes: 1973. Rñiṅ ma rgyud 'bum. Thimbu: Reproduced from the MS preserved at Gtiṅ-skyes Dgon-pa-byaṅ Monastery in Tibet, under the direction of Dingo Khyentse Rimpoche (TBRC: W21518).

Sde dge: The Sde dge edition. Twenty-six vols, Ka-Ra, plus dkar chag, Volume A, Sde dge par khang chen mo.

Mtshams brag: 1982. The mtshams brag Manuscript of the Rñiṅ ma rgyud 'bum (rgyud 'bum/ mtshams brag dgon pa), forty-six volumes. Thimphu: National Library, Royal Government of Bhutan (TBRC: W21521).

Rig 'dzin: The Rig 'dzin Tshe dbang nor bu edition of the *Rnying ma'i rgyud 'bum*. Twenty-nine vols are held at the British Library, under the classification, "RNYING MA'I RGYUD 'BUM MSS", with the pressmark, OR15217. Vol. Ka is held at the Bodleian Library Oxford at the shelfmark, MS. Tib.a.24(R).

Gter bdag gling pa, 'Gyur med rdo rje (1646-1714). 1982-1987. *rdzong 'phrang las/ dbang bskur rdo rje'i phreng ba/ rgya bod mkhas pa mi bzhi'i thugs bcud zab pa'i mthar thug lags so/,* in the Dudjom *Bka' ma*: Volume Pa: 625-686.

Dudjom *Bka' ma*. 1982-1987. *Rñin ma Bka' ma rgyas pa compiled by Bdud-'Joms 'Jigs-bral-ye-śes-rdo-rje. The Expanded Version of the Nyingma Kama Collection Teachings Passed in an Unbroken Lineage.* 58 volumes. Kalimpong: Dupjung Lama (TBRC: W19229).

Dudjom Rinpoche, Bdud 'joms 'Jigs bral ye shes rdo rje (1904-1987). 1979-1985. *Collected*

Works: The collected writings and revelations of H. H. Bdud-'joms Rin-po-che 'Jigs bral ye shes rdo rje, Bdud 'joms 'jigs bral ye shes rdo rje'i gsung 'bum, 25 volumes. Kalimpong: Dupjung Lama (TBRC: W20869). Specific texts referred to:

rdo rje phur bu bdud 'joms gnam lcags spu gri'i lo rgyus chos kyi 'byung tshul mdo tsam spros pa skal bzang rna ba'i dga' ston, Volume Tha: 11-75.

dpal rdo rje phur bu thugs kyi sgrub pa gsang ba'i rgya can bdud 'joms gnam lcags spu gri'i las byang khrag 'thung mngon par rol pa'i dga' ston, Volume Tha: 77-153.

gnam lcags spu gri bsnyen yig: dpal rdo rje phur bu bdud 'joms gnam lcags spu gri'i stod las byang chub sgrub pa'i man ngag gsal bar byas pa dngos grub rgya mtsho'i dga' ston, Volume Da: 71-177.

rdo rje phur bu'i lam rim dang sbyar ba'i smon lam gyi rnam bshad mdor bsdus zab don rgya mtsho'i dga' ston, Volume Da: 489-499.

rdo rje phur pa yang gsang phrin las bcud dril gyi gtor ma'i don dbang ye shes spyi blugs kyi ngag khrigs dpal chen dgongs rgyan, Volume Pha: 47-73.

phur pa spu gri reg phung gi rtsa ba, Volume Ba: 459-477.

Dudjom Rinpoche, Bdud 'joms 'Jigs bral ye shes rdo rje (1904-1987). 1982-1987. *man ngag rdzong 'phrang srog gsum gyi bla brgyud gsol 'debs,* in the Dudjom *Bka' ma,* Volume Pa: 591-592.

Dudjom Rinpoche, Bdud 'joms 'Jigs bral ye shes rdo rje (1904-1987). 1982-1987. *rog lugs kyi phur pa'i brgyud 'debs,* in the Dudjom *Bka' ma*, Volume Ta: 453-454.

Ba ri lo tsā ba (1040-1111). 1974. *Be'u bum of Ba-ri Lo-tsa-ba Rin-chen-grags: a collection of magico-medical spells, incantations and esoteric formulae transmitted in Tibet through the Lo-tsā-ba of Ba-ri, Rin-chen-grags.* Delhi: reproduced from a rare manuscript from Darjeeling by Lama Jurme Drakpa (TBRC: W15562).

*Bod rgya tshig mdzod chen mo.*1985. Tibetan-Tibetan and Chinese dictionary. Beijing: Mi rigs dpe skrun khang.

'Bum nag, (*The Black Collection*). 1982-1987. *rdo rje phur pa'i bshad 'bum slob dpon rnam gsum gyi dgongs pa slob dpon chen po padmas mkhar chen bza' la gdams pa/ phur 'grel 'bum nag ces gzhan las khyad par 'phags pa'i thugs kyi ti la ka.* In the Dudjom *Bka' ma,* vol. Tha: 215-557.

Mag gsar Kun bzang stobs ldan dbang po (1781-1832). 2003. *Phur pa'i rnam bshad he ru ka dpal bzhad pa'i zhal lung (bcom ldan 'das dpal chen rdo rje gzhon nu'i 'phrin las kyi rnam par bshad pa he ru ka dpal bzhad pa'i zhal lung*). Beijing: Mi rigs dpe skrun khang, sNgags mang zhib 'jug khang (Ngak Mang Institute).

Mi bskyod rdo rje (uncertain dates, twelfth or thirteenth century). 1982-1987. *dpal rdo rje phur pa'i ṭī ka nyi ma'i 'od zer* (*Light rays from the Sun*), in the Dudjom *Bka' ma,* Volume Ta: 185-451.

Mi pham (1846-1912). 1999. *dpal sgrub pa chen mo bka' brgyad kyi spyi don rnam par bshad pa dngos grub snying po,* in *Bka' ma shin tu rgyas pa* (TBRC: W25983), Volume Ye 114: 415-622.

Myang ral nyi ma 'od zer (1124-1192). *Bka' brgyad bde gshegs 'dus pa'i chos skor* [*Eightfold Buddha Word, Embodying the Sugatas*], here referencing two versions:

——1979-1980. The Mtshams brag *bka' brgyad bde gshegs 'dus pa'i chos skor* in 13 vols (TSH). Paro: Lama Ngodrup, Kyichu Temple, reproduced from the complete mtshams-brag manuscript (TBRC: W22247).

——1978. The Kaḥ thog *bka' brgyad bde gshegs 'dus pa'i chos skor* in 13 vols (KAḤ). Gangtok, Sikkim (Kaḥ thog rdo rje dgan gyi par khang): Sonam Topgay Kazi (TBRC: W1KG12075).

Zhe chen rgyal tshab 'Gyur med padma rnam rgyal (1871-1926). 2011. *rdo rje phur pa yang gsang spu gri'i rnam bshad mdor bsdus snying por dril ba rig pa 'dzin pa'i zhal lung,* in *zhe chen rgyal tshab 'gyur med padma rnam rgyal gyi gsung 'bum* (TBRC: W1PD133163) Volume 9: 373-444.

Rong zom rdo rje phur pa. 1982-1987. *dpal rdo rje phur pa'i sgrub skor la/ rong zom lugs kyi phur pa'i gzhung pod bstan pa rgya mtsho'i snying bcud,* in the Dudjom *Bka' ma* Volume Nya: 5-553.

A chung, Mkhan po, Dge slong Blo bzang ngag dbang mkhyen brtse (1918-1998). 2002. *bdud 'joms phur ṭik gi yang 'grel,* in *dpal chen kī la ya'i chos skor phyogs bsgrigs,* si khron zhing chen mi rigs zhib 'jug su'o, bod kyi shes rig zhib 'jug khang, Chengdu, Volume 41; *le tshan dang po/ phur pa'i rnam gzhag spyir bstan pa*: 1-186; *le tshan gnyis pa/ bye brag stod las kyi 'grel ba*: 187-854; *le tshan gsum pa/ mjug gi las rim gyi skor bshad pa*: 855-1036 (TBRC: W24051).

A myes zhabs, 'Jam mgon, Ngag-dbang-kun-dga'-bsod-nams (1597-1659). 1973. *bcom ldan 'das rdo rje gzhon nu'i gdams pa nyams len gyi chu bo chen po sgrub pa'i thabs kyi rnam par bshad pa 'phrin las kyi pad mo rab tu rgyas pa'i nyin byed.* New Delhi: reproduced from manuscript copies of the ancient Sa-skya xylographic prints by Ngawang Sopa (TBRC: W30340).

O rgyan gling pa (1323-1360). 1979-1980. *gsang sngags bka'i tha ram*, in Myang ral TSH Volume 4: 181-331.

O rgyan gling pa (1323-1360). *bka' thang sde lnga.* Sde dge par khang, Lhun grub steng (TBRC: W1AC11).

English Language Sources

Almogi, Orna. 2014. "The Eighteen Mahāyoga Tantric Cycles: A Real Canon or the Mere Notion of One?" *Revue d'Etudes Tibétaines* 30: 47-110. http://himalaya.socanth.cam.ac.uk/

collections/journals/ret/pdf/ret_30_03.pdf

Boord, Martin J. 2002. *A Bolt of Lightning from the Blue: The Vast Commentary of Vajrakīla that Clearly Defines the Essential Points.* Annotated translations, including *Phur 'grel 'bum nag* as transmitted to Ye shes mtsho rgyal. Berlin: edition khordong.

Cantwell, Cathy. 2017. "Seeing, Touching, Holding, and Swallowing Tibetan Buddhist Texts." In *Sensing Sacred Texts,* edited by James W. Watts. London: Equinox Publishing, Chapter 7, 137-160.

——2020a. "The Action Phurpa (*'phrin las phur pa*) from the *Eightfold Buddha Word, Embodying the Sugatas* (*Bka' brgyad bDe gshegs 'dus pa*), revealed by Nyang-rel Nyima Özer (1124–1192, Tib. *myang ral nyi ma 'od zer*)." *BuddhistRoad Paper* 7.2. Ruhr-Universität Bochum. https://omp.ub.rub.de/index.php/BuddhistRoad/catalog/book/156

——2020b. "Myang ral Nyi ma 'od zer (1124-1192): Authority and Authorship in the Coaslescing of the Rnying ma Tantric Tradition." In *Rethinking Scholastic Communities across Medieval Eurasia,* a Special Edition of *Medieval Worlds*, edited by Pascale Hugon and Birgit Kellner.

——2020c. *Dudjom Rinpoche's Vajrakīlaya Works: A Study in Authoring, Compiling and Editing Texts in the Tibetan Revelatory Tradition.* Sheffield: Equinox. see https://www.equinoxpub.com/home/dudjom-rinpoches/.

Cantwell, Cathy and Robert Mayer. 2007. *The Kīlaya Nirvāṇa Tantra and the Vajra Wrath Tantra: Two Texts from the Ancient Tantra Collection.* Vienna: Österreichische Akademie der Wissenschaften Verlag.

——2008. *Early Tibetan Documents on Phur pa from Dunhuang.* Vienna: Österreichische Akademie der Wissenschaften Verlag.

——2012. *A Noble Noose of Methods, the Lotus Garland Synopsis: A Mahāyoga Tantra and its Commentary.* Vienna: Österreichische Akademie der Wissenschaften Verlag.

Dudjom Rinpoche, Jikdrel Yeshe Dorje. 1991. *The Nyingma School of Tibetan Buddhism: Its Fundamentals and History. Vol. 1: The Translations,* ed. and transl. from Tibetan by Gyurme Dorje with the collaboration of Matthew Kapstein. *Vol. 2: Reference Material,* Gyurme Dorje and Matthew Kapstein. Boston: Wisdom Publications.

Esler, Dylan. 2020. "The Phurpa Root Tantra of Nyang-rel Nyima Özer's (1124-1192, Tib. *myang ral nyi ma 'od zer*) *Eightfold Buddha Word, Embodying the Sugatas* (*bka' brgyad bde gshegs 'dus pa*) Corpus: A Thematic Overview and Philological Analysis". *BuddhistRoad Paper* 7.1. Ruhr-Universität Bochum. https://omp.ub.rub.de/index.php/BuddhistRoad/catalog/book/155

Gyatrul Rinpoche. 1996. *Generating the deity*. Ithaca, N.Y.: Snow Lion.

Hirshberg, Daniel. 2016. *Remembering the Lotus Born: Padmasambhava in the History of Tibet's Golden Age.* Boston: Wisdom Publications.

Kapstein, Matthew T. 2019. "*The All-Encompassing Lamp of Awareness*: A Forgotten Treasure of the Great Perfection, its Authorship and Historical Significance." In *Unearthing Himalayan Treasures: Festschrift for Franz-Karl Ehrhard*, edited by V. Caumanns, M. Sernesi and N. Solmsdorf. Marburg: Indica et Tibetica Verlag, 259-286.

Mayer, Robert. 1996. *A Scripture of the Ancient Tantra Collection: The Phur-pa bcu-gnyis.* Oxford: Kiscadale Publications.

——2019. "Rethinking Treasure (Part One)." *Revue d'Etudes Tibétaines* 52: 119-184. http://himalaya.socanth.cam.ac.uk/collections/journals/ret/pdf/ret_52_05.pdf.

Namdrol, Khenpo. 1995. *The Practice of Vajrakīlaya.* Ithaca, New York: Snow Lion Publications.

Shechen Gyaltsap. n.d. *The Concise Quintessential Commentary on the Saadhana, The Utterly Secret Razor Knife Vajrakiilaya.* undated privately distributed text in translation, translator not noted; for the Tibetan, see Zhe chen rgyal tshab 'Gyur med padma rnam rgyal (above).

Siklos, Bulcsu. 1996. *The Vajrabhairava Tantras.* Tring: Institute of Buddhist Studies.

◆ Author: Cathy Cantwell, Mercator Fellow 2018-2019, CERES, Ruhr Universität Bochum. Currently, Associate Faculty Member, Faculty of Asian and Middle Eastern Studies, University of Oxford, and Honorary Research Fellow, School of Anthropology and Conservation, University of Kent.

Reading Medicine as Scripture: The Narratives of Medical Treasures and Buddhist Medicine in Tibet

William A. McGrath

ABSTRACT: Treasure texts allow their revealers to narratively frame cosmopolitan instructions. Tibetan physicians and ritual specialists, for example, have variously framed instructions for elixir extraction (*bcud len*) as the hidden instructions of Padmasambhava, as the primordial teachings of the Buddha, and as a Tibetan medical treatise. This brief survey of medical treasures in Tibet will focus on the twelfth-century *Elixirs Extracted from Indra's Hand* attributed to Künpang Daö, also known as Kusa Menpa or Kutsa Daö, related instructions in Āyurvedic compendia and the *Four Tantras*, and the narrative framing of these medical teachings as Buddhist scriptures. Taken together, this study argues that medical treasures do not necessarily refer to a genuine past, but instead prescribe narratives for inspirational origins. Similarly, when medicine is Buddhist, medical theories and instructions become the teachings of enlightened figures, healing merges with bodhisattva ethics, and medicine becomes part of the path to buddhahood. To read medicine as scripture, then, is to embed medical practice within a narrative world. This study retrieves the narrative worlds of Buddhist medical treasures, and explores the historical contexts of their creation in Renaissance Tibet (ca. 950-1250).

Introduction

What is the relationship between Buddhism and medicine? Scholars have used the label,

"Buddhist medicine," to describe a loose body of medical theories and therapeutic instructions that were transmitted by Buddhists, akin to Buddhist philosophy or Buddhist art. Others have denied the historical applicability of Buddhist medicine, arguing that the core of medicine lies not in religious tradition, but in empirical discovery. As early as 1937, in an entry on "Disease" (Jpn. *byō* 病) for the Hobogirin encyclopedia, Paul Demiéville first speculated that Buddhist physicians may have practiced in India, as opposed to "Brahmanical physicians" (Fre. *Médecins brahmaniques*).[1] He ultimately argued, however, that "it seems unlikely that there ever was a truly Buddhist medicine [in India], as opposed to Āyurvedic medicine."[2] Reflecting on the medical traditions of East Asia, Demiéville also asserted that "in the fields of medicine and surgery, [China] only seems to have gotten some theoretical formulas and fabulous anecdotes" from the Buddhists.[3] In his trailblazing work on the role of medicine in Buddhist scriptures, Demiéville ultimately concludes that there was no identifiable tradition of Buddhist medicine outside of Āyurveda or indigenous Chinese medicine.

Since Demiéville's early encyclopedia entry, Buddhist medicine has attracted considerable scholarly attention. Pierce Salguero has recently led the burgeoning subfield, with his monograph on *Translating Buddhist Medicine in Medieval China*, his two edited volumes of translated sources, and his *Global History of Buddhism and Medicine*.[4] Across these and other publications, Salguero has classified Buddhist medicine as "a loose collection of ideas and practices ... that was modified and expanded as a result of cross-cultural interactions during the vigorous geographical expansion of Buddhism."[5] Common examples of medical theories and instructions that are found in these sources include the four elements (Skt. *mahābhūta*; earth, water, fire, and wind) and the three peccant humors (Skt. *tridoṣa*; wind, bile, and phlegm) of South Asian inspiration, as well as narratives and ritual practices featuring Buddhist figures and divinities. In sum, Salguero uses Buddhist medicine as a term of convenience that lacks any one defining criterion across its diverse historical, geographical, and cultural contexts.

In her review of Salguero's work, Janet Gyatso has explicitly challenged the historical appropriateness of Buddhist medicine. "To the extent that we can distinguish medicine and healing," writes Gyatso, "I would prefer to say that there was no 'Buddhist medicine' until the twentieth century."[6] Gyatso interprets Buddhist medicine as a term that might be useful

1 Demiéville 1937: 250; Tatz 1985: 67.

2 *Il semble d'ailleurs peu vraisemblable qu'à la medicine âyurvédique se soit jamais oppose une veritable medicine bouddhique* (Demiéville 1937: 262). Tatz 1985: 92.

3 *Alors qu'en philosophie, en linguistique, en astronomie, la Chine s'est mise avec profit à l'école de l'Inde, elle ne semble bien lui devoir, dans le domaine de la médecine et de la chirurgie, que quelques formules théoriques et des anecdotes fabuleuses* (Demiéville 1937: 265). Tatz 1985: 99.

4 Salguero 2014, 2017, 2019, 2021.

5 Salguero 2014: 2.

6 Gyatso 2017: 99.

for describing theories and instructions related to "spiritual well-being, making merit, and ritual," but one that tends to obscure the empirical modes of diagnosis and treatment associated with the "medical mentality" in Tibet.[7] She ultimately concludes that "it is important for our sense of history, and identity, to know that the modern West was not the only place where the empirical body took center stage for medical theory."[8] In other words, Tibetan scholars and physicians observed patients and developed medical instructions based on those observations, and these instructions should remain categorically distinct from the healing practices that are not grounded in empirical observation. For Gyatso, medicine is empirical, and any association between religion and medicine in Tibet derives from Buddhism's role as a "civilizational force."[9]

As Demiéville argued over eighty years ago, if we search for a uniquely Buddhist medicine, a medical tradition substantially distinct from those of South, East, or Central Eurasia, we will not find it. This is not to say that there is no Buddhist medicine to be found, however. Diverse medical theories and instructions — from alchemical formulae for attaining longevity, to scholastic summaries and elaborations on Āyurvedic compendia — found expression in the revealed scriptures of Tibet. Rather than seek out definitive origins for these medical treasure texts, an ambitious task that will have to await future studies, in this essay we will analyze the role of scriptural narratives in establishing the origins, ethics, and soteriological goals of medical practice throughout Tibetan history. Paraphrasing Wilfred C. Smith, scripture is a human activity;[10] each medical scripture names a relationship between the community of Tibetan physicians and their patients, their study and practice of medicine, and their ethical and soteriological motivations in the medical profession. By exhuming the medical treasures of Tibet, and by recognizing that the *Four Tantras* is more than a mere treatise, we retrieve the Buddhist world that these medical scriptures impart.

Elixir Extraction in the Medical Treasures of Tibet

A treasure text (*gter ma*) is any instruction that is said to have been hidden in the past for the sake of instructing future generations.[11] In this essay, "medical treasure" refers to any text that (1)

7 "It is more important to recognize that certain medical theorists were *reaching toward* empirical accountability than to judge, from the vantage of the twenty-first century, whether they actually attained it or not" (Gyatso 2015: 18; emphasis hers).

8 Gyatso 2017: 99.

9 Gyatso 2015: 404; citing Hallisey and Reynolds 1987.

10 Smith 1993: 18. In other words, the term "scripture" refers not to criteria that are inherent to a text, but to the relationships between texts and their readers. This essay is a study of such relationships.

11 For an overview of treasure texts in Tibet, see Mayer 2019.

is narratively framed as a treasure text, either within the scripture itself or by a group of people, and (2) contains instructions for the maintenance of health, the attainment of longevity, and/or the diagnosis, prevention, and treatment of disease. Some of the earliest medical treasures in Tibet were alchemical instructions for the attainment of longevity, health, and virility. Tibetan physicians and ritual specialists usually refer to these instructions as either elixir extraction (*bcud len*) or medical attainment (*sman grub*). Previous studies of these practices have shied away from pan-Eurasian terminology like "alchemy" and "elixirs," opting instead for opaque translations like "essence extraction" and "accomplishing medicine," or simply using their phonetic transcriptions (*chülen* and *mendrup*).[12] In a consummate analysis of the term, *sman grub*, Frances Garret explains that the term resists translation because "it is used to refer to different traditions and can be understood from different perspectives, today and throughout history."[13] Indeed, the same could also be said for *bcud len*, highlighting the importance of historical precision in the translation and analysis of such practices.

Revealed instructions for elixir extraction and medical attainments emerged in Tibet as part of cosmopolitan iatrochemical traditions. The Tibetan term for elixir extraction (*bcud len*) translates a cosmopolitan Sanskrit term (*rasāyana*), which in turn is an equivalent to the Arabic term, elixir (Ara. *al-iksīr*), the extract sought in pan-Eurasian alchemical traditions (Ara. *al-kīmiyā*').[14] *Rasāyana* refers to the "way of *rasa*." Due to the ambiguous nature of the term *rasa*, scholars have highlighted the difference between medical and alchemical *rasāyana*,[15] wherein the former refers to the prescription of elixirs for the sake of health, longevity, and other such attainments, and the latter refers to the transmutation of metals. This is a superficial distinction, however, for iatrochemical formulae include both organic and inorganic substances, and transmuted metals can be used for therapeutic purposes.[16] There are iatrochemical instructions

12 For recent work on medical attainments across Nyingma and Bönpo contexts, see Sehnalova 2018.

13 Garrett 2009: 210.

14 For an introduction to the history of alchemy in West Eurasia, see Principe 2013. For alchemy in Tibet and India, see Samuel 2010 and Simioli 2013. Unlike these previous studies, which primarily concern the alchemical transmutation of metals, this essay focuses on the alchemical transformation of medicinal substances, or iatrochemistry. To be clear, iatrochemistry is one form of alchemy. In an essay on the history of elixirs and alchemy throughout Eurasia, for example, Joseph Needham identifies three types of alchemy: aurifiction ("the conscious imitation of gold"), aurifaction ("the belief that it is possible to make gold"), and macrobiotics (Needham 1975: 168). Seeing that the semantic range of the latter term has narrowed over the past forty-five years, I opt instead for iatrochemistry (lit. "chemical medicine"). I would like to thank an anonymous reviewer for their stimulating comments on alchemy in Tibet, which have helped me clarify my thoughts here.

15 "The term '*rasāyana*' is a compound of two words, '*rasa*' (liquid, juice, flavour, nutritive juice, essence) and '*ayana*' (path, way) or '*āyana*' (reaching, attaining). Because of the polyvalent meanings of its elements, in particular of '*rasa*,' there are different valid possibilities for interpreting the meaning of *rasāyana*" (Wujastyk 2017: 1).

16 For a consummate study of mercurial medicines in Tibet, see Gerke 2021.

for *rasāyana* in the first-century *Compendium of Caraka*,[17] and al-Rāzī (854–925; Lat. Rhazes) explicitly cites Ravigupta's instructions for *rasāyana* in his early tenth-century *Comprehensive Book* (*al-Kitāb al-Ḥāwī*).[18] Around this time, scholars translated the *Siddhāsara* into Tibetan, wherein Ravigupta defines an extracted elixir (*bcud kyis len*) as "any medicine that eliminates both white hair and disease."[19] Thus, like their West Eurasian counterparts, Tibetan scholars first translated instructions for elixir extraction from cosmopolitan treatises, and then developed their own vernacular traditions based on these precedents.[20]

If it does indeed derive from the twelfth century, *Elixirs Extracted from Indra's Hand* (*dbang po lag pa'i bcud len*) is one of the earliest examples of elixir extraction in Tibet.[21] The text begins with Padmasambhava requesting *Elixirs Extracted from Indra's Hand* from Khandro Sangwa Yeshé, the Ḍākinī of Secret Gnosis, for the sake of yogis in a future age. He then transmits the teachings to King Tri Songdeutsen (ca. 742-800), and the latter's otherwise unknown daughter, Princess Druktsen (*sras mo drug btsan*). She hides them under a boulder that looks like a menacing Sogdian and entrusts them to the Treasure Protector, Bakkyé [=Bektsé?], Lord of Paro in present-day Bhutan.[22] The majority of the text is then a conversation between Padmasambhava and the King, with a brief reiteration of its provenance, and a note that Lharjé Künpang Daö revealed the work in a tiger year.[23]

The physician (*lha rje*; lit. "lord of the gods"), Künpang Daö (*kun spangs zla 'od*) is known by many names. In the first survey of medical treasures in Tibet, Drangti Penden Tsojé (*brang ti dpal ldan 'tsho byed*, ca. 1310-1380) reports, "Kün Menpa [=Künpang Daö] revealed the mother and son texts of the *Heap of Jewels* hidden in the thigh of Pen[den] Lhamo at

17 Wujastyk, Newcombe, and Barois 2017; Maas 2017: 75-79.

18 Kahl 2015: 151-52.

19 *Sman dpyad gces pa grub pa: sman gang skra dkar ba dang / na ba med par byed pa de ni bcud kyis len zhes bya ba yin no//* (Emmerick 1982: 414-15).

20 On the relationship between the cosmopolitan and the vernacular, see Pollock 2006: 1-36. For Pollock, a cosmopolis is a "transregional culture-power sphere" (Pollock 2006: 12), and vernacularization refers to the development of a "written literature ... in local languages according to models supplied by a superordinate, usually cosmopolitan, literary culture" (Pollock 2006: 23). For our purposes, then, the vernacular traditions of elixir extraction in Tibet emerged according to the transregional models of Central Eurasia.

21 For a synchronic survey of elixir extraction texts in Tibet, see Oliphant 2015, 2020. Although Oliphant mentions Kusa Menpa in neither study, he does identify Indra's hand (*dbang lag*) as an important ingredient in later sources (2015: 298-99).

22 *Dbang po lag pa'i bcud len: o rgyan pad ma 'byung gnas kyis/ phyi rabs rnal 'byor don ched du/ dbang po lag pa'i bcud len 'di/ mkha' 'gro gsang ba ye shes la zhus/ bsam yas kyi byang phyogs su mnga' bdag khri srong lde'u btsan la gdams so/ des sras mo drug btsan la gdams pa'o/ sras mos spa gro'i brag stod du/ brag sog po khros pa 'dra ba'i pha wang sdigs ru can gyi 'og tu sbas so/ gter srung spa gro'i jo bo bag skyes la gtad do/* (A ru ra 2006: 239).

23 *Dbang po lag pa'i bcud len: slob dpon pad mas mnga' bdag la gdams nas/ mnga' bdag gis phyag bzhes mdzad pa'o/ sa ma ya/ mnga' bdag gi sras kyis spa gro brag stod du sbas pa las/ phyis lha rje kun spangs zla 'od kyis stag lo la bton pa'o/ las 'phro can dang 'phrad par shog/* (A ru ra 2006: 242).

Chimpu."[24] The *Heap of Jewels* cycle is not currently available, but Drangti's account confirms that scholars have long recognized Kün Menpa as a revealer of medical treasures. Later traditions identify Kün Menpa as Kusa Menpa, which is now a more common appellation for him in medical writing. The Desi Sanggyé Gyatso (*sde srid sangs rgyas rgya mtsho*, 1653-1705) states that Kusa Menpa "discovered many profound treasures on [Buddhist] doctrine, medicine, and Bön at Paro and other places."[25]

In addition to Kusa Menpa or Kutsa Menpa, Künpang Daö is also known as Kutsa Daö (*khu tsha zla 'od*), a figure that has attracted the attention of scholars in recent years. Matthew Kapstein has analyzed and translated his philosophical treasure on the Bönpo Great Perfection,[26] for example, and Cathy Cantwell and Robert Mayer have published a series of articles on his role in Bönpo exorcisms and longevity rituals.[27] Despite these contributions, Guru Chöwang laments in his autobiography:

> Master Kutsa Menpa of Paro Chelka revealed many yellow manuscripts and small chests during three great evocation rituals for Padmasambhava. Because he neglected his medical practices, however, his contributions to living beings were limited.[28]

Rather than illustrate a contradiction between Buddhism and medicine, here Guru Chöwang is retrospectively chiding Kutsa Menpa for his limited contributions in the field of medicine (*sman spyad [=dpyad]*). This is surely the source of the misinterpreted line found in later accounts, that "Doctor Kutsa, owing to his medical practice, neglected to serve living beings through the doctrine."[29] The explicit connection between Künpang Daö and Padmasambhava in the *Elixirs Extracted from Indra's Hand* and Guru Chöwang's account is also notable; like some other early treasure revealers, Kutsa Menpa was claimed by both Nyingma and Bön traditions. Finally, this passage also indicates that Kutsa Menpa flourished

24 *Gsang ba man ngag gis[sic] rgyud kyi spyi don shes bya rab gsal rgyas pa: rin po che'i dpungs pa ma bu 'chim phu'i dpal lha mo'i brla la sbas pa kun sman pas ston/* (Brang ti dpal ldan 'tsho byed ND: 32b); *dpal lha mo'i rgyab la sbas pa ku sa sman pas bton* (Brang ti dpal ldan 'tsho byed 2005: 87). Note that in the later edition, Drangti identifies the treasure revealer as Kusa Menpa.

25 *Baiḍūrya'i me long: gter ston sku sa sman pa zhes bya 'byung/ zhes ku sa sman par grags pas spa gro bcal sogs nas chos/ sman/ bon gsum gyi bab gter du ma bton cing/ gter chen gzhan las kyang sman dpyad kyis 'gro don rgya che ba 'byung ba* (A ru ra 2005: 132). Kilty 2009: 176.

26 See Kapstein 2009.

27 Mayer 2013; Cantwell and Mayer 2013; and Cantwell and Mayer 2015.

28 *Ghu ru chos dbang gis gter 'byung chen mo: rje ku tsha sman pas spa gro gcal ka nas/ 'gu ru padma'i sgrub chen rnam gsum gyis sna grangs pa'i shog ser sgrom chung gang thon yang / sman spyad* [=*dpyad*] *skyangs pas 'gro don rgya chung /* (Gu ru chos kyi dbang phyug 1979: vol. 2, 136 [f. 31b]).

29 Jikdrel Yeshe Dorje 1991: 765.

at least a generation before Guru Chöwang (1212-1270),[30] probably during the twelfth century. Thus, the *Elixirs Extracted from Indra's Hand* is an early example of elixir extraction in Tibet, and a rare set of instructions attributed both to the instruction of Padmasambhava and the revelation of Künpang Daö.

Padmasambhava explains that there are two practices in the *Elixirs Extracted from Indra's Hand*: methods for creating medicinal compounds (*sbyar thabs*) and instructions for ritual actions (*las tshogs*). The primary ingredient for both of these practices is the eponymous Indra's hand, which should be gathered in the late summer or fall (lit. "threshing season").[31] "It should be neither frosty, rotten, nor wilted." Instead, "it should be prepared nicely and attractively. The best [elixirs are extracted from] six handfuls; middling are from four; and the worst are from only two."[32] Padmasambhava then explains how to combine Indra's hand with many other ingredients to create various compounds with different effects. He promises clear eyesight, such that one can see the spirits beneath and the gods above, and clear hearing, such that one can hear the voices of gods, spirits, and humans with one's own ears. More representative of iatrochemistry, Padmasambhava also promises sexual potency, long life, radiance, youth, dark hair, speed, and the strength of an elephant (*stobs glang chen*; more on this below). Using the compounds made from Indra's hand, Padmasambhava also promises protection from all contagious diseases, all poisons, incontinence, cold sores, and visceral disorders. In sum, by combining Indra's hand with other ingredients and usually, although not always, ingesting the result, one can protect oneself from the sufferings of old age, sickness, and death. But what was Indra's hand?

Tibetan-language terms for *materia medica* are notoriously difficult to translate. In some cases, for example, Tibetan texts include instructions for Sanskrit or other foreign-language ingredients that were either unknown or unavailable in Tibet. In other cases, ecological variations across the Tibetan plateau, Himalayan valleys, and Mongolian steppe have forced physicians to use the same Tibetan-language term to name a wide variety of species with similar medicinal properties. Regarding the *Elixirs Extracted from Indra's Hand* more specifically, scholars have generally concluded that Indra's hand refers to a member of the *Gymnadenia* genus, often *Gymnadenia orchidis*, which is a flowering orchid that grows in the high altitudes of Himalayan valleys and on the Tibetan plateau.[33] Despite their apparent etymological connections, Gawai Dorje has warned scholars not to mistake the Chinese

30 Kapstein 2009: 107, n. 3.

31 The precise identity of the ingredient, "Indra's hand," is not clear from the *Elixirs Extracted from Indra's Hand* itself, and shall be explored further below.

32 *Dbang po lag pa'i bcud len: dbang lag sos ka'am g.yul las dus btus la/ sad kyi ma khyer par/ ma rul ba/ ma zags skam sred legs par byas la/ rab tshad snyim pa gsum/ 'bring tshad do/ tha ma gang ngo/* (A ru ra 2006: 239).

33 Dawa 2009: 428.

ingredients, "*xianrenzhang* 仙人掌 [immortal's palm] or *foshou* 佛手 [Buddha's hand] for *dbang lag* [*Gymnadenia orchidis*, literally 'powerful hand']."[34] When and how Indra's hand became a member of the *Gymnadenia* genus is not entirely clear, but Indra's hand clearly has a long history as an ingredient in the cosmopolitan formulae of South, East, and Central Asia.

The medicinal ingredient that I translate as "Indra's hand" (*dbang lag, dbang po'i lag, dbang po lag pa*) is itself the translation of a Sanskrit term (*indrahasta*). The term first appears in Tibetan translation and transliteration in the Sarasvatī chapter of the *Sutra of Golden Light*. Therein, Sarasvatī explains that, if a member of the monastic community recites spells and bathes with medicinal ingredients, they will gain her blessed protection from misfortunes, including disease, curses, poisons, zombies, and more.[35] Indra's hand is one of the ingredients for the medicinal bath and, in the earliest edition translated from Sanskrit, we find instructions to add a "large measure of Indra's hand" (*dbang po'i lag dang skal ba che*).[36] *Indrahasta* is recorded in transliteration (Tib. *in dra hasta* = *yindaluo hexiduo* 因達囉喝悉哆) in the two other Tibetan editions, however, including the Tibetan translation from Chinese by Chödrup (*chos grub* = Chi. Facheng 法成; fl. early 9th c.),[37] and the translation of unclear provenance attributed to Yeshé Dé (*ye shes sde*, fl. late 8th c. and early 9th c.).[38] This evidence, combined with the equation of *dbang po lag pa* with *indrahastā* in the *Mahāvyutpatti*,[39] allows us to conclude that Indra's hand was originally an ingredient included in the cosmopolitan formulae of first-millennium South, East, and Central Eurasia, which was later interpreted as the fingered

34 Gawai Dorje 2009: 402.

35 *'Phags pa gser 'od dam pa mchog tu rnam par rgyal ba'i mdo sde'i rgyal po theg pa chen po'i mdo: des de dag la gza' ma rungs pa ltas ngan ston pa ci mchis pa dang / dang po btsas pa'i gza' skar dang / phan tshun mi mthun par gyur pa dang / nad kyi sdug bsngal dang / 'thab pa dang / rtsod pa dang / g.yul 'gyed pa dang / rmi lam ngan pa dang / gdon bgegs dang / byad stems dang / dug dang / ngan du bgyis pa dang / sngags dang / ro langs dang / 'di lta bu la sogs pa'i sdig pa rnams kyi sgrib pa dang bgegs bgyid pa thams cad yongs su bsal nas rab tu zhi bar bgyid pas blo dang ldan pa rnams kyis khrus kyi cho ga 'di ltar bgyis te/* (Krung go'i bod rig pa zhib 'jug ste gnas kyi bka' bstan dpe sdur khang, ed. 2006-2009a: vol. 89, 276).

36 *'Phags pa gser 'od dam pa mdo sde'i dbang po'i rgyal po zhes bya ba theg pa chen po'i mdo* (Krung go'i bod rig pa zhib 'jug ste gnas kyi bka' bstan dpe sdur khang, ed. 2006-2009a: vol. 90, 68).

37 *'Phags pa gser 'od dam pa mchog tu rnam par rgyal ba'i mdo sde'i rgyal po theg pa chen po'i mdo: in dra hasta* (Krung go'i bod rig pa zhib 'jug ste gnas kyi bka' bstan dpe sdur khang, ed. 2006-2009a: vol. 89, 276). This choice reflects the Chinese-language transliteration by Yijing 義淨 (635-713). See *Jin guangming zuisheng wang jing* 金光明最勝王經 : *yindaluo hexiduo* 因達囉喝悉哆 (Daizo Shuppansha 1924-1934: vol. 16, 435).

38 *'Phags pa gser 'od dam pa mdo sde'i dbang po'i rgyal po zhes bya ba theg pa chen po'i mdo: indra hasta skal ba che/* (Krung go'i bod rig pa zhib 'jug ste gnas kyi bka' bstan dpe sdur khang, ed. 2006-2009a: vol. 89, 647). On the provenance of this edition and its potential relationship with a Chinese source, see Radich 2014, 2015. As far as I can tell, the T664 edition contains neither a transliteration nor a translation of *indrahasta*. See *Hebu jin guangming jing* 合部金光明經 (Daizo Shuppansha 1924-1934: vol. 16, 386).

39 *Bye brag tu rtogs par byed pa* (Krung go'i bod rig pa zhib 'jug ste gnas kyi bka' bstan dpe sdur khang, ed. 2006-2009b: vol. 115, 168).

citron fruit (*Citrus medica var. sarcodactylis*) in East Asian traditions, and a Himalayan orchid (*Gymnadenia orchidis*) in Tibetan tradition.

Like Indra's hand, knowledge of elixirs and alchemical instructions spread throughout Eurasia in the latter half of the first millennium of the Common Era. By the twelfth and thirteenth centuries, Tibetan treasure revealers like Künpang Daö adapted these cosmopolitan practices to focus on the extraction of elixirs from a single ingredient, Indra's hand. Unlike parallel instructions in Āyurvedic treatises, however, the *Elixirs Extracted from Indra's Hand* are the inspired teachings of Padmasambhava, revealed from the Himalayan landscape. Although the worldly goals of health and longevity are shared across the cosmopolitan traditions of alchemy, medicine, and magic, by framing the *Elixirs Extracted from Indra's Hand* as a treasure text, Künpang Daö implicitly links his alchemical instructions to the narrative world of Padmasambhava's treasure tradition in Tibet. In the next section we examine a similar example of narratively reframing instructions for iatrochemistry, but this time as the summarized teachings of Brahmā and the reported speech of the Buddha, Master of Medicine.

The Medical Treatise and the Medical Scripture

In the eleventh century, before the flourishing of Künpang Daö and other medical treasure revealers, the most important medical text in Tibet was the *Essence of the Eight Branches*, a cycle of Āyurvedic instructions translated from Sanskrit. The privileged position of this work is exemplified by its place in the Tibetan canons, from which the *Four Tantras* (*rgyud bzhi*) is still excluded. Whereas the *Essence of the Eight Branches* presents itself as a summary of other medical tantras, the *Four Tantras* is a medical scripture taught by the Buddha, Master of Medicine, and transmitted within a lineage of enlightened sages. By the turn of the fourteenth century, scholars had canonized the *Essence of the Eight Branches* cycle as treatises translated from Sanskrit, and chose to exclude the *Four Tantras* from the Tibetan canons based on its non-Indian origins.[40] The authors of the *Four Tantras* had already proposed solutions for this contradiction as early as the thirteenth century, however, allowing students to read the *Four Tantras* as both a Tibetan treatise and a Buddhist scripture.

Like Künpang Daö's medical treasure, summaries and elaborations upon cosmopolitan medical instructions continued in South Asia down to the end of the first millennium of the Common Era. Composed in the seventh century, around the same time as Ravigupta's *Siddhasāra*,[41] Vāgbhaṭa's *Compendium of the Essence of the Eight Branches* (*yan lag brgyad*

40 For early observations on this exclusion, see Csoma de Kőrös 1835. For debates on the origins of the *Four Tantras*, see Karmay 1990; Czaja 2005-2006; Yang Ga 2010, 2014; and Gyatso 2015.

41 Emmerick 1975-76.

pa'i snying po'i bsdus pa = Skt. *aṣṭāṅgahṛdayasaṃhita*) presents itself as an ambitious summary of all other medical teachings, both historical and legendary. The root text of the *Essence of the Eight Branches*, for example, begins with a divine memory. In the beginning, Brahmā remembered the Knowledge of Life (Skt. *āyurveda*).[42] He then taught it to the other gods and sages, who recorded their understandings in various medical tantras, both legendary and still extant. "Extracting only the best from these tantras," Vāgbhaṭa claims, "the *Essence of the Eight Branches* is neither too succinct nor too elaborate."[43] Thus, the root text of the *Compendium of the Essence of the Eight Branches* is a scholastic treatise that represents the essence extracted from all cosmopolitan medical knowledge. Following its translation in the eleventh century, this treatise became the central text for the development of medical scholasticism in Tibet.

Summarizing and elaborating upon other Āyurvedic compendia, the *Essence of the Eight Branches* provides iatrochemical instructions for fertility and virility (*ro tsa ba*= Skt. *vājikaraṇa*), which comprise the last two chapters of the root text. These instructions begin with a warning: "For those who have impure bodies, extracting elixirs and using formulae for virility would be useless, like dyeing a sullied cloth."[44] After performing these purification practices, according to one formula, one should place myrobalan fruits into a large tree stump, cover them with grass and mud, and finally cook them in a hearth of cow dung. One should then consume the cooked myrobalan fruits along with honey, ghee, and boiled milk for one month, while also avoiding forbidden foods and activities. "After eleven days, one's hair, teeth, and nails will fall out," Vāgbhaṭa promises, "and within a few days, one will gain a nice body, confidence with women, the strength of an elephant, supreme clarity, bravery, and intelligence, and one will live for one thousand years."[45] Like the *Elixirs Extracted from Indra's Hand*, this and other formulae from the *Essence of the Eight Branches* promise health, longevity, and virility, sometimes even using the same language, such as the "strength of an elephant." Thus, the formulae for elixir

---

42 On Āyurveda as Brahmanical medicine, see Zysk 1999.

43 *Yan lag brgyad pa'i snying po bsdus pa: tshangs pas tshe yi rig byed dran// skye dgu'i bdag la bshad pa yin// de yis tha skar des brgya byin// des rgyun shes stsogs drang srong la'o// de yis me bzhin 'jug la stsogs// de rnams kyis rgyud so sor byas// shin tu 'thob pa de rnams las// rab ces phal cher btus pa ni// shin tu bsdus min rgyas min par// yan lag brgyad pa'i snying po byas//* (Krung go'i bod rig pa zhib 'jug ste gnas kyi bka' bstan dpe sdur khang, ed. 2006-2009b: vol. 111, 143-44). Translated in conversation with Murthy 1991-1992: vol. 1, 4-5; and Vogel 1965: 45-50.

44 *Yan lag brgyad pa'i snying po bsdus pa: ma sbyangs pa yi lus la ni// bcud kyis len dang ro tsa ba'i// sbyor ba dri ma can gyi ni// gos kyi tshon ltar don med 'gyur//* (Krung go'i bod rig pa zhib 'jug ste gnas kyi bka' bstan dpe sdur khang, ed. 2006-2009b: vol. 111, 813). Translated in conversation with Murthy 1991-1992: vol. 3, 381.

45 *Yan lag brgyad pa'i snying po bsdus pa: de ltar zhag ni bcu gcig 'das// skra so sen mo lhags par 'gyur// de nas nyin zhag cung zad nas// gzugs bzang bud med la phod cing // stobs ni glang po dang 'drar 'gyur// mchog tu yid gzhungs snying stobs dang // blo ldan lo stong 'tsho bar 'gyur//* (Krung go'i bod rig pa zhib 'jug ste gnas kyi bka' bstan dpe sdur khang, ed. 2006-2009b: vol. 111, 816). Translated in conversation with Murthy 1991-1992: vol. 3, 386.

extraction in the *Essence of the Eight Branches* are instructionally related to, but narratively distinct from, the iatrochemical instructions of Künpang Daö's medical treasure.

The chapter on elixir extraction in the *Four Tantras* continues in the tradition of summarizing cosmopolitan instructions for health, longevity, and virility. The *Instructional Tantra* (*man ngag rgyud*), the third of the *Four Tantras*, concludes with three chapters on "Healing Old Age: Elixir Extraction" (*rgas pa gso ba bcud len*), "Virility" (*ro tsa bar bya ba*), and "Seeking a Woman" (*bud med btsal ba*).[46] Over thirty years ago, Ronald Emmerick demonstrated that the chapter on elixir extraction found in the *Four Tantras* includes several stanzas that derive directly from the *Essence of the Eight Branches*.[47] Like the *Elixirs Extracted from Indra's Hand* and the *Essence of the Eight Branches*, the author of the *Four Tantras* generally provides new formulae, but makes the same promises of health, strength, and virility. If one consumes the four nectars (*rtsi bzhi*) and the five juices (*dwangs ma lnga*), for example, "one will escape the nine life-destroying diseases. The signs of old age will decline; one will attain the body of a sixteen-year-old, the prowess of a lion, the strength of an elephant, the complexion of a peacock, and the speed of a thoroughbred horse; and one's life will be equal to that of the sun and the moon."[48] Thus, like Künpang Daö and Vāgbhaṭa, the authors of the *Four Tantras* promise the same "strength of an elephant," but provide innovative formulae to attain this common goal. Unlike Künpang Daö, however, the *Four Tantras* reproduces entire sections of the *Essence of the Eight Branches*, demonstrating the direct reliance of the former on the latter.[49]

Whereas Künpang Daö elaborated upon cosmopolitan instructions and framed them as a treasure text, the authors of the *Four Tantras* elaborated upon the iatrochemical instructions of the *Essence of the Eight Branches* and framed them as a Buddhist scripture. The *Root Tantra*, the first of the *Four Tantras*, explains that the Buddha, Master of Medicine, appeared before four separate retinues of gods, sages, Buddhist insiders (*nang pa'i 'khor*), and non-Buddhist outsiders (*phyi pa'i 'khor*).[50] These retinues feature many of the same figures that were central in the *Essence of the Eight Branches*, including Brahmā, Prajāpati, the Aśvins, Indra, Ātreya, and Agniveśa, as well as a half-dozen other sages who also appear in other medical texts from this period. By including these divine and sagely characters in its narrative frame, the *Four*

46 For a detailed study of the former chapter, see Gerke 2012. For the latter two chapters, see Gyatso 2015: 302-309.

47 Emmerick 1990.

48 *Man ngag rgyud: 'di dgu'i bcud longs srog gcod nad dgu grol// rgas pa'i rtags nub bcu drug lta bu'i lus// seng ge'i rtsal la glang bo lta bu'i stobs// rma bya'i mdangs ldan mgyogs cang shes rta// tshe srog nyi zla gnyis dang mnyam par 'gyur//* (Rje bstan 'dzin don grub 2010: vol. 3, 617-18). Translated in conversation with Emmerick 1990: 90, 96.

49 Yang Ga 2010: 238-40.

50 Rje bstan 'dzin don grub 2010, vol. 1, 19-20. For a translation of this scene, see Schaeffer, Kapstein, and Tuttle 2013: 279-82.

Tantras positions itself as sharing the same cosmopolitan knowledge as the *Essence of the Eight Branches*.

At the same time, however, the *Root Tantra* draws a distinction between Brahmanical and Buddhist traditions. In the *Four Tantras*, the "extremist Grandfather Brahmā" (*mu stegs kyi mes po tshangs pa*) is listed along with Viṣṇu and Kumāra in the "retinue of [non-Buddhist] outsiders" instead of the "retinue of the gods."[51] Here the narrative frame of the *Four Tantras* asserts that there are Buddhist bodhisattvas, explicitly non-Buddhist gods, and other gods and sages that are not clearly affiliated. The *Four Tantras* does not deny the validity of the traditions that derive from Brahmā, however, but still labels them as explicitly non-Buddhist. It also implies that the Buddha ultimately inspired Brahmā's memory of medical teachings found in Āyurvedic compendia.[52]

The majority of the *Four Tantras* is framed as a dialogue between two sages. At the beginning of each of the *Four Tantras*, Rikpé Yeshé (*rig pa'i ye shes*; lit. "Gnostic Awareness") and Yilé Kyé (*yid las skyes*; lit. "Mind-Born") emanate from a different quality of the Buddha, Master of Medicine, King of Beryl Light. These emanations effectively connect each of the four tantras to the narrative established in the first chapter of the *Root Tantra*, the narrative frame (*gleng gzhi*; lit. "Basis of Discussion") for the *Four Tantras*. Like other narrative frames found in Buddhist literature, most editions of the *Four Tantras* begin with the phrase, "Thus have I heard at one time," establishing the work as the reported speech of the Buddha.[53] The "I" here implicitly refers to Yile Kyé, the sagacious student of Rikpé Yeshé, himself also an emanation of the Buddha. Indeed, the opening narrative frame of the *Four Tantras* explains that it derives from the retinue of neither the non-Buddhists nor the Buddhists, but from the tradition of sages:

> With each word spoken by the teacher, each of the four retinues heard the instructions taught within their own tradition. This [tradition] is called the "Tradition of the Sages," because it allows one to "straighten out" the peccant humors of one's own body, speech, and mind, and to balance the imbalanced humors of others.[54]

---

51 The term that I translate as "extremist" (*mu stegs*) is a derogatory term used to describe non-Buddhist traditions. See Kapstein 2000: 104, and 244, n. 81.

52 For an explicit Tibetan narrative of the Buddha teaching medicine to Brahmā, see McGrath 2017.

53 All xylographic editions of the *Four Tantras* begin with the phrase, "Thus have I heard at one time" (*'di skad bdag gis thos pa'i dus cig na*). See Rje bstan 'dzin don grub 2010: vol. 1, 21, n. 15. By contrast, an early commentary has the phrase, "Thus have I said at one time" (Brang ti dpal ldan 'tsho byed 1977: 24 [f. 12b]: *'di skad bdag gis bshad pa'i dus cig na*). This latter phrasing establishes the *Four Tantra*s not as reported speech, but as the direct speech of the Buddha. For further examples of the latter, see Gyatso 2015: 433, n. 22.

54 *Rtsa rgyud: ston pas gsungs pa'i tshig gcig la 'khor rnam pa bzhi so so rang rang gi ston pa'i lugs su go bar zad do// 'di ni rang gi lus ngag yid gsum nyes pa med par drang por bsrangs nas gzhan gyi nyes pa ma snyoms pa snyoms par byed pas drang srong gi lugs zhes bya'o/* (Rje bstan 'dzin don grub 2010: vol. 1, 20).

According to this scene, the *Four Tantras* is not the direct speech of the Buddha himself, but instead represents reported speech from the retinue of sages. Here we also find an emphatically Tibetan etymology for the word, "sage" (*drang srong*), as deriving not from the Sanskrit (*ṛṣi*; lit. "seer") but from the notion that they "straighten out" (*drang por bsrangs* [=*srong*]) the peccant humors of themselves and others. Rather than represent medical teachings as recorded by Brahmanical sages, however, in subsequent chapters the *Four Tantras* reframes this tradition as the enlightened teachings of the Buddha, expressed by means of two emanated sages.

The authors of the *Four Tantras* framed their instructions as both parallel to and the source of the *Essence of the Eight Branches*. According to its opening narrative frame, the *Four Tantras* represents the teachings of the Buddha as understood by the tradition of sages, distinct from those of either the gods, the Buddhist insiders, or the non-Buddhist outsiders. Unlike the *Essence of the Eight Branches* and other Āyurvedic compendia, however, the *Four Tantras* frames even the medical teachings of Brahmā as ultimately deriving from those of the Buddha, a theme that can be found in other Tibetan medical texts of the twelfth and thirteenth centuries.[55] The *Four Tantras* then circumvents the role of Brahmā altogether, and ultimately presents itself as the teachings of sages, Rikpé Yeshé and Yilé Kyé, who emanated from the Buddha directly and who are absent from the retinue of sages mentioned in the *Essence of the Eight Branches*. Thus, despite their shared instructions on iatrochemistry, the *Essence of the Eight Branches* frames its instructions as a medical treatise composed by Vāgbhaṭa, while the *Four Tantras* should be read as a Buddhist scripture, taught and reported by enlightened sages.

The Medical Apocryphon and the Medical Treasure

Just as Vāgbhaṭa's summary of Āyurvedic knowledge had to be translated into the Tibetan language, the medical teachings of the Buddha also had to come to Tibet by means of either translation or revelation. Were they first recorded in an Indian language and then translated into Tibetan, like many other Buddhist scriptures? Or were they directly taught in Tibetan? Unlike Künpang Daö's medical treasure, the *Four Tantras* itself does not explain its own history of transmission to Tibet, and so later students of the medical scripture had to compose one. An important account that we will explore below frames the *Four Tantras* as a medical treasure that was translated during the imperial period, concealed by the Tibetan King, and finally revealed in the eleventh century. Despite these claims, however, the architects of the Tibetan canons chose to exclude the *Four Tantras* from the Canon of Translated Scriptures (*bka' 'gyur*). Indeed, one particularly candid scholar, Chomden Rikpé Reldri (*bcom ldan rig pa'i ral gri*,

---

55 Again, see McGrath 2017.

1227-1305),[56] explains why:

> Some have said that there are both non-Buddhist and Buddhist medical texts — that there are non-Buddhist tantras and Buddhist sutras and tantras, wherein the Buddhist tantras include the *Root Tantra*, the *Explanatory Tantra*, the *Instructional Tantra*, and the *Subsequent Tantra* [that is, the *Four Tantras*]. But these treatises, sutras, and tantras were all composed in Tibet. They are treatises that were composed by an individual [and presented] as if they were the medical teachings of the Ones Gone Thus.[57]

This condemnation shows that some scholars of late thirteenth century saw the *Four Tantras* as apocryphal and its Tibetan authors as disingenuous. During this time, however, an ambitious student of Yutok, Sumtön Yeshé Zung (*sum ston ye shes gzungs*, fl. early 13th c.), edited and expanded upon the cosmopolitan instructions of his teacher, finally setting them down in writing. In contrast to the later criticisms of Chomden, by the year 1234, Sumtön Yeshé Zung had completed the central scripture for a Buddhist medical tradition that would continue to "shine like the sun in the sky."

Sumtön Yeshé Zung studied with Yutok Yönten Gönpo and his disciples in the early thirteenth century. Sumtön describes the details of his education and his contributions in the *Indispensable Account of Transmission* (*brgyud pa'i rnam thar med thabs med pa*, ca. 1234). In this work, he traces the transmission of medical teachings from the emanated Buddhist sages, Rikpé Yeshé and Yile Kyé, down to the Tibetan sage, Yutok Yönten Gönpo, by means of treasure revelation. Like the narrative frame found in the *Root Tantra*, Sumtön's account begins with the Buddha, Master of Medicine, and the emanated sages, Rikpé Yeshé and Yilé Kyepa. As opposed to the oral transmission described in the *Four Tantras*, however, "master of redactors, Sage Yilé Kyé, recorded [this dialogue] with melted beryl in a precious golden tome and then wrapped it in satin adorned with suns, crystals, and silken fabrics."[58] Eventually the teachings of the *Four Tantras* passed from utopian sages to identifiably Indian figures, such as Kumāra Jīvaka, Nāgārjuna, and Vāgbhaṭa himself. The implication of this narrative, in line with that of

---

56 For more on Chomden's role as an architect of the Tibetan canons, see Schaeffer and van der Kuijp 2009.

57 *Gso ba rig pa rgyan gyi me tog: kha cig gso spyad gzhung las phyi nang gnyis// phyi pa'i rgyud dang nang pa'i mdo rgyud gnyis/ rgyud la rtsa rgyud bshad rgyud man ngag rgyud// rgyud phyi la sogs rnam pa gzhan smra ba// de kun bod kyi byas pa'i bstan bcos te// mdo rgyud de bzhin gshegs pa'i gsung rabs dang // gso rig gang zag byas pa'i bstan bcos yin/* (Bod ljongs bod lugs gso rig slob grwa chen mo 2014: vol. 3, text 40, 472 [ff. 2a-2b]).

58 *Med thabs med pa'i mchong [='phyong] gsum: sdud pa'i rta [=bdag] po drang srong yid las skyes kyis/ rin chen gser gyi glegs bam la/ bhe du rgya'i zhun mas bris/ za 'og nyi ma ris kyis bris/ de steng shel ras dar men dril/* (Bod ljongs bod lugs gso rig slob grwa chen mo 2014: vol. 3, text 3, 257 [f. 2a]). For a full translation and introduction to this text, see McGrath 2017.

the *Four Tantras*, is that the *Essence of the Eight Branches* derives from the *Four Tantras*, and not the other way around.

Finally coming to Tibet, Sumtön explains that Vairocana, the celebrated scholar of the Tibetan imperial period, translated the *Four Tantras* under the aegis of Tri Songdetsen. The latter then "concealed them in a pillar in the center of the upper chapel of the Three Families at Samyé monastery."[59] Like Künpang Daö's medical treasure examined above, here Sumtön associates the teachings of the *Four Tantras* with the glory of the Tibetan imperial period. Unlike most other medical treasures, however, the *Four Tantras* represents a Buddhist scripture translated by Vairocana, rather than the inspired teachings of the Second Buddha, Padmasambhava. Shifting from the Imperial period on to Renaissance Tibet, Sumtön then describes that Drapa Ngönshé (1012–1090) revealed the *Four Tantras* from a pillar at Samyé, and transmitted it to Üpa Dardrak (*dbus pa dar grags*), Tsojé Könkyap (*'tsho byed dkon skyabs*), and Yutok Gönpo (*g.yu thog mgon po*). By explaining that the *Four Tantras* was taught by the Buddha, recorded by Yilé Kyé, transmitted by Indian sages, translated by Vairocana, concealed by Tri Songdetsen, and finally revealed by Drapa Ngönshé, Sumtön effectively shifts the status of the *Four Tantras* from the reported speech of the Buddha, to a cosmopolitan scripture that was recorded in a South Asia, translated into Tibetan during the Tibetan Empire, and finally redacted by Tibetan scholars during the Tibetan Renaissance.

An early curriculum and history of Tibetan medicine confirms the flourishing of the Yutok school at the turn of the thirteenth century. According to its colophon, Cherjé Zhangtön Zhikpo (*che rje zhang ston zhig po*) composed the *Blazing Peak of the Victory Banner: Arranging the Contents of the Origins of Medicine* (*sman gyi byung tshul khog dbubs rgyal mtshan rtse mo 'bar ba*) in the female wood-mouse year (*shing mo byi*) of 1204.[60] This date is most probable, particularly if we consider the claim that five generations separate the birth of Cherjé from the

59 *Med thabs med pa'i mchong* [='*phyong*] *gsum: de la bai ro tsa nas zhus/ khri srong sde btsan khong la stad/ mnga' bdag khri bsrong lde btsan des/ bsam yas dbu rtse rigs gsum gyi/ bar khang ka ba'i nang du sbas/ de nas 'dod lha'i zhag gsum nas/ grwa ba mngon shes can gyis bton/ 'dzam bu gling gi bdag por gyur/* (Bod ljongs bod lugs gso rig slob grwa chen mo 2014: vol. 3, text 3, 257-58 [ff. 2a-2b]).

60 *Sman gyi byung tshul khog dbubs rgyal mtshan rtse mo 'bar ba: la stod gcung sa'i gling po gar kar shing mo byi pa'i spyid zla ra ba'i spus su zhang ston zhig po la shin tu gus pa'i slob ma khams sman rtsas rdha pa sogs pa'i yangs nyes 'bos sangs rgyas 'bul nas zhu pas gang par/ 'gro ba'i don la dgongs nas yi ger dkod pa'o/* (Che rje zhang ston zhig po ND: 46b). See also Martin 2007: 311. Dan Martin first published a preliminary analysis of this manuscript over ten years ago, but the temporary closure of the Tucci Collection in Rome prevented further analysis until recently. I had the opportunity to study the manuscript in the summer of 2019, and I would like to thank Michela Clemente for her hospitality and assistance during my brief visit to the Biblioteca Nazionale.

translation of the *Essence of the Eight Branches* in 1015.[61] This means that Cherjé's account is a rare narrative of the early medical traditions in Tibet over the eleventh and twelfth centuries, and the only such account that does not derive directly from the Yutok school itself.

Placing the date of the *Blazing Peak of the Victory Banner's* composition at 1204 is important, because it separates the flourishing of Yutok Yöten Gönpo from that of his prolific student, SumtönYeshé Zung. Indeed, Cherjé provides the earliest extant description of Yutok, but does not elaborate upon any of his students. It comes in a section of the text where Cherjé instructs members of his own school about how they might prepare to debate with other schools or traditions (*lugs*).[62] Cherjé identifies Tsojé Könkyap as the "Teacher from Upper Tsalung" (*tsha lung stod ston*) and Yutok Yönten Gönpo as "Yutokpa" (*g.yu tog pa'*), and states that they taught in their tradition: 1. a narrative frame for medical teachings; 2. the reason for needing medical teachings; 3. a curricular outline; 4. a topical outline; and 5. scholastic commentaries on medical instructions.[63] Thus, according to Cherjé, Yutok and his teacher, Tsalung Tötön, should be remembered not for the instructions of the *Four Tantras*, but for their narrative, pedagogical, and scholastic innovations. Taken together, we can infer that there were multiple Tibetan traditions of scholastic medicine by the twelfth century, all of which drew from a common body of cosmopolitan medical instructions. After these brief summaries, Cherjé also states that there were countless other lineages that did not proliferate in twelfth-century Tibet because they were "afraid of letters."[64] This final criticism of traditions that were "afraid of letters" indicates that, with the exception of a few schools of medicine focused on the study of the *Essence of the Eight Branches*, most healing traditions in twelfth- and thirteenth-century Tibet were predominantly oral traditions.

In the *Indispensable Account of Transmission*, Sumtön Yeshé Zung explains that he, like Yilé Kyé in the opening scene, finally put the *Four Tantras* into writing. After the *Four Tantras* had passed from Drapa Ngönshé down to Tsojé Könkyap and Yutok, Sumtön heard about these famed physicians from his home in Rumtsam (*ru mtshams*). He entered the Yutok school and

---

61 Five generations with twenty years per generation results in a total of 100 years. Five generations with thirty years per generation results in a total of 150 years. Mangmo Mentsün would have already been an adult in 1015, so, Cherjé Zhangtön Zhikpo was probably born between 1140-1165. This means that he would have been between 40-65 years old in 1204. If we assume shorter generations, the wood-mouse year of 1144 might also be possible, but less likely. For further discussion and a chart of these generations, see Martin 2007: 311, 324.

62 Dan Martin describes these figures in his otherwise consummate study of the text, but somehow missed the passage on Tsalung Tötön and his famous student, Yutok. See Martin 2007: 319.

63 *Sman gyi byung tshul khog dbubs rgyal mtshan rtse mo 'bar ba: slob dpon// tsha lung stod ston nam g.yu tog pa' la sogs pa' lugs kyi gleng gzhi bstan pa// dgos pa ston pa/ don gyi khog dbubs pa/ skyus kyis sa bcad pa/ tshig gi 'bru gnyer ba dang lngar dod do/* (Che rje zhang ston zhig po ND: 28a).

64 *Sman gyi byung tshul khog dbubs rgyal mtshan rtse mo 'bar ba: gzhan lugs dpag tu med des yi ge 'jigs nas ma spros so//* (Che rje zhang ston zhig po ND: 28a).

studied along with the other disciples for three years before receiving permission to redact the *Four Tantras*, purportedly from Yutok himself. Yutok transmitted his teachings to Sumtön along with the blessings of the sages and told him to redact his notes in secret. Sumtön reports:

> I followed his instructions. Sometimes I wrote on mountaintops, sometimes in the deepest valleys, sometimes in the deepest forests. Thirteen years later, in a *jina*-horse year [1234], in Pagor Temple in Yeru, I used my notes to compose a text. [A scripture] previously unknown, unexperienced, and unseen, now shines like the sun in the sky. May it shine gloriously for all living beings.[65]

Like Cherjé, Sumtön states that Yutok was a master physician, scholar, and educator. Sumtön learned oral instructions from Yutok, redacted his notes over a thirteen-year period, and finally finished the *Four Tantras* in the *jina*-horse year of 1234 at Pagor temple (*dpa' khor* [=*spa gor*] *lha khang*) in the district of Yeru.[66] Based on the absence of the *Four Tantras* and other members of the Yutok school from Cherjé's description in 1204, as well as Chomden Rikpé Reldri's criticism of the *Four Tantras* from the second half of the thirteenth century, I argue that 1234 is the horse year in which Sumtön redacted a complete edition of the *Four Tantras*. With this redaction, Sumtön closed the *Four Tantras* off from the further accretion, and thereby opened it to the scholastic commentaries and summaries of subsequent generations.

There is no single narrative frame for the *Four Tantras*. Readers can interpret the *Four Tantras* as a Tibetan treatise that summarizes and expands upon the *Essence of the Eight Branches* and other cosmopolitan instructions. This perspective is not new, of course, for Chomden Rikpé Reldri first expressed it in the second half of the thirteenth century, albeit in a critical fashion. We can also interpret the *Four Tantras* as a Buddhist scripture, which allows us to hear its medical instructions as the speech of the Buddha, Master of Medicine. Indeed, by reading its medical teachings as scripture, the scholars and practitioners of Tibetan medicine can frame the *Four Tantras* as the inspired source of all medicine, like a sun that shines in the sky, reflecting in all other medical traditions. In addition to these concerns over origins and influence, however, reading the *Four Tantras* as a medical treasure allows physicians to heal in accordance with Buddhist ethics and other narrative prescriptions. In other words, reading the

65 *Med thabs med pa'i mchong* [='*phyong*] *gsum: gsung pa bzhin du lag len byas/ res 'ga*['] *ri bo'i rtse la bris/ res 'ga*['] *drog* [=*grog*] *po'i phug du bris/ res 'ga' shing gi tshig khar bris/ de nas mi lo bcu gsum nas/ rnam* [=*gnam*] *lo rgyal po rta lo la/ g.yas ru dpa' khor* [=*spa gor*] *lha khang du/ phyi mo zin bris dpe la bshus/ sngan chab* [=*chad*] *thos tshor mthong ba med/ da ni mkha' la nyi shar bzhin/ 'gro ba'i dpal du shar bar shog* (Bod ljongs bod lugs gso rig slob grwa chen mo 2014: vol. 3, text 3, 258 [f. 3a]).

66 For a description and map of Yeru, as well as a list of districts including Pagor, see Dotson 2009: 197-199, 209. I would like to thank Per Sørensen for discussing the identity of Pagor Temple with me.

Four Tantras as scripture allows healers to integrate the narrative world of Buddhist medicine into their practices and into their lives.

Conclusions: The Buddhist World of Medical Treasures in Tibet

The practice of medicine requires the fusion of narrative worlds. When a person becomes sick, they often must narrate their illness to a physician. The physician then reconciles this narrative with their own training to diagnose the disease of the patient. "To know what patients endure at the hands of illness and therefore to be of clinical help," writes Rita Charon, "requires that doctors enter the worlds of their patients, if only imaginatively, and to see and interpret these worlds from the patients' point of view."[67] The task of the historian of medicine, then, is similar to that of the physician; one must retrieve the narratives of the past and reconcile them with their understandings of history. By entering the narrative worlds of medical treasures, we can also retrieve the institutional, ethical, and soteriological implications of Buddhist medicine in Tibet.

Although the ethical and soteriological implications of Künpang Daö's medical treasure remain largely implicit, the *Four Tantras* explicitly explains how and why one should practice medicine. In the second chapter of the *Root Tantra*, for example, Rikpé Yeshé states, "Those who wish to fulfill their duties, accumulate wealth, and find pleasure, should train in the instructions of the Knowledge of Healing."[68] This is a paraphrase of "Fulfilling duty (Skt. *dharma*), accumulating wealth (Skt. *artha*), and finding pleasure (Skt. *kama*)," recorded in the teachings of the Brahmanical sage, Ātreya, in the opening to the *Essence of the Eight Branches*.[69] Rather than study the "Knowledge of Longevity" (*tshe yi rig byed* = Skt. *āyurveda*), however, here the *Four Tantras* states that physicians should study the "Knowledge of Healing" (*gso ba rig pa* = Skt. *cikitsāvidyā*), or Sowa Riga, one of the five fields of scholastic knowledge (*rig gnas lnga*= Skt. *pañcavidyā*). In addition to the three worldly aims of life, the *Four Tantras* also promises "liberation" (*thar pa* = Skt. *mokṣa*);[70] but not from cyclic existence. "Those

67 Charon 2006: 9.

68 *Rtsa rgyud: chos dang nor dang bde ba sgrub par 'dod pa'i gang zag gis gso ba rig pa'i man ngag la bslab par bya'o/* (Rje bstan 'dzin don grub 2010: vol. 1, 23). A similar line \appears in the first chapter of the *Bshad rgyud: 'gro drug gtso bor gyur pa mi lus la// mi na gnas dang na ba gso ba dang // tshe ring chos nor bde ba sgrub pa'i phyir// gso ba rig pa'i don rnams mdor bsdu na//* (Rje bstan 'dzin don grub 2010: vol. 1, 55).

69 *Yan lag brgyad pa'i snying po bsdus pa: tshe ni ring bar 'dod pa yis// chos dang nor dang bde ba bsgrub// tshe yi rig byed lung bshad pa// rab tu gus par bya bar gyis//* (Krung go'i bod rig pa zhib 'jug ste gnas kyi bka' bstan dpe sdur khang, ed. 2006-2009b: vol. 111, 143). Translated in conversation with Murthy 1991-1992: vol. 1, 3; and Vogel 1965: 48.

70 On the aims of life, see Doniger 2009: 199-211.

beings who wish to achieve liberation from the sufferings of disease and those who wish to be held in high esteem by others," Rikpé Yeshé instructs, "should all train in the Knowledge of Healing."[71] Just as the Buddha promised liberation from the suffering of rebirth, in the practice of Sowa Rigpa, Rikpé Yeshé promises liberation from the sufferings of disease.

In addition to fulfilling one's professional duties, accumulating wealth, finding pleasure, and liberating oneself and others from the sufferings of disease, the *Four Tantras* also promises the soteriological *summum bonum* of Buddhahood. In the *Explanatory Tantra*, the second of the *Four Tantras*, we find instructions for ritually embodying the Buddha, Master of Medicine. After reciting mantras and developing divine pride, one should imagine dispelling diseases and demons from oneself, and saving one's patients from death. The *Explanatory Tantra* concludes these instructions for attainment with explicitly soteriological concerns: "By healing patients and abandoning thoughts of deception, as a final result one will progress to the stage of unsurpassed Buddhahood."[72] The *Four Tantras* promises that, by altruistically practicing medicine as part of the bodhisattva path, a physician will ultimately attain unsurpassed awakening.

Sumtön Yeshé Zung, he who allowed the teachings of the *Four Tantras* to shine like the sun in the sky, practiced Buddhist medicine. "I imagined Master Yutok Gönpo to be like the sage Rikpé Yeshé, and I really am Yilé Kyé," Sumtön recalls. "I am sure that he was my teacher in previous lives, for his kindness was immense, and I shall never forget to place him on my crown. May he continue to grant me his blessings."[73] Read as a treatise, the *Four Tantras* is a medical text composed by the scholar and physician, Yutok Yönten Gönpo. Read as scripture, however, the *Four Tantras* is the recorded speech of the Buddha, Master of Medicine, transmitted by Indian sages, translated by Tibetan scholars, concealed as a medical treasure by a Tibetan king, and finally revealed by Tibetan sages. As such, medical students who enter into the Buddhist world of the *Four Tantras* gain the blessings of this lineage, and, with altruistic practice, may even ultimately attain the *summum bonum* of awakening. Buddhist medicine, then, is narrative medicine. By forging its narratives through the alchemy of medical treasures, the *Four Tantras* is scripture and treatise, cosmopolitan and vernacular, Buddhist and Tibetan.

---

71 *Rtsa rgyud: 'gro ba gang zhig nad kyi sdug bsngal thar bar 'dod pa dang / gzhan gyi spyi bos bkur bar 'dod pa'i gang zag gis gso ba rig pa'i man ngag la bslab par bya'o/* (Rje bstan 'dzin don grub 2010: vol. 1, 23).

72 *Bshad rgyud: mthar thug 'bras bu g.yo sgyu 'dod pa rnams// spangs nas nad pa gso ba la 'jug pa// bla med sangs rgyas la bgrod 'gyur zhes// 'tsho mdzad sman pa'i rgyal bos bshad pa yin//* (Rje bstan 'dzin don grub 2010: vol. 1, 274-75). Translated in conversation with Gyatso 2015: 359.

73 *Med thabs med pa'i mchong [='phyong] gsum: mkhas pa g.yu thog mgon po de/ drang srong rig pa'i ye shes lag[s] pa 'dra/ dngos rang yid las skyes sam mnyam [=snyam]/ tshe rabs kyis bla ma yin par nges/ bsam kyin sku drin che ba'i phyir/ mi [b]rjed rgyun du tsugs [=gtsug] tu 'khur/ rgyun chad med par byin gyis rlobs/* (Bod ljongs bod lugs gso rig slob grwa chen mo 2014, vol. 3, text 3, 258 [f. 3a]). For further discussions of this passage, see Yang Ga 2010: 90; 2014: 160; Gyatso 2015: 153.

Bibliography

Tibetan Sources

A ru ra, ed. 2005. *Sde srid sman gyi khog 'bubs*. Bod kyi gso ba rig pa'i gna' dpe phyogs bsgrigs dpe tshogs, vol. 8. Beijing: Mi rigs dpe skrun khang.

A ru ra, ed. 2006. *Dbang po lag pa'i bcud len.* In *Slob dpon pad 'byung gi sman yig gces btus*. Bod kyi gso rig pa'i gna' dpe phyogs bsgrigs dpe tshogs, vol. 24. Beijing: Mi rigs dpe skrun khang.

Bod ljongs bod lugs gso rig slob grwa chen mo, ed. 2014. *Krung go'i bod lugs gso rig rtsa che'i dpe rnying kun btus: Pho brang po ta la'i gsung rab gter mdzod las btus* [Zhongguo yiyao yingyin guji zhenben 中国藏医药影印古籍珍本 ; China's Traditional Tibetan Medical Texts: A Treasury of Scriptures from the Potala Palace]. Lhasa: Bod ljongs mi dmangs dpe skrun khang.

Gso ba rig pa rgyan gyi me tog, vol. 3, text 40, pp. 472-91 (ff. 1a-38b).

Med thabs med pa'i mchong [='*phyong*] *gsum*, vol. 3, text 3, pp. 257-61 (ff. 1a-7a).

Brang ti dpal ldan 'tsho byed. 1977. *Rtsa ba'i rgyud gyis* [sic] *'brel pa rgyud don rab gsal rgyas ba.* In *Commentaries on the Rtsa rgyud, Bśad rgyud, and Phyi ma rgyud*, 1-195. Leh: T. Sonam Tashigang.

—— 2005. *Rgyud bzhi'i spyi don shes bya rab gsal rgyas pa.* Delhi: TY Tashigang.

—— ND. *Gsang ba man ngag gis* [sic] *rgyud kyi spyi don shes bya rab gsal rgyas pa*. Unpublished manuscript held at the Nationalities Cultural Palace Museum (*Minzu wenhua gong* 民族文化宫) in Beijing. Incomplete.

Che rje zhang ston zhig po. ND. *Sman gyi byung tshul khog dbubs rgyal mtshan rtse mo 'bar ba.* Rome: Manuscript held at the Biblioteca Nazionale.

Gu ru chos kyi dbang phyug. 1979. *Ghu ru chos dbang gis gter 'byung chen mo.* In *The Autobiography and Instructions of Gu-ruchos-kyi-dbaṅ-phyug*, vol. 2, ff. 1a-60a (pp. 75-193). Paro: Ugyen Tempai Gyaltsen.

Krung go'i bod rig pa zhib 'jug ste gnas kyi bka' bstan dpe sdur khang, ed. 2006-2009a. *Bka' 'gyur dpe bsdur ma.* Beijing: Krung go'i bod rig pa dpe skrun khang.

'Phags pa gser 'od dam pa mchog tu rnam par rgyal ba'i mdo sde'i rgyal po theg pa chen po'i mdo. In *rgyud 'bum*, text 0583, vol. 89 (pa), pp. 80-459.

'Phags pa gser 'od dam pa mdo sde'i dbang po'i rgyal po zhes bya ba theg pa chen po'i mdo. In *rgyud 'bum*, text 0584, vol. 89 (*pa*), pp. 460-798.

'Phags pa gser 'od dam pa mdo sde'i dbang po'i rgyal po zhes bya ba theg pa chen po'i mdo. In *rgyud 'bum*, text 0585, vol. 90 (*pha*), pp. 3-175.

Krung go'i bod rig pa zhib 'jug ste gnas kyi bka' bstan dpe sdur khang, ed. 2006-2009b. *Bstan 'gyur dpe bsdur ma.* Beijing: Krung go'i bod rig pa dpe skrun khang.

Bye brag tu rtogs par byed pa. In sna tshogs, text 3590, vol. 115 (co [219]), pp. 3-310.

Yan lag brgyad pa'i snying po bsdus pa. In *gso rig*, text 3547, vol. 111 (*he* [213]), pp. 143-944.

Rje bstan 'dzin don grub, ed. 2010. *Dpal ldan rgyud bzhi dpe bsdur ma.* Chengdu: Si khron mi rigs dpe skrun khang.

Other Sources

Cantwell, Cathy, and Robert Mayer. 2013. "The Bon *Ka ba nag po* and the Rnying ma *Phur pa* tradition." *Journal of the International Association for Bon Research* 1: 38-53.

——2015. "Longevity Rituals in the Bon *Phur pa* Tradition: Chapter 25 of the Black Pillar." In *Tibetan and Himalayan Healing: An Anthology for Anthony Aris*, edited by Charles Ramble and Ulrike Roesler, 105-118. Kathmandu: Vajra Books.

Csoma de Kőrös, Alexander. 1835. "Analysis of a Tibetan Medical Work." *Journal of the Asiastic Society* 37: 1-20.

Czaja, Olaf. 2005–2006. "Zurkharwa Lodro Gyalpo (1509-1579) on the Controversy of the Indian Origin of the *rGyud bzhi.*" *The Tibet Journal* 30, no. 4; and 31, no. 1: 131-52.

Daizo Shuppansha 大藏出版株式會社 ed. 1924-1934. *Taishō shinshū daizōkyō.* Tokyo: Taisho issaikyo kankokai.

Hebu jinguangming jing 合部金光明經 . Vol. 16, No. 664.

Jinguangming zuisheng wang jing 金光明最勝王經 . Vol. 16, No. 665.

Dawa. 2009. "Materia Medica of Tibetan Medicine: Identification, Quality Check and Protection Measures." Translated by Tsering D. Gonkatsang. *Asian Medicine* 5: 407-432.

Demiéville, Paul. 1937. "Byō 病 ." In *Hôbôgirin: dictionnaire encyclopédique du Bouddhisme d'après les sources chinoises et japonaises*, edited by Paul Demiéville et al., vol. 3, 224-65. Paris: Adrien Masionneuve.

Doniger, Wendy. 2009. *The Hindus: An Alternative History.* New York: Penguin.

Dotson, Brandon. 2009. *The Old Tibetan Annals: An Annotated Translation of Tibet's First History.* Vienna: Austrian Academy of Sciences Press.

Emmerick, Ronald E. 1975-76. "Ravigupta's Place in Indian Medical Tradition." *Indologica Taurinensia* 3-4: 209-21.

——1982. The *Siddhasāra of Ravigupta.* Wiesbaden: Franz Steiner.

——1990. "Rgas-pa gso-ba." In *Indo-Tibetan Studies: Papers in Honour and Appreciation of Professor David L. Snellgrove's Contribution to Indo-Tibetan Studies*, edited by Tadeusz Skorupski, 89-99. Tring: The Institute of Buddhist Studies.

Garrett, Frances. 2009. "The Alchemy of Accomplishing Medicine (*sman sgrub*): Situating the *Yuthok Heart Essence* (*G.yu thog snying thig*) in Literature and History." *Journal of Indian*

Philosophy 37: 207-230.

Gawai Dorje. 2009. "An Investigation into the Advisability of Translating Names of Tibetan Medicine into Other Languages." Translated by Tsering D. Gonkatsang. *Asian Medicine* 5: 394-406.

Gerke, Barbara. 2012. "'Treating the Aged' and 'Maintaining Health': Locating *Bcud len* Practices in the Four Tibetan Medical Tantras." *Journal of the International Association of Buddhist Studies* 35, nos. 1-2: 329-362.

——2021. *Taming the Poisonous: Mercury, Toxicity, and Safety in Tibetan Medical Practice.* Heidelberg: Heidelberg University Publishing.

Gyatso, Janet. 2015. *Being Human in a Buddhist World: An Intellectual History of Medicine in Early Modern Tibet.* New York: Columbia University Press.

——2017. "Review of C. Pierce Salguero, *Translating Buddhist Medicine in Medieval China*." *History of Religions* 57, no. 1: 99.

Hallisey, Charles, and Frank Reynolds. 1987. "Buddhism: An Overview." In the *Encyclopedia of Religion*, edited by Mircea Eliade, vol. 2, 334-51. New York: Macmillan Publishing Company.

Jikdrel Yeshe Dorje, Dudjom Rinpoche. 1991. *The Nyingma School of Tibetan Buddhism: Its Fundamentals and History.* Translated by Gyurme Dorje and Matthew Kapstein. Boston: Wisdom.

Kapstein, Matthew T. 2000. *The Tibetan Assimilation of Buddhism: Conversion, Contestation, and Memory.* Oxford: Oxford University Press.

——2009. "The *Commentaries of the Four Clever Men*: A Doctrinal and Philosophical Corpus in the Bon po rDzogschen Tradition." *East and West* 59, nos. 1-4: 107-130.

Karmay, Samten G. 1990. "Vairocana and the *Rgyud-bzhi*." *Tibetan Medicine* 13: 19-31.

Kahl, Oliver. 2015. *The Sanskrit, Syriac and Persian Sources in the Comprehensive Book of Rhazes.* Leiden: Brill.

Kilty, Gavin, trans. 2009. *Mirror of Beryl: A Historical Introduction to Tibetan Medicine.* Boston: Wisdom Publications.

Maas, Philipp A. 2017. "*Rasāyana* in Classical Yoga and Ayurveda." *History of Science in South Asia* 5, no. 2: 66-84.

Martin, Dan. 2007. "An Early Tibetan History of Indian Medicine." In *Soundings in Tibetan Medicine: Anthropological and Historical Perspectives. Proceedings of the 10th Seminar of the International Association of Tibetan Studies*, edited by Mona Schrempf, 307-25. Leiden: Brill.

Mayer, Robert. 2013. "A Bon Tantric Approach to the Senses: The Evidence from Khutshazla 'od's *Black Pillar* (*Ka ba nag po man ngag rtsa ba'i rgyud*)." *Revue d'Etudes Tibétaines* 50: 40-55.

——2019. "Rethinking Treasure (Part One)." *Revue d'Etudes Tibétaines* 52: 119-84.

McGrath, William A. 2017. "Origin Narratives of the Tibetan Medical Tradition: History, Legend, and Myth." *Asian Medicine: Journal of the International Association for the Study of Traditional Asian Medicine* 12, nos. 1-2: 295-316.

Murthy, K. R. Srikantha. 1991-1992. *Vāgbhaṭa's Aṣṭāñga Hṛdayam: Text, English Translation, Notes, Appendix and Indices.* Varanasi: Krishnadas Academy.

Needham, Joseph. 1975. "The Elixir Concept and Chemical Medicine in East and West." *Organon* 11: 167-92.

Oliphant, Charles Jamyang. 2015. *'Extracting the Essence': Bcud len in the Tibetan Literary Tradition.* Oxford: Doctoral Dissertation at Wolfson College, Oxford University.

——2020. "The Significance of Padmasambhava in the *Bcud len* Tradition." In *About Padmasambhava: Historical Narrative and Later Transformations of Guru Rinpoche,* edited by Geoffrey Samuel and Jamyang Oliphant, 199-221. Schongau: Garuda Verlag.

Pollock, Sheldon. 2006. *The Language of the Gods in the World of Men: Sanskrit, Culture, and Power in Premodern India.* Berkeley: University of California Press.

Principe, Lawrence M. 2013. *The Secrets of Alchemy.* Chicago: University of Chicago Press.

Radich, Michael. 2014. "On the Sources, Style and Authorship of Chapters of the Synoptic *Suvarṇaprabhāsottama-sūtra* T664 Ascribed to Paramārtha (Part 1)." *Annual Report of the International Research Institute for Advanced Buddhology at Soka University* 17: 207-44.

——2015. "Tibetan Evidence for the Sources of Chapters of the Synoptic *Suvarṇaprabhāsottama-sūtra* T664 Ascribed to Paramārtha." *Buddhist Studies Review* 32, no. 2: 245-270.

Salguero, C. Pierce. 2014. *Translating Buddhist Medicine in Medieval China.* Philadelphia: University of Pennsylvania Press.

——ed. 2017. *Buddhism and Medicine: An Anthology of Premodern Sources.* New York: Columbia University Press.

——ed. 2019. *Buddhism and Medicine: An Anthology of Modern and Contemporary Sources.* New York: Columbia University Press.

——2021. *A Global History of Buddhism and Medicine.* New York: Columbia University Press.

Samuel, Geoffrey. 2010. "A Short History of Indo-Tibetan Alchemy." In *Studies of Medical Pluralism in Tibetan History and Society, PIATS 2006: Tibetan Studies: Proceedings of the Eleventh Seminar of the International Association for Tibetan Studies, Königswinter 2006,* edited by Mona Schrempf, Sienna Craig, Frances Garrett and Mingji Cuomo, Andiast, 221-233. Switzerland: International Institute for Tibetan and Buddhist Studies GmbH.

Schaeffer, Kurtis R. and Leondard W. J. van der Kuijp. 2009. *An Early Tibetan Survey of Tibetan Buddhist Literature: The Bstan pa rgyas pa rgyan gyi nyi 'od of Bcom ldan ral gri.* Harvard Oriental Series vol. 64. Cambridge: Harvard Oriental Series.

Schaeffer, Kurtis R., Matthew Kapstein, and Gray Tuttle, eds. 2013. *Sources of Tibetan*

Tradition. New York: Columbia University Press.

Sehnalova, Anna. 2018. *The Bonpo Mendrup (sMans grub) Ritual: Its Medicine, Texts, Traceable History, and Current Practice.* Prague: Doctoral Dissertation at Charles University.

Simioli, Carmen.2013. "Alchemical Gold and the Pursuit of the Mercurial Elixir: An Analysis of Two Alchemical Treatises from the Tibetan Buddhist Canon." *Asian Medicine* 8: 41-74.

Smith, Wilfred C. 1993. *What is Scripture?: A Comparative Approach.* Minneapolis: Fortress Press.

Tatz, Mark. 1985. *Buddhism and Healing: Demiéville's Article "Byō" from Hōbōgirin.* Lanham: University Press of America.

Vogel, Claus. 1965. *Vāgbhaṭa's Aṣṭāṅgahṛdayasaṃhitā: The First Five Chapters of Its Tibetan Version.* Wiesbaden: Franz Steiner Verlag GMBH.

Wujastyk, Dagmar. 2017. "Acts of Improvement: On the Use of Tonics and Elixirs in Sanskrit Medical and Alchemical Literature." *History of Science in South Asia* 5, no. 2: 1-36.

——Suzanne Newcombe, and Christèle Barois. 2017. "Introduction" to the special issue, "Transmutations: Rejuvenation, Longevity, and Immortality Practices in South and Inner Asia." *History of Science in South Asia* 5, no. 2: *i–xvii.*

Yang Ga. 2010. *Sources for the Writing of the Rgyud bzhi, Tibetan Medical Classic.* Cambridge: Doctoral Dissertation at Harvard University.

——2014. "The Origin of the *Four Tantras* and an Account of Its Author, Yuthog Yonten Gonpo." In *Bodies in Balance: The Art of Tibetan Medicine*, edited by Theresia Hofer, 154-77. Seattle: University of Washington Press.

Zysk, Kenneth G. 1999. "Mythology and the Brāhmaṇization of Indian Medicine: Transforming Heterodoxy into Orthodoxy." In *Categorisation and Interpretation: Indological and Comparative Studies from an International Indological Meeting at the Department of Comparative Philology, Göteborg University*, edited by Folke Josephson, 125-45. Göteborg: Novum Grafiska AB.

◆ Author: William A. McGrath, the Robert H. N. Ho Family Foundation Assistant Professor of Buddhist Studies at New York University.

《五部遗教》与《邬坚巴传》之间的文本关联：兼论伏藏文本的知识更新 *

孙鹏浩

内容摘要： 14 世纪成书的伏藏名著《五部遗教》的材料来源十分丰富，包括可以追溯到敦煌时期的古代材料。本文发现《五部遗教 · 大臣遗教》第 29 章的一部分内容是改编自 14 世纪前期成书的《邬坚巴传》所记录的一段邬坚巴 · 仁钦贝的讲话。本是邬坚巴为旧译密咒和息解派所作的辩护，被掘藏师创造性地改造为莲花生的伏藏理论。本文重构了 13 世纪 80 年代山南的涅地区的蒙藏交往的政治背景，分析了邬坚巴的原始讲话，以此考察文本间的继承和变化关系。这一文本关系不仅告诉我们《五部遗教》积极地吸收蒙元时期的新知识与修辞，而且提供了难得的有关《邬坚巴传》如何被阅读和利用的信息。我们可以就此反思伏藏材料对于研究思想史的价值。

* 《藏学学刊》两位匿名评审对稿件提出了中肯的修改意见并提示了重要的格泽班智达的材料，在此表示感谢。阔九次力（ཞེ་བོ་རྣལ་འབྱོར་ཚེ་རིང）和扎旺（ཧྲ་ནག་བཀྲ་དབང）与我讨论了多处藏文的疑难段落并就草稿提出建议；Tanner McAlister 与我一起阅读了《五部遗教》的部分内容，并向我介绍了许多相关的研究；侯浩然在疫情期间寄来了必要的研究材料；杜旭初、泽拥（ཚེ་རིང་གཡུང་དྲུང）、旦增遵珠（ཨ་དྲུང་ཧྲ་ཤོད་བསྟན་འཛིན་བརྩོན་འགྲུས）和格格其就草稿提出了修改意见。对于他们的帮助，在此致谢。

一、引言

西藏的伏藏作品之所以能够不断地吸引学者为之倾注心力，一个重要原因是伏藏作者或曰掘藏师们既利用了真实的早期文献，又无惧于在其上增添自己的笔墨，由此诞生了大量的内容丰富、层次驳杂、且富有文学感染力的文本。而利用各种语文学的手段研究其文本构建的历史及其在文化史上的影响，一直都是伏藏研究的核心方法。14 世纪成型的《五部遗教》(བཀའ་ཐང་སྡེ་ལྔ) 正是一部内容丰富且已经广受学界重视的伏藏文本。

不过，我们对其成书过程及其发掘人邬坚林巴（ཨོ་རྒྱན་གླིང་པ། 1323-? 年）的生平所知甚少。关于这位掘藏师，我们仍然不得不依据晚期的文本如工珠（འཇམ་མགོན་ཀོང་སྤྲུལ། 1813-1899 年）的伏藏史，才获得少量信息[1]。邬坚林巴生于扎囊地区，曾在桑耶等地取出巨量伏藏，包括仪轨、医学和工艺类等，当然还有最为后世所熟知的《五部遗教》和《莲花遗教》(པདྨ་བཀའ་ཐང) 两部巨著。《五部遗教》包含了“国王遗教”等五份发掘时间和地点均不相同、不知何时起被编辑在一起的伏藏，故本文遵循学界习惯将五部分整体称为《五部遗教》。对于邬坚林巴的两部遗教的创作情况，我们手中几乎没有资料。不过，两部遗教以“预言”的形式表达了作者对 14 世纪中期的西藏政治和社会状况的看法，虽然对这些材料目前缺乏细致的研究，但是可以肯定的是，作者有较强的议论时政的意图。据工珠的说法，这些预言甚至导致他与当时的政治领袖大司徒强曲坚赞（བྱང་ཆུབ་རྒྱལ་མཚན།1302-1364 年）之间产生矛盾[2]。掘藏师生活的 14 世纪中期，萨迦政权业已飘摇，凯普斯坦（M. Kapstein）认为此时的宁玛学者因此获得了一个复兴其传统的机会，于是大张旗鼓地歌颂赞普时期的文化遗产[3]。这一文化上的努力显然得到了回报。《莲花遗教》在 16 世纪即得到五世达赖喇嘛的曾祖父的资助，从而得以刻印传播，后来也受

1　འཇམ་མགོན་ཀོང་སྤྲུལ་བློ་གྲོས་མཐའ་ཡས། གཏེར་སྟོན་བརྒྱ་རྩའི་རྣམ་ཐར། ལྷ་ས། བོད་ལྗོངས་མི་དམངས་དཔེ་སྐྲུན་ཁང་། 2007: 86-88. 在此文本基础上的更晚期的作品有 Dudjom Rinpoche (trans. Gyurme Dorje and Matthew Kapstein), *The Nyingma School of Tibetan Buddhism: Its Fundamentals and History*, Boston: Wisdom Publications, 1991: 775-779.

2　对早期藏学家如图齐（Tucci）等人的观点的总结，见 Lewis Doney, "Revelation and Re-evaluation: The Flourishing of Padmasambhava Biography after Yuan Mongol Decline." *European Bulletin of Himalayan Research* 52, 2018: 64-65.

3　Matthew Kapstein, *The Tibetan Assimilation of Buddhism*, Oxford University Press, 2000: 165-166. 对这一观点的发展及后续的研究见 Lewis Doney, "Revelation and Re-evaluation: The Flourishing of Padmasambhava Biography after Yuan Mongol Decline." *European Bulletin of Himalayan Research* 52, 2018: 47-71. 关于利用伏藏形式复兴“黄金时代”在 17 世纪的蒙古贵族中的表现，见格格其：《禁忌与认同：宁玛派伏藏文献于蒙古的传播（1607-1738 年）》，《藏学学刊》第 26 辑，2022（1）：216-229。

到了藏、蒙、满贵族的重视[4]。

从资料来源的角度看，《莲花遗教》作为主题明确的莲花生传，其资料来源的主体是12世纪成书的娘热·尼玛沃色（ཉང་རལ་ཉི་མ་འོད་ཟེར། 1124-1192年）的伏藏《赤铜洲》(ཟངས་གླིང་མ)[5]。而《五部遗教》的主题和资料来源则庞杂得多。最近，梅尔（R. Mayer）总结了布隆多（A. Blondeau）等学者已经发现的《五部遗教》六份材料来源，故不赘述[6]。值得补充的是梅尔文章并未提及几位日本学者和中国学者的研究，如小畠宏允、上山大俊、才让等人的文章[7]，他们把《五部遗教》的一些记载禅宗的内容与敦煌汉、藏文文献（特别是敦煌P.t.116）相比较，认定了其中的文本关联。才让总结道："(《五部遗教》)是一部汇编著作，根据社会上流传的有关吐蕃的故事、遗留的有关佛教的古文献（包括发掘出的伏藏文献）等，依照一定的编排体系编纂而成，重点突出莲花生大师的功德和宁玛派的教法，宣扬宁玛派。"[8]

下面我们将看到《五部遗教》的另一个文本来源，即成书于14世纪初期的《邬坚巴传》中的一段邬坚巴·仁钦贝（ཨོ་རྒྱན་པ/ཨུ་རྒྱན་པ་རིན་ཆེན་དཔལ། 1230-1309年）为宁玛等传统辩护的讲话。掘藏师将其改造成对伏藏的辩护，融入了《五部遗教·大臣遗教》中介绍伏藏类型的第29章之中。由此可见，掘藏师邬坚林巴不仅热衷于收录古代材料，而且积极地吸收当时最新的文本。这为我们理解伏藏的成书提供了一个前所未有的案例，让我们可以在一个较为扎实的文本基础上思考伏藏的"时代性"。

二、《邬坚巴传》的相关部分

首先来看《邬坚巴传》的情况。它的全名是《大成就者邬坚巴传——加持之流》

---

4 Matthew Kapstein, "Gter-ma as Imperial Treasure: The 1755 Beijing Edition of the Padma bka' thang." In *Revue d'Etudes Tibétaines* 31, 2015: 167-187.

5 Lewis Doney, "Revelation and Re-evaluation." 2018: 56-59.

6 Rob Mayer, "Rethinking Treasure (part one)." *Revue d'Etudes Tibétaines* 52, 2019: 120-185.

7 最早指出关联性的是 Giuseppe Tucci, *Minor Buddhist Texts*, vol. 2, Rome: Istituto Italiano per il Medio ed Estremo Oriente, 1958: 68-114. 日本学者的成果的总结，见 Daishun Ueyama（上山大峻）, (trans. Kenneth Eastman and Kyoko Tokuno), "The Study of Tibetan Ch'an Manuscripts Recovered from Tun-huang: A Review of the Field and its Prospects." In *Early Ch'an in China and Tibet*, eds. Whalen Lai and Lewis R. Lancaster, Berkeley, California: Asian Humanities Press, 1983: 327-349. 汉译文见杨富学、杨汉璋译：《敦煌吐蕃文禅写本研究的回顾与瞻望》，《西藏研究》1992（3）：133-146。才让：《从《五部遗教》看禅宗在吐蕃的传播和影响》，《西藏研究》2002（1）：35-43。

8 才让：《从〈五部遗教〉看禅宗在吐蕃的传播和影响》，《西藏研究》2002（1）：35。

（གྲུབ་ཆེན་ཨུ་རྒྱན་པའི་རྣམ་ཐར་བྱིན་བརླབས་ཀྱི་ཆུ་རྒྱུན），作者是邬坚巴的弟子索南维色（བསོད་ནམས་འོད་ཟེར། 大约活跃于 13 世纪后期到 14 世纪初）。作者自称写作于后藏的布扎寺（སྤུད་ཏྲ），不仅参考了前人所著作品，还记下了自己亲耳所闻、亲眼所见的事迹[9]。我们知道现存不下十种长短不一的邬坚巴传，而索南维色所著的邬坚巴长传就至少有五个版本存世[10]。这一数据从侧面反映了该类文本的较高的流行度。不过，尽管我们知道达擦·才旺加（རྟ་ཚ་ཚེ་དབང་རྒྱལ། 15 世纪）等史家等在编纂史书时曾以它为参考资料[11]，但是《邬坚巴传》具体是如何被使用的问题，因为缺乏材料而难以回答。正因如此，本文涉及的文本关系提供了该传记流传情况的难得信息。

我们关注的这段文本出现在 1282-1284 年间邬坚巴游历山南之时。此时他已经是成名已久的学者、旅行家、禅修者、译师，而且，他已经与八思巴、二世噶玛巴、桑哥等西藏政教高层多有接触。此次邬坚巴离开自己在定日附近的布扎寺远行，似乎是为了给当时居住在今谢通门一带（འཛད）的本钦强曲仁钦（བྱང་ཆུབ་རིན་ཆེན）治病[12]。此后，他一路向东，在楚布寺见到二世噶玛巴，并为他暂时保管象征其传承的金边黑帽[13]；然后再向南，直到藏南边境一带。他一路上途经许多重要的地方政教中心，与当地人士发生了一系列互动，下面将要读到的 1283 年发生在丢热寺的事件就是其中之一。

丢热寺（ཏེའུ་ར）[14]，位于今隆子县城西，属于涅（གཉལ་/མཉལ་/དགྱལ）地区的下部涅（གཉལ་སྨད）部分。13 世纪中后期，涅及其附近札由（ཙ་ཡུལ）等地区的政治归属问题，可以说是这段言论的最直接的背景。理论上，这些地区当时仍是旭烈兀的封地。根据《司徒遗

9 其跋文见甘托克 1976 影印出版的草体写本（TBRC: W23940，李惠玲编号 A3-SO）第 210 页。

10 关于邬坚巴的传记材料的出色的文本梳理，见 Brenda Li, "A Critical Study of the Life of the 13th-Century Tibetan Monk U rgyan pa Rin chen dpal Based on his Biographies." Doctoral Dissertation, University of Oxford, 2011. 除了她介绍的三个版本，还有收入 གྲུབ་ཆེན་ཨོ་རྒྱན་པ་རིན་ཆེན་དཔལ་གྱི་གསུང་འབུམ་དང་རྣམ་ཐར་སོགས།（TBRC: W1KG4220）即邬坚巴文集中 kha 卷中的 190 叶的版本，以及作为 གྲུབ་ཆེན་ཨོ་རྒྱན་པའི་རྣམ་ཐར་བྱིན་རླབས་ཀྱི་ཆུ་རྒྱུན་དང་མགུར་འབུམ།（TBRC: W8LS32735）的前半部分的版本。本文顺次将其编号为 A4-SO 和 A5-SO。

11 见 རྟ་ཚ་ཚེ་དབང་རྒྱལ། ལྷོ་རོང་ཆོས་འབྱུང་། ལྷ་ས། བོད་ལྗོངས་བོད་ཡིག་དཔེ་རྙིང་དཔེ་སྐྲུན་ཁང་། 1994: 717-750.

12 这位本钦的去世得到不少学者的关注，最新研究见 Brenda Li, "A Critical Study of the Life of the 13th-Century Tibetan Monk U rgyan pa Rin chen dpal Based on his Biographies." 2011: 273-280.

13 有关黑帽传承的详情以及它的多民族政治文化背景，见谢继胜、才让卓玛：《宋辽夏官帽、帝师黑帽、活佛转世与法统正朔（下）——藏传佛教噶玛噶举上师黑帽来源考》，《故宫博物院院刊》2020（7）：58-71。

14 丢热寺（རྟེའུ་ར，亦写作 ཏེའུ་ར、ལྟེའུ་ར 等），它的名字的通俗解读是“马驹圈”，见 Per Sørensen & Guntram Hazod (with Guge Tshering Rgyalpo), *Thundering Falcon: An Inquiry into the History and Cult of Khra-'brug. Tibet's First Buddhist Temple*, Wien: Österreichische Akademie der Wissenschaften, 2005: 105. 其位置和现状见 ཆོས་འཕེལ། གངས་ཅན་ལྗོངས་ཀྱི་གནས་བཤད་ལམ་ཡིག་གསར་མ་ལས——ལྷོ་ཁ་ས་ཁུལ་གྱི་གནས་ཡིག（《雪域圣迹导游——山南》）པེ་ཅིན། མི་རིགས་དཔེ་སྐྲུན་ཁང་། 2002: 96, 110.

嘱》一段著名的记载，我们知道，忽必烈继位后，召回了诸王封地上的似乎起到监临作用的“守土官”（ཡུལ་བསྲུངས），唯独允许其弟旭烈兀保留[15]。可见 1260 年代该地区仍归帕木竹巴和旭烈兀。不过，因为萨迦和忽必烈的势力日盛，旭烈兀在西藏的封地面临易手的威胁[16]。例如，本属于旭烈兀的在阿里的封地就在 1260 年代被萨迦派夺走[17]。在详细分析这个拉锯状态之前，我们先看《邬坚巴传》记载的这段他对当地众人的演讲（我用①等序号来表示与《五部遗教》对应的部分，方便读者定位和比较）[18]：

དེ་ནས་ཏཻ་ཙུ་རར་ཕྱག་ཕེབས་པའི་ཚེ་གནས་གོག་ཞིག་པའི་རི་རྡུལ་མང་པོ་གཟིགས། སློབ་དཔོན་གཙང་པ་ལ་གནང་སྦྱིན་མང་པོ་མཛད་ནས་ཞལ་ཏ་བྱོན། དམྱལ་སྐད་དུ་འབུལ་བ་བྱུང་བའི་གསུང་རབ་རྣམས་ཀྱང་ཕུལ་ཏེ། རྗེ་གྲུབ་ཐོབ་རིན་པོ་ཆེའི་ཞལ་ནས་འདི་གསུང་།

ཁྱེད་ཏེ་ཙུ་ར་བ་ཡང་ཆག་ལོ་ཐྨ་བ་རང་བྱུས་ན་དགའ་བ་ཡིན་ཏེ། ས་སྐྱ་པ་བྱུང་ན་དགའ་བར་བྱེད་པ་དེ་ཡུལ་ཕྱུང་ན་དགའ་བར་བྱུང་པ་ཡིན།[19]ཆོས་པ་ལ་ཕན་སེམས་ཆེ་དགོས་པ་ཡིན། དགེ་བཤེས་བྱ་རིན་ཆེན་ལ་ཕན་སེམས་ཡོད་པས་ཆུང་མ་བཙྭ་བརྒྱད་ཡོད་ཀྱང་བྱིན་བརླབས་ཞུ་བ་ལ་ཐོབ་ཤ་བྱེད་པར་འདུག ཁྱེད་ཏེཙུ་ར་བ་ལ་བྱིན་བརླབས་མི་ཞུ་བའི་སྟེངས་སུ་དགྲར་ལྟ་བར་འདུགདེ་ཁྱེད་རང་ལ་ཡང་ ① ནང་ན་སྐྱོན་ཅིག་ཡོད་པའི་རྟགས་ཡིན།

ཆོས་རྗེ་ཆག་ལོ་ཐྨ་བ་དེ་ངའི་དབང་ཞུས་པའི་བླ་མ་ཡིན་ཡང་། ཆོས་རྙིང་མ་དང་ཞི་བྱེད་[20]ལ་སོགས་ལ་ཆོས་ལོག་ཡིན་ཞེས་གསུང་ཟེར་ཏེ་ ② རྒྱལ་བའི་གསུང་རབ་ལ་ཚད་བཟུང་བར་ག་ལ་ནུས། ③ བལ་ཡུལ་ཐང་རྙེ་ཏ་རའི་གཙུག་ལག་ཁང་ན་གསར་རྙིང་གི་དཔེ་བཞུགས་པའི་མིང་སྒྱུར་ནའང་འབུམ་ཙམ་ཅིག་འོང་བར་འདུག ④ མཐོང་རྒྱ་ཆུངས་པ་ཡིན། སྔགས་བླ་ན་མེད་པའི་ ⑤ དབང་སྐུར་བ་ལ་དབང་རྫས་བུར་ཚུ་ལ་བྱེད་དེ།[21] ⑥ རྩ་ལྟུང་བཅུ་ཉ་པ་འཐོག དེས་ ⑦ བཀའ་བསྒྲུངས་རྣམས་ཁྲོས་པ་ཡིན། བཀའ་གདམས་ཀྱི་ ⑧ རྣམ་ཐར་པོ་ཚུགས་ལ་རེ་བས་འཁྲོམ་སྟོན་པ་ཆུང་ཆུང་དུ་བཏང་ཡོད་པར་འདུག་སྟེ། རྗེ་ངན་ཡོང་བ་དེ་དེ་ཆོས་ལན་པ་ཡིན་གསུང་།

---

15 “ཡུལ་སྲུང་ཐམས་ཅད་ཕྱིར་བསྡུས་པ”， 见 བྱང་ཆུབ་རྒྱལ་མཚན། རླངས་ཀྱི་པོ་ཏི་བསེ་རུ་རྒྱས་པ། ལྷ་ས། བོད་ལྗོངས་མི་དམངས་དཔེ་སྐྲུན་ཁང་། 1986: 110. 参考 Olaf Czaja, *Medieval Rule in Tibet: The Rlangs Clan and the Political and Religious History of the Ruling House of Phag mo gru pa: With a Study of the Monastic Art of Gdan sa mthil*, Wien: Verlag der Österreichischen Akademie der Wissenschaften, 2013: 97. 陈得芝认为这一记载未必表示撤销诸王在西藏的封地，更可能仅仅是取消了封地监临官，对应《元史》所记载的 1264 年诏罢各投下达鲁花赤事件。见陈得芝：《再论乌斯藏“本钦”》，载萧启庆主编：《蒙元的历史与文化：蒙元史学术研讨会论文集》，台北：学生书局，2000：226-227。

16 张云：《元代吐蕃地方行政体制研究》，北京：商务印书馆，2017：18-19。

17 Olaf Czaja, *Medieval Rule in Tibet*, 2013: 103.

18 引文依据甘托克 1976 影印出版的草体写本（Li 编号 A3-SO），其他版本的异读（Li 编号 A1-SO 和 A2-SO）会选择性地以脚注表明。引文见 A3-SO : 152-153，A2-SO : 337-338，A1-SO : 213-214。

19 བྱེད་པ་ཡིན། A2-SO: 337; A4-SO: 96a。译文依照 བྱེད་པ་ཡིན། 来理解。

20 ཆོས་རྙིང་མ་དང་གཏེར་མ་དང་ཞི་བྱེད་ A1-SO: 337。ཆོས་རྙིང་མ་དང་།གཏེར་མ་དང་། ཞི་བྱེད་ A5-SO: 108a。

21 སྔགས་བླ་ན་མེད་པའི་དབང་སྐུར་བ་ལ་དབང་རྫས་བུར་ཚུ་ལ་བྱེད་དེ། A2-SO: 337。

ཡང་དཀྱིལ་སྨད་པ་རྣམས་ལ་འདི་གསུང་། ཁྱེད་རྣམས་ཀྱིས་གཙུག་ལག་ཁང་བསྲེགས་པས་མཚམས་མེད་པའི་ཉེ་བའི་ལས་ཡིན། མཚམས་མེད་པ་ཞེས་བྱ་བ་ནི་ནམ་ཤི་བའི་ཚེ་དམྱལ་བར་འགྲོ་ཞིང་དམྱལ་བར་མེད་བསྲེགས་པ་ཡིན། དེ་བཞིན་གཤེགས་པས་ ⑨ ཁྱེད་ལ་ཅི་བྱས། གཙུག་ལག་ཁང་ཁྱེད་རང་དང་ཐམས་ཅད་ཀྱི་ལྷ་མཆོད་ཡིན་སོང།[22]ད་ཡང་བཤགས་པ་གྱིས་ལས་གསོས་གསུང་།

来到丢热寺后，见到许多遭受破坏的胜迹遗址。(邬坚巴）给阿闍黎藏巴 (སློབ་དཔོན་གཙང་པ)[23] 赠送了许多礼物，并给予了教诲，还送给他在下部涅地方(གཉལ་སྨད) 收到的作为供养的经书。(邬坚巴）说了如下的话。

“你们丢热人，若是由恰译师来做（主持）的话，则会更好[24]。那些希望萨迦人（ས་སྐྱ་པ）到来的人，乃是幸灾乐祸之徒。作为佛教徒，要有伟大的利他心肠 。善知识札 · 仁钦（བྲ་རིན་ཆེན）就有利他之心，尽管他有十八位妻妾，请求他加持的人仍然争先恐后。至于你等丢热人，不仅没有人请求加持，而且视你等为敌人，①由此可见你等有内在的缺点。法主恰译师乃是曾经为我灌顶的上师，但是据传他说过这样的话：‘宁玛（རྙིང་མ）和息解（ཞི་བྱེད）[25] 等等是邪法’。②佛陀所说的教法，如何能够度量呢！③尼泊尔的唐毗哈啰经院里，即便仅仅把新旧之书的题目翻译出来，也有约十万[26]之多。④眼光实为狭窄。在无上密咒⑤灌顶仪式中用糖浆制作三摩耶资具，犯了第十三根本堕罪，因此⑦护法们很生气。那些希望噶当派⑧事业坚固[27]的人们，把仲顿巴（འབྲོམ་སྟོན་པ）贬得很低而且越演越甚，均属此类行为的报应。”

（邬坚巴）又对下部涅的人们说：“你们烧毁经院，近乎造了无间罪业。所谓无间，是说死后下地狱[28]，遭地狱之火焚烧。如来佛⑨亏待你们了吗？佛堂可是你与众人的集体供养之处。现在你应该忏悔！并修复佛堂！”

这段议论并不容易理解，此处给出的译文亦是尝试性的。其中除了由于偏白话的风格所带来的困难，更是因为涉及到恰译师、萨迦派、密宗律仪、噶当派历史等多个话

22 དེ་བཞིན་གཤེགས་པས་ཁྱེད་ལ་ཅི་ཞིག་བྱས།གཙུག་ལག་ཁང་ཁྱེད་རང་ཐམས་ཅད་ཀྱི་སྤྱིའི་ལྷ་མཆོད་ཡིན་སོང་། A2-SO: 337。

23 似为丢热寺时任主持，待证。

24 此句翻译存疑。

25 在 A1-SO 和 A5-SO 中作“宁玛（རྙིང་མ）、伏藏（གཏེར་མ）和息解（ཞི་བྱེད）”。

26 此处似乎并不必然是指十万颂般若经，尽管下面我们将看到邬坚林巴的解读是 རྒྱས་པ་འབུམ（《十万颂般若波罗蜜多经》(*Śatasāhasrikā-prajnāpāramitā*)。

27 此处根据语境，用“事业”来翻译 རྣམ་ཐར。

28 此处似乎利用了地名 དམྱལ 和地狱 དམྱལ 的双关效果。

题。这要求我们需先调查它们的背景，才能理解邬坚巴是如何讲述历史、解释当下、指引未来的。首先，从形式上来看，这是一大段记言。在邬坚巴传记文本（以及许多噶举派上师传记文本）中，记录言论是表现传主的智慧、犀利、刚正、幽默、勇敢等品质的重要手段。此前我曾尝试把《邬坚巴传》中一段评论文殊菩萨与元朝皇帝之关系的言论放在蒙藏政教思想史的脉络中分析，例证了该传记文本对思想史研究的价值[29]。本文引用的言论，也是这样一则时政评论。

上文已经提到，此时的涅地区似乎正处于忽必烈、旭烈兀及其各自在当地的代表的角力之中。当我们微观来看，会发现更复杂的状况，其端倪见于丢热寺的重要学者恰译师·却吉贝（ཆག་ལོ་ཙཱ་བ་ཆོས་རྗེ་དཔལ། 1197-1264 年）[30]的传记。恰译师旅行南亚之后，大约 1241 年取经归来，在丢热寺长住。根据他的传记，在 1250 年代，他曾被八思巴和忽必烈邀请，因为护法故意令其腿部受伤，而未得成行[31]。这故事似乎反映了恰译师犹豫和动摇的状态。不过，恰译师逝世前最后一次出行的目的地，正是萨迦寺，并且受到了当时萨迦寺的主管、后来成为第一任本钦的释迦桑布（ཤཱཀྱ་བཟང་པོ）等人的热情招待[32]。虽然这部早期传记里主要记录他的宗教活动，但是访问萨迦寺等行为恐怕并不是单纯的学习交流。《司徒遗嘱》提到恰译师去萨迦的动机就更为直接：恰译师本来愿意把自己的丢热寺献给帕竹，然而见到帕竹和雅桑的军队在丢热寺杀死的数千牛羊，大为震撼，不愿参与残忍之事，起身投靠萨迦，并上报朝廷，得到了银牌（དངུལ་ཡིག）和敕书（འཇའ་ས），于是萨迦划走下部涅地区的四处地点[33]。综观这些记载，邬坚巴开头的几句话，所指的应该正是涉及恰译师与萨迦派的交往历史。

另外，统治着当地广大地盘（包括 གཡེ，དམྱལ，བྲ，དྭགས，ལོ་རོ 等）的当地贵族扎氏（བྲ）的归属倾向也是复杂的。虽然这位得到邬坚巴赞扬的札·仁钦（བྲ་རིན་ཆེན）在蒙古军

29 这一言论委婉地否定了蒙古皇帝是文殊菩萨化身，因此向我们指出了当时流传的某种神学解读或解读的争议。孙鹏浩：《薛禅可汗与文殊菩萨：见于〈邬坚巴传〉中的某一种联系》，载沈卫荣主编《文本中的历史》，北京：中国藏学出版社，2013：591-594。

30 根据当时的对音，ཆག（Chag）或可重构为“察合”，不过“恰”字已被广泛使用，故从俗。其他缺乏元代译名者亦不作重构，均依拉萨音和普通话对译。

31 George Roerich, *Biography of Dharmasvāmin* (*Chag lo-tsa-ba Chos-rje-dpal*), Patna: K. P. Jayaswal Research Institute, 1959: 104-105. 传记指出其时在 1256 年（龙年）。1253 年八思巴与忽必烈会见后，二人即开始筹划经略藏地。1256 年八思巴确实伴随忽必烈左右，在抚州（今张北）、桓州（今内蒙古正蓝旗）等地，且此年忽必烈受命主持汉地事务。此时召集恰译师等藏地大德是有可能的。见陈庆英：《帝师八思巴传》，北京：中国藏学出版社，2007：175-177。

32 George Roerich, *Biography of Dharmasvāmin* (*Chag lo-tsa-ba Chos-rje-dpal*), 1959: 111.

33 བྱང་ཆུབ་རྒྱལ་མཚན། རླངས་ཀྱི་པོ་ཏི་བསེ་རུ་རྒྱས་པ། 1986: 115. 译文见赞拉·阿旺、佘万志译，陈庆英校：《朗氏家族史》，拉萨：西藏人民出版社，1989：79-80；Olaf Czaja, *Medieval Rule in Tibet*, 2013: 98, n38.

队到来之时（具体时间不明）曾组织军队抵抗[34]，但是根据目前关于扎家族史的最权威的资料即《青史》第 15 章的记载，扎 · 仁钦的弟弟却嘉贝桑（ཆོས་རྒྱལ་དཔལ་བཟང）曾在萨迦派的夏尔巴 · 衮索（ཤར་པ་ཀུན་བསོད）处学习，还被衮索任命为万户长；同时，却嘉贝桑还娶了一位止贡的贵族为妻，二人的儿子还被止贡派任命为地方长官[35]。可见扎家族内部的政治归属并非单一[36]。在这一背景下，邬坚巴这一言论，表面是通过“利他心”这一概念批评丢热人、表扬札 · 仁钦，实际上恐怕是在批评丢热寺的人们倒向萨迦派的倾向[37]。

邬坚巴接下来把他对当地现状的解释引向了真伪密咒的讨论。现存一部名为《破斥邪咒》(སྔགས་ལོག་སུན་འབྱིན) 的作品署名恰译师，但是其作者归属仍有争议[38]。暂且不论恰译师究竟是如何参与了（或者是否参与了）真伪佛法的辩论，从《邬坚巴传》可知，至晚在 13 世纪 80 年代邬坚巴就听到了恰译师反对旧译密教、伏藏和息解传统的说法，这说明此时江湖上已有类似传闻——当然，也有可能正是这类传言导致了后来的托名作品。无论真相如何，此处值得探讨的问题是当时的人们如何利用这一争论而大做文章[39]。此处邬坚巴明显把恰译师对宁玛派的态度与其寺庙的窘困状况联系起来了。

在邬坚巴看来，丢热寺的香火不旺，应该归咎于寺主的利他之心不足，然后又引出两个历史问题。一个是恰译师污蔑宁玛派，一个是噶当派的仲顿巴（འབྲོམ་སྟོན་རྒྱལ་བའི་འབྱུང་གནས། 1004-1064 年）的问题。突然提到仲顿巴，其背后的逻辑与密宗律仪有关。根据另

34 有关札家族在 13 世纪的相关材料的整理和分析，见 Olaf Czaja, *Medieval Rule in Tibet*, 2013: 473-474.

35 Olaf Czaja, *Medieval Rule in Tibet,* 2013: 473.

36 察雅（Czaja）评论道：“ the noble house of Bya pa apparently had strong inclinations to both sides, the 'Bri gung pa as well as the Sa skya pa.” 见 Olaf Czaja, *Medieval Rule in Tibet*, 2013: 474, n93.

37 值得一提的是，后来 1290 年止贡之变时，丢热寺遭到了萨迦军队的攻打，见 Per Sørensen & Guntram Hazod, *Thundering Falcon*, 2005: 105.

38 质疑主要来自劳瑟普（Raudsepp），比对了它与另一部更为可靠的恰译师的作品，即恰译师与萨班的问答之后，提出了质疑，认为二者风格不符。见 Kadri Raudsepp, "The Dating and Authorship Problems in the *sNgags log sun 'byin* Attributed to Chag lo tsā ba Chos rje dpal." In *Contemporary Visions in Tibetan Studies: Proceedings of the First International Seminar of Young Tibetologists,* eds. Brandon Dotson *et al*, Chicago: Serindia, 2009: 281-297. 对比 Dan Martin, *Unearthing Bon Treasures: Life and Contested Legacy of a Tibetan Scripture Revealer*, Leiden: Brill, 2001: 115.

39 例如，范德康（Leonard van der Kuijp）把这类文本与“续部总安立”类文本联系起来，共同放在 10 到 11 世纪以来西藏新译密续大量涌入的现实、政府管理的要求和知识分类的需要中来理解，见 Leonard van der Kuijp, "The Bird-faced Monk and the Beginnings of the New Tantric Tradition: Part one." 载 Guntram Hazod、沈卫荣主编：《西藏宗谱：纪念古格 · 次仁加布藏学研究文集》，北京：中国藏学出版社，2018：403-450，特别是 438-446 页的讨论。以真伪为核心问题的纷争，一直贯穿着整个西藏佛教史的发展，特别是围绕宁玛派的争议，见 Matthew Kapstein, *The Tibetan Assimilation of Buddhism*, 2000: 121-137 (Chapter 7).

一部邬坚巴轶事集，邬坚巴曾严厉地批评甚至近乎辱骂了仲顿巴阻止阿底峡传授密宗的行为。邬坚巴对仲顿巴的负面态度发展为他对整个噶当派的成见[40]。

另外，位于今天的加德满都塔米尔区（Thamel）的名为 Tham Bahil 的寺院，即文中提到的“唐毗哈啰经院（ཐང་ཧྲེ་ཏ་རའི་གཙུག་ལག་ཁང）”[41]，也是理解邬坚巴的言论的重要背景，因为正是它联络了恰译师、仲顿巴和邬坚巴三者。迪可里尔（H. Decleer）根据仲顿巴撰写的阿底峡故事，提出该寺院是阿底峡在前往西藏阿里、途经加德满都时（1041 年）开始筹建的，目的在于建立僧团、开展佛经翻译事业[42]。著名的《恰译师传》也花了不少笔墨描述这一经院的传说和建筑，但是并未提到藏书情况。虽然我尚未找到邬坚巴访问该寺的具体记载，但是邬坚巴多次途经加德满都，根据这段话的语气，我们可以假设他曾访问该寺。有了这一背景，我们就可以看出，邬坚巴利用与仲顿巴和恰译师都有关联的这一寺院，驳斥了恰译师和仲顿巴对密宗的态度，认为这种态度不符合阿底峡的传统。不过，那些贬低仲顿巴的噶当派学者具体指谁，笔者尚不清楚。

综上所述，邬坚巴利用自己的博学多闻，以权威的语气教训了当地的民众。同时，他用一种通俗的修辞——例如妻妾成群的例子、“佛如何亏待过你们”这样的口语——或直白或隐晦地臧否人物，把历史和现实统一于佛教密宗的世界观。下面我们将看到，这一段讲话中的许多内容被掘藏师邬坚林巴所采用。

三、《大臣遗教》的相关部分

《大臣遗教》第 29 章是“伏藏守护佛法之章（བསྟན་ཞབས་གཏེར་གྱིས་སྲུང་བའི་སྐབས）”[43]；从内容看，它相当于一个整体的伏藏理论，包括伏藏的历史作用和类型。开篇先预言“五百

---

40 ཟླ་བ་སེང་གེ གསུང་སྒྲོས་རྣམ་ཐར་ཆུང་བ། བོད་ཀྱི་ལོ་རྒྱུས་རྣམ་ཐར་ཕྱོགས་བསྒྲིགས།（《藏族史记集成》第 49 函）ཟི་ལིང་། མཚོ་སྔོན་མི་རིགས་དཔེ་སྐྲུན་ཁང་། 2011: 425.

41 这一经院最早是由马丁（D. Martin）同定的，见 Dan Martin, *Unearthing Bon Treasures*, 2001: 113. 该寺院现状的调查，见 John Locke, *Buddhist Monasteries of Nepal: A Survey of the Bahas and Bahis of the Kathmandu Valley*, Kathmandu: Sahayogi Press, 1985: 404-413. 据说它今日仍收藏有四卷 13 世纪的《般若经》。

42 Hubert Decleer, "Master Atiśa in Nepal: The Tham Bahil and the Five Stupas' Foundations according to the 'Brom ston Itinerary." *Journal of the Nepal Research Centre* 10, 1996: 27-54.

43 此处依照甘丹彭措林（དགའ་ལྡན་ཕུན་ཚོགས་གླིང）的木刻本（TBRC: W30450），第 29 章在 ca 卷 64a-66b（659-664）。对应民族出版社版本（ཨོ་རྒྱན་གླིང་པ། བཀའ་ཐང་སྡེ་ལྔ། པེ་ཅིན། མི་རིགས་དཔེ་བསྐྲུན་ཁང་། 1986）的 529-533 页。或许是因为 16 世纪以来的“最佳版本”在五世达赖喇嘛家族的资助下得以建立，所以 TBRC 收藏的各个版本的《五部遗教》的内容十分接近；我目前没有看到这一部分的明显的实质性异文。

多年后”（即约 13 世纪中期）蒙古人将会到来[44]，届时伏藏会起到守护佛法之功用。该章的主体部分则是介绍五种伏藏类型，分别对应佛的身、语、意、功德和事业。这五种伏藏分别是：（1）本初佛之意伏藏（ཡེ་སངས་རྒྱས་པའི་ཐུགས་གཏེར），（2）大悲化现之密意伏藏（ཐུགས་རྗེ་སྤྲུལ་པའི་དགོངས་གཏེར），（3）密意任运之甚深伏藏（དགོངས་པ་ལྷུན་གྲུབ་ཟབ་གཏེར），（4）分判佛部之再伏藏（རྒྱལ་བ་རིགས་དབྱེའི་ཡང་གཏེར），（5）个人（补特迦罗）传承之密伏藏（གང་ཟག་བརྒྱུད་པའི་གསང་གཏེར）。因为伏藏的分类和理论并非本文重点，所以我们跨过前三类，直接聚焦于涉及关联文本的第四“再伏藏”和第五“密伏藏”的部分内容。因为是颂体，下面以表格方式呈现原文和译文。

原文	译文
བཞི་པ་རྒྱལ་བ་རིགས་དབྱེའི་ཡང་གཏེར་ནི༔	第四，由佛分类的“再伏藏”：
④ མཐོང་རྒྱ་ཆུང་ཞིང་ཐོས་རྒྱ་མེད་པ་རྣམས༔	④那些眼界狭隘之众，
② རྒྱལ་བའི་གསུང་རབ་རྣམས་ལ་ཚད་བཟུང་ནས༔	②揣度佛之教言。
རང་གཞན་དང་བ་བསྐྱེད་པའི་ཕྱིར༔	为了取悦自己和他人，
གསང་སྔགས་ ⑤ དབང་བསྐུར་དམ་རྫས་བུར་ཆུ་བྱེད༔	⑤用糖浆制作秘咒灌顶之三摩耶药[45]。

44 类似预言也出现在《五部遗教 · 王后遗教》中，见 Berthold Laufer, *Der Roman einertibetischen Königin: tibetischer Text und Übersetzung* (Btsun mo bka'i thang yig), Leipzig: Otto Harrassowitz, 1911: 225-226. 可资比较的是与另一位对蒙古的到来有强烈反应的掘藏师咕噜擦思旺的伏藏理论。其伏藏理论见 Janet Gyatso, "Guru Chowang's *Gter 'byung chen mo*: An Early Survey of the Treasure Tradition and its Strategies in Discussing Bon Treasure." In *Tibetan Studies: Proceedings of the 6th Seminar of the International Association for Tibetans Studies*, ed. Per Kvaern, Oslo: The Institute for Comparative Research in Human Culture, 1994: 275-287. 其对蒙古到来的反应，见谢光典：《蒙古袭来时的西藏掘藏师：咕噜擦思旺（Gu ru chos dbang, 1212-1270）的授记与教戒》,《蒙古学问题与争论》第 15 期，2019：70-81。

45 经评审提醒，“三摩耶药”（དམ་རྫས）又常被译为“誓言物”。

续表

原文	译文
དེས་དད་འཇུག་པའི་རྒྱུ་རུ་འགྲོ་སྙམ་སྟེ༔ ⑥ རྩ་ལྟུང་བཅུ་གསུམ་པ་ནི་ཕོག་པ་ཡིན༔ འཇིག་རྟེན་དགའ་ན་བདེ་སྐྱིད་ཆོས་ཡིན་ཏེ༔ ⑦ བཀའ་སྲུང་དམ་ཅན་རྣམས་ནི་ཤིན་ཏུ་ཁྲོས༔ ཉ་ང་ཕྲག་དོག་བདུད་ཀྱིས་བཟློས་པས་འཁྲུགས༔ གཏེར་ནས་བྱང་སེམས་དཀར་དམར་དམ་རྫས་རྣམས༔ བདེ་སྟོང་ཐོབ་པ་ཐར་པའི་རྒྱུ་མཐུན་འཕེལ༔ གཏེར་མ་དག་ལས་འབྱུང་བར་ཤེས་པར་བྱ༔	自以为此行为（即用糖浆当誓言物）可令（自他）生起信心， ⑥实则犯了第十三根本堕罪[46]。 把世间的享受当成佛法， ⑦因此具誓护法十分愤怒， 憎恶、嫉妒、鬼魔混合来侵扰。 汝等应知： 伏藏所讲的红、白菩提等三摩耶药， 乃是获得乐空和解脱的等流[47]。
[……]	[……计算时间部分略]
ཐུབ་པའི་བསྟན་པ་ལྔ་བརྒྱ་ཕྲག་བདུན་རྗེས༔ རྒྱལ་སྲིད་ཐམས་ཅད་འཁྲུགས་པར་འགྱུར༔ ཆོས་མ་ཡིན་པ་དར་བའི་དུས༔ རང་རང་བསྟན་པ་རང་རང་འཇིག༔ གཏེར་རིགས་དབྱེ་བ་བྱས་ནས་སྦས༔	释迦教法诞生的七个五百年之后， 王政皆会混乱， 而且非法盛行， 彼时，各自的教法均将衰败。 把伏藏分类之后埋藏。
ཕྱི་དགེ་བའི་ ⑧ རྣམ་ཐར་པོ་ཚུགས་ལ་རེ་ཡང༔ ① ནང་ན་མི་དགེ་ངན་པ་ཅིག་ཡོད་པའི་རྟགས༔ གསུང་རབ་ཚད་མར་ཆོས་ལོག་ཡིན་ཞེས་ཟེར༔ གསུང་རབ་ཚད་མས་ ⑨ ཁྱེད་ལ་ཅི་བྱས་པ༔	外表⑧希求善业坚固恒常， 但是其实①证明了内在的恶劣、不善。 把正法说成是邪法， 难道是正法⑨亏待了你们？
ལྔ་པ་གང་ཟག་རྒྱུ་ཡི་གསང་གཏེར་ནི༔ ③ བལ་ཡུལ་གོ་ཏ་བི་རའི་གཙུག་ལག་ཁང༔ འགྱུར་ནི་སྔ་ཕྱི་གསར་རྙིང་རྒྱུད་ཀུན་རྣམས༔ དཔེ་ཡི་མིང་ནི་རྐྱང་པ་བྲིས་གྱུར་ཀྱང༔ རྒྱས་པ་འབུམ་དང་མཉམ་པ་འོང་བ་ཡིན༔ ཐོས་མཐོང་རྒྱ་མེད་རྨོངས་པ་རྣམས༔ གཏེར་མ་འདི་ལ་བརྒྱུད་པ་མེད་ཅེས་ཟེར༔	第五，由补特伽罗流传[48]之“秘密伏藏”： ③在尼婆罗的乔达毗啰[49]经院里， 前后新旧的密续译本， 即使仅仅书写它们的题目， 也有《大般若经》那么多。 闻识和眼界狭隘的无知者们， 会说“此类伏藏没有传承”。
[……]	[……后略]

46 密乘律仪（སྔགས་སྡོམ）中的根本堕罪共 14 条，包括：冒犯金刚阿闍黎（རྡོ་རྗེ་སློབ་དཔོན་ལ་བརྙས་པ）、违越善逝教言（བདེ་གཤེགས་བཀའ་ལས་འདས་པ）、仇恨金刚弟兄（རྡོ་རྗེའི་སྤུན་ལ་འཁྲུ་བ）、舍弃慈心（བྱམས་པ་འདོར་བ）、遗弃菩提心（བྱང་སེམས་འདོར་བ）、诽谤佛法（ཆོས་ལ་སྨོད་པ）、泄露秘密（གསང་བ་སྒྲོག་པ）、损害肉体（ཕུང་པོ་ལ་བརྙས་པ）、怀疑自性清净正法（རང་བཞིན་དག་པའི་ཆོས་ལ་ཐེ་ཚོམ་ཟ་བ）、对诸应行诛灭法者施行仁慈（མངོན་སྤྱོད་བྱ་བར་འོས་པའི་ཡུལ་ལ་བྱམས་པ）、以分别心忖度离言之妙法（མིང་དང་བྲལ་བའི་ཆོས་ལ་རྟོག་གེས་གློས་འཇལ་བ）、破灭信众信心（དད་ལྡན་སེམས་སུན་འབྱིན་པ）、不如法服用三摩耶药（དམ་རྫས་ཇི་བཞིན་མི་བསྟེན་པ）、辱骂智慧母（ཤེས་རབ་མར་སྨོད་པ）。见《藏汉大辞典》2207 页和《东噶藏学大辞典》1670 页。

47 等流，niṣyanda；这句话大意是说真正的三摩耶药对于佛教修行有直接的帮助。

48 该章的开头则写作“由人（补特迦罗）所传承的‘秘密藏’（གང་ཟག་བརྒྱུད་པའི་གསང་གཏེར）”。

49 此 Go ta bi ra 经院尚未同定。

上面标识出的这九处对应，表示这一文本相似性不可能是来自巧合。我们足以给出一个直白的判断：《邬坚巴传》中保存的这一段言论，是掘藏师写作《大臣遗教》第 29 章的参考资料。详见以下重新排序的直接文字对比：

《邬坚巴传》	《五部遗教》
1. ནང་ན་སྐྱོན་ཅིག་ཡོད་པའི་རྟགས་ཡིན།	1. ནང་ན་མི་དགེ་ངན་པ་ཅིག་ཡོད་པའི་རྟགས་༔
2. རྒྱལ་བའི་གསུང་རབ་ལ་ཚད་བཟུང་བར་ག་ལ་ནུས།	2. རྒྱལ་བའི་གསུང་རབ་རྣམས་ལ་ཚད་བཟུང་ནས་༔
3. བལ་ཡུལ་ཐང་རྡེ་ཧ་རའི་གཙུག་ལག་ཁང་ན་གསར་རྙིང་གི་དཔེ་བཞུགས་པའི་མིང་སྒྲུར་ནའང་འབུམ་ཙམ་ཅིག་འོང་བར་འདུག	3. བལ་ཡུལ་གོ་ཏ་བི་རའི་གཙུག་ལག་ཁང་༔ འགྱུར་ནི་སྔ་ཕྱི་གསར་རྙིང་རྒྱུད་ཀུན་རྣམས་༔ དཔེ་ཡི་མིང་ནི་རྒྱང་པ་བྲིས་ཀྱུར་ཀྱང་༔ རྒྱས་པ་འབུམ་དང་མཉམ་པ་འོང་བ་ཡིན་༔
4. མཐོང་རྒྱ་ཆུངས་པ་ཡིན།	4a.ཐོས་མཐོང་རྒྱ་མེད་རྫོངས་པ་རྣམས་༔
	4b.མཐོང་རྒྱ་ཆུང་ཞིང་ཐོས་རྒྱ་མེད་པ་རྣམས་༔
5.དབང་སྐུར་བ་ལ་དབང་རྫས་བུར་ཆུ་ལ་བྱེད་དེ།	5.དབང་བསྐུར་དམ་རྫས་བུར་ཆུ་བྱེད་༔
6.རྩ་ལྟུང་བཅུ་༣་པ་འཕོག	6.རྩ་ལྟུང་བཅུ་གསུམ་པ་ནི་ཕོག་པ་ཡིན་༔
7.བཀའ་བསྲུངས་རྣམས་ཁྲོས་པ་ཡིན།	7.བཀའ་སྲུང་དམ་ཅན་རྣམས་ནི་ཤིན་ཏུ་ཁྲོས་༔
8.རྣམ་ཐར་པོ་ཚུགས་ལ་རེ་བས་	8.རྣམ་ཐར་པོ་ཚུགས་ལ་རེ་ཡང་༔
9.ཁྱེད་ལ་ཅི་བྱས།	9.ཁྱེད་ལ་ཅི་བྱས་པ་༔

其中，有些内容几乎没有修改，例如“犯了第十三根本堕落之罪”，“护法愤怒”等等；有些增强了修辞，如“有十万之多”变为了“如《般若十万颂》之多”；有些则杂糅在一起，例如，把“是内在有罪的表征”与“那些希望噶当派事业坚固的人们，把仲顿巴贬得很低”放在一起，变成“外表看来祈愿善业坚固，内里实为不善之恶”。

尽管二者有继承关系，然而掘藏师邬坚林巴这段内容颇有杂糅之感。或许，邬坚林巴的魅力一向不在于严谨的表述，而在于其“生猛”的风格[50]以及由“隐晦”(ཚིག་ཟུར)而产生的广阔的解读空间[51]。这种风格，恰好可以从这一文本关系中看得清清楚楚。而邬坚林巴笔下的莲花生，也由此获得了更新的论据和修辞。

50 “ raw power”是凯普斯坦对《五部遗教》风格的描述，这里姑且用“生猛”来表示这种风格，见 Matthew Kapstein, *The Tibetan Assimilation of Buddhism*, 2000: 165-166.

51 这种隐晦的预言也给他带来了麻烦，据工珠伏藏史，大司徒强曲坚赞就据其语焉不详的预言谴责了他（ལུང་བསྟན་གྱི་ཚིག་ཟུར་ལ་བརྟེན། སི་ཏུ་གདོང་རྩེ་ནས་ཏཱ་སི་བྱང་ཆུབ་རྒྱལ་མཚན་གྱིས་ཞབས་འདྲེན་དྲག་ཏུ་ཞུས་པ）， 见 འཇམ་མགོན་ཀོང་སྤྲུལ་བློ་གྲོས་མཐའ་ཡས། གཏེར་སྟོན་བརྒྱ་རྩའི་རྣམ་ཐར། 2007: 86-88.

这里尚有一个暂时没法回答的关键问题。那就是，掘藏师这里是否是在有意地“预言”恰译师？如果是，那么是否说明“糖浆”等要素是我们今天并不知晓、但在当时十分著名的恰译师（或仲顿巴）故事中的标志？这些疑问只能留给未来。

四、结论

通过以上的比较和分析，不难看出两段文本的联系。这一文本关联可以帮助我们进一步认识伏藏作者的资料来源和编纂方式，也为我们理解《邬坚巴传》的传播情况提供了新材料。我们通过重构原文的语境（主要是教派争议和政治归属两个方面）来理解两段文字各自的意图和修辞，进而初步理解了后期文本利用早前文本时的取舍。上文的探索再次向我们指出这一伏藏文本的复杂性：它的资料来源是多元的，它的改编策略是灵活的。这并非否认该伏藏在整体上的史料价值，反而确认了它在更大的历史范围内的文献价值，特别值得我们条分缕析地继续研究。我们可以猜想，《五部遗教》中或许还有更多的与《邬坚巴传》等文本的隐秘关联等待挖掘。值得一提的是，上文提到的本钦强曲仁钦，据说曾擅自拿走了桑耶寺所藏的一件玉器，而这一事件也被《大臣遗教》第 28 章提到了[52]，其信息来源有可能正是《邬坚巴传》。这类文本关联都应该成为我们探求西藏在蒙元时期的知识、修辞与心态的继承和变化脉络的材料。

邬坚林巴的这一化用，本质是用元代西藏的新知识来丰富古代的“遗产”[53]。整体上，邬坚林巴继承了邬坚巴的以下三个假设：（1）认识论方面，普通人不能揣度教法文本的广度；（2）伦理方面，揣度者的动机是可疑的；（3）具体证据方面，南亚现存的文本是值得相信的。这几个说服手法，系连着佛教内部对传承的重视、对信仰的要求、对知识更新的需要。前两点尚可在理论层面讨论，而关于知识更新，则需要经验主义的证据。

---

52 “萨迦本钦强曲仁钦强硬，带走了桑耶的玉制天母，自他二者皆被毁。”（ས་སྐྱ་དཔོན་ཆེན་བྱང་རིན་བཙན་༔བསམ་ཡས་གཡུ་ཡི་ལྷ་མོ་འཁྱེར་༔རང་གཞན་གཉིས་ཀ་འཕུང་བ་འབྱུང་༔）见甘丹彭措林木刻本 ca 卷 55a。

53 蒙古的影响是这一时代许多文本的共同背景，甚至直接刺激出新的历史解释。《大臣遗教》中涉及的伏藏起源理论，即是直接以蒙古为背景。棘手的是，我们虽然获得了一个《邬坚巴传》对《五部遗教》的影响的证据，但是对于坊间流传的邬坚巴的形象、掘藏师对蒙藏关系史的认识等问题，都有待进一步研究。有关元朝西藏的新的知识和表达方式已经进入了苯教祖师传记和地理神话，见 Per Kværne, "Mongols and Khitans in a 14th-century Tibetan Bonpo Text." *Acta Orientalia Hungarica* 34, no. 1/3, 1980: 85-104. 巧妙利用元代公文格式来修辞的例子，见 Leonard van der Kuijp, "Reconsidering the Dates of Dol po pa Shes rab rgyal mtshan's (1291-1361) *Ri chos nges don rgya mtsho* and the *Bka' bsdu bzhi pa'i don.*"《藏学学刊》第 14 辑，2016: 115-159. 扎旺、孙鹏浩：《圣旨的回响：元代公文体作品一例》，《西藏大学学报》2021（3）：76-82。

而本文涉及的这一例元代西藏的新知识，来自于邬坚巴将其在南亚旅行中所收获的信息，由长途旅行和元代西藏政治共同刺激出来的这么一则评论，竟被掘藏师纳入到了伏藏传统的内部，不禁令人感叹伏藏文本的复杂与奇妙。

同时，掘藏师这一颇为自由的改编，也令原文中许多依靠语境获得的力量不见了。邬坚巴令人信服的一个关键是他的广博见闻。作为行万里路的旅行家，他的文本知识和实地经验都为当时的藏传佛教传统注入了新的知识，包括水文地理、丹药炮制等等，而且这些新知也进入了元代宫廷，尽管我们还不清楚它们进入宫廷之后的历史[54]。另外，最近沈卫荣对西夏佛教遗存和宋代传世的密教文本的比较研究启发我们，宁玛派的一些传统确有南亚或中亚的渊源[55]。而游历过各地的邬坚巴正好可以从一个更开放的角度来看待宁玛等传统[56]。加德满都的一个具体的经院的藏书情况，正是他带来的新论据。但是，在《五部遗教》中，这些个人光环的要素（即古典修辞学中的 ethos）变弱了。剩下的似乎仅是道理（logos）和修辞格。与此形成显明对比的是，格泽班智达（དགེ་རྩེ་པཎྜི་ཏ་འགྱུར་མེད་ཚེ་དབང་མཆོག་གྲུབ། 1761-1829 年）在为宁玛典籍辩护时，也引用了《邬坚巴传》中的这一段讲话，包括恰译师的错误看法、尼泊尔的毗哈啰经院等等要素和修辞[57]，他明确提出，自己引用的是“获得成就的邬坚巴 · 仁钦贝”。不知道格泽班智达在写作时，是否在有意避免《五部遗教》这种利用方式的弊端。无论如何，格泽班智达没有像邬坚林巴那样隐

54 有关中亚水系知识，见 Leonard van der Kuijp, "U rgyan pa Rin chen dpal (1230-1309), Part Two: For Emperor Qubilai? His Garland of Tales about Rivers." In *The Relationship between Religion & State* (*chos srid zung 'brel*) *in Traditional Tibet*, ed. Christoph Cüppers, Lumbini: Lumbini International Research Institute, 2004: 299-339. 有关新引入的炼丹知识，见仁青多杰、李先加、华欠桑多：《古代汞制剂技术传入西藏考——藏药学家邬坚巴 · 仁钦贝西行至乌仗那引进汞制剂技术考述》，《中国科技史杂志》2016（3）：296-303。

55 见沈卫荣：《论西夏佛教之汉藏与显密圆融》，《中华文史论丛》2020（1）：265-309。

56 这种包容性也可以从他为忽必烈所开具的综合治疗方案体现出来。1292 年，他为忽必烈献上了打着宁玛派印记的莲花生埋藏的“延年益寿水”（ཚེ་ཆུ），尽管他实际采取的是棍疗、针疗以及食疗等本派或不分派的综合方法（详见甘托克写本 168-171）。

57 这一重要信息是本刊的一位匿名评审所指出的。这段辩护出现在格泽班智达为《宁玛十万续》所造的说明性论典《旧译大宝十万续本末》（སྔ་འགྱུར་རྒྱུད་འབུམ་རིན་པོ་ཆེའི་རྟོགས་པ་བརྗོད་པ།）中。见 རྙིང་མའི་རྒྱུད་འབུམ་གཏིང་སྐྱེས་དགོན་པ་བྱང་གི་བྲིས་མ། (Bhutan: Thimbu, 1975. T BRC: W21518-36: 315-317). 原文作：དངོས་གྲུབ་བརྙེས་པ་ཨོ་རྒྱན་པ་རིན་ཆེན་དཔལ་གྱིས། བོད་ཀྱི་ལོ་ཙཱ་བ་ཁ་ཅིག་རྒྱ་གར་ན་རྙིང་མ་བསྒྱུར་རྒྱུ་མི་འདུག་ཟེར། དེ་ལ་ཆག་ལོ་ཙཱ་བ་བདག་རང་གི་དབང་ཞུས་ཀྱི་བླ་མ་ཡིན་ཡང་། རྒྱ་གར་ན་རྙིང་མའི་རྒྱུད་བསྒྱུར་རྒྱུ་མི་འདུག་ཟེར། དེ་འདྲ་ཁོང་རང་བློ་ཆུང་གི་གཏམ་ཡིན། ལོ་ཙཱ་བ་རྒྱ་གར་ཤར་ཕྱོགས་སུ་ཡུག་རེ་ལས་མ་ཕྱིན་པས་རྒྱ་གར་ན་གང་ཡོད་ཆ་ཅི་ཡོད། དེ་ལས་བོད་ན་གང་ཡོད་ཀྱི་ཆ་ཡང་མི་ཆོད། ཕྱིར་ཡང་རྒྱ་གར་ཚད་ཁུངས་ཆེ་བས། རྒྱ་གར་གྱི་དཔེ་རྣམས་རུལ་བ་མང་། སངས་རྒྱས་ཀྱི་བཀའ་ལ་ཚད་གཟུང་མེད་པ་ལ། བོད་ཀྱི་ལོ་ཙཱ་བ་རྣམས་ཀྱིས་རེས་ཁུངས་ཅི་ཆོད། ངས་ནུབ་ཕྱོགས་ཨུ་རྒྱན་གྱི་ཡུལ་ལ་ཕྱིན་པ་ཡང་། ས་དང་མཐའ་མ་ཆོད། དེ་ཡང་དང་པོའི་རྒྱ་དཔེ་རྣམས་དུས་ཕྱིས་བལ་པོ་ན་མང་བ་ཡིན། དེ་བས་བལ་པོ་བྷེ་ཏ་རའི་གཙུག་ལག་ཁང་གཅིག་ན། རྙིང་མའི་རྒྱུད་རྣམས་ཀྱི་རྣམ་གྲངས་རང་ཡང་བསམ་གྱིས་མི་ཁྱབ་པར་བཞུགས་འདུག །ངས་བོད་ཀྱི་རྙིང་མ་རྣམས་ལ་ངས་རྙིང་མའི་རྒྱ་དཔེ་དང་། པཎྜི་ཏ་ཚུར་དགུག །ཁྱེད་རང་རྣམས་མང་ཡུལ་སྐྱིད་གྲོང་དུ་འདོང་། ངས་ལོ་ཙཱ་བ་བྱས་བསྒྱུར་ཟེར་བ་བྱས་ཏེ་མ་གྲུབ། རྙིང་མའི་འགྱུར་ད་ཏུང་བྱ་རུ་ཡོད་པ་ལ། ཡང་བོད་ཀྱི་ཤེས་པར་འདོད་པ་འགའ་ཞིག་ན་རེ།རྙིང་མའི་དགོངས་པ་འདུས་པ་བོད་ཀྱི་སྔགས་ཀན་ཆོས་བཅོས་པ་ཡིན་མི་དག་ཟེར། དེ་འདྲ་ཡང་འོས་སུ་མི་འགྲོ་བའི་གཏམ་ཡིན། ཤེས་ན་དེ་འདྲ་བའི་ཆོས་རང་རེ་ཚོ་ཡང་འཆོས་དང་དེ་ལས་ལེགས་རྒྱུ་ནི་སངས་རྒྱས་ཀྱི་བཀའ་ལའང་མེད། ཅེས་པ་དང་། དེ་བཞིན་དུ་རྗེ་བའི་རྣམ་ཐར་ན། ......

去了文本来源，而是利用了邬坚巴的个人光环，让邬坚巴的名望为自己的观点背书。

这种利用方式的差异当然也与文本的体裁及其作者的说服技巧有关。仅就伏藏这一文本类型来讨论的话，本文的调查结果足以令我们反思“叙事类”伏藏的观念。微观来看，邬坚巴的发言可以算是一篇小型议论文，而邬坚林巴的化用也继承了这一体裁。梅尔在前述文章中，基于坎特维尔（C. Cantwell）等人对“仪轨类伏藏”（ritual *gter ma*）在传承中偏于保守的判断，提出一个问题：“‘叙事类伏藏’（historical *gter ma*）对于既有文本的利用是否也是保守的?”因为缺乏系统的文本研究，这一问题的回答还有待时日。但是我们可以顺便提出一个类似的问题：议论类（或可称辩护类）文本在利用旧有文本（包括证据、修辞、逻辑）方面，态度和方法是什么？就本文材料来看，说理类段落的流传似乎更不易察觉，然而一旦发现就可以直接地反映继承和变化的轨迹。这类局部的、说理的文本在修辞方面的联系，或许可以提示我们，不必过早地把《五部遗教》这种包罗万有的文本以“叙事”一概而论，也提醒我们传记类文本中记录的言论或许对思想史研究有不小的意义。如果可以厘清跨体裁文本间的利用关系，思想的发展脉络也会逐渐清晰起来。

◆ 孙鹏浩　哈佛大学内亚与阿尔泰研究博士研究生

拉尊南卡吉美伏藏法系对哲孟雄南嘉王朝初期宗教格局的影响 *

许渊钦

内容摘要： 拉尊南卡吉美（ལྷ་བཙུན་ནམ་མཁའ་འཇིགས་མེད། 1597-1652 年）、阿大生巴钦波（མངའ་བདག་སེམས་དཔའ་ཆེན་པོ། 1592-1656 年）、噶陀仁增钦波（ཀཿཐོག་རིག་འཛིན་ཆེན་པོ། 17 世纪）三位宁玛派宗教人物通过法王升座仪式赋予彭措南嘉管理哲孟雄的权力，以此契机，开启宁玛派伏藏法系从卫藏中心向哲孟雄的传播与发展。初传哲孟雄的伏藏法系中，以继承大伏藏师贾春宁波法系并开创哲孟雄伏藏法系的拉尊南卡吉美为主要代表。彭措南嘉被升座为法王后，他在哲境内支持拉尊伏藏法系的传法活动并推进了该法系寺院的建设。在哲孟雄宗教发展的进程中，卫藏教权中心与哲孟雄地方的南卡吉美伏藏法系持续性双向互动，逐渐形成法脉继任、宗派隶属、主分寺从属等制度化发展模式。该伏藏法系对哲孟雄南嘉王朝初期的宗教格局产生了极大的影响。

* 本文系国家社会科学基金项目“17-20 世纪藏传佛教在锡金、不丹、拉达克的传播与发展研究”（18BMZ020）阶段性研究成果。

一、问题的提出

在藏传佛教发展史中，各宗派的历史叙事皆是以宗派法系继承者的传记为主轴所构成的，藉此展现法脉相续不断的清净传承。其中，前译宁玛派（སྔ་འགྱུར་རྙིང་མ་པ）[1] 有两种特殊的传播途径：“远传承—教言传承（རིང་བརྒྱུད་བཀའ་མ）”与“近传承—伏藏传承（ཉེ་བརྒྱུད་གཏེར་མ）”。而特点最突出、最鲜明的就是伏藏传承，伏藏师开取一系列的伏藏教法，再以此“伏藏教法”建构出一种具正统性与完整性的传承模式，形成一种在教法类型与传

1　宁玛派全称为“前译或旧译宁玛派（སྔ་འགྱུར་རྙིང་མ་པ）”，这是为了突显自身特色以及区别后译或新译（གསར་འགྱུར）而取名。传统的划分上，以“宗教人物”班智达弥底和大译师仁钦桑波（958-1055 年）两位为中心作为旧、新译派与前、后弘期的分界，班智达弥底进藏以前，莲花生、无垢友、南卡宁波、毗卢遮那译师等印度来藏的班智达们及藏族译师们共同译出的密续、仪轨、释论、大圆满等译本，从此形成具有译本特色的旧译派传承体系。仁钦桑波以后的卓弥、玛尔巴等后弘期的译师们赴印度学法，译出当时印度佛教著名的密乘文本而形成的新译派传承体系。这种以“前、后期密续”译本及据此文本而构建出不同的见地、修行风格，可以认为，这是从“前译和后译的差异性”而进行自他差别的必要性划分，事实上，这种必要性应是从 10 世纪末“黑暗时期”结束后藏族译师们再次引进当时印度佛教的主流密续文本才开始的。可以想象，“朗达玛灭佛”时期，毁坏寺院，僧人被逐，同时焚烧吐蕃时期的母本和译本。这也导致了朗达玛被刺身亡、属地平民起义，形成了“各地势力分割”的局面。在这割据混乱的一百多年中，不仅母本、译本可能被焚毁消失，就算是侥幸或特意保存的文本恐怕也会因密续讲说传承中断而导致对密续产生错误的认识。不难想象，当时会出现一些没有师承的在家咒师假借“度脱（སྒྲོལ་བ）”、“和合（སྦྱོར་བ）”密乘法门行持“邪法”的行为。随着译师们再次到印度求法，形成以当时印度文本为中心的认识并据此作为评判前译文本的标准，他们从对某些人邪行的反感开始转向对前期译本的全面怀疑，新译派译师们以自己的翻译文本为核心对比前期译本，又在无印度母本可兹证明的情况下，针对“前期译本”提出一种强烈的质疑声音——“是否根源于佛教的正统文本？”。拉喇嘛益西沃（ལྷ་བླ་མ་ཡེ་ཤེས་འོད། 947-989 年）、仁钦桑波、桂译师枯巴拉则（འགོས་ལོ་ཙཱ་བ་ཁུག་པ་ལྷས་བཙས། 约 11 世纪）、萨迦班智达（ས་སྐྱ་པཎ་ཌི་ཏ་ཀུན་དགའ་རྒྱལ་མཚན། 1182-1251 年）、恰译师却吉贝（ཆག་ལོ་ཙཱ་བ་ཆོས་རྗེ་དཔལ། 1197-1263 年）、布顿 · 仁钦珠（བུ་སྟོན་རིན་ཆེན་གྲུབ། 1290-1364 年）等大师都撰写一类称为“驳斥邪说密法（སྔགས་ལོག་སུན་ཕྱིན）”，批判并质疑前译宁玛文本的正统性和真实性，主张大圆满不是传承自印度，《秘密藏续》不是译自梵本，甚至认为有些译本是藏人伪造的。最早回应“前译宁玛非正统”的宁玛派大学者是荣松却桑（རོང་ཟོམ་ཆོས་བཟང་། 1012-1131 年），他在自己的著作《密续之王秘密藏 · 宝疏》中，主张“前译译本是真实无误的”，吐蕃王朝时期印度文本与法门，已通过班智达入藏和文本翻译的过程而传承到了西藏，前译宁玛的译本传承的正统性毋庸置疑。后弘期译师们否定“前期译本正统性”，无疑是为了凸显从印度新引进传承的“合理性”及其文本的“真实性”，有意形成一种以“从印度引入西藏的新译本和新法统”的新趋势。可以认为，这是一种从印度前、后时期密续的传入、翻译及依此建立见修体系，发展出旧译派和新译派的两种历史叙事传统。土观 · 罗桑却吉尼玛著，刘立千译注：《土观宗派源流》，北京：民族出版社，2000：32；沈卫荣、侯浩然：《文本与历史：藏传佛教历史叙事的形成和汉藏佛学研究的建构》，北京：中国藏学出版社、北京大学出版社，2016：179-180。

播形式上极具伏藏师个人色彩的传承法系，称为“伏藏法系”[2]。据该派传统的说法，约从 11 世纪以后，伏藏师们陆续出现，发展出各具特色的伏藏法系。就“历代伏藏师持续开创了伏藏法系”这点来说，伏藏法系实际上扩大了宁玛派的传承形式、文本类型以及教义内容的多元性。在各支伏藏法系中，北伏藏约在 14 世纪最早传入了哲孟雄[3]。此后到 17 世纪建立地方政权，在此期间只有北伏藏法系（བྱང་གཏེར）的开创者伏藏师仁增贵登（རིན་འཛིན་རྒོད་ལྡེམ། 1337-1408 年）[4] 及他的转世阿里伏藏师仁增列滇杰（རིག་འཛིན་ལེགས་

2 伏藏法系传承究竟始于何时？据传统的说法，第一位伏藏师可以上溯到 11 世纪前后的桑杰喇嘛，不过其伏藏文本和人物传记到了 19 世纪末才由宗萨蒋扬钦哲旺波和贡珠云丹嘉措重新整理并保存。因此，有必要回到有日月伏藏祖师称号的娘热 · 尼玛沃色（ཉང་རལ་ཉི་མ་འོད་ཟེར། 1124-1192 年）和咕噜却吉旺秋来讨论，尼玛沃色是五大伏藏王的首位，取出九函《八大法行》等伏藏典籍，称为“上部伏藏”。不过奇怪的是，作为一位伏藏师，尼玛沃色为什么在自己的著作《娘氏教法源流》中却没有提到伏藏传承？同时代的新译派中的桂译师枯巴拉则、萨迦班智达只批评“前期译本是伪造的”，却没质疑伏藏文本的正统性。可见，尼玛沃色所处年代，宗教界对伏藏文本的情况应该还不是太了解。可以确定的是，伏藏文本传承最早始于娘热 · 尼玛沃色。咕噜却吉旺秋（གུ་རུ་ཆོས་ཀྱི་དབང་ཕྱུག 1212-1270 年）是第二位伏藏王，他是尼玛沃色之子卓滚 · 南卡巴的弟子，开取的伏藏文本，称为“下部伏藏”。两位伏藏师是目前记载中最早的伏藏传承，上、下伏藏对在当时宗教影响甚大，路上的修行者相遇时，就相互询问：“你属于上下伏藏哪一个传承？”虽然无法得知何时被称为上下伏藏？从名称看来，下伏藏是相对于上伏藏，咕噜却旺年代较晚，可以合理推断，上、下伏藏应在咕噜却旺的伏藏文本形成后才逐渐出现的。可能因“咕噜却旺伏藏文本在当时宗教界影响较大”，就在当时出现强烈质疑其伏藏文本的言论，同时代的恰译师批判“在桑耶寺等处伏藏邪法，后由咕噜却旺全部掘出的各种伏藏文本”，为了解释回应这类反对内容，咕噜却旺撰写了宁玛派第一部《伏藏教法广史》(གཏེར་འབྱུང་ཆེན་མོ)。不过，该书的面世并未平息“质疑伏藏文本真实性”的诤论，14 世纪布顿 · 仁钦珠继续斥责咕噜却旺的伏藏文本是“按他的教谕编造的诸邪法”“所造谎称挖掘于伏藏而造众多邪法”“从伏藏中挖掘出来的教法，则此法亦无灌顶教言的传承”。从“质疑伏藏文本的最早记载”和“为确立伏藏文本传承的正统性的专著”这两点看来，可以确定，在咕噜却旺的年代伏藏法系传承刚开始为当时宗教界所认识，这种认识从质疑批判开始，然而咕噜却旺对于伏藏文本批判声浪的正面回应也对伏藏法系的发展和完善产生了深远的影响。仁增 · 吉美林巴著，洛珠加措、肖干田译：《涌莲藏真——藏传佛教前译派传承源流》，西藏人民出版社、鹭江出版社，2001：317；松巴堪布 · 益西班觉著，蒲文成、才让译：《松巴佛教史》，兰州：甘肃民族出版社，2013：387-388。

3 哲孟雄现称锡金，地处中国与印度之间喜马拉雅山南麓。藏传佛教中，常描述此地为秘境（སྦས་ཡུལ）、空行刹土（མཁའ་སྤྱོད）与莲花生的伏藏地。有关哲孟雄与秘境、空行刹土、伏藏地的关系，参见许渊钦：《试从伏藏文献解读哲孟雄的起源与特征》，《中国藏学》2013（4）：139 -141。

4 仁增贵登又称为“俄珠坚赞（དངོས་གྲུབ་རྒྱ་མཚན)”，其伏藏文献被称为“北伏藏”。他受到伏藏授记的启示下，进入哲孟雄“开取伏藏”、“开启圣门”。གུ་རུ་བཀྲ་ཤིས། གུ་བཀྲའི་ཆོས་འབྱུང་། པེ་ཅིན། ཀྲུང་གོའི་བོད་རིག་པ་དཔེ་སྐྲུན་ཁང་།1998: 487. མཁན་པོ་ལྷ་ཚེ་རིང་། མཁའ་སྤྱོད་འབྲས་མོ་གཤོངས་ཀྱི་ཡངས་པར་སྣང་སོག་གོང་གསུམ་གྱི་བརྒྱུད་འཛིན་མཆེད་རྩལ་དང་ཀུན་གཟིགས་ལྷ་པ་ཆེན་པོ་བློ་བཟང་རྒྱ་མཚོའི་སྲིས་སྤྲ་འགྱུར་རྙིང་བསྟན་ལ་ཕྱག་རྗེས་བཀའ་དྲིན་ཆེ་རྩལ་འཁོར་བ་བཏུས་པའི་ངོར་མཚར་རྟོགས་བརྗོད་སྐལ་བཟང་ཐར་གླིང་འདྲེན་པའི་ཤིང་རྟ། Published by Khenpo L. Tshering, Upper Shyari, Deorali Gangtok, Sikkim, 2006: 67.

ལྡན་རྗེ། 1500-1613 年）[5]、噶陀巴 · 侠拉益西本（ཀཿཐོག་པ་བཞག་བླ་ཡེ་ཤེས་འབུམ། 约 15、16 世纪）[6]、门 · 噶陀巴 · 索南坚赞（སྨོན་ཀཿཐོག་པ་བསོད་ནམས་རྒྱལ་མཚན། 1466-1549 年）[7]、噶陀巴 · 南卓益西桑布（ཀཿཐོག་པ་རྣམ་གྲོལ་ཡེ་ཤེས་བཟང་པོ། 约 16 世纪）[8] 等宁玛派人物在哲孟雄活动的零星记载。这一时期，由于哲孟雄尚未出现能扶持宗教稳定发展的地方政权，同时当地民众也缺乏信仰藏传佛教的基础，因此宗教发展仍然处在未成熟阶段。就在 17 世纪固始汗率军消灭藏巴汗政权之际，三位宁玛派大师拉尊 · 南卡吉美（ལྷ་བཙུན་ནམ་མཁའ་འཇིགས་མེད། 1597-1652 年）、阿大 · 生巴钦波（མངའ་བདག་སེམས་དཔའ་ཆེན་པོ། 1592-1656 年）、噶陀 · 仁增钦波（ཀཿཐོག་རིག་འཛིན་ཆེན་པོ། 17 世纪）同时来到哲孟雄，通过"法王升座仪式"赋予当地藏族头人彭措南嘉[9] 统治哲孟雄的世俗权力。官方史书《哲孟雄历代王统史》就将南嘉王朝建立以后的时期，称为哲孟雄的"后弘期（ཕྱི་དར）"[10]。三位大师以此为契机，开启宁玛派伏

---

5 列滇杰全名为"仁增列滇敦迥多杰（རིག་འཛིན་ལེགས་ལྡན་བདུད་འཇོམས་རྡོ་རྗེ）"，他被认为是伏藏师仁增贵登的第二世，其兄阿里班钦 · 班玛旺嘉（མངའ་རིས་པཎ་ཆེན་པདྨ་དབང་རྒྱལ།1487-1542 年）亦是当时宁玛派北伏藏法系著名的大学者。列滇杰前往哲孟雄开启圣地之门，在拉日宁波洞中发掘出《寿成就 · 无死甘露漩》（ཚེ་སྒྲུབ་བདུད་རྩི་འཁྱིལ་བ）等伏藏法类。གུ་རུ་བཀྲ་ཤིས། གུ་བཀྲའི་ཆོས་འབྱུང་།1998: 540. མཁན་པོ་ལྷ་ཚེ་རིང་། མཁའ་སྤྱོད་འབྲས་མོ་གཤོངས་གླིང་ཡངས་པར་སྣང་སོག་གོང་གསུམ་གྱི་བརྒྱུད་འཛིན་མཆེད་ཚུལ་དང་ཀུན་གཟིགས་ལྔ་པ་ཆེན་པོ་བློ་བཟང་རྒྱ་མཚོའི་སྐྱེས་སྟ་འགྱུར་རྙིང་བསྟན་ལ་ཕྱག་རྗེས་བཀའ་དྲིན་ཆེ་ཚུལ་འཐོར་བ་བཏུས་པའི་ངོར་མཚར་རྟོགས་བརྗོད་སྐལ་བཟང་ཐར་གླིང་འདྲེན་པའི་ཤིང་རྟ། 2006: 17.

6 益西本是噶陀第八代座主旺秋巴（1332-1384 年）及第九代座主罗卓本（1342-1406 年）的弟子。当时卫藏地区宁玛教法衰微，第九代座主派遣益西本前往卫藏乌巴隆、桑俄岭等寺，弘扬经、幻、心等教法。后来，他"为了寻找秘境锡金，至卫藏地区"，最后于圣地中圆寂。མཁན་པོ་ལྷ་ཚེ་རིང་། མཁའ་སྤྱོད་འབྲས་མོ་ལྗོངས་ཀྱི་གཙུག་ནོར་སྤྲུལ་པའི་རྣལ་འབྱོར་མཆེད་བཞི་བརྒྱུད་འཛིན་དང་བཅས་པའི་བྱུང་བ་བརྗོད་པ་བློ་གསར་གཞོན་ནུ་དགའ་སྟོན། རྣམ་རྒྱལ་བོད་ཀྱི་ཤེས་རིག་ཉམས་ཞིབ་ཁང་། 2002: 19.

7 在侠拉益西本前受戒出家，戒名"索南坚赞"。追随益西本、第十一代噶陀派座主贡噶本巴、扎果 · 多杰巴、上师根敦罗卓等处学习宁玛派教言、伏藏文本传承。抵达卫藏后，首先于桑耶寺弘法。为了"拜见上师益西本，圆满学教求法"前往哲孟雄北门特秋却岗，见到上师后，益西本告诉索南坚赞说："应依照莲花生的授记，开启秘境哲孟雄"。索南坚赞查阅众多哲孟雄圣地志，前往哲孟雄西门朝拜圣地，并住在此地 5 年（1494-1498 年）。关于这 5 年他在哲孟雄的具体情况，其传记中并无详细记载。他后来在不丹巴卓达仓（སྤ་གྲོ་སྟག་ཚང་）的首领邀请下，前往不丹弘法。མཁན་པོ་ལྷ་ཚེ་རིང་། མཁའ་སྤྱོད་འབྲས་མོ་གཤོངས་གླིང་ཡངས་པར་སྣང་སོག་གོང་གསུམ་གྱི་བརྒྱུད་འཛིན་མཆེད་ཚུལ་དང་ཀུན་གཟིགས་ལྔ་པ་ཆེན་པོ་བློ་བཟང་རྒྱ་མཚོའི་སྐྱེས་སྟ་འགྱུར་རྙིང་བསྟན་ལ་ཕྱག་རྗེས་བཀའ་དྲིན་ཆེ་ཚུལ་འཐོར་བ་བཏུས་པའི་ངོར་མཚར་རྟོགས་བརྗོད་སྐལ་བཟང་ཐར་གླིང་འདྲེན་པའི་ཤིང་རྟ། 2006: 109-117.

8 མཁན་པོ་ལྷ་ཚེ་རིང་། མཁའ་སྤྱོད་འབྲས་མོ་གཤོངས་གླིང་ཡངས་པར་སྣང་སོག་གོང་གསུམ་གྱི་བརྒྱུད་འཛིན་མཆེད་ཚུལ་དང་ཀུན་གཟིགས་ལྔ་པ་ཆེན་པོ་བློ་བཟང་རྒྱ་མཚོའི་སྐྱེས་སྟ་འགྱུར་རྙིང་བསྟན་ལ་ཕྱག་རྗེས་བཀའ་དྲིན་ཆེ་ཚུལ་འཐོར་བ་བཏུས་པའི་ངོར་མཚར་རྟོགས་བརྗོད་སྐལ་བཟང་ཐར་གླིང་འདྲེན་པའི་ཤིང་རྟ། 2006: 17, 109-110.

9 法王彭措南嘉（ཆོས་རྒྱལ་ཕུན་ཚོགས་རྣམ་རྒྱལ），原名"夏俄阿巴多杰（ཞལ་ངོ་ཨ་པ་རྡོ་རྗེ）"，为当地藏族的头人。其祖先杰本萨（གྱད་འབུམ་བསགས）约在 13 世纪时从康木雅地区迁居哲孟雄。མཁན་པོ་ལྷ་ཚེ་རིང་། མཁའ་སྤྱོད་འབྲས་མོ་ལྗོངས་ཀྱི་གཙུག་ནོར་སྤྲུལ་པའི་རྣལ་འབྱོར་མཆེད་བཞི་བརྒྱུད་འཛིན་དང་བཅས་པའི་བྱུང་བ་བརྗོད་པ་བློ་གསར་གཞོན་ནུ་དགའ་སྟོན། 2002: 199-201.

10《哲孟雄历代王统史》把哲孟雄的历史分为前弘、中弘、后弘三个时期：前弘期是关于哲孟雄起源记载；中弘期大约在 14 到 16 世纪，有伏藏师仁增贵登、阿里伏藏师仁增列滇杰、噶陀巴 · 侠拉益西本、门 · 噶陀巴 · 索南坚赞、噶陀巴 · 南卓益西桑布等宁玛派人物在此活动的记载；后弘期是 17 世纪南嘉王朝建立前后的记载。ལྷ་ལྕམ་ཡེ་ཤེས་སྒྲོལ་མ་དང་ཆོས་རྒྱལ་མཐུ་སྟོབས་རྣམ་རྒྱལ། འབྲས་ལྗོངས་རྒྱལ་རབས། བལ་ཡུལ་ཨ་མདོ་སྔོ་མང་ཀམ་པིའུ་ཊར་པར་ཁང་ནས་སྤྲུན་པ། 2003: 15.

藏法系向喜马拉雅山南麓哲孟雄系统发展的历程。南嘉王朝初期，由于拉尊南卡吉美伏藏法系与卫藏教权中心较为特殊的法脉联系与交往交流，因而对王朝初期的传承结构与宗教格局产生了极为深远的影响。

从上述史实出发，本文提出并尝试回应下列的问题：

首先，在南嘉王朝初期，有哪几支伏藏法系传入哲孟雄？以何种途径在当地传播？法脉传承采行何种继任模式？其次，南卡吉美伏藏法系对哲孟雄的宗教发展产生了什么样的影响？哪些因素影响了南卡吉美伏藏法系的发展趋势？是否受到卫藏地区宗派的影响？若是没有受此影响，此伏藏法系在境内是单向的发展模式？还是受到影响，形成双边联系的互动模式？宗教发展出现什么转变？形成什么样的格局与特征？本文基于上述问题，试图回应“拉尊南卡吉美伏藏法系对南嘉王朝初期宗教格局的影响”这一论题。对此研究论题，笔者运用哲孟雄出版的藏文文献，在历史文献的基础上，以南嘉王朝初期哲孟雄的伏藏法系、法系寺院的建构、法脉的继任模式、卫藏与哲孟雄宗派之间的互动影响等为切入点，探讨南卡吉美伏藏法系对哲孟雄的宗教发展格局所造成的影响及其形成特点。研究时间界定落在哲孟雄南嘉王朝初期：从法王升座仪式开始到第六代法王丹增南嘉（བསྟན་འཛིན་རྣམ་རྒྱལ།1769-1793 年）间的 150 年（约从 1642 到 1793 年），这一期间为西藏地方政权和哲孟雄维持传统宗藩关系时期，相当于第五世（1617-1682 年）到第八世达赖喇嘛（1758-1804 年）期间。另外，此研究主题可以突显藏传佛教的一体性与完整性，并为藏文化多元一体的交往交流交融特征提供历史文献的有效证明。

二、宗教新格局的开拓：拉尊南卡吉美伏藏法系在哲孟雄的推行与建构

在藏传佛教发展史中，宁玛派宗教人物创建以传播大圆满及伏藏法系为核心的主寺，主寺建立时间通常都被确立为该宗派发展的起点。宁玛六派中，除了噶陀派的主寺在 12 世纪就已建成外，其他五派主寺建成的时间是从 1632 年最早创建多吉扎寺到 1735

年最晚修建协庆寺的 100 多年间[11]。这个时期正是宁玛宗派化[12]极为关键且重要的时期，同时也是格鲁派第五世达赖喇嘛时期。就在这一时期，宁玛派以主寺为中心，依循法系传承的主轴向外传播与扩散，在各地部落信众的支持下建立较小规模的分寺。通过主脉与支脉传承一体性的重要联系，由“中心—六大主寺”向“周边—分寺”扩展宗派影响的发展模式，确立主寺、分寺的从属关系，发展出六大派。

就在固始汗帮助格鲁派消灭敌对势力及宁玛宗派化时期，三位宁玛派大师进入哲孟雄传播宁玛派，同时通过教权合理地赋予了彭措南嘉“法王”世俗政权。从“教权赋予政权”这点看来，法王属于一种“责任的赋予”。从另一方面来说，能以佛法治理哲孟雄，负有保护、发展宁玛派的责任，才能称为“法王（ཆོས་རྒྱལ）”。因此，法王成为哲孟雄宁玛派的倡导者与扶持者，当然，这为伏藏法系在哲孟雄的传播与发展创造了独占优势的局面。三人之中，噶陀 · 仁增钦波的相关文献记载缺乏，将不列入本文的讨论范围[13]。本文主要讨论的伏藏法系有二：（1）拉尊 · 南卡吉美所代表的伏藏师贾春宁波（གཏེར་སྟོན་འཇའ་ཚོན་སྙིང་པོ།1585-1656 年）法系以及他自己开创的哲孟雄伏藏法系（2）阿大 · 生巴钦波所代表的南哲伏藏师仁增息波林巴（སྣང་རྩེ་གཏེར་སྟོན་རིག་འཛིན་ཞིག་པོ་གླིང་པ།1524-1583 年）与北伏藏法系。在法王政权的扶植下，南卡吉美和生巴钦波为主的伏藏法系传播主要通过两大途径：一，传法活动。二，修建法系寺院。

---

11 在宁玛派发展史中，卫藏有两派：1632 年，仁增阿格旺波（རིག་འཛིན་ངག་གི་དབང་པོ། 1580-1639 年）建立弘扬伏藏师仁增贵登北伏藏（བྱང་གཏེར）的多吉扎寺（རྡོ་རྗེ་བྲག་དགོན）。伏藏师德达林巴（གཏེར་དག་གླིང་པ། 1646-1714 年）于 1676 年建立自己伏藏法系的敏珠林寺（སྨིན་གྲོལ་གླིང་དགོན）。康区有四派，噶 · 当巴德协（ཀཿདམ་པ་བདེ་གཤེགས། 1122-1192 年）于 1159 年建立噶陀寺（ཀཿཐོག་དགོན），直到 17 世纪中，伏藏师敦都多杰（གཏེར་སྟོན་བདུད་འདུལ་རྡོ་རྗེ།1615-1672 年）及其弟子伏藏师龙萨宁波（ཀློང་གསལ་སྙིང་པོ། 1625-1692 年）的伏藏法系成为噶陀派主要传承。1665 年白玉寺（དཔལ་ཡུལ་དགོན）建成，仁增贡桑喜饶（1636-1699 年）成为弘扬伏藏师明珠多杰的伏藏法系的第一任寺主。1685 年佐钦白玛仁增（རྫོགས་ཆེན་པདྨ་རིག་འཛིན།1625-1697 年）建立佐钦寺（རྫོགས་ཆེན་དགོན）。第二世冉江巴 · 久美根桑南嘉（རབ་འབྱམས་པ་འགྱུར་མེད་ཀུན་བཟང་རྣམ་རྒྱལ། 1713-1769 年）于 1735 年建立协庆寺（ཞེ་ཆེན་དགོན）。两派法系相同，前期属伏藏师尼玛扎巴（ཉི་མ་གྲགས་པ། 1647-1710 年）、后期属伏藏师吉美林巴（འཇིགས་མེད་གླིང་པ། 1730-1798 年）的伏藏法系。

12 如何定义宁玛宗派化？宗派形成的时间如何确立？伏藏法系对宗派化有什么影响？首先就各宗派形成的时间来说，六大宗派都是创宗者建立以传播大圆满及伏藏法系为核心的主寺，主寺建立时间确立为该派发展的起点。我们若以六宗派建寺时间作为宗派化的起点，噶陀派就成为宁玛派最早的宗派。若以伏藏法系作为宗派化的标志，宗派化的时间应为 1632 年最早创建的多吉扎寺到 1735 年最晚修建的协庆寺的一百年间。结合这两个时间段，宗派化起始于 12 世纪噶陀寺的创建，各宗派的伏藏法系的弘传模式则成熟于 17 世纪，六大宗派最终确立于 18 世纪。

13 噶陀 · 仁增钦波，又称为“衮度桑布（ཀུན་ཏུ་བཟང་པོ）”，他从哲孟雄的西门进入后，在诺布岗附近建立噶陀寺（ཀཿཐོག་དགོན）。寺旁有一湖泊据说是他以神通力凿开的小湖，称为噶陀湖（ཀཿཐོག་མཚོ），此湖亦是他的魂湖（བླ་མཚོ）。有关噶陀 · 仁增钦波的文献记载甚少，堪布拉次仁称：“没有他在此地弘法的详细记载。” མཁན་པོ་ལྷ་ཚེ་རིང་། མཁའ་སྤྱོད་འབྲས་མོ་ལྗོངས་ཀྱི་གཙུག་ནོར་སྤྲུལ་པའི་རྣལ་འབྱོར་མཆེད་བཞི་བརྒྱུད་འཛིན་དང་བཅས་པའི་བྱུང་བ་བརྗོད་པ་བློ་གསར་གཞོན་ནུ་དགའ་སྟོན། 2002: 232.

阿大 · 生巴钦波是吐蕃王室后代，又称“彭措仁增（ཕུན་ཚོགས་རིག་འཛིན）”，“阿大（མངའ་བདག）”意为领主，是传自赞普后裔的尊号。他跟随祖父达香间（སྟག་ཤམ་ཅན）及父亲札西赤赞（བཀྲ་ཤིས་ཁྲི་བཙན）学习北伏藏与南哲伏藏师息波林巴的伏藏教法，由祖父特别为彭措仁增举行伏藏法系继承者的升座仪式，同时将来自息波林巴的伏藏宝瓶传给彭措仁增[14]。1642 年，生巴钦波父子进入哲孟雄后，随即展开建寺传法活动。其在哲孟雄的活动分为两类：一，开展宗教活动：1643 年，在玉桑（ཡུག་སམ）举行普巴金刚法会（རྡོ་རྗེ་ཕུར་པའི་དཀྱིལ་འཁོར་ཞལ་ཕྱེས），随后在札西町（བཀྲ་ཤིས་སྡིངས）举行《宁玛十万续》的传法活动。在他的推动下，开创了哲孟雄两项重要宗教活动：（1）将藏地“亿遍玛尼共修法会”（མ་ཎི་དུང་སྒྲུབ）传统宗教活动引入哲孟雄。他在境内总共举办了五次“亿遍玛尼共修法会”：第一次在玉桑的拉康玛波举行、第二次是在仁钦绷（རིན་ཆེན་སྤུངས）、第三次是在贝追（སྤུས་སྦྲུས）、第四和第五次都在札西町举行[15]。从此之后，“亿遍玛尼共修法会”逐渐成为哲孟雄一项传统活动。（2）开创“饮用尝解脱宝瓶水”（མྱོང་གྲོལ་བུམ་ཆུ）的宗教活动。这个开创性的宗教活动的重要媒介是伏藏宝瓶（གཏེར་བུམ），这一宝瓶是生巴钦波传承自伏藏师息波林巴法系的重要伏藏圣物。每年藏历一月八日开始，在札西町举行息波林巴伏藏法《大悲观音 · 轮回中解脱》（ཐུགས་རྗེ་ཆེན་པོ་འཁོར་བ་ལས་གྲོལ་བ）法会。藏历十五日清晨开始，给予每一位信众举行宝瓶灌顶与饮用宝瓶水的宗教仪式。时至今日，每年藏历一月十五日来自哲孟雄、不丹以及其他各国游客都到会来到札西町参与这项传统宗教庆典活动[16]。二，建立法系寺院：生巴钦波修建驻锡地红殿（ལྷ་ཁང་དམར་པོ），如今当地仍然保存这座寺院的遗址[17]。确认了札西町为哲孟雄圣地的中心，并在此修建吉祥善乐殿（བཀྲ་ཤིས་དགེ་ལེགས）。1649 年，建立法系寺院压伏寺（ཟིལ་གནོན་དགོན）。1651 年，修建弥勒殿（འབྱམས་པ་ལྷ་ཁང་）与白哈（དཔེ་ཧར）护法殿，寺内安奉弥勒佛像，由生巴钦波亲自装藏并进行开光[18]。

拉尊 · 南卡吉美出生于山南，又称“根桑南嘉（ཀུན་བཟང་རྣམ་རྒྱལ）”或“拉尊钦波（ལྷ་བཙུན་ཆེན་པོ）”，藏文献中常记载为“贡布大圆满上师（ཀོང་པོ་རྫོགས་ཆེན་པ）”、“贡地疯子嘿如嘎（ཀོང་སྨྱོན་ཧེ་རུ་ཀ）”。师承贡波佐钦巴 · 索南旺波（ཀོང་པོ་རྫོགས་ཆེན་པ་བསོད་ནམས་དབང་པོ། 约 16、17 世

14 མཁན་པོ་ལྷ་ཚེ་རིང་།མཁའ་སྤྱོད་འབྲས་མོ་ལྗོངས་ཀྱི་གཙུག་ནོར་སྤྲུལ་པའི་རྣལ་འབྱོར་མཆེད་བཞི་བརྒྱུད་འཛིན་དང་བཅའ་པའི་བྱུང་བ་བརྗོད་པ་བློ་གསར་གཞོན་ནུ་དགའ་སྟོན། 2002: 48, 81.

15 མཁན་པོ་ལྷ་ཚེ་རིང་། མཁའ་སྤྱོད་འབྲས་མོ་ལྗོངས་ཀྱི་གཙུག་ནོར་སྤྲུལ་པའི་རྣལ་འབྱོར་མཆེད་བཞི་བརྒྱུད་འཛིན་དང་བཅའ་པའི་བྱུང་བ་བརྗོད་པ་བློ་གསར་གཞོན་ནུ་དགའ་སྟོན། 2002: 46-47.

16 མཁན་པོ་ལྷ་ཚེ་རིང་། མཁའ་སྤྱོད་འབྲས་མོ་ལྗོངས་ཀྱི་གཙུག་ནོར་སྤྲུལ་པའི་རྣལ་འབྱོར་མཆེད་བཞི་བརྒྱུད་འཛིན་དང་བཅའ་པའི་བྱུང་བ་བརྗོད་པ་བློ་གསར་གཞོན་ནུ་དགའ་སྟོན། 2002: 48-49.

17 ལྷ་ལྕམ་ཡེ་ཤེས་སྒྲོལ་མ་དང་ཆོས་རྒྱལ་མཐུ་སྟོབས་རྣམ་རྒྱལ། འབྲས་ལྗོངས་རྒྱལ་རབས། 2003: 49.

18 ལྷ་ལྕམ་ཡེ་ཤེས་སྒྲོལ་མ་དང་ཆོས་རྒྱལ་མཐུ་སྟོབས་རྣམ་རྒྱལ། འབྲས་ལྗོངས་རྒྱལ་རབས། 2003: 53.

纪）、伏藏师贾春宁波、哲列那措让卓（རྡེ་ལེ་སྣ་ཚོགས་རང་གྲོལ། 约 17 世纪）等高僧，成为当时颇负盛名的宁玛派大师，有新伏藏（གཏེར་གསར）、净显（དག་སྣང་）、意伏藏（དགོངས་གཏེར）三种特殊的教法传承[19]。他前后六次修复桑耶寺并举行开光，前往印度朝圣期间展现许多神通事迹，使得一位印度国王转信佛教[20]。由于他在哲孟雄弘传大圆满，被誉为"哲孟雄大圆满宗主（འབྲས་ལྗོངས་རྫོགས་ཆེན་པ）"[21]，他的宗教影响力来自他本人的高深修为及其对宁玛派整体发展所做出的巨大贡献，直接影响宁玛派中敏珠林、佐钦两派传承体系的发展。南卡吉美分别将阿努瑜伽与大圆满的传承汇入了敏珠林、佐钦两派：一，在敏珠林派阿努瑜伽《密意集合经》（ཨ་ནུ་འདུས་པ་མདོ）灌顶传承体系中的康派传承（ཁམས་ལུགས）为：南卡吉美→桑达·程列伦珠（གསང་བདག་འཕྲིན་ལས་ལྷུན་གྲུབ།17 世纪）[22]→桑达之子敏珠林派的开创者德达林巴[23]。二，在佐钦派的大圆满体系中，以上师心滴（བླ་མ་ཡང་ཐིག）为主的宁体母子传承：南卡吉美→佐钦巴·隆佐塔哲（རྫོགས་ཆེན་པ་ཀློང་རྫོགས་མཐའ་བྲལ།17 世纪）→佐钦派的开创者白玛仁增[24]。1646 年，伏藏师贾春宁波与伏藏师敦都多杰依伏藏授记指示南卡吉美："前往哲孟雄开启秘境哲孟雄的圣门与开取哲孟雄的伏藏、修塔建寺等利益西藏的事业。"[25]

南卡吉美在哲孟雄的活动分为两类：一，开展宗教活动：1647 年，他在哲孟雄圣地中心札西町亲见本尊金刚亥母后，写下《金刚心要·妙云道歌》（རྡོ་རྗེ་སྙིང་པོ་སྤྲིན་གྱི་ཐོལ་གླུ）的伏藏教法。前往北方圣洞拉日仁钦宁波（ལྷ་རི་རིན་ཆེན་སྙིང་པོ），开取《持明命修》（རིག་འཛིན་སྲོག་སྒྲུབ）、《寿成就·无死胜义精要》、《威猛护法》等伏藏法，将自己伏藏法系《持明命修》首先传授给法王彭措南嘉、座主扎西南嘉贝桑布（ཁྲི་བཀྲ་ཤིས་རྣམ་རྒྱལ་དཔལ་བཟང་པོ）、门族头人帖工萨攘（མོན་ཐེ་ཀོང་ཟ་ལང）等人[26]。二，建立法系寺院：升座典礼后，南卡吉美为完成授记中的指示，以来自哲孟雄境内各地的泥土、石头为材料，在典礼地点玉桑诺布岗（ཡུག་སམ་ནོར་བུ་སྒང）建造哲孟雄第一座佛塔吉祥威光塔（བཀྲ་ཤིས་འོད་འབར）。建成

---

19 ལྷ་ལྟམ་ཡེ་ཤེས་སློབ་མ་དང་ཆོས་རྒྱལ་མཐུ་སྟོབས་རྣམ་རྒྱལ། འབྲས་ལྗོངས་རྒྱལ་རབས། 2003: 37.

20 ཀོང་སྤྲུལ་ཀརྨ་ངག་དབང་ཡོན་ཏན་རྒྱ་མཚོ། ཟབ་མོའི་གཏེར་དང་གཏེར་སྟོན་གྲུབ་ཐོབ་ཇི་ལྟར་བྱོན་པའི་ལོ་རྒྱུས་མདོར་བསྡུས་སུ་བཀོད་པ་རིན་ཆེན་བཻཌཱུརྻའི་ཕྲེང་བ། ལྷ་ས། བོད་ལྗོངས་མི་དམངས་དཔེ་ཀྲུན་ཁང་། 2007: 235.

21 བདུད་འཇོམས་འཇིགས་བྲལ་ཡེ་ཤེས་རྡོ་རྗེ། བདུད་འཇོམས་ཆོས་འབྱུང་། སི་ཁྲོན་མི་རིགས་དཔེ་སྐྲུན་ཁང་། 1996: 490.

22 程列伦珠生于洛扎，依止父亲东昂滇增、第三世贝林·慈诚多杰、拉尊·南卡吉美、佐千巴·南卡珠扎、贡饶大译师贤遍多杰等大师，他在卫藏、不丹等地事业广大，其主要弟子是敏珠林寺的德达林巴。སྨྲ་ཤུལ་མཁན་པོ་འཇམ་དབྱངས་རྡོ་རྗེ། རང་བཞིན་རྫོགས་ཆེན་པོའི་ཆོས་འབྱུང་རིན་འཛིན་བརྒྱུད་པའི་རྣམ་ཐར་ངོ་མཚར་ནོར་བུ་བཻཌཱུརྻའི་ཕྲེང་བ། བོད་ཀྱི་ནང་བསྟན་དཔེ་ཚོགས་ལྔ་པ། 2002: 387-393.

23 བསྟན་འཛིན་ལུང་རྟོགས་ཉི་མ་བརྩམས། སྣ་འགྱུར་རྫོགས་ཆེན་ཆེན་མོ། ཀྲུང་གོའི་བོད་རིག་པ་དཔེ་སྐྲུན་ཁང་། 2004: 280-281.

24 བསྟན་འཛིན་ལུང་རྟོགས་ཉི་མ་བརྩམས། སྣ་འགྱུར་རྫོགས་ཆེན་ཆེན་མོ། 2004: 193.

25 བདུད་འཇོམས་འཇིགས་བྲལ་ཡེ་ཤེས་རྡོ་རྗེ། བདུད་འཇོམས་ཆོས་འབྱུང་། 1996: 489-490.

26 མཁན་པོ་ལྷ་ཚེ་རིང་། མཁའ་སྤྱོད་འབྲས་མོ་ལྗོངས་ཀྱི་གཙུག་ནོར་སྤྲུལ་པའི་རྣལ་འབྱོར་མཆེད་བཞི་བརྒྱུད་འཛིན་དང་བཅས་པའི་བྱུང་བ་བརྗོད་པ་བློ་གསར་གཞོན་ནུ་དགའ་སྟོན། 2002: 78.

后，举行了 21 天的开光法会[27]。同年，在法王彭措南嘉与当地信众请求下，建立了哲孟雄第一座寺院。在伏藏的叙事中，伏藏授记是不可或缺的重要指示，指导了伏藏师应该行持的特殊宗教事业。《圣地志》中有一段有关伏藏授记与修塔建寺关系的描述：

> 此时，法王彭措南嘉及僧众等一同祈请，说：“喇嘛仁波切(南卡吉美)！如同往昔噶当派的格西或密勒、喀拉(恭琼)、洛(日巴)果(仓巴)的传记中所载，他们经常游历各地，没有固定处所，却能无误地安置上、中、下根器之众生于成熟解脱之道，恩德甚大！就如同莲花生不断教敕浊世众生当前往秘境圣地，现在我们应当祈请在此处圣地建立一座修行驻锡地。况且在伏藏授记中：‘在此地修寺、造塔、建修行处，藏地百年之中将安乐。’往昔证地者虽已断除我执，现在于此地建寺，无论如何应当修建。”一再请求下，(南卡吉美)修建了寺院。[28]

在南卡吉美授意与指导下，法王彭措南嘉提供资助，新建哲孟雄第一座寺院珠第·桑阿多吉丹（སྒྲུབ་སྡེ་གསང་སྔགས་རྡོ་རྗེ་གདན），寺中供奉一尊非常灵验的金刚亥母像，寺内壁画主题为南卡吉美与贾春宁波伏藏法系的皈依境。此寺是历史最悠久、宗教地位较高的寺院，也可以认为，此寺是法系寺院建构布局的起始点，具有历史现实的重大意义和契合授记指示的宗教意涵。同年，南卡吉美与法王彭措南嘉一起勘察哲孟雄的整体地理情况，在札西町西方修建王宫拉滇哲（རབ་བརྟན་རྩེ）[29] 与贝玛扬哲寺（པདྨ་ཡང་རྩེ）。贝玛扬哲寺内供奉导师释迦牟尼、莲花生大士、观音菩萨、长寿佛、金刚手菩萨等佛像，此寺与哲孟雄王室有着重要密切关系，是哲孟雄弘扬藏传佛教最重要的寺院。时至今日，寺院仍

---

27 ལྷ་ལྷམ་ཡེ་ཤེས་སྒྲོལ་མ་དང་ཆོས་རྒྱལ་མཐུ་སྟོབས་རྣམ་རྒྱལ། འབྲས་ལྗོངས་རྒྱལ་རབས། 2003: 48-49, 117-118.

28 原文作：“དེའི་ཚེ་ཆོས་རྒྱལ་ཕུན་ཚོགས་རྣམ་རྒྱལ་དང་གྲྭ་རིགས་རྣམས་ཀྱིས་མགྲིན་གཅིག་ཏུ། བླ་མ་རིན་པོ་ཆེ་ལགས། སྔོན་གྱི་དུས་སུ་ནི་གནས་གཅིག་ལ་ངེས་པ་མེད་པའི་རྗེ་བོ་བཀའ་གདམས་པའི་དགེ་བཤེས་གཉེན་ལྟ་བུའམ། མི་ལ། ཁ་རག ལོ་རྒོད་ལྟ་བུའི་རྣམ་ཐར་ཁོ་ནས་དུས་འདའ་བའི་ངང་ནས་ཡངས་པའི་རྒྱལ་ཁམས་གང་དང་གང་དུ་མཆོག་དམན་བར་མ་དང་བཅས་པའི་གདུལ་བྱ་རྣམས་སྨིན་གྲོལ་གྱི་ལམ་ཕྱིན་ཅི་མ་ལོག་པར་བཀོད་པར་མཛད་པ་ནི་བཀའ་དྲིན་ཆེ་ལགས། ད་ནི་གུ་རུ་རིན་པོ་ཆེས་ཀྱང་སྙིགས་དུས་ཀྱི་འགྲོ་བ་རྣམས་སྲུས་པའི་ཡུལ་ལ་སོང་ཞིག་པའི་བཀའ་ཆེམས་ནན་ལྟར་དུ་གནང་འདུག་པ་ལྟར། ད་ལམ་གནས་ཆེན་འདི་ལྟ་བུར་རང་ཅག་རྣམས་ཀྱི་གདན་ས་སྒྲུབ་སྡེ་ཞིག་ཅིས་ཀྱང་གསོལ་བ་འདེབས་སོ།། ཞེས་ཡང་དང་ཡང་བསྐུལ་བ་དང་། གུ་རུ་རིན་པོ་ཆེས་ཀྱང་། གནས་དེར་ལྷ་ཁང་མཆོད་རྟེན་སྒྲུབ་སྡེ་བཙུགས༔ བོད་ཡུལ་ལོ་བརྒྱའི་བར་དུ་བདེ་བར་འགྱུར༔ ཞེས་གསུང་འདུག་པ་བཞིན། སྔོན་ཆད་ས་ཐེབ་གང་ལ་བདག་འཛིན་སྤངས་པ་ཡིན་ཀྱང་ད་ལམ་འདིར་སྒྲུབ་སྡེ་ཞིག་ཅིས་ཀྱང་འདེབས་པར་བྱ་དགོས་ཏེ་ཇི་ལྟར་བསྐུལ་བ་བཞིན་བཏབ། ” མཁན་པོ་ལྷ་ཚེ་རིང་། མཁའ་སྤྱོད་འབྲས་མོ་ལྗོངས་ཀྱི་གཙུག་ནོར་སྤྲུལ་པའི་རྣལ་འབྱོར་མཆེད་བཞི་བརྒྱུད་འཛིན་དང་བཅས་པའི་བྱུང་བ་བརྗོད་པ་བློ་གསར་གཞོན་ནུ་དགའ་སྟོན། 2002: 124-125.

29 堪布确旺与堪布拉次仁却主张“拉滇哲”在第一代法王彭措南嘉时就已兴建完成。但是，阿扎桑滇蒋措却认为，“拉滇哲”是第二代法王登松南嘉所兴建，后来此处成为哲孟雄的首都。ཨ་ཙར་བསམ་གཏན་རྒྱ་མཚོ། འབྲས་ལྗོངས་ནང་དགོན་སྡེའི་ལོ་རྒྱུས་གསར་བཞད་ཚ་སྐྱེས་བྱུང་བའི་རོལ་མཚོ། རྣམ་རྒྱལ་བོད་ཀྱི་ཤེས་རིག་ཉམས་ཞིབ་ཁང་། 2008: 31.

遵循过去的传统，此寺的僧众、密咒师在整个社会名声威望较高，具有“扎仓巴（གྲྭ་ཚང་པ)”特殊称号。此寺每年举行重要的宗教庆典，特别是与王室相关的各项宗教活动皆由贝玛扬哲寺的金刚上师、僧众主持，这已成一种惯例[30]。

比较上述两者传播的路径、范围与对象，不难发现：一，南卡吉美是莲花生授记的伏藏师，“完成伏藏授记的宗教活动—开取伏藏”是他进入哲孟雄的主要目的与职责。在此活动的轨迹基本上是以授记的指示为主轴进行：举行法王升座典礼→修建吉祥威光塔→开取伏藏→伏藏法系的传法活动→修建法系寺院。其主要活动范围不大，只在北方诺布岗、圣洞拉日仁钦宁波、珠第寺、札西町到贝玛扬哲寺等玉桑附近地区活动。传法对象以法王、喇嘛等藏族上层精英阶级为主。在达成“伏藏授记”的任务后，就返回西藏。二，与此不同，阿大 · 生巴钦波父子移居哲孟雄，并没有返回西藏的计划。“定居哲孟雄地”为在当地推行、发展伏藏法系提供了有利条件。他们在此地的活动轨迹：确认圣地哲孟雄的中心札西町→修建吉祥善乐殿→压伏寺→弥勒殿→举行《宁玛十万续》的传法活动。活动范围较为广泛，以札西町为根据地，从玉桑到贝追、仁钦绷间。传法对象的普及度较高，传法活动是以人人皆可参与的基础性活动“亿遍玛尼共修法会”与“饮用尝解脱宝瓶水”为主，这已成为哲孟雄的传统宗教活动。

值得注意的，有以下有三点：第一，南卡吉美与生巴钦波在哲孟雄建寺传法，实际上是把伏藏法系的传法活动从卫藏、康区转移到哲孟雄，推动了宁玛派伏藏法系南向传播与扩散。第二，从宁玛派整体发展史与哲孟雄地方史来看，南卡吉美不仅是宁玛派大圆满传承的重要宗教人物，而且在哲孟雄广泛传播大圆满，成为哲孟雄大圆满宗主。另外，他在哲孟雄开取伏藏，建立属于哲孟雄本地的伏藏法系。这两点说明南卡吉美对哲孟雄宁玛派发展起着承先启后的重要作用，也可以说，他是当时哲孟雄宗教界最重要、最权威的人物。第三，生巴钦波的记载未见于宁玛派整体发展史，只出现在哲孟雄地方史中。其宗教的重要影响力是“最早在哲孟雄开展宗教活动”，哲孟雄历史学家堪布拉次仁评述说：“阿大生巴钦波是最早在哲孟雄传播伏藏法系的开宗立派者。”[31]

由上可见，南嘉王朝初期，宗教传播对象缺乏普遍的信仰基础，传播地域也缺乏广泛性，伏藏法系在哲孟雄社会中的发展属于初期阶段。从拉尊南卡吉美拥有“哲孟雄大

30 མཁན་པོ་ཆོས་དབང་། སྦས་ཡུལ་འབྲས་མོ་ལྗོངས་ཀྱི་ཆོས་སྲིད་དང་འབྲེལ་བའི་རྒྱལ་རབས་ལོ་རྒྱུས་བདེན་དོན་ཀུན་གསལ་མེ་ལོང་། ནམ་རྒྱལ་བོད་ཀྱི་ཞིབ་རིག་ཁྱམས་ཞིག་ཁང་། 2003: 117.

31 མཁན་པོ་ལྷ་ཚེ་རིང་། མཁའ་སྤྱོད་འབྲས་མོ་གཤོངས་གླིང་ཡངས་པར་སྣང་སོག་གོང་གསུམ་གྱི་བརྒྱུད་འཛིན་མཆེད་ཚུལ་དང་ཀུན་གཟིགས་ལྷ་པ་ཆེན་པོ་བློ་བཟང་རྒྱ་མཚོའི་སྐྱེས་སྟ་འགྱུར་རྙིང་བསྟན་ལ་ཕྱག་རྗེས་བཀའ་དྲིན་ཆེ་ཚུལ་འཁོར་བ་བཏུས་པའི་ངོར་མཚར་རྟོགས་བརྗོད་སྐལ་བཟང་ཐར་གླིང་འདྲེན་པའི་ཤིང་རྟ། 2006: 80.

圆满宗主”与“哲孟雄伏藏的开取者”的重要宗教身份及修建哲孟雄第一座寺院、佛塔的史实看来，历史文献以“拉尊南卡吉美伏藏法系”为轴心进行叙事。此外，在现今哲孟雄寺祖师像的排列顺序中，拉尊南卡吉美位于最重要的位置，升座典礼法座也是拉尊南卡吉美的法座最高，表明当时在哲孟雄他具有最重要的宗教地位。因此可以说，南嘉王朝初创时，宁玛派伏藏法系在哲孟雄的传播是当时宗教发展的新趋势。在这一基本趋势中，显然，法王政权选择以拉尊南卡吉美的伏藏法系作为哲孟雄宗教发展的主轴，开拓了哲孟雄宗教新格局。

三、中心与地方：卫藏宗派扶植下，拉尊·南卡吉美伏藏法系在哲孟雄地方的发展

在宁玛派发展史中，法脉继任基本可以归纳为三种模式：（1）师徒继任制；（2）家族继任制；（3）转世继任制。在宁玛派的座主继任模式中，早期主要是采行家族继任与师徒继任的双轨制。后来，随着宁玛宗派化的发展，才开始逐渐采行转世继任座主的制度。就“六大宗派的座主采用转世系统的时间点”来说，最早从17世纪中期多吉扎派确立“仁增钦波（རིག་འཛིན་ཆེན་པོ）”的转世系统开始到18世纪末白玉派最后开启该派首位转世系统“噶玛古钦（ཀརྨ་སྐུ་ཆེན）”之间的150年，除了敏珠林派采行子嗣继任座主外，其它宗派的座主皆逐步转向转世继任制[32]。转世继任制具有延续法脉稳定性的特点，确保了主寺创建者的转世就是该宗派中最高活佛的宗主地位，同时符合世代信奉寺

32 就“宁玛派六大宗派的座主采用转世系统的时间点”来说，多吉扎派的创建者仁增阿格旺波（1580-1639年）圆寂后认证其转世白玛程列（1641-1717年），开启“仁增钦波”的转世系统。敏珠林寺的继任方式，长子继任座主（ཁྲི་ཆེན），次子出家继任堪钦（མཁན་ཆེན），属子嗣继承制。从噶陀派1159年建立，至17世纪中期约500年间，是以师徒相承的十三代上师（བླ་རབས་བཅུ་གསུམ）与家族传承的十三代仲巴（དྲུང་རབས་བཅུ་གསུམ）的座主继任制。17世纪中叶，伏藏师龙萨宁波（1625-1692年）之子嘉色·索南德赞（བསོད་ནམས་སྡེ་བཙན། 1670-1723年）继任寺院座主，他圆寂后认证其转世，成为该派第一位转世活佛“直美信雄（དྲི་མེད་ཞིང་སྐྱོང）”的开启者。白玉寺从1665年建寺到18世纪末的100年间，采用师徒继任座主。直到认证第四任座主噶玛札西（ཀརྨ་བཀྲ་ཤིས།1728-1790年）的转世噶玛久美（ཀརྨ་འགྱུར་མེད། 1794-1851年），开启白玉派的转世制度。佐钦寺创建者佐钦巴白玛仁增圆寂后，他的两大弟子本洛·南卡俄萨（དཔོན་སློབ་ནམ་མཁའ་འོད་གསལ།?-1726年）与冉江巴·滇贝坚赞（རབ་འབྱམས་པ་བསྟན་པའི་རྒྱལ་མཚན། 1650-1704年）先后继任座主，很快就认证白玛仁增的转世久美帖秋丹增（འགྱུར་མེད་ཐེག་མཆོག་བསྟན་འཛིན། 1699-1758年），开启“佐钦仁波切（རྫོགས་ཆེན་རིན་པོ་ཆེ）”的转世系统。冉江巴圆寂后，第二世佐钦仁波切的亲弟久美根桑南嘉（འགྱུར་མེད་ཀུན་བཟང་རྣམ་རྒྱལ།1713-1769年）被认证为冉江巴转世，开启“协庆冉江（ཞེ་ཆེན་རབ་འབྱམས）”的转世系统，后第二世冉江于1735年（1713-1769年）建立协庆寺，以寺名为派名发展出协庆派。综上所述，除了敏珠林派依照子嗣继承来传承法脉，从“最早17世纪中叶多吉扎派白玛程列被认证”到“最晚18世纪末白玉派噶玛久美被认证”的150年间，宁玛各宗派皆转向转世继承模式。

院活佛的部落家族的期望。这种具整体性和系统性的宗派发展模式，促进了宁玛宗派化的发展进程。

伏藏法系在哲孟雄的发展动力是建立在法系传承的继任模式、法系寺院体系的形成、法系传法活动等制度化的基础上。毫无疑问，为促进哲孟雄伏藏法系自身结构长期发展的稳定性与管理的有效性，必须在教义内容、宗派归属、继任方式、主分寺关系等方面与卫藏宗派中心相结合、相适应，才能建构起一种促进宗教稳固发展的最佳途径。南嘉王朝初创时期，伏藏法系的继任模式基本上依循师徒继任与子嗣继任两种方式，以确保寺院法脉传承的永续发展。其中，阿大生巴钦波伏藏法系传承是以子嗣继任寺主的方式：阿大生巴钦波→蒋巴丹增（བྱམས་པ་བསྟན་འཛིན）→阿大仁钦贡（མངའ་བདག་རིན་ཆེན་མགོན），其传承法系只记载到他的孙子仁钦贡，因此本节不予讨论。继任形式的重大转变是南卡吉美伏藏法系开始采行的转世继任制。1652 年南卡吉美圆寂后，在其日、月两大高徒之一却英伦珠（ཆོས་དབྱིངས་ལྷུན་གྲུབ）的请求下，第五世达赖喇嘛认证南卡吉美的转世，为其剃发并赐名“阿旺根桑吉美（ངག་དབང་ཀུན་བཟང་འཇིགས་མེད）”，在哲孟雄出现第一位转世活佛，形成拉尊南卡吉美转世系统。以下就师徒继任转向转世制度的过程，从两个方面进行探讨：一，卫藏中心宗派的扶植情况：南卡吉美历代转世的认证关系、师承宗派、法系传承等与第五、第六、第七世达赖喇嘛的关系。二，南卡吉美伏藏法系在哲孟雄地方的发展：第二世到第五世南卡吉美在哲孟雄的宗教活动。

一，卫藏中心宗派的扶植情况：在宁玛派发展史中，伏藏法系的传承主轴分为家族传承与转世传承两种。17 世纪中叶开始，伏藏法系的创建者开始被认证为转世活佛以继承法脉。与此相同，南卡吉美的转世活佛即是其法系的主要继承者。拉尊南卡吉美圆寂后，第五世达赖喇嘛认证出生于竹域（不丹）苯塘的查通 · 弥觉多杰（ཁྲག་འཐུང་མི་བསྐྱོད་རྡོ་རྗེ།1656-1675 年）为第二世活佛，从此开启南卡吉美的转世系统。此外，弥觉多杰还跟随多杰扎派仁增钦波白玛程列、敏珠林派堪钦罗钦达玛师利学习。不过，由于他较早圆寂[33]，第五世达赖喇嘛为此特别举行两次迅速转世的祈愿法会[34]。从“五世达赖喇嘛认证”及“因圆寂举行两次迅速转世的法会”这两点看来，第五世达赖喇嘛非常重视南卡吉美伏藏法系及转世继承者。事实上，第五世达赖喇嘛与拉尊 · 南卡吉美有着法脉相承的师徒关系，《哲孟雄历代王统史》中记载：

33 མཁན་པོ་ཆོས་དབང་། སྦས་ཡུལ་འབྲས་མོ་ལྗོངས་ཀྱི་ཆོས་སྲིད་དང་འབྲེལ་བའི་རྒྱལ་རབས་ལོ་རྒྱུས་བདེན་དོན་ཀུན་གསལ་མེ་ལོང་། 2003: 120.

34 མཁན་པོ་ལྷ་ཚེ་རིང་། མཁའ་སྤྱོད་འབྲས་མོ་ལྗོངས་ཀྱི་གཙུག་ནོར་སྤྲུལ་པའི་རྣལ་འབྱོར་མཆེད་བཞི་བརྒྱུད་འཛིན་དང་བཅའ་པའི་བྱུང་བ་བརྗོད་པ་ལྷོ་ཀྱི་གསར་གཞོན་ནུ་དགའ་སྟོན། 2002: 146-147.

抵达藏地后，拉尊向第五世达赖喇嘛传授以《持明命修》为主、《啥吽》相关的长寿修法等口诀，并授他为法主。第五世达赖喇嘛也（向拉尊）示现希有神变并传授口传深法。因此，（对拉尊）心生信心，（拉尊）成为第五世达赖喇嘛的上师。[35]

显然，“互为师徒”的法脉相承关系是拉尊南卡吉美转世系统形成的根本原因。第二世圆寂后不久，第五世达赖喇嘛再次认证出生于西藏香地（ཤངས）的吉美巴沃（འཇིགས་མེད་དཔའ་བོ།1682-? 年）为第三世活佛[36]。可以认为，第五世达赖喇嘛以西藏地方政教的领导者身份认证第二世、第三世的转世活佛，直接确立了南卡吉美的转世系统。敏珠林派创建者伏藏师久美多杰给他赐名“邬金却配（ཨོ་རྒྱན་ཆོས་འཕེལ）”，后来随第六世达赖喇嘛出家，戒名“洛桑多杰（བློ་བཟང་རྡོ་རྗེ）”。他师承多杰扎派白玛程列、敏珠林派伏藏师久美多杰、敏珠林派堪钦罗钦达玛师利，学习南卡吉美伏藏法系、北伏藏法系、敏珠林伏藏法系的教法。第二世、第三世的师承宗派与法系传承基本相同。吉美巴沃圆寂后，法系传承者仁增程列罗贝多杰（རིན་འཛིན་ཕྲིན་ལས་རོལ་པའི་རྡོ་རྗེ）[37]、哲孟雄摄政拉滇夏巴（རབ་བརྟན་ཤར་པ）[38] 及哲孟雄贝玛扬哲寺僧众代表一同认证出生在哲孟雄边界瓦隆堪巴间（ཡ་ལུང་ཁང་པ་ཅན）的灵童为第四世活佛，第七世达赖喇嘛赐名“根桑吉美嘉措（ཀུན་བཟང་འཇིགས་མེད་རྒྱ་མཚོ། 1741-? 年）”，他在敏珠林寺学习三年[39]。第五世南卡吉美白玛德钦嘉措（པདྨ་བདེ་ཆེན་རྒྱ་མཚོ），文献中仅记载了出生地为南贝查（རྣམ་པད་ཚལ）[40]。

对比前、后世的认证关系和师承宗派、法系传承，有两点值得注意的：一，拉尊南卡吉美转世系统形成的主要原因是建立在第五世达赖喇嘛与拉尊南卡吉美法脉继承的师

35 原文为：ལྷ་བཙུན་བོད་དུ་ཕེབས་ཏེ་༸གོང་ས་ལྔ་པ་ཆེན་པོར་སྲོག་སྒྲུབ་ཆོས་བཀའི་དབང་ལུང་སྨི་དང་། ཅི་བྲག་ཧྲཱི་ཧཱུྃ་བྲེལ་མའི་ཚེ་སྒྲུབ་ཀྱི་གདམས་པ་ཕུལ་ཏེ་ཆོས་བདག་ཏུ་གསོལ་བ་བཏབ་པས། ལྔ་པ་ཆེན་པོས་ཀྱང་ངོ་མཚར་བའི་རྫུ་འཕྲུལ་དང་ལུང་འབྲེལ་གྱི་ཟབ་ཆོས་ལ་ཐུགས་ཡིད་ཆེས་ཏེ་དབུ་ཡི་བླ་མར་བཟུང་། 见 ལྷ་ལྡུམ་ཡེ་ཤེས་སྒྲོལ་མ་དང་ཆོས་རྒྱལ་མཐུ་སྟོབས་རྣམ་རྒྱལ། འབྲས་ལྗོངས་རྒྱལ་རབས། 2003: 55.

36 མཁན་པོ་ལྷ་ཚེ་རིང་། མཁའ་སྤྱོད་འབྲས་མོ་ལྗོངས་ཀྱི་གཙུག་ནོར་སྤྲུལ་པའི་རྣལ་འབྱོར་མཆེད་བཞི་བརྒྱུད་འཛིན་དང་བཅའ་པའི་བྱུང་བ་བརྗོད་པ་བློ་གསར་གཞོན་ནུ་དགའ་སྟོན། 2002: 153.

37 拉尊南卡吉美日月两大弟子之一领主却英伦珠的转世。

38 第四任法王久美南嘉逝世后，总管丹增与其它大臣共同掌控政权。1738 到 1741 年间，总管丹增（ཕྱག་མཛོད་ཏ་མགྲིན）以“法王久美南嘉无子嗣或非合法子嗣”为理由，拒绝承认王子南嘉彭措为法王合法继承人，自立为王。哲孟雄一再向西藏地方政府请求协助，最终委派拉滇夏巴（རབ་བརྟན་ཤར་པ）前往哲孟雄担任代理摄政。ལྷ་ལྡུམ་ཡེ་ཤེས་སྒྲོལ་མ་དང་ཆོས་རྒྱལ་མཐུ་སྟོབས་རྣམ་རྒྱལ། འབྲས་ལྗོངས་རྒྱལ་རབས། 2003: 97-98.

39 མཁན་པོ་ལྷ་ཚེ་རིང་། མཁའ་སྤྱོད་འབྲས་མོ་ལྗོངས་ཀྱི་གཙུག་ནོར་སྤྲུལ་པའི་རྣལ་འབྱོར་མཆེད་བཞི་བརྒྱུད་འཛིན་དང་བཅའ་པའི་བྱུང་བ་བརྗོད་པ་བློ་གསར་གཞོན་ནུ་དགའ་སྟོན། 2002: 187-188.

40 མཁན་པོ་ལྷ་ཚེ་རིང་། མཁའ་སྤྱོད་འབྲས་མོ་ལྗོངས་ཀྱི་གཙུག་ནོར་སྤྲུལ་པའི་རྣལ་འབྱོར་མཆེད་བཞི་བརྒྱུད་འཛིན་དང་བཅའ་པའི་བྱུང་བ་བརྗོད་པ་བློ་གསར་གཞོན་ནུ་དགའ་སྟོན། 2002: 194.

徒关系上，再由卫藏教权中心的第五世达赖喇嘛直接介入、确立而形成的转世系统。转世系统并非哲孟雄内部自主寻找、认证而形成的。二，第二世、第三世、第四世活佛与第五世、第六世、第七世达赖喇嘛有着认证、受戒、学法等师徒相承的重要关系，在此期间，双方形成了一种历代师徒相承的宗教惯例。三，历代活佛都非出生于哲孟雄，都在宁玛派卫藏教法中心敏珠林寺和多杰扎寺完成佛学教育。法系传承以南卡吉美伏藏法系为主，兼具北伏藏法系、敏珠林伏藏法系。

二，南卡吉美伏藏法系在哲孟雄地方的发展。在第二任法王滇松南嘉（བསྟན་སྲུང་རྣམ་རྒྱལ། 1644-1699 年）统治期间，第二世被迎回哲孟雄。关于第二世何时进入哲孟雄？停留多久？史籍中并无记载，只载明第二世活佛年轻圆寂[41]。“年轻圆寂”这一点说明了二世在哲孟雄没有广泛的传法活动。第三世活佛吉美巴沃在王子恰多南嘉（ཕྱག་རྡོར་རྣམ་རྒྱལ།1686-1717 年）[42] 的邀请下，前往哲孟雄传法。《空行刹土哲孟雄顶严化身四瑜珈士及其持有者之传承源流》中，有一段描述敏珠林派伏藏师久美多杰劝导弟子吉美巴沃前往哲孟雄传法的描述：

> 由于哲孟雄王子恰多南嘉下令，佐钦活佛（吉美巴沃）应立即前往！过去蒙古军队入侵导致藏地不安，当时根桑南嘉（拉尊南卡吉美）为了利益藏地的教法与众生，前往秘境哲孟雄，开启圣地之门，因此雪域渐转安乐。恰多南嘉是受莲花生所加持护持佛教的法王，对大伏藏师（我久美多杰）也具足坚固的信心。（前往哲孟雄之事）不可推拖。[43]

可见继承前世宗教事业是转世活佛的主要责任，第三世通过转世继承前世伏藏法系与哲孟雄法系寺院，应承担对哲孟雄法系寺院、当地信众等利益佛教事业。先前王子恰多南嘉因法王继承问题无法返回哲孟雄，在西藏地方政府调解下，1709 年吉美巴沃陪同

41 མཁན་པོ་ཆོས་དབང་། སྦས་ཡུལ་འབྲས་མོ་ལྗོངས་ཀྱི་ཆོས་སྲིད་དང་འབྲེལ་བའི་རྒྱལ་རབས་ལོ་རྒྱུས་བདེན་དོན་ཀུན་གསལ་མེ་ལོང་། 2003: 120.

42 姐姐奔丹旺姆（པན་ལྡི་དབང་མོ།）不满由其弟恰多南嘉继承法王，在竹域（不丹）德布（སྡེ་པ་ཞི་དར）的支持下，派遣阿旺程列（ངག་དབང་ཕྲིན་ལས）与彭列（ཕན་ལས）率军入侵哲孟雄。公主奔丹旺姆与竹域军队的合谋控制哲孟雄政权长达五、六年。མཁན་པོ་ཆོས་དབང་། སྦས་ཡུལ་འབྲས་མོ་ལྗོངས་ཀྱི་ཆོས་སྲིད་དང་འབྲེལ་བའི་རྒྱལ་རབས་ལོ་རྒྱུས་བདེན་དོན་ཀུན་གསལ་མེ་ལོང་། 2003: 125.

43 原 文 为：འབྲས་ལྗོངས་རྒྱལ་སྲས་ཕྱག་རྡོར་རྣམ་རྒྱལ་གྱི་བཀའ་ཕེབས་སུ་རྫོགས་ཆེན་སྤྲུལ་སྐུ་མྱུར་དུ་ཞབས་བསྐྱོད་དགོས་དང་། སྔོན་སོག་པོའི་དུས་ཐེང་གིས་དབུས་གཙང་སྐྱིད་འཇགས་མེད་ཆེ་རྫོགས་ཆེན་པ་ཀུན་བཟང་རྣམ་རྒྱལ་གྱིས་སྦས་ཡུལ་འབྲས་མོ་ལྗོངས་ཀྱི་གནས་སྒོ་ཕྱེས་ཏེ་བསྟན་འགྲོའི་དོན་མཛད་པས་གངས་ལྗོངས་རིམ་བདེ་སྐྱིད་པ་དང་། བསྟན་པའི་ཞབས་འདེགས་རྒྱལ་པོ་ཕྱག་རྡོར་རྣམ་རྒྱལ་ཡང་སློབ་དཔོན་རིན་པོ་ཆེས་བྱིན་གྱིས་བརླབས་ཞིང་གཏེར་ཆེན་ལ་མི་ཕྱེད་པའི་དད་པ་བརྟན་པས་དད་ཅན་ཤུན་ཕྱིན་མི་ཡོང་བ་དང་། 见 མཁན་པོ་ལྷ་ཚེ་རིང་། མཁའ་སྤྱོད་འབྲས་མོ་ལྗོངས་ཀྱི་གཙུག་ནོར་སྤྲུལ་པའི་རྣལ་འབྱོར་མཆེད་བཞི་བརྒྱུད་འཛིན་དང་བཅས་པའི་བྱུང་བ་བརྗོད་པ་བློ་གསར་གཞོན་ནུ་དགའ་སྟོན། 2002: 159.

恰多南嘉返回哲孟雄[44]。第三世活佛在哲孟雄的活动主要为传法活动与修复寺院：一，新建、修复法系寺院。不丹军队入侵哲孟雄期间（1700-1705年），破坏了寺院与舍利塔，吉美巴沃修复法系寺院桑阿却林、珠第寺与札西町附近的舍利塔，新建耶桑息德寺。二，传法活动方面，吉美巴沃从1709年到1735年间，在哲孟雄共有七次传法活动，其中传授大圆满有五次、南卡吉美伏藏法系六次、北伏藏法系一次、敏珠林伏藏法系一次[45]。第三世活佛多次往返西藏、哲孟雄两地，传授拉尊南卡吉美的伏藏法系，在藏、哲二地具较高的宗教地位。从这点看来，传承伏藏法系的确是南卡吉美转世活佛的主要目的与宗教任务。第三任法王逝世后，年仅10岁的久美南嘉（འགྱུར་མེད་རྣམ་རྒྱལ། 1707-1733年）继任法王，当时第三世活佛吉美巴沃宗教声望最高，被选为法王摄政，成为哲孟雄的政教领袖，他把哲孟雄与宁玛派伏藏法系政教利益深度地联系一起。第四世活佛在第五任法王南嘉彭措（རྣམ་རྒྱལ་ཕུན་ཚོགས། 1733-1779年）统治时期，被迎回哲孟雄，在各处圣地朝圣与修行，不久后圆寂[46]。第五世活佛从西藏至哲孟雄后，指导修法仪式，建立宗教规章制度，有一系列传法活动[47]。第五世之后的拉尊转世世系不见于史料记载。事实上，从第三世活佛吉美巴沃以后的转世记载已相当匮乏。

对比南卡吉美历代转世在哲孟雄的宗教活动，有两点值得注意：一，从"第二世年轻圆寂""第四世在哲孟雄各圣地修行""第五世只有一系列传法活动"这三条记载来看，第二世、第四世、第五世在哲孟雄没有大规模、大范围的宗教活动，对于哲孟雄伏藏法系的传播与发展的影响是有限的。二，宗教上，第三世活佛在哲孟雄的七次传法活

44 ལྷ་ལྕམ་ཡེ་ཤེས་སྒྲོལ་མ་དང་ཆོས་རྒྱལ་མཐུ་སྟོབས་རྣམ་རྒྱལ། འབྲས་ལྗོངས་རྒྱལ་རབས། 2003: 69.

45 （1）第一次：1709年，应第三代法王恰多南嘉与贝玛扬哲寺僧众邀请，传授了伏藏师咕噜却旺的《上师密集》、仁增贵登的《意成就 · 愤怒力》、拉尊南卡吉美的《持明命修》以及敏珠林伏藏师久美多杰的伏藏全集。（2）第二次：在吉美巴沃朝圣后回到贝玛扬哲寺时，向堪布罗贝多杰与贝玛扬哲寺僧众传授《娘氏八大法行 · 善逝总集》的灌顶与《大藏经》的口传等。（3）第三次：1714年向珠第寺、敦炯寺、拉涡寺、贝玛扬哲寺的活佛、僧众传授南卡吉美的《持明命修》教授。同年，从藏历三月到五月期间，在桑阿却林寺向法王恰多南嘉传予《金刚心要》《大圆满应成续》《上师心滴》等法。（4）第四次：吉美巴沃与敏珠林寺主德达林巴之女敏久巴准（མི་འགྱུར་དཔལ་སྒྲོན།1699-1769年）相互传法，敏久巴准传予吉美巴沃《上师心滴》、《空行心滴》的灌顶，吉美巴沃传予敏久巴准《持明命修》的灌顶。（5）第五次：1727年在珠第寺传予《三宝总摄》《持明命修》的灌顶，传予堪布罗贝多杰《持明命修》、《七宝藏》灌顶与讲解。（6）第六次：1734年在堪布罗贝多杰的请求下，传授《大幻化网 · 秘密藏》《阿努瑜珈 · 密意集合经》的灌顶及修行教授。（7）第七次：1735年在桑阿却林寺传予珠脱罗滇巴《上师心滴》《无垢心髓》的灌顶。མཁན་པོ་ལྷ་ཚེ་རིང་། མཁའ་སྤྱོད་འབྲས་མོ་ལྗོངས་ཀྱི་གཙུག་ནོར་སྤྲུལ་པའི་རྣལ་འབྱོར་མཆེད་བཞི་བརྒྱུད་འཛིན་དང་བཅའ་པའི་བྱུང་བ་བརྗོད་པ་ལྷ་གསར་གཞོན་ནུ་དགའ་སྟོན། 2002: 159-185.

46 མཁན་པོ་ཆོས་དབང་། སྦས་ཡུལ་འབྲས་མོ་ལྗོངས་ཀྱི་ཆོས་སྲིད་དང་འབྲེལ་བའི་རྒྱལ་རབས་ལོ་རྒྱུས་བདེན་དོན་ཀུན་གསལ་མེ་ལོང་། 2003: 158.

47 མཁན་པོ་ལྷ་ཚེ་རིང་། མཁའ་སྤྱོད་འབྲས་མོ་ལྗོངས་ཀྱི་གཙུག་ནོར་སྤྲུལ་པའི་རྣལ་འབྱོར་མཆེད་བཞི་བརྒྱུད་འཛིན་དང་བཅའ་པའི་བྱུང་བ་བརྗོད་པ་ལྷ་གསར་གཞོན་ནུ་དགའ་སྟོན། 2002: 194.

动中，传授六次前世南卡吉美伏藏法系的教法，对南卡吉美伏藏法系在哲孟雄的发展发挥了关键性的重大作用。在政治上，第三世代理法王摄政，维持哲孟雄的政权稳固和社会稳定发展。从这两点来说，在整个转世世系中，第三世吉美巴沃是历代转世系统中对哲孟雄政教最有影响力的活佛。

上述内容说明了两点：第一，在卫藏中心的政教首领五世达赖喇嘛的扶植下，拉尊南卡吉美伏藏法系的继任模式从师徒继承转向转世继承，这一模式的转变，使得第二世、第三世、第四世的活佛首先都在卫藏中心宁玛派的多杰扎寺与敏珠林寺学习前世的伏藏法系后，再前往哲孟雄传播教法。南卡吉美伏藏法系从原本以哲孟雄为重心的传播脉络转入继任方式、寺院建构、传法活动等制度化的宗派之中。在《哲孟雄寺院历史》中，说明了伏藏法系归属宁玛宗派的情况："拉尊传规属敏珠林派，阿大生巴钦波传规属多杰扎派。"[48] 伏藏法系归属宁玛六派的宗派化趋势，是在宁玛宗派化及采行转世制度过程中逐步形成的。第二，伏藏法系归属宗派后，从卫藏中心的宁玛两大派敏珠林、多杰扎向地方哲孟雄普遍转移伏藏法系，促进哲孟雄法系传承的持续发展。可以认为，在哲孟雄宗教发展过程中，其伏藏法系持续与卫藏中心宁玛敏珠林、多杰扎两派间发生相互适应、相互融合，这种双向的交流互动的发展模式，使得藏传佛教宁玛派的教义内容与传播发展形式逐渐地根植于哲孟雄的土壤之中。

四、结论

综上所述，可以得出以下的认识：

第一，南嘉王朝初期，宁玛派伏藏法系在哲孟雄整的传播与发展的过程中，发生了两个重大转变：（1）伏藏法系由过去师徒继承与子嗣继承的继任模式发生了变化，开始出现转世继任制。哲孟雄第一个活佛转世系统的形成是受到卫藏教权中心五世达赖喇嘛的介入、确立而促成的。（2）宁玛宗派化及采行转世制度的过程中，各支伏藏法系逐步归入各派的传承法脉之中，各宗派建构出各具特色的教育制度、修行体系、活佛世系等模式以促使整体宗派的兴盛发展，同时肩负促进分寺各项宗教发展的义务与责任。宁玛六派形成后，导致哲孟雄的伏藏法系从单一结构的发展模式向整体系统性发展模式的转变。

48 ཨ་ཅང་བསམ་གཏན་རྒྱ་མཚོ། འབྲས་ལྗོངས་ནང་དགོན་སྡེའི་ལོ་རྒྱུས་གསར་བཞད་ཚ་སྐྱེས་བུང་བའི་རོལ་མཚོ། རྣམ་རྒྱལ་བོད་ཀྱི་ཤེས་རིག་ཞམས་ཞིག་ཁང་། 2008: 83.

第二，伏藏法系传入哲孟雄后，传播的内容与形式开始发生变化。这一过程持续了150年，这一期间在卫藏教法中心第五世、第六世、第七世达赖喇嘛与宁玛敏珠林派、多杰扎派的扶植下，促使伏藏法系逐步渗入哲孟雄社会。这并非是在哲孟雄境内自主发展的结果，而是在卫藏教法中心的支持与推动下形成的藏哲双向交流互动的发展模式。

卫藏与哲孟雄之间的宗教发展并不是相互毫无关联的割裂状态，两者之间存在密切的法系继承的重要关系，这个关系表现在两点：一，法脉传承是两地宗教发展的重要纽带：从拉尊南卡吉美到第五世活佛皆与第五世、第六世、第七世达赖喇嘛有着传承伏藏法系、认证转世活佛、受戒赐名等法脉相联的师徒关系。二，伏藏法系归属于宁玛派的宗派中：由卫藏中心敏珠林派、多杰扎派主寺指导、提供哲孟雄地方分寺各方面宗教事务的协助与传承法脉的交流，使得南卡吉美伏藏法系归入敏珠林派，阿大生巴钦波伏藏法系归入多杰扎派。从上述伏藏法系的相互联系、主寺分寺的互动模式及转世继任模式深受卫藏教法中心影响的实情看来，各宗派、各法系并非是彼此藩篱的割裂关系，而是呈现出宗教文化多元一体的密切关系。

◆ 许渊钦　四川大学中国藏学研究所副教授

禁忌与认同：宁玛派伏藏文献于蒙古的传播（1607—1738年）*

格格其

内容摘要：自16世纪末，藏传佛教主要通过格鲁派传入至蒙古，并流传至今。这也导致现存大部分蒙古文历史文献带有强烈的黄教色彩。因这些经典与史料多为格鲁派在蒙古占主导地位后写成，对其他教派的历史记载甚是罕见。然而，据我们现有的知识，在格鲁派传入蒙古前后，藏传佛教其他教派亦曾在蒙古传播。本文通过梳理1607至1738年间由藏文译成蒙古文的宁玛派伏藏文献，探究历史、仪轨与注疏三类非经典文本，试图勾勒出藏传佛教于蒙古传播的大图景。

自16世纪末，黄教（šir-a-yin šašin）——格鲁派逐渐成为北元乃至清朝的主流教派。现存蒙古文史料对非黄教教派的记载零星可见，这些记载通常用“红教”（ulaɣan-u

* 在撰写该论文的过程中，姚霜、孙鹏浩、喻晓刚、梁珏等学友曾审阅全文，帮助修改；才让、魏文、杨杰、张闶、黄勃等师友以及《藏学学刊》二位匿名审稿专家曾提供修改意见与资料。在此，对诸位师友表示衷心的感谢。

šašin）一词泛指黄教以外的教派抑或黄教的敌对势力[1]。众所周知，藏传佛教真正的“红教”为宁玛派，遗憾的是，笔者尚未发现记载宁玛派在蒙古传播历史的蒙古文史料。据藏文史料记载，早在元朝时期，释迦光（ཤཱཀྱ་འོད）、觉称（སངས་རྒྱས་གྲགས）等宁玛派僧人或通过使臣与元朝王室有过密切联系，或到宫廷传法[2]；另一方面，蒙古宗室子弟在西藏进行军事活动时，亦与宁玛派伏藏师，如咕噜搠思旺（གུ་རུ་ཆོས་དབང་།1212-1270 年）、索多巴 · 洛追坚赞（སོག་བཟློག་པ་བློ་གྲོས་རྒྱལ་མཚན།1552-1624 年）等有所接触[3]。可以说，过去学界多采用蒙古文、藏文传记等史料对藏传佛教在蒙古的传播进行考察。但是，笔者发现，除了上述资料，还有多部伏藏（གཏེར་མ）文献的蒙古文译本并未受到太多关注。这些非传统史料、非经典、亦非格鲁派传承的文献是怎样传入蒙古的？它们的流传在蒙古又扮演了什么样的角色？这些都是值得探讨的问题。

伏藏为宁玛派三传承（བརྒྱུད་པ་གསུམ）之一。“按宁玛派的传统：莲花生大师及其他少数具德相之大师，为了教化未来众生，将很多修习共与不共两种悉地的教授作为伏藏埋藏，大力加持，令不失坏，付于守藏护法掌管，并发净愿，愿此法得遇有宿缘之化机。若到取藏之时，则先示现取藏之预兆，由谁得此藏，则应将掘藏者的名号氏族、容貌等记在取藏的简扎上。若时、地与掘藏师一切因缘具备，则可将此藏取出，以之普传有缘，称为伏藏法。”[4] 由于伏藏法门有独特的埋藏、发掘、书写等过程，其真实性常常受到其他新译密咒教派的质疑和抨击。然而，作为藏传佛教旧译密咒代表的宁玛派保留了自前弘期流传下来的交合、诛杀、药修、尸修等修法，使其成为藏传佛教最有争议的教派。这种争议延续到了格鲁派主导的蒙古，新译密咒与旧译密咒的矛盾仍然在延续。

---

1 对于蒙古文文献中的“红教”，札奇斯钦、帕伦兹（Karénina Kollar Paulenz）等多位学者曾做过考述。详见札奇斯钦：《蒙古与西藏历史关系之研究》，台北：正中书局，1978：573- 583；Karénina Kollmar Paulenz, "History Writing and the Making of Mongolian Buddhism." *Archiv für Religionsgeschichte* 20 (1) 2018: 135-155. 而在格鲁派传入蒙古之前，西藏的噶玛噶举派红帽系就与格鲁派有过冲突。因此，噶玛噶举派的“红帽”一词可能演变成了蒙古文的“红教”（ulaγan-u šašin）。西藏的“红黄之争”可参见 Giuseppe Tucci, *Tibetan Painted Scrolls*, Vol.1, Bangkok: SDI Publications, 1999：39-45.

2 相关研究参见沈卫荣、杨杰：《〈秘密藏续〉与旧译无上密法在西藏的传播》，载于 Guntram Hazod、沈卫荣主编：《西藏宗谱：纪念古格 · 次仁扎布藏学研究文集》，北京：中国藏学出版社，2018：451-510。Leonard W. J. van der Kuijp, "Baγsi and Baγsi-s in Tibetan Historical, Biographical and Lexicographical Texts." *Central Asiatic Journal* 39 (2), 1995: 275-302. Pema Tsering, "rRnying ma pa Lamas am Yuan Kaiserhof." *Proceedings of the Csoma de Körös Memorial Symposium*, ed. L. Ligeti, Budapest: Akadémia Kiadó, 1978: 511-540.

3 相关研究见于谢光典：《蒙古袭来时的西藏掘藏师：咕噜搠思旺（Gu ru chos dbang, 1212-1270）的授记与教戒》，《蒙古学问题与争论》(15)，2019：70-81；哈斯朝鲁：《索多巴洛追坚赞〈回遮蒙古史之历史〉研究》，中央民族大学博士学位论文，2015。

4 沈卫荣、杨杰：《〈秘密藏续〉与旧译无上密法在西藏的传播》，2018：493。

17世纪初，尽管格鲁派在蒙古占主导地位，宁玛派伏藏陆续地被翻译为蒙古文。其中，《玛尼全集》（མ་ཎི་བཀའ་འབུམ）与《莲花生遗教》（པད་མ་བཀའ་ཐང）为最初译至蒙古文的伏藏。蒙古学界曾多次讨论蒙古文《玛尼全集》与《莲花生遗教》的译者与成书年代，但尚未深入讨论该两部伏藏的翻译背景及翻译目的。石滨裕美子（Ishihama Yumiko）[5]、金成修（Kim Sung Su）[6]等多位学者虽讨论过17世纪初“政教二道”对蒙古政治的影响，但并未将这一概念置于宁玛派传入蒙古的历史背景中探讨。凯普斯坦（Matthew Kapstein）则曾在讨论清朝官方刊印的藏文《玛尼全集》与《莲花生遗教》时提及藏译蒙《玛尼全集》和《莲花生遗教》的翻译背景，对宁玛派在蒙古传播的情况略有提及[7]。除此之外，对于在蒙古广泛流行的《中有闻解脱》，即著名的《西藏死亡书》，虽然有些西方学者已经认定其为《西藏死亡书》[8]，但尚未讨论其宁玛派伏藏的属性。令人惊叹的是，18世纪初康熙十七子允礼（1697-1738年）组织翻译的几百部伏藏文献及伏藏文献的释论。色·斯琴毕力格（S. Sečenbilig）、乌斯宾斯基（Vladimir L. Uspensky）等学者的研究虽有涉及这些伏藏，但对伏藏本身的探讨还有待深入。因此，结合以上的文献综述，本文将通过考察蒙译于1607年的《玛尼全集》至1738年果亲王允礼逝世时译成的三种伏藏类文献，对其翻译年代、历史背景与译者信息等译介过程进行综合性研究，以此重构宁玛派伏藏文献在蒙古传播的历史。

一、《玛尼全集》与《莲花生遗教》

根据蒙古文史料记载，佛教在蒙古经历了的所谓的“黑暗期”（1368-1578年）之后，于1578年间终于再次得以在蒙古广泛传播[9]。此后于1602-1607年间，在锡埒图·固什（ŠiQregetü güüši）等译师的带领下，蒙古兴起了翻译藏传佛教经论的热潮，其中包括

5 石濱裕美子：《チベット仏教世界の歴史的研究》，东京：东方书店，2001。

6 [韩]金成修：《明清之际藏传佛教在蒙古地区的传播》，北京：社会科学文献出版社，2000。

7 Matthew Kapstein, "*Gter ma* as Imperial Treasure: The 1755 Beijing Edition of the *Padma bka' thang*." *Revue d'Études Tibétaines* 31, 2015: 167-87.

8 详见 Walther Heissig, *Die Peking Lamaistischen Blockdrucke in Mongolischer Sprache*, Wiesbaden: Otto Harrassowitz, 1954: 33-34. Daniel Wojahn, "Teaching the Living through the *Tibetan Book of the Dead*: Exploration into the Context and Content of an18th-century Mongolian Block Print." *Revue d'Etudes Tibétaines* 55, 2020: 522-553.

9 该时期蒙古的佛教传统衰落，进入了“黑暗期”。但有多位学者认为该时期佛教传统并未间断，相关研究可参见 Dominique Dumas, "The Mongols and Buddhism in 1368-1578: Facts–Stereotypes–Prejudices." *Ural-Altaische Jahrbücher* 19, 2005: 167-221; Henry Serruys, "Early Lamaism in Mongolia." *Oriens Extremus* 10, 1963: 186-216.

宁玛派伏藏《玛尼全集》与《莲花生遗教》。

《玛尼全集》为松赞干布（སྲོང་བཙན་སྒམ་པོ།?-650 年）的传记，其本身有很多长短不一的版本。学界对《玛尼全集》的成书时间说法不一，其中凯普斯顿认为该伏藏在 13 世纪前后一百年间由珠托诺珠（གྲུབ་ཐོབ་དངོས་གྲུབ）等三位掘藏师陆续完善而成[10]。而另一部伏藏《莲花生遗教》于 1352 年由宁玛派伏藏师乌金林巴（ཨོ་རྒྱན་གླིང་པ།1323-1360 年）发掘。多尼（Lewis Doney）曾指出，与《玛尼全集》相同，《莲花生遗教》的形成亦经历了漫长的过程。它反映出了在 14 世纪蒙古和萨迦政权没落之后，宁玛派试图为西藏建立新的世界观，特别是西藏为观音菩萨的化土，莲花生对西藏的重要性等思想[11]。此二部伏藏对后世藏文史书乃至政教体系有很大的影响，尤其是其中的“政教合一”理念，为当时混乱的西藏政治与宗教高层提供了一个新的统治指南。

可以说，17 世纪蒙古的政治和宗教与 14 世纪的西藏有着诸多相似之处。这一时期，蒙古各个部落为争夺汗位，连年征战。以当时最为强盛的右翼蒙古土默特部俺答汗（Altanqaγan,1507-1582 年）为例，为了使其统治合法化，他积极引入了西藏的“政教合一”理念，以忽必烈转世自居，并延请三世达赖喇嘛索南嘉措（བསོད་ནམས་རྒྱ་མཚོ།1543-1588 年），仿照大都建造了呼和浩特城[12]。而俺答汗的臣子切尽 · 洪台吉（Qutuγtai sečen qong tayiǰi）为宣扬“政教二道”，特地撰写“伏藏式”文献《白史》[13]，宣称俺答汗与三世达赖喇嘛索南嘉措为忽必烈与八思巴的转世，是转轮圣王与法王的再现。而在《白史》成书后不久，西藏本土宣扬“政教二道”的《玛尼全集》与《莲花生遗教》陆续被翻译到蒙古文，并得以流传。

现存《玛尼全集》最早的译本成书于 1607-1608 年间，其题记中有关施主和译者的偈颂作：

Boγda srongbżang sgambo qaγan-u qubilγan: bosoγtu żakravar-un nom-un

---

10 Mathew Kapstein, "Remarks on the *Maṇi bka'-'bum* and the Cult of Avalokiteśvara in Tibet." In *Tibetan Buddhism: Reason and Revelation*, eds. R. Davidson and S. Goodman, Albany: State University of New York Press, 1992: 79-93.

11 详见 Lewis Doney, "Revelation and Re-evaluation: The Flourishing of Padmasambhava Biography after Yuan Mongol Decline." *European Bulletin of Himalayan Research* 52, 2018: 47-71.

12 呼和浩特城的建立理念见于乌云毕力格著：《青册金鬘：蒙古部族与文化史研究》，上海古籍出版社，2017：170-191。

13 乌云毕力格等指出：“《白史》是一部西藏‘伏藏’式的蒙古文文献，它成书于 16 世纪后半期，主要作者是鄂尔多斯部贵族切尽黄台吉，参加编写的应该还有不知名的西藏和蒙古的僧侣们。”见乌云毕力格、周赫：《关于〈白史〉的书名与前序后跋——蒙藏文化交流与交融之一例》，《中国藏学》2022（1）：81。

ǰinong qaγan:: degedü γurban erdeni-yin nom šašin-i: temdegtey-e oroi yin čimeg bolγaqu yin tula:dar-a eke-yin qubilγan čing süsüg sedkil-tü, tayiqal neretü ǰünken qatun qoyaγula::orčiγul kemen olan duraduγsan-iyar: olan sonosuγsan širege-tü güüsi corǰi: ürgülǰide ami/tan-a tusa bolqu yi sedkiǰü: uran-a nayiraγulun mongγol ayalγu-bar orčiγulbai:: tel keletü saky-a dôn grub güüsi ber tangsuγ ugesi nayiraltai-a tokiyalduγulǰu: delgerenggüi utqas-imedejele: tegüdegerel ügei nököčen orčiγuluγsan buyu:[14]

汉译为：

圣王松赞干布化身者，博硕克图转轮济农汗，
为令三宝教法顶庄严，度母化身虔诚佛教徒，
名台合勒中根哈屯者，多次反复祈请作翻译。
多闻者名锡埒图固什，为利有情编译成蒙文。
精于辞藻释迦冻日布，所译蒙文隽美且信达。

该偈颂中，称施主博硕克图·济农为松赞干布的转世（Boγda Srongsan g'ampo qaγan-u qubilγan），其妻台合勒·中根哈屯为度母的化身（Dar-a eke-yin qubilγan），蒙译者为锡埒图·固什（Širegetü güüši）与释迦·冻鲁布（Shākya dongrub）[15]。据《蒙古源流》记载，博硕克图·济农与迈答哩·呼图克图（Mayidari qutuγtu）曾互赠“法王”（nom-un qaγan）与“转轮圣王”（cakravartī qaγan）的名号[16]。因此，博硕克图·济农令译师翻译《玛尼全集》的目的显而易见。

另一部伏藏《莲花生遗教》的蒙译本成书于1615-1616年，原译本已经佚失，目前

14 该文本收藏于蒙古国策·旦丁苏荣私人藏书博物馆，写本，503叶（58.2×16.8厘米），34行，详见格·别勒古台等编：《策·旦丁苏荣私人藏书博物馆蒙古文文献目录》，乌兰巴托：索永布出版社，2018：135-144（Г.Билгүүдэй, Р. Отгонбаатар, А. Цэндина, *Ц. Дамдинсүрэнгийн гэр музейн монгол ном судрын бүртгэл*, Улаанбаатар: УБ Соёмбо, 2018: 135-144）。有关蒙译《玛尼全集》与《莲花生遗教》的译者和翻译年代的考证可参见叶尔达：《关于北元译师萨迦冻日布》，《中国蒙古学》（蒙古文）2005（2）：11-17。

15 因蒙古文“ཤཱཀྱ”（释迦）与“ས་སྐྱ”（萨迦）字形相近，且释迦冻鲁布翻译过萨迦派高僧锁南坚灿（བསོད་ནམས་རྒྱལ་མཚན། 1312-1409年）的《西藏王统记》，有学者认为他是名为萨迦冻鲁布（ས་སྐྱ་དོན་གྲུབ）的萨迦派僧人。但他是最早随锡埒图·固什到蒙古的西藏僧人，而锡埒图·固什为三世达赖喇嘛的经师，因此释迦冻鲁布也有可能是格鲁派僧人。

16 乌兰：《〈蒙古源流〉研究》，沈阳：辽宁民族出版社，2005：464-465。

流传下来的是清代的刻印本[17]。该伏藏在右翼蒙古鄂尔多斯部贵族莽古思·额尔迭尼·合落赤·把都儿（Mangγus erdeni qulači baγatur）倡议下完成，译者为释迦冻鲁布。莽古思·额尔迭尼·合落赤·把都儿是撰写《白史》的切尽·洪台吉之弟不颜答喇·合落赤·把都儿（Buyandar-a qulači baγatur）之子。切尽·洪台吉家族因宣扬"政教二道"的功绩，直到其曾孙萨冈·扯辰·洪台吉（Saγang sečen qong tayiǰi）都在沿用"洪台吉"名号[18]。由此可见，俺答汗之后，"政教合一"理念对右翼蒙古的影响仍在延续。

值得关注的是，虽然蒙译《玛尼全集》与《莲花生遗教》的题记内容稍有区别，但它们同时都保留了一句偈颂[19]，其中均提及西藏"政教合一"理念的重要因素"法王"与"转轮圣王"。如下表所示：

蒙译《玛尼全集》的偈颂及汉译	蒙译《莲花生遗教》的偈颂及汉译
Qubilγan beyetü tegün-ü šašin-dur anu Qubilai sečen qaγan neretü mongγol-dur töröged Qutuγtu 'phags pa lama-yi iregülǰü Γurban kölgen-ü nom-i delgeregülǰüküi.	Ert etegün-eče ǰalγamǰilaγsan inaγši mongγol ulus-tur Erketü qubilai qaγan töröged Erdem-tü 'phagspa blama-yi ǰalaǰu ireged Eedeni burqan šašin-i delgeregülǰüküi.
教法传承相延续，忽必烈薛禅汗出蒙古，延请八思巴上师，宣讲三乘之教法。	教法传承相延续，忽必烈汗出蒙古，延请智者八思巴上师，宣讲佛陀之教法。

而在蒙古化的"政教合一"理念中，忽必烈和八思巴被奉为开启蒙古政教合一时代的圣者。藏传佛教在蒙古的"第二次传播时期"里，蒙译《玛尼全集》《莲花生遗教》等伏藏以及蒙古本土的"伏藏式文献"《白史》传达了全新的世界观，并以第三人称叙述的伏藏"预言"了转轮王和法王的诞生。藏文《玛尼全集》与《莲花生遗教》问世后，各地不断地涌现出转轮王与法王[20]，这些法王中更多的是格鲁派高僧。17世纪初以后，《玛尼全集》与《莲花生遗教》的蒙藏文文本陆续被准噶尔部以及清朝官方刊印，

17 该刻本于2016年影印出版，详见色·斯琴毕力格主编：《莲花生大师传》（蒙古文），呼和浩特：内蒙古教育出版社，2016（S. Sečenbilig sudulun emkidkebe, *Badmasambaw-a bayši-yin namtar*, Kökeqota: öbör Mongγol-un surγan kömöǰil-ün keblel-ün qoriy-a, 2016）。

18 乌兰：《〈蒙古源流〉研究》，2005：465。

19 蒙译《玛尼全集》与《莲花生遗教》的偈颂体题记的对比研究见于叶尔达：《关于北元译师萨迦冻日布》，《中国蒙古学》（蒙古文），2005（1）：15-16.

20 安海燕：《作为"转轮王"和"文殊菩萨"的清帝——兼论乾隆帝与藏传佛教的关系》，《清史研究》2020（2）：105-118。

"政教二道"理念逐渐被西藏、蒙古、满洲等各个地方政教高层所接纳，产生了深远的影响。

二、《西藏死亡书》——《中有大闻解脱》

如果说富有政治色彩的历史或传记性伏藏《玛尼全集》与《莲花生遗教》在政教历史潮流的推动下得以在蒙古传播，那么 18 世纪初，宁玛派教法类的伏藏《中有大闻解脱》是在怎样的机缘下译出并流传于世的呢?

《中有大闻解脱》为宁玛派独有的伏藏《寂静忿怒密意自解脱》(ཞི་ཁྲོ་དགོངས་པ་རང་གྲོལ)的部分内容,《寂静忿怒密意自解脱》中详细介绍了六种中有的教授。藏文《中有大闻解脱》版本各不相同，长短不一，包含了"临终中有"(འཆི་ཁའི་བར་དོ)、"法性中有"(ཆོས་ཉིད་བར་དོ)、"受生中有"(སྲིད་པའི་བར་དོ) 等三个中有。其中"临终中有"修习指四种迁识法任何一种，令行者的无生本觉融入法界，又或令行者的神识经正确的窍门迁往净土;"法性中有"指修行者借"四现分"的修习，证悟一切显相皆本觉的自然显现；"受生中有"指死后与投胎之间的状态。此时，行者了知自身已死，遮闭人恶道之胎门，开往生善道或净土之径，以及生起更高的证量为主。该伏藏于 14 世纪被伏藏师噶玛岭巴（ཀརྨ་གླིང་པ།1376/1377-1394/1395）掘出，是宁玛派最主要超度法之一。依六中有的修习，中根者能于"临终中有"解脱，钝根者于"法性中有"解脱，甚至最少能令行者于"受生中有"时走上解脱之道[21]。

《中有大闻解脱》常见的蒙古文题目为 *Sonosu-γad yeke-de tonil-γaγči neretü yeke kölgen sudur oroš-iba:*（闻即解脱大乘经）。据笔者不完全统计，该文本有 2 种刻本以及 19 种写本，分散藏于世界多国的文博机构。全部刻本与写本数量为 38 部，可见该伏藏在蒙古传播之广泛。除了上述蒙译全本，还出现了略本和托忒文文本[22]。蒙古文文本由《法性中有祈祷大闻解脱》《忿怒中有显现之理趣》《轮回中有之解说》三个部分组成，属于"法性中有"和"受生中有"的内容，此三部分对应的蒙藏文题目如下:

21 详见噶玛岭巴掘藏、谈锡永译注:《事业州岩传法——六中有自解脱引导》，北京：华夏出版社，2011 : 5-9。

22 例如收藏于内蒙古社会科学院图书馆的写本《中有闻解脱略说》(*Sonosuγad tonilγaγči ǰaγura-du-yin quriyan nomlaγsan orošiba*:)，写本，13 叶，馆藏编号：03610。

汉文题目	藏文题目	蒙古文题目
法性中有祈祷大闻解脱	ཆོས་ཉིད་བར་དོའི་གསོལ་འདེབས་ཐོས་གྲོལ་ཆེན་མོ།	Nom-un činar-un amurlingγui ǰaγurliγsan ǰaγura-du-yin niγur taniγulqui-yi sonosuγad yeke-de tonilγaγči
忿怒中有显现之理趣	ཁྲོ་བོ་བར་དོའི་འཆར་ཚུལ་བསྟན་པ།	Kiling-tüǰaγur-a-du-dur törökü yoson
轮回中有之解说	སྲིད་པ་བར་དོའི་ངོ་སྤྲོད།	Sansar-un ǰaγura-du-yin niγur taniγulqui

（一）文本的译者

在诸多蒙古文古籍目录中，编者均将该文本的作者署名为“šila madai”（字意不明，看似人名），但我们无从得知“ šila madai”究竟是何人。然而，笔者通过对比辽宁省阜新市政协文史馆馆长海春生私人藏书中的三种写本，发现“šila madai”并非人名，而是回向文中的“šil metü”（水晶般）一词的误抄，下表为三个写本中相对应的句子：

写本 1.	Ečige eke terigülen amitan-u tula, egüber tusa bolqui kemen sedkiǰü, erketü **šil metü**-yin gegen tolin-dur endegüregsen kkir-i sayitur ugiyabai.
写本 2.	Ečige eke terigülen amitan-u tula, egüber tusa bolqui kemen sedkiǰü, erketü **šilamadi**-yin gegen tolin-dur endegüregsen kkir-i sayitur ugiyabai.
写本 3.	Ečige eke terigülen amitan-u tula, egüber tusa bolqu kemen sedkiǰü, erketü **šilmadi**-yin gegen tolin-dur, endegüregsen kkir-i sayitur ugiyabai.

该句原本如写本 1 所示，意为“为利父母有情众，于水晶般的明镜中，清净罪业”。但由于后续写本（写本 2 与写本 3）将其中“ šil metü”（如水晶般）误读为“ šila madi”，导致将此类似梵文或藏文人名的“ šila madai”误认为掘藏者或译者。另外，在这些文本的题跋中，还出现了刊刻者傅达赖（Fu dalai），下文将述及此人。

（二）文本的题目

该文本常见的蒙古文题目 *Sonosu-γad yeke-de tonil-γaγči neretü yeke kölgen sudur oroš-iba*: 与藏文题目稍有出入。藏文题目为 བར་དོ་ཐོས་གྲོལ་ཆེན་མོ，可直译为《中有大闻解脱》，常见的蒙古文题目可直译为《闻即解脱大乘经》。通过对比可以发现，蒙古文题目中去掉了藏文中“ བར་དོ”（中有），多出了“ yeke kölgen sudur”（大乘经）一词。究其原因，可能是《闻即解脱大乘经》更能淡化其宁玛派伏藏的属性，且与常见的蒙古文《大解脱经》（*Yekede tonilγaγči sudur*）极为相似。虽然，佚名的藏译蒙文献很常见，但在伏藏文本题目中添加“大乘经”的情况实属罕见，该现象或许与宁玛派屡次遭禁有关。

（三）文本的成书年代

笔者目前所发现的写本均未交代藏译蒙的年代或抄写的年代。然而，在刻本的题记中记载：

> An ding men qaγalγan-u γadan-a saγuγsan.. fu dalai seyilgejü γarγabai..dayičing ulus-un engke amuγulang-un tabin dörbedüger on-u namur-un segül sar-a-yin sayin edür tegüsgebei.[23]
>
> 安定门外傅达赖于大清康熙五十四年晚秋吉日刊刻。

该题记中的康熙五十四年即 1715 年。清朝时期，北京城内有多家民间刻书坊，傅达赖的刻书坊刊刻了多部蒙古文佛教经典[24]，遗憾的是，目前仍缺乏有关此人的详细记载。

值得注意的是，允礼（1697-1738 年）热衷于宁玛派教法并且组织译师将一套藏文宁玛派伏藏经典翻译为蒙古文，蒙古文《中有大闻解脱》的流传时间与允礼活跃时期重合。因此，过去学界通常认为《中有大闻解脱》的翻译以及刊刻与允礼有关。但在 1715 年，允礼仅十六岁，即便身为皇子，在十六岁时就组织卷帙浩繁的翻译工程，似乎不太可能。其次，允礼收藏或翻译的文本中均有允礼的印章，而笔者收集到的蒙译《中有大闻解脱》文本中，未曾出现允礼的印章[25]。而相较于刻本，目前来看，蒙译《中有大闻解脱》写本的流传当早于 18 世纪初，且其刊刻与官方和贵族无关，只是刊印于民间刻书坊。

三、允礼与蒙译伏藏工程

18 世纪初，格鲁派在蒙古的主导地位已经形成，土观、章嘉等格鲁派高僧常驻北

23 笔者发现的两种刻本题记相同，详见内蒙古师范大学图书馆藏的刻本《闻及解脱大乘经》（*Sonosu-γad γeke-de tonil-γaγči neretü yeke kölgen sudur oroš-iba:*）馆藏编号：01177，64 叶（上）。

24 有关傅达赖的研究可参见宝山：《清代蒙古文出版史研究：以蒙古文木刻出版为中心》，呼和浩特：内蒙古教育出版社，2007：46-50。

25 Vladimir L. Uspensky, *Prince Yunli (1697-1738): Manchu Statement and Tibetan Buddhist*, Tokyo: Institute for the Study of Language and Culture of Asia and Africa, Tokyo University of Foreign Studies, 1997: 36-37.

京，主导着蒙古和西藏的政教事务。该时期，宁玛派虽被清朝官方屡次禁止弘教[26]，但上述伏藏《玛尼全集》《莲花生遗教》《中有大闻解脱》的蒙藏文本陆续在北京刊印，甚至《莲花生遗教》经由三世章嘉若必多吉（ལྕང་སྐྱ་རོལ་པའི་རྡོ་རྗེ། 1716-1786 年）校订并由官方刊印[27]。另外，康熙十七子允礼亦组织多位译师完成了几百部宁玛派伏藏及其释论的藏译蒙工程，构成了藏译蒙佛教文献中的重要部分。

允礼为康熙的十七皇子，也是雍正朝重臣。他自幼学习佛法，与多位藏传佛教高僧有着密切的来往。此外，他还学习了蒙古文和藏文，参与了蒙古文佛教经典的翻译与校订等工作。因他组织翻译了几百部伏藏文献，一部分学者认为他是宁玛派信徒，从而排斥格鲁派[28]。但笔者更认同色 · 斯琴毕力格与乌斯宾斯基的观点，即允礼是平等对待藏传佛教各个教派的“宗教圆融”（རིས་མེད）主义者[29]。

目前发现的允礼收藏中的蒙古文文献数目已达上千部，其中不乏《佛之十二宏化》（*Burqan-u arban qoyar ǰokiyangγui*）、《彰所知论》（*Medegdekün-i belgetey-e geyigülügči šastir*）等元朝或北元时期成书的珍贵文献[30]。他不仅组织翻译了几百部宁玛派伏藏以

26 《清史录》记载：“康熙十三年，达赖喇嘛疏称，巴忒马三宝瓦巴克什之经，请敕谕中国僧俗，勿得诵习”。（详见《清实录 · 第五册》，卷一百五十七，中华书局，2012：10）。该记载中的“达赖喇嘛”即五世达赖喇嘛；“巴忒马三宝瓦巴克什”指莲花生。颇为有趣的是，五世达赖喇嘛虽为格鲁派首领却奉信宁玛派。但为何要限制宁玛派的传播？松巴堪布 · 益希班觉（སུམ་པ་མཁན་པོ་ཡེ་ཤེས་དཔལ་འབྱོར། 1708-1788 年）的一段记载或许可以说明这一点，即“五世达赖喇嘛曾多次说宁玛派教法除卫藏、南康外，北方安多、汉地和霍尔地区则不宜传播。”详见松巴堪布 · 益希班觉著，蒲文成、才让译：《松巴佛教史》，兰州：甘肃民族出版社，2013：573。此外，宁玛派还曾被清朝官方禁止在西藏传播，见于 Luciano Petech, *China and Tibet in the Early XVIIIth Century: History of the Establishment of Chinese Protectorate in Tibet*, Leiden: E.J. Brill, 1972: 106.

27 详见 Matthew Kapstein, "*Gter-ma* as Imperial Treasure: The 1755 Beijing Edition of the *Padma bka' Thang*." *Revue d'Études Tibétaines* 31, 2015: 170.

28 对于允礼的生平，多位学者曾述及，例如 Vladimir L. Uspensky, *Prince Yunli (1697-1738): Manchu Statement and Tibetan Buddhist*, 1997. 色 · 斯琴毕力格《果亲王允礼与蒙译伏藏》,《典籍甘露之沉醉》（蒙古文），呼和浩特：内蒙古人民出版社，2019：371-380（S. Sečenbilig, *Nom-un rašiyan-u amtarqal*, kökeqota: öbör monγol-un arad-un keblel-ün qoriy-a, 2019）；那仁朝格图：《果亲王允礼以及蒙译伏藏经》,《清史研究》2002（3）：99-105；苏发祥：《允礼与藏传佛教》,《中国藏学》2009（2）：195-201。

29 允礼不仅组织翻译了宁玛派的伏藏，还翻译了萨迦、噶举、格鲁等教派的密教文献。详见 Vladimir L. Uspensky, *Prince Yunli (1697-1738): Manchu Statement and Tibetan Buddhist*, 1997. 色 · 斯琴毕力格：《果亲王允礼和蒙译伏藏》（蒙古文），2019。

30 详见 Nicolas Poppe, *The Twelve Deeds of Buddha: A Mongolian Version of the Lalitavistara Mongolian Text, Notes, and English Translation,* Seattle: University of Washington Press, 1967. Vladimir L. Uspensky, "*Explanation of the Knowable" by 'Phags-pa bla-ma Blo-gros rgyal-mtshan (1235-1280): Facsimile of the Mongolian Translation with Transliteration and Notes,* Tokyo: Research Institute for Languages and Cultures of Asia and Africa, 2006.

及其他教派的密教经典，还曾为蒙古文丹珠尔的翻译做准备[31]。同时，允礼还令人刊刻了《维摩诘经》（*Qutuγtu kkir ügei aldaršiγsan-i uqaγulqui neretü yeke kölgen sudur kemekü orošiba*）、《文殊礼赞》（*Getülgegči Mañjuśrī-yin maγtaγal*）等多部蒙古文文献。由此可见，几百部宁玛派伏藏文本的蒙译只是其蒙古文文献事业的一小部分。

据笔者统计，允礼组织翻译的伏藏文献目前散落于内蒙古师范大学图书馆、俄罗斯圣彼得堡大学图书馆、德国马尔堡大学图书馆[32]、英国剑桥大学图书馆[33]、比利时斯格脱教会[34]等地。2015年，内蒙古师范大学图书馆将馆藏伏藏文献影印出版，共计511部。其中包括热那林巴（རཏྣ་གླིང་པ།1295-1375年）[35]掘出的长寿法（ཚེ་སྒྲུབ），嘉村宁波（འཇའ་ཚོན་སྙིང་པོ།1585-1656年）[36]掘出的三宝总摄（དཀོན་མཆོག་སྤྱི་འདུས），贝玛程列（པད་མ་འཕྲིན་ལས། 1641-1717年）掘出的空行心要（མཁའ་འགྲོ་སྙིང་ཐིག）以及仁增贵登（རིག་འཛིན་རྒོད་ལྡེམ།1337-1408年）[37]取出的马头明王、普巴金刚等法门相关的文献。

如此卷轶浩繁的蒙译伏藏文本，除了允礼在二十六岁为修习而翻译的《祈愿吉祥积

---

31 蒙古文丹珠尔的翻译和刻印工程于1742-1749年间完成。而在此之前，允礼就曾致力于蒙古文丹珠尔的翻译。详见 Vladimir L. Uspensky, "About an Early Attempt to Translate the Tengyur from Tibetan to Mongolian." *Rocznikorientalistyczny,* Tom. LXVIII, Zeszyt.2, 2015: 206-212.

32 俄罗斯圣彼得堡与德国马尔堡大学的伏藏介绍见于 Vladimir L. Uspensky, *Prince Yunli*（1697-1738）: *Manchu Statement and Tibetan Buddhist*, 1997: 32.

33 Charles Bawden, "A First Description of a Collection of Mongol Manuscript in the University Library, Cambridge." *The Journal of the Royal Asiatic Society of Great Britain and Ireland* 89, 1957: 151-160. 此目录收录了多部允礼收藏中的蒙古文伏藏文献。

34 见于 Walther Heissig, "The Mongol Manuscripts and Xylograhs of the Belgian Scheut-Mission." *Central Asiatic Journal* 3, 1957: 167. 该目录收录了允礼收藏中由五世达赖喇嘛撰写的蒙译本 *Qoyaduγar burqan určan Padmasambhava šabinar-luγa seltes-ün ǰalbaril*（《第二佛陀乌坚莲花生及其眷属祈祷文》）。

35 又名息波林巴（ཞིག་པོ་གླིང་པ）或卓堆林巴（འགྲོ་འདུལ་གླིང་པ），其蒙古文为“Ratnalingba”（宝洲），详见《伏藏》，呼和浩特：内蒙古人民出版社，2015：编号005（*Sang-un nom*, Öbör mongγol-un arad-un keblel-ün qoriy-a, 2015: 005）。《黑文殊罗刹根本续》（*Mañjuśrī nag rakṣa-yin ündüsün orošiba*）编号104、《红戟毗沙门天成就法》（*Ulaγan ǰida-tu bisman tngri-yin bötögel*）等伏藏文本的题记，下文以“编号+数字”代表该书中影印出版的伏藏。

36 又名余业州（ལས་འཕྲོ་གླིང་པ）或持咒尊者火燃黑吽（ཧཱུྃ་ནག་མེ་འབར），蒙古文伏藏中以“Uqaγan bariγči solongγ-a-yin ǰirüken”（持名彩虹藏，编号235）等名称出现。乌红梅曾对余业州的蒙译伏藏做过统计，详见乌红梅：《蒙译伏藏经中的彩虹心藏》，《内蒙古社会科学院学报》（蒙古文版）2017（6）：152-155。

37 又名俄珠坚赞（Dngos grub rgyal mtshan），他常见的名称来源于藏文“རིག་འཛིན་རྒོད་ལྡེམ་དངོས་གྲུབ་རྒྱལ་མཚན”（头上长有秃鹰羽毛的持明成就者），蒙古文伏藏题记中他的名字以蒙藏文结合的多种形式出现。如“持明秃鹰顶髻”（Uqaγan-ibariγč itas-un örbelgetü，编号328）、“持明郭登卜尖”（Iǰaγur bariγči rgod kyi ldem pu can，编号219）、“持明秃鹰顶髻”（Arvis bariγči tas örbelgetü，编号188）、“持明秃鹫顶髻”（Arvis bariγči tas otoγ-a-tu，编号175）、“持明秃鹰顶髻”（Iǰaγur bariγči tas örbelgetü，编号154）等。

灯》(*Irügel ölǰei qutuγ-un ǰula orošiba*) 之外[38]，均未记录译者和翻译年代，题跋仅为一句：

> Mañjuśrī qaγan-u arban doloduγar köbegün gengse čin wang olan kelemürči-ber orčiγulbai.
>
> 文殊皇帝十七子果亲王佛陀古汝之力令诸译师译成。

笔者认为，这里的“诸译师”极有可能是格鲁派僧团。允礼在世前后，蒙古的格鲁派僧团分别于 1717-1720 和 1742-1749 年间完成了蒙古文《甘珠尔》《丹珠尔》的翻译与刊刻。允礼作为皇子，组织“诸译师”翻译宁玛派伏藏，并非不可能。

除上述伏藏文本，还有 126 部伏藏释论的影印。这些释论题记中仍未提供译者与翻译年代，也只有“文殊皇帝十七子果亲王佛陀古汝之力令诸译师译成”一句。值得注意的是，这些伏藏释论的作者多为五世达赖喇嘛等北伏藏（བྱང་གཏེར）传承人，其中五世达赖喇嘛的释论多达 23 部[39]。例如，《北伏藏意成就中轨事业 · 宝鬘》(*Umar-a sang-un sedkil-ün bötügel-ün dumdadu ǰang üile erdeni-yin erike*)、《北伏藏大悲普度众生之事业 · 利乐之源》(*Umar-a-yin sang yeke nigülesügči qamuγ amitan-i getülgegči-yin üiles temdeg tusa amuγulang γarqu-yin oron*)、《北伏藏三种普巴传规皆适用之寂静火供 · 除暗白光》(*Umar-a sang-un γadasun γurban yoson-u alin-dur-ču nayiraγulun bolqu amurlingγui γal mandal qarangγui-i arilγaγči čaγan gerel orošiba*) 等[40]。除此之外，五世达赖喇嘛的传承弟子德达林巴（གཏེར་བདག་གླིང་པ། 1646-1714 年，或称久美多杰 འགྱུར་མེད་རྡོ་རྗེ）和贝玛程列（པད་མ་འཕྲིན་ལས། 1641-1717 年）的著作也很多见，其中德达林巴是宁玛派祖寺敏珠林（སྨིན་གྲོལ་གླིང）的创建者，贝玛程列则是仁增贵登的第四世转世。允礼藏书中亦有德达林巴的传记《大伏藏法王信仰之车》(*Yeke sang-tu nom-un qaγan-u tuγuǰi süsüg-ün tergen kemekü orošiba*)[41] 和贝玛程列的传记《比丘贝玛程列自传 · 白琉璃镜》(*Dge slong padma 'prin las*

38 编号 023，笔者未能同定藏文文本。圣彼得堡大学图书馆还收藏着一部允礼 26 岁时翻译的伏藏，即《供养黑法煤面女神朵玛仪轨》(*Qara nom-yin negüresün ökin tngri-dür baling ergüküi orošiba*)，详见 Vladimir Uspensky, *Catalogue of the Mongolian Manuscripts and Xylographs in the ST. Petersburg State University Library*, Tokyo: University of Tokyo Press, 1999: 363.

39 根全：《果亲王允礼收藏中的〈密印授记请问经〉研究》(*Tamaγatu-yin viwanggirid-i todadqaγsan üǰeged tusatu orošiba*)，中央民族大学博士学位论文，2013：11-15。

40 此三部伏藏对应的藏文题目当为：བྱང་གཏེར་ཐུགས་སྒྲུབ་འབྲིང་པོའི་འཕྲིན་ལས་རིན་ཆེན་འཕྲེང་བ། བྱང་གཏེར་ཐུགས་རྗེ་ཆེན་པོ་འགྲོ་བ་ཀུན་གྲོལ་གྱི་ལས་བྱང་ཕན་བདེའི་འབྱུང་གནས། བྱང་གཏེར་ཕུར་པ་ལུགས་གསུམ་གང་ལའང་སྦྱར་ཆོག་པའི་ཞི་བའི་སྦྱིན་སྲེག་མུན་སེལ་འོད་དཀར།

41 详见《中国蒙古文古籍总目》编委会：《中国蒙古文古籍总目》(上册)，北京图书馆出版社，1999：893，编号 04787。

öber-ün domoγ-yin ögülegsen čaγan bolor toil orošiba）[42]。

虽然允礼与五世达赖喇嘛没有交集，但从现有经由允礼组织翻译的五世达赖喇嘛《祈祷供养五方佛承事理趣之事业 · 无遮金刚妙音》（*Tabun yeke qaγan-dur öčig takil ergüküi yoson-u üiles-türidgel ügei včir-un iraγu egešig kemegdekü orošiba*）[43] 等三部著论以及其本人密传 [44] 来看，允礼似乎十分推崇五世达赖喇嘛。此外，允礼的法名亦体现出其与五世达赖喇嘛的关系：藏译蒙伏藏题记中出现的允礼的法名“ Buddha gürürtsal”（佛陀古汝之力）以及“ ye shes rdo rje rtsal”（智慧金刚之力）等很可能受自与五世达赖喇嘛有关的宁玛派僧人，因为宁玛派多位高僧包括五世达赖喇嘛的密名（གསང་མཚན）[45] 中都会带有“rtsal”（力）一字。

总的来看，允礼耗费了庞大的精力组织翻译了宁玛派的伏藏文献。然而与前述二种宁玛派文献不同的是，我们目前并未发现这些文本在蒙古流传的记载。在允礼之后，这些文献很有可能被束之高阁，更未能得以流传，而蒙古也再未有人如此大规模地翻译宁玛派伏藏。对于这一系列佛教文献藏译蒙的工程，至今充满诸多疑点，譬如作为满族皇子，允礼为何如此致力于蒙古文文献收集、翻译、刊刻等事业；为何在宁玛派屡次遭禁的背景下，允礼能够如此大规模的翻译伏藏，并且这些伏藏成为了宁玛派文献在蒙古流传的分水岭等等问题，仍待详细研究。

四、余论

从上文的梳理可以看出蒙古地区对宁玛派的接受过程中既体现出认同的一面，又体现出禁忌的一面。

就认同方面而言，提倡翻译宁玛派伏藏的多为蒙古贵族或满洲贵族。备受争议的宁玛派，或许是在这些贵族精英的倡议下才得到了流传至蒙古的机会。遗憾的是，目前尚

---

42 详见 Vladimir Uspensky, *Catalogue of the Mongolian Manuscripts and Xylographs in the ST. Petersburg State University Library*, 1999: 274.

43 其藏文原本为 རྒྱལ་པོ་ཆེན་པོ་སྡེ་ལྔ་ལ་གསོལ་མཆོད་འབུལ་ཚུལ་འཕྲིན་ལས་འགགས་མེད་རྡོ་རྗེའི་སྒྲ་དབྱངས། 详见 Vladimir L. Uspensky, *Prince Yunli (1697-1738): Manchu Statement and Tibetan Buddhist*, 1997: 35.

44 蒙译五世达赖喇嘛的密传的相关研究见于 Vladimir L. Uspensky, *Prince Yunli (1697-1738): Manchu Statement and Tibetan Buddhist*, 1997: 29-30.

45 “密名”为上师向弟子传授密教灌顶时赐予的法名。蒙古文伏藏释论中五世达赖喇嘛的密名以蒙藏梵多语文结合的形式出现，如“萨霍尔持咒者无著金刚之力”（Za hor-un tarniči toyin dörbel-ügei küčütü včir，藏文为“ཟ་ཧོར་གྱི་སྔགས་ཐོག་མེད་རྡོ་རྗེ་རྩལ”）、“萨霍尔疯僧摧伏笑之力”（Za hor-yin γalǰaγu tarniči sür-iyer daruγči iniyegči idetü，藏文为“ཟ་ཧོར་གྱི་སྔགས་སྨྱོན་ཟིལ་གནོན་བཞད་པ་རྩལ”）等。

未发现这一时期在蒙古传法的宁玛派高僧，这一现象或许可以说明，为何这一时期的伏藏文献的翻译是由非宁玛派的僧人完成的。由此可见，蒙古的政教高层并非完全排斥宁玛派，而是适当地接纳了宁玛派教法。

虽然《玛尼全集》与《莲花生遗教》在蒙古传播很广，但它们在西藏也很受欢迎，格鲁派五世达赖喇嘛也吸收了其中的政教合一理念；同时，此类文献顺应了彼时蒙古政教的潮流。因此《玛尼全集》与《莲花生遗教》传入格鲁派主导的蒙古，并非稀奇。而《中有大闻解脱》与允礼组织翻译的教法类伏藏文献虽传入蒙古，但似乎是仅限于翻译，与其相关的教法未能得以流传。

就禁忌方面而言，在1607-1738这一时期，格鲁派开始在蒙古占主导地位，宁玛派和其他教派逐渐被边缘化。如果说《中有大闻解脱》遵循其他藏译蒙文献的惯例，未署名译者，但允礼组织翻译的几百部伏藏文献，对于译者只字未提，应当是有意为之。这也导致了我们至今都无法掌握教法类伏藏自西藏传入蒙古的路线。从五世达赖喇嘛提到的“宁玛派教法除卫藏、南康外，北方安多、汉地和霍尔地区则不宜传播”这则内容可以推断，允礼与五世达赖喇嘛相同，虽然都修习宁玛派伏藏，但对宁玛派在蒙古的传播始终都有所顾忌。

◆ 格格其　中国人民大学国学院西域历史语言研究所博士研究生

Narrative Lifeworlds, the *Dmyal gling rdzogs pa chen po*, and *Gter ma*'s Social Function

Natasha L. Mikles

ABSTRACT: Taking as its case study the *Dmyal gling rdzogs pa chen po*, this article investigates the social function of *gter ma* through their role in creating a "narrative lifeworld" — a theoretical term introduced and defended by the author here. As explored by Holly Gayley, David Germano, and others, *gter ma* are not isolated incidents, but rather complex social interactions that weave together the past and present into a dense network of significance. Generally, *gter ston* are recognized as cultural heroes who envelop the present age in the significance of the past and construct a meaningful semiotic universe out of their relationship with the past. Although not traditionally considered *gter ma* by Tibetan interpreters, the Gesar tradition shares much with the *gter ma* tradition — most notably, patterns of inspired revelation creating new texts that have social effects beyond their initial telling.

Despite these similarities, however, only one Gesar text explicitly identifies itself as a *gter ma*: the *Dmyal gling rdzogs pa chen po*, composed by 'Dan bla ma Chos kyi dbang phyug and revealed by Gling tshang *gter ston* Drag rtsal rdo rje. Through reading in comparison the Gesar tradition and the *gter ma* tradition at the point where they intersect, the *Dmyal gling*, scholars have the opportunity to use the Gesar tradition to understand with greater clarity *gter ma*'s social functioning. Beyond introducing this important text to scholarship, this article argues that through creating a narrative lifeworld that built on a continually significant and effective past, *gter ma* allow individuals to relate to this narratively-built past and make a world in which to meaningfully dwell in the present. Narrative lifeworlds, therefore, become the engine by which *gter ma* gain social reality and relevance in contemporary Tibet.

Concealed objects or teachings framed as revelations from the past for the benefit of the present, *gter ma* are a mélange of history, revelation, and narrative and represent one of the most enduring features of Tibetan religious literature. In academic scholarship, *gter ma* are most discussed for their ability to introduce innovative practices and reformulate histories with the authority of Indian texts. *Gter ma*, however, are not only individual moments of revelation, they are narratives that offer an imagined connection to the past. For people who regard these narratives as authoritative, *gter ma* provide a framework for understanding themselves, the world, and new social or cultural developments. In this way, *gter ma* function as centers for complex social systems that orient communities toward both the past and the present, ultimately forming what anthropologist Clifford Geertz has called a "web of significance."[1] At the center of this community is the *gter ston*, who represents both the voice privileged with access to the past and the means to (re-)connect to that past in the contemporary world. Listeners, readers, and other individuals who interact with the *gter ma* actively participate in the *gter ma* tradition through making real its historically-oriented relationships in the contemporary world. By situating their practice and identity within the world made meaningful by the *gter ma*, both *gter ston* and audience simultaneously produce and respond to the *gter ma* tradition itself.

Through utilizing narrative and inspired revelation to tie together local traditions, geography, and religious beliefs,[2] *gter ma* traditions function in ways remarkably similar to the Gesar epic. Like a *gter ston*, a Gesar bard will experience a moment of revelation — one they often bring about through specific ritual action in ways similar to a *gter ston* — and then produce a new, but socially-significant, narrative. This narrative concerns a period that is historically set centuries before, but which functions in the contemporary world largely as a timeless, culturally-bound past that speaks to and comments on the now. Like with a *gter ma*, the world is rendered meaningful for listeners, readers, and participants through their relationship to the epic. While from a Tibetan Buddhist institutional perspective *gter ma* and the Gesar epic traditions are different — one representing unique knowledge hidden by buddhas to be recovered when needed and the other relating narratives of a king and his warriors fighting demonic forces in defense of Buddhism — the social functions of these traditions share remarkable similarities.

Despite these similarities, only one core Gesar episode explicitly identifies itself as a *gter ma*: the *Dmyal gling rdzogs pa chen po*.[3] While there are many versions of the story of King Gesar's descent into hell — popularly called the *Dmyal gling* — the most well-known and widely distributed was published at Wa ra monastery in the late nineteenth or early twentieth century, under the sponsorship of a local meditative practitioner Dam chos bstan pa (d.1946). In this text, the epic's hero, King Gesar, receives initiations from Padmasambhava to teach Rdzogs chen practice to the peoples of Gling. Most famously, he then descends to hell to fight Yama over the fate of his mother's rebirth, learning in the process that she suffers for his karmic

1 Geertz 1973: 5.

2 In contemporary American and European scholarship, the category of "religion" and its associated adjective "religious" has come under question as an analytical category that transcends specific cultural environments. While the author acknowledges the validity of such arguments, the term "religion" has attained cross-cultural adoption, allowing its analytical use here.

3 By "core" Gesar text, I mean considered as central to the Gesar narrative arc by the majority of participants in the Gesar tradition. As will be discussed below, the author is aware of at least one other text calling itself a gter ma — A yan 'dul ba'i rtogs brjod — but it has had only one known publication (2005) and seems to be considered minor, inauthentic, or unknown by most Gesar tradition participants.

sins of violence committed on the field of battle. After saving from hell his mother and all the men he has ever killed in battle, Gesar eventually returns to the human realm and the remainder of the text details the deaths and associated miracles surrounding each warrior of Gling, culminating in the death of Gesar and his horse Kyang bu. According to the Wa ra monastery *Dmyal gling*, the text was composed by 'Dan bla ma Chos kyi dbang phyug and hidden as a *gter ma* in Mgo log, before being recovered by Gling tshang *gter ston* Drag rtsal rdo rje at an undisclosed time.

Examining *gter ma* and the Gesar epic at the point where they intersect — the *Dmyal gling* — provides a useful pathway to interrogate how *gter ma* function. While *gter ma* certainly generate new practice traditions, ritual systems, and sacred histories, they also do important social work that has, to this point, yet to be fully explored in the academic literature. As seen in the *gter ma* prophecies of Rig 'dzin rgod ldem concerning the Sbas yul of Yol mo,[4] the environmental philosophy arising from reciprocal offering relationships between local deitires and *gter ston*,[5] and the contemporary veneration of holy sites celebrated in O rgyan gling pa's *Padma bka' thang*,[6] *gter ma* form identities, designate values, and make sacred the landscape of Tibet. Due to its unique position as both a *gter ma* and a popular Gesar episode, the *Dmyal gling* provides an important opportunity to use the lens of the Gesar tradition to think about the means by which these social functions of *gter ma* are produced. Through creating, deploying, and building narrative lifeworlds — that is narrative patterns that situate the listener, reader, or other participant within a given web of significance and imbue them with a certain perspective towards the historical past — *gter ma* and other revelatory systems provide orientation and make meaningful an individual's identity and place in history. Beyond introducing this important text to larger academic scholarship, my analysis below also presents the theoretical tool of "narrative lifeworld" to begin a consideration of how *gter ma* make worlds in which to meaningfully live.

Introducing the *Dmyal gling rdzogs pa chen po*

The *Dmyal gling rdzogs pa chen po* is the culminating episode of Tibet's Gesar epic—sometimes claimed to be the world's longest living epic tradition.[7] Prevalent across the Himalayan plateau, but especially in the eastern reaches of the Tibetan cultural region and Mongolia, the Gesar epic is a living epic tradition performed by bards for centuries. Based on

4 Gelle 2020.

5 Terrone 2014.

6 Doney 2016.

7 Raine 2014.

available publishing evidence, the *Dmyal gling rdzogs pa chen po* is a later episode of the epic, likely dating to the late nineteenth and early twentieth century. Unlike most Gesar episodes, which are generally authorless or the product of revelatory storytelling, the *Dmyal gling* has an author — the 'Dan bla ma Chos kyi dbang phyug. Appearing as a character in the narrative itself, Chos kyi dbang phyug leads a funerary procession from Gling to Hor after the murder of the local regent. His title may indicate that he is from the 'Dan region of Gling tshang, located north of Sde dge, or that he personally serves the family of 'Dan ma, Gesar's most trusted warrior. After Gesar dies and the narrative enters its final chapter, 'Dan ma endeavors to finish the great work of Gling by charging everyone to remember Gling's final days:

> Tomorrow, before the sun [rises], I, 'Dan ma, will go to India. The time of the mandala of emanations of Gling is complete... May the rnam thar of King Gesar and my true words of aspirational prayer pervade all the lands of the southern world! May it become the Dharma of the kingdom! May it be heard in the deathly land of hell![8]

From an intratextual perspective, therefore, Chos kyi dbang phyug's composition of the *Dmyal gling* is a critical part of 'Dan ma's goal, ensuring future generations know of King Gesar and his important work.

As noted above, the *Dmyal gling rdzogs pa chen po* is perhaps the only core Gesar text to explicitly identify itself as a *gter ma*. After being hidden in Red Water Lake of Northern Mgo log (Byang mgo log na dmar chu rdzing bu), it was recovered by Gling tshang gter ston Drag rtsal rdo rje at the Hermitage of the Upper Northern Pool (chan stod chab kyi rdzing bu'i dben gnas).[9] Little to nothing is known about Drag rtsal rdo rje, though two other texts are popularly identified as being authored or revealed by him: (1) a manual of Rdzogs chen teachings that survives only in a *'bru grel* commentary by Lung rtogs rgyal mtshan (d.2011)[10] and (2) a little-known Gesar episode pertaining to the taming of a demon called A yan.[11] Despite this popular

8 Chos kyi dbang phyug 1984: 354-356. *sang nyin nyi ma'i snga rol la; nga 'dan me rgya gar phyogs la 'gro; gling sprul pa'i dkyil 'khor de duds rdzogs; ... ge sar rgyal po'i rnam thar dang; nga 'dan ma'i bden tshigs smon lam 'di; lho 'dzam gling yul kun phyab par shog; rgyal khams chos la 'gyur par shog; shi dmyal ba'i yul la thos par shog*. To arrive at the most reliable text, I have compared three versions of the *Dmyal gling rdzogs pa chen po*: (1) the 1984 Bhutanese edition, (2) a photographic recreation of the original Wa ra monastery block print, and (3) the 1986 Chengdu edition. Throughout the article, if any significant difference was found between the three texts, I will note it in the quote itself.

9 While all published editions of the *Dmyal gling rdzogs pa chen po* identify the Hermitage of the Upper Northern Pool as the text's hiding location, only the 1984 Thimpu edition notes that Drag rtsal rdo rje recovered the text from the Red Water Lake of Golok. In the original Wa ra monastery blockprint, the name is obscured from where it was revealed is obscured, though "chu" can be clearly seen.

10 Lung rtogs rgyal mtshan, unknown.

11 Si khron zhing chen ge sar zhib 'jug and Gser rta rdzong ge sar zhib 'jug gzhung 2005.

associations, however, both texts have strange attributions that make their relationship to the Drag rtsal rdo rje of the *Dmyal gling* unclear. The Rdzogs chen commentary is a small practice manual published locally at Ya chen monastery at some point recently. However, the work upon which it is commenting remains unaccounted for and it provides no background information on the purported author of the teaching, leaving its attribution to Drag rtsal rdo rje a mystery. The second text is especially mysterious, having purportedly been revealed as a *gter ma* at Bsam yas Monastery at an unknown time by a *gter ston* named Rdo rje dbang drag rtsal. The only publication is a 2005 text from the Serta Gesar Research Institute (Gser rta rdzong ge sar gzhung). The introduction from the editor provides no identification of pre-modern publications except to note that the original pecha was ruined and significant editorial work had to be done to make it publishable. Furthermore, the editor notes that the episode subjugating the demon A yan is almost entirely unknown by Tibetans today, a fact supported by my own conversations with Tibetan research partners. In light of such difficult and unclear information the details about Drag rtsal rdo rje's life, his motivations or practices before revealing the *Dmyal gling* are largely unknown at this point.

The *Dmyal gling rdzogs pa chen po* had only one blockprint publication in pre-modern Tibet, at Wa ra monastery in Chab mdo prefecture. A Sa skya monastery that was heavily involved in promoting ris med teachings, Wa ra monastery served as a center of Mahāmudrā and Rdzogs chen practices in the region.[12] The monastery seems to have had a lengthy association with the epic as Wa ra monastery's front courtyard featured a large-scale mural of King Gesar and his warriors in battle in its original construction; the mural has since been fully restored. The blockprint of the *Dmyal gling* does not give a specific date for the publication, except that it was produced under the sponsorship of Dam chos bstan pa — a retreatant at Wa ra monastery who was deeply involved in their publishing activities.[13] His sponsorship helps to date the text as arising at some point prior to his death in 1946. Additionally, Wa ra monastery produced a full canon of the Bka' 'gyur ca.1930,[14] meaning that the *Dmyal gling* also was likely produced prior to that date, potentially as a means to begin gathering the necessary artisans for the much larger Bka' 'gyur project.

A brief introduction to the plot of the *Dmyal gling rdzogs pa chen po* will be beneficial for those readers unfamiliar. The text can be roughly divided into thirds, with the first third (Chapters 1-2) detailing Gesar's Rdzogs chen initiations and subsequent teachings in Gling, the second third (Chapter 3-4) Gesar's journey to hell to confront King Yama after the death of his mother 'Gogs mo, and the final third (Chapters 5-18) relating the death of Gesar and all his warriors. The text opens with Gesar in meditation at the Bsam 'grub stag rtse palace, before being

12 Gruschke 2004: 59-62.

13 Smith 2001: 29.

14 Nourse 2014: 43.

admonished by his aunt Ma ne ne to travel to the Copper-Colored Mountain and receive Rdzogs chen initiations from Guru Rinpoche himself. Gesar subsequently returns to Gling and calls together all the peoples of his lands to provide instruction in the foundations of karmic practice, closely the Klong chen snying thig practice cycle particularly popular among ris med circles in the late nineteenth or early twentieth century. Eventually, Gesar goes on meditation retreat in India, during which his mother 'Gogs mo passes away and falls to hell, from which Gesar vows to save her.

Chapter 4 subsequently details Gesar's confrontation with King Yama and his journey through hell, during which he discovers it is his own karmic sins of violence that have sent his mother to hell. This revelation represents a significant break with other episodes in the epic, which highlight Gesar's work as a tantric buddha defending Buddhist practice through violent means.[15] Chastened, Gesar witnesses the horrors of hell as he searches for his mother, who is surrounded by all the men he has ever killed in battle: to free her, he must free them. Using a ritual of 'pho ba transference, Gesar transports his mother and the men he previously killed to a divine Pure Land and ensures their future enlightenment. In the remaining third, Gesar returns to Gling, where he and all of his warriors pass away one by one. The final deaths are those of Gesar and his horse Kyang bu who respectively become subsumed into Padmasambhava and transformed into a divine vulture. After ensuring the relics of Gesar and all warriors of Gling are well-protected, 'Dan ma journeys to India, signifying the end of Gling.

It is important to note that since the publication of the *Dmyal gling rdzogs pa chen po*, bards tell numerous renditions of Gesar's descent to hell. Even more so than other episodes of the Gesar epic, these are remarkably diverse — many do not feature the early chapters on Rdzogs chen practice, some mitigate or eliminate entirely King Yama's critique of Gesar, and a few even portray him saving in hell a different female companion other than his mother.[16] It is impossible to tell if these narratives preceded the publication of the Wa ra monastery *Dmyal gling* or if they reflect a secondary orality to the text. Regardless, these are all simultaneously the *Dmyal gling* and not the *Dmyal gling*. Colloquially, Tibetans refer to all of these variants as the *Dmyal gling* and published recordings of narratives that do not follow the Wa ra monastery *Dmyal gling* are sometimes even published under the specific title *Dmyal gling rdzogs pa chen po*. However, unlike the Wa ra monastery-published *Dmyal gling rdzogs pa chen po*, these variants do not identify themselves as *gter ma* in colophons. As this article endeavors to highlight the unique social work of *gter ma*, these texts will not feature here.

15 See further, Mikles 2016.

16 An particularly popular example of the *Dmyal gling* variant is *Dmyal gling mun pa rang gsal*, 1992.

Narrative Lifeworlds as a Theoretical Tool

While relating this publication and textual history of the *Dmyal gling rdzogs pa chen po* helps us to situate the work in a larger literary framework, it provides little perspective on the lived experience of the text. This lived perspective is critical, however, to fully understanding any literary work — Gesar, *gter ma*, or otherwise. Texts are as much social phenomenon as literary phenomenon and not taking them seriously as such limits our abilities as scholars to make sense of Tibetan Buddhist history and experience. Indeed, *gter ma* serve an important social function through constructing narrative lifeworlds. The term "lifeworld" was originally coined by Edmund Husserl (d.1938)[17]and contemporary formulations in lived religion scholarship emphasize religious traditions as fundamentally and inalienably embedded within a larger framework of daily life, while acknowledging their use as interactive tools of meaning making beyond and above mere collections of doctrinal realities.[18]

In my formulation of a "narrative lifeworld," I focus attention on the interactive relationship between stories and individuals' understandings of themselves. Narrative literature is a powerful tool for both shaping society and constructing meaning because it relates in the immediate present something that came before. In that process, narrative imagines and fashions an alternative world — be that world five minutes ago, five months ago, or five hundred years ago. It is the necessarily subjective nature of this alternative narrative world that ultimately gives narrative its power because events, symbols, and people can be reconstructed to suit the perspectives of the storyteller. By relating a given version of the past, narratives construct a specific vision of a social world and practitioners are able to construct identities that locate themselves within that narrative world as a variety of identities — participants, inheritors, rivals, and so forth. Crucially, once narratives enter a given community's semiotic lexicon, they can be re-told and re-imagined, allowing the process to begin again. In this way, narrative can develop layers of significance that are largely unmoored from a single or definitive interpretation. It is this simultaneous quality of (1) expansive repetitive potentiality and (2) infinite semiotic depth that allows narratives to be powerful engines in the construction of both individual meaning and social significance.

As a story set centuries in the past, the Gesar epic perhaps most recognizably represents this process of using narratives of the past to read the present; however, *gter ma* traditions *function* similarly, despite presenting themselves as a different type of text. *Gter ma* traditions frame themselves as accounts of an immediate present found at a later time — a present-tense version of a narrative — and for the person of the *gter ston* who experiences the *gter ma* in the

17 Husserl 1970: 108-109.

18 See further Jackson 1996: 1-50; Orsi 2010: xxxii; Knibbe and Kupari 2020.

moment of revelation, they certainly are this. For the community that develops around the *gter ston*, however, *gter ma* are stories of the past that produce a narrative lifeworld extended into the present — a past imperfect narrative. Caught between the past and the present, this narrative achieves timelessness via disassociation from a specific historical past. In this way, the narrative that underlies a given *gter ma* creates an alternative narrative world ostensibly in the past, but which spreads roots and blossoms into the contemporary world.[19] This particular feature of the narrative form foundational to *gter ma* allows them to participate in the construction of a narrative lifeworld that has the potential to affect society and construct identity.

However, the interaction between these past imperfect narratives and their social function to fashion a meaningful world has yet to be fully explored in academic scholarship. Generally, academic interest in *gter ma* has centered on their origins and efforts to secure authenticity. While this has largely taken the role of examining efforts to build internal authenticity — how the person of *gter ston* and the surrounding community demonstrates authenticity within the textual tradition itself [20] — other scholarship has begun examining how *gter ma* incorporate older materials and narratives outside the tradition to establish their validity.[21] Despite these new and exciting directions, however, the focus generally remains on the authenticity of the textual tradition and the personal experience of the *gter ston* as a conduit by which the historical is made real. A noted exception of this that has been influential on my own work and will be discussed in detail below is the work of Holly Gayley to develop the concept of an "ontology of the past," whereby the *gter ston* constructs a timeless past referential to the contemporary world.[22]

To summarize, while serving different purposes from the perspective of Buddhist institutions, the Gesar epic tradition and *gter ma* traditions both function to construct narrative lifeworlds that orient and render significant individual experience. They embed a contemporary individual into a past imperfect narrative rich with semiotically-significant persons and places; in this way, the Gesar and *gter ma* traditions both create a world in which to meaningfully live. This particular aspect of the *gter ma* tradition has been somewhat overlooked by the larger academic interest in authenticity and *gter ma*'s relationship to the Indian Buddhist tradition. Examining the point where *gter ma* and Gesar traditions intersect provides a useful corrective to this through considering the world made meaningful via narrative. An examination of the *Dmyal gling* with particular emphasis on its role in constructing a narrative lifeworld, therefore,

---

19 It should be noted that the division between the experience of *gter ston* and the experience of the community is similarly found in the Gesar tradition, where the bard has a first-hand experience of the text while the audience surrounding him generally experiences the narrative as an experience entering their lives today.

20 Gyatso, 1998.

21 Mayer, 2019.

22 Gayley, 2007.

will allow us to consider how *gter ma* function socially to imbue the world with significance.

Narrative Lifeworld and the *Dmyal gling*

As the culminating episode of the epic, the *Dmyal gling rdzogs pa chen po* has an important place in the larger Gesar tradition. Via a dense network of relationships built between the past imperfect narrative and contemporary lived experience, this *gter ma* constructs a narrative lifeworld that invites Tibetans to build an identity. Holly Gayley proposes that *gter ma* work by deploying an "ontology of the past" that makes the past simultaneously timeless and participatory in the contemporary world through the action of the *gter ston*.[23] In this framework, the experience of *gter ston* Drag rtsal rdo rje recovering the *Dmyal gling* produced a means to interact with the Gesar tradition via his unique access to a timeless past and his subsequent production of a past imperfect narrative.[24]

Due to the current paucity of information on the life of Drag rtsal rdo rje and the original social context surrounding the *Dmyal gling rdzogs pa chen po*, it is largely impossible to evaluate how the timeless past of the *gter ma*/epic tradition influenced individuals' self-understanding at the original moment of revelation. However, the *Dmyal gling* episode of the Gesar epic continues to be published and performed and as such continually produces new, dynamic iterations of its narrative lifeworld. Constructing this narrative lifeworld takes place via two interrelated modes — reading a published version of the *Dmyal gling* and attending a contemporary bardic performance. While each bardic performance is, to some extent, wholly unique and often branches wildly from the Wa ra monastery *Dmyal gling rdzogs pa chen po*, my conversation partners understood the published text and the performance as fundamentally united. As noted above, this reality is a tricky aspect of researching the Gesar epic tradition — wherein things indicated by a single term may be understood as the same, though be very different when compared side-by-side. Following the cue of my research informants, therefore, I will consider the published Wa ra monastery text and the performance tradition as related components of a single revelatory phenomenon.

Turning first to the experience that most similarly reflects, and to a certain extent, recreates the initial *gter ma* revelations of Drag rtsal rdo rje, bardic performances have an important role in creating the narrative lifeworld of the *Dmyal gling*. Within the *Dmyal gling* tradition, one of the most important ways to interact with the narrative lifeworld of the epic is through

23 Gayley 2007: 215.

24 Tsering Shakya (2004) has noted that this construction of a timeless past is actually foundational to the larger narrative functioning of the Gesar epic itself (125) In this interpretation, therefore, a *gter ston* of the Gesar epic is able to combine the already operative timeless past of the epic tradition with *gter ma*'s "ontology of the past. "

the extensive performance traditions that have been a focal point of academic scholarship.[25] The center of these performances is the bard (*sgrung mkhan*) who relates the story in a quick recitation of prose sections, followed by longer, expansive songs that provide insight to the characters' motivations and moods. While some bards may study the epic to recite it, the most famous bards experience a form of revelation that "opens" the epic in their minds (*'bab sgrung*) and which is repeated in miniature with each performance during which the story "descends upon them" (*sgrung 'bab*). Besides *'bab sgrung*, other forms of revelatory storytelling are common, including bards who bodily experience the epic in dreams and bards who "read" the epic from blank pages.

Reflecting this revelatory impulse, the performance space is a dynamic arena in which bards and audience have the potential to re-engage with past imperfect of the epic and use it to build significance in their contemporary lives. This fact is particularly evident in performances of the *Dmyal gling*, which are often far different than the performance of other Gesar episodes. As discovered on a recent research trip to Qinghai province, popular belief among contemporary Tibetans is that a revelatory bard who receives the *Dmyal gling* to recite has only one to two years left to live. Performances of the *Dmyal gling* are, therefore, understandably emotional affairs and Tibetans may travel significant distances to personally witness a bard perform that specific episode. Much like popular folktales or so-called "urban legends" in American society, my Tibetan conversation partners demonstrated the truth of this belief to me by reciting second- and third-hand stories about bards in nearby towns who had died soon after a public performance the *Dmyal gling*.

Many of my Tibetan conversation partners directly linked the bard's *Dmyal gling*-related death to their profound responsibility to recite the narrative. Several bards I spoke with explained that their work was a special calling instituted by King Gesar himself — thus their understanding of themselves is informed by their connection to a past and to characters that they understand through narrative. In the words of contemporary bard 'Gyur med rab rten, "during the time of the epic, all the animals could recite the stories of Gesar, even the earth worms, but then Gesar said that people must know of his deeds in the future, so he made humans the special bards to tell the tale."[26] This responsibility was reflected in the words of Dkar ma lha mo, local scholar at the Yul shul Office of Cultural Preservation; when asked about the relationship between the *Dmyal gling* and the death of the bard, she answered, "The epic is finished, so now is their life."[27] For these and other eastern Tibetans, the *Dmyal gling* is a living text threaded through with tangible social consequences to which lived reality itself is tied. In contemporary *Dmyal gling* performance, bards are the conduit by which the narrative lifeworld

25 Yang Enhong 1993; Gcod pa Don 'grub 1989.

26 'Gyur med rab rten, Personal Interview, July 18, 2015.

27 Dkar ma Lha mo, Personal Interview, July 18, 2015.

is made real.

The published text of the Wa ra monastery *Dmyal gling* is also a means to build individuals' social identities through relation to the *gter ma*'s narrative lifeworld. Threaded throughout the text is a call to traditional Buddhist ethical practices founded on a contemplation of karmic realities. Throughout the text, we see King Gesar taking on the role of a Buddhist teacher instructing *Gling pa*s in ethical action. This activity is most prominent in the first third of the text, where Gesar is explicitly charged by Padmasambhava to bring Rdzogs chen teachings to the peoples of his land. After receiving initiations from the buddhas of the five directions, Padmasambhava charges Gesar to "return to the pretty land of Gling [and] turn the Dharma wheel of the three vehicles for the common people of his kingdom."[28] He does indeed return, and gathers together all the peoples of Gling and the surrounding lands. His first song is directed towards all present and highlights traditional, karmically-oriented Buddhist values. Further detail is provided by the author in other publications,[29] but the song centers its attention on the brevity and preciousness of a human rebirth, for all "sentient beings are like mist on the tip of a blade of grass."[30] In light of this impermanence, Gesar preaches the centrality of karma, noting that "Virtue will come by the power of one's own good and bad cause and effect. In this way, various fruit will arise from the good and bad seeds."[31] This initial song is followed by individual initiations for each collected community, and each is accompanied by a brief song emphasizing once more the centrality of karma.

While these exhortations to pay attention to karma are found extensively in other Buddhist literature, the *Dmyal gling*'s narrative frame and identification as a *gter ma* produces a narrative-historical space in which the reader is invited to situate themselves as a participant in King Gesar's Buddhist world. This is accomplished via two interconnected means: (1) the prosimetric literary style interspersing song and prose that situates the reader as a participant in the narrative and (2) the belief in Gesar as a dynamic and operative personage who continues to guide the future and wellbeing of Tibet into the present-day. Turning first to (1), by utilizing second-person grammatical structures, the prosimetric or chantefable literary structure of both the text and bardic performances invites individuals to develop an immediate and intimate relationship with King Gesar. Because the songs are sung within the narrative framework directly to a given individual — utilizing exclusively second-person exhortations and commands — the response of a listening or reading individual is to identify themselves in the

28 Chos kyi dbang phyug 1984: 61. *de nas khra mo gling la byon; khra mo gling dang rgyal khams spyir; theg gsum chos kyi 'khor lo bskor.*

29 Mikles 2019.

30 Chos kyi dbang phyug 1984: 96. *nang sems can rtsa mgo'i zil pa bzhin.*

31 Chos kyi dbang phyug 1984: 98-99. *rang gi las 'bras bzang ngan gyis; phel byed dge bas grub nas 'ong; dper na sa bon bzang ngag bzhing; 'bras bu sna tshogs de ltar 'byung.*

song and through that develop a relationship with Gesar. The use of first-person and second-person grammar contributes to the past imperfect form of the narrative lifeworld, reflecting the social understanding that this narrative continues to be operative in the contemporary world, despite its depiction of a historic past.

The emotive effects of this particular literary style are apparent when speaking with devotees of Gesar and others who read the *Dmyal gling* regularly. In a conversation with Pad ma Thub btsan, a local elder in Rong bu village in Qinghai, he explained that when he reads the *Dmyal gling*, "I just cry and cry and cry to hear about so many great men leaving the earth."[32] He later explained that reading about the death of King Gesar in the *Dmyal gling* inspired him to be a better Buddhist, for if buddhas themselves can die, so will he. The *Dmyal gling*'s unique ability to shape Buddhist identities was repeated by many leaders of Tibetan Buddhist institutions, including the head teacher at Lha sgang monastery, who said the *Dmyal gling* was essential for lay people and young monks to read as a means to understand and embody Buddhist ethics.[33] The head of the Ka thog Monastery's monastic college expressed similar views, explaining that all entering novices were required to read the *Dmyal gling* to provide an ethical foundation for their later academic studies.[34] Indeed, I heard from several monastic and community leaders that the *Dmyal gling* is the only episode from the Gesar epic that monks should read, because all others make them too aggressive and distracted. The *Dmyal gling*'s narrative lifeworld, therefore, encourages individuals to take on a specific identity as a karmically-sensitive Buddhist practitioner through building an emotional relationship with Gesar himself.

Turning next to (2) — the living reality of King Gesar — the vast majority of eastern Tibetans I spoke with understood King Gesar as an active presence in Tibet, collapsing the historic past of the Gesar epic narrative capped by the *Dmyal gling* and the contemporary present.[35] Reminders of King Gesar's mark on the land of Tibet are prevalent in the innumerable mountains, valleys, and other sites that Tibetan believe bear his mark. While the intersection of the epic tradition and sacred landscape remains to be fully studied, in creating and marking these spaces as sacred, living Tibetans simultaneously affix the historic past of the epic narrative to the contemporary world and embed themselves within it. A particularly illustrative example is Zhidu county Sichuan; Tibetans living there have used white rocks to mark a mountain with

32 Pad ma Thub bstan, Personal Interview, July 28, 2015.

33 Lha sgang bsha grwa, Khenpo, Personal Interview. August 14, 2015.

34 Ka tog bsha grwa, Khenpo, Personal Interview. August 19, 2015.

35 My conversation with local Zhidu county resident Bden grub was a notable exception to this generalization. While admitting that he had read the *Dmyal gling* as a child and stayed up all night in terror, he was adamant that King Gesar was a myth or legend based on a historical king that had been heavily embellished. This conversation was virtually the only time I heard this claim while traveling in rural areas outside of major cities, though several scholars at the Southwest University for Nationalities made similar claims.

the Buddhist royal symbol of the conch. They believe this mountain is both where King Gesar pitched his royal tent after marrying 'Brug mo and where the *Dmyal gling rdzogs pa chen po* says he settled to prepare for his own death after his return from hell. Reflecting beliefs that one day King Gesar would return in physical form to Tibet, a local cab driver explained that many villagers climb the mountain to place their own white stones along the outline in the hopes of building a karmic connection with King Gesar and ensuring their rebirth at the time of his future coming.

As evident in Tibetan practices to create a karmic connection with King Gesar, the sense of Gesar as a living presence is prevalent in prophetic beliefs surrounding Gesar's eventual return. Throughout the *Dmyal gling*, Gesar repeatedly identifies himself as an emanation of various Buddhist figures specifically come to guide the wayward people of Gling. This is especially prominent in his conversation with Padmasambhava, where the Guru Rinpoche states that Gesar was sent in the Age of Fragmentation to revive Buddhist teachings across the land:

> These teachings of the Buddha — the victory banner that does not wane — was planted in Tibet. The ocean of protective deities made a promise to become friends and companions to its enlightened activity. A great terrible time dawned and demons filled this district [of the] world. The evil forces became stronger and the teachings of the buddha degenerated. [As a result,] you divine son of a buddha, I gave to Tibet.[36]

Framing Gesar as a protector of Buddhist teachings, the *Dmyal gling rdzogs pa chen po* notes that in a future time, Buddhism in Tibet will be threatened and once more require Gesar's assistance. When meeting with Padmasambhava to receive initiations, Gesar asks about the future of Gling. In response, Padmasambhava sings a lengthy song detailing coming destruction to the land of Gling: "There will be wrong views and careless practice. The entire monastic community will be in disagreement. The power of Sngags pa's pledges will deteriorate and lamas will become annoyed and wander about slaughter houses."[37] While this particular portion of the song continues for over a hundred lines, it ends with a declaration that Padmasambhava will return with nine Dharma protectors including Gesar to aid the remaining adherents of

---

36 Chos kyi dbang phyug 1984: 61. *sangs rgyas bstan pa'i gnyer du bskos; nang pa sangs rgyas bstan pa 'di; mi nub rgyal mtshan bod la btsug; bstan srung dam can rgya mtsho rnams; phrin las sdong grogs lhas blangs byas; dus ngan yar gyi khug chen la; 'dzam gling yul grub dud kyis gang; nag phyogs 'dre srin za kha dar; sangs rgyas bstan pa nyams la nye; khyod lha bu don grub bod la btang.*

37 Chos kyi dbang phyug 1984: 62-63. *log par lta zhing sgrab pa g.yel; dge 'dun sde 'khrugs hor las byed; sngags pa mthu gtad dam tshig nyams; bla ma sun byin bshas ra 'grim.* The entire song can be found on pp. 59-67. This particular song was excised from the 1986 Chengdu edition.

Buddhism as they fight off the demonic forces and restore the sanctity of Tibet.

The latter third of the text sees Gesar affirming that he will return in the future to defend Gling and the practice of Buddhism. As Gesar's death approaches, he declares his intention to return with Padmasambhava:

> After I go to the Pure land, [you] must not worry for White Ling! I, the [divine] son Gesar, will be in the intermediate space between samsara and nirvana. Because I and the great Padmasambhava are inseparable, remember [me] residing on his crown ornament. I will not let those living in this life and the next be free from the blessed iron hook of compassion.... [My] cousins, all young princes of Ling, heroes of Ling, and finally medicine women, [I will be] inseparable to you all in this life and beyond.[38]

Gesar's song ends with a declaration that he will return to bring "great comfort to the black-haired Tibetans."[39] He then dissolves into a display of light, appearing one final time in a meditative posture before leaving Gling entirely.

This belief of Gesar's prophetic return first expressed in the *Dmyal gling* remains prevalent today among my Tibetan conversation partners. King Gesar was repeatedly identified as a buddha whose violence was an expression of his commitment to defend Buddhism in Tibet, and who continued to watch over the land of Tibet with compassion and love. Several repeated their faith that Gesar would eventually be reborn to continue his defense of Buddhist teachings and lead a global revival in Buddhist commitment.[40] Related to the anticipation for the return of King Gesar was a collective mourning over his death and the deaths of his warriors. As noted above, many individuals experienced sadness and dread when reading the final third of the *Dmyal gling*; these emotions extend to the gravesite of King Gesar as well. At Rta na monastery in Khams one can see the alleged remains of King Gesar and his 30 warriors preserved in white stūpas high atop the mountain. Monks make the climb on horseback each day to leave offerings given by local villagers in the hopes of building a karmic connection with the warrior-king and ensuring rebirth at his return. As seen in these widespread popular beliefs and practices traced back to the *Dmyal gling gter ma*, King Gesar remains a vital presence in Tibetans' live realities.

---

38 Chos kyi dbang phyug 1984: 344. *nga zhing la 'gro ba'i rjes shul la; gling dkar po sems khrel dgos pa med; bu ge sar 'khor 'das mtshams la 'dug; lha pa+da 'byung nged gnyis dbyer med pas; nam dran spyi bo'i rgyan la bzhugs; byin rlabs thugs rje'i lcags kyu yis; 'di phyi kun la btang; re kan; ... gling gi sras chung spun gsum dang; gling gi dpa' tshul mo sman rnams; 'di phyi kun la mi 'bral lo.*

39 Chos kyi dbang phyug 1984: 346.

40 A ba 'jam zong (Village Elder). Personal Interview. July 28, 2015.

Gesar's prophetic presence as a living force that continues to affect the world today is further re-enforced by his perceived role in recovering contemporary *gter ma*. While the *Dmyal gling* is the best known Gesar *gter ma*, the epic tradition as a whole is associated with further *gter ma* recovery in contemporary Tibetan regions. Most notably, the founder of the Larung Gar Buddhist community 'Jigs med phun tshogs (d.2004) has relied on Gesar as a tutelary deity in his contemporary *gter ma* recovery, had intricate visions of the warrior-king charging him to accomplish Buddhist work, and often credited the warrior-king as the source of his long life and protection from evil forces.[41] When having visions of Gesar, 'Jigs med phun tshogs would place himself in the narrative world of the epic, identify all the members of his court and describe in detail the semi-mythical setting. These experiences then become the engine by which 'Jigs med phun tshogs recovered numerous physical Gesar *gter ma* before his death, including a chest filled with treasures and some remains of the warrior-king's physical palace. While certainly in need of further study, the treasure revelations of 'Jigs med phun tshogs further demonstrate the living and active presence of King Gesar and the *Dmyal gling*'s narrative lifeworld in the lives of contemporary Tibetans.

Individuals' participation in the *Dmyal gling*'s narrative lifeworld was reinforced by the variety of cultural prohibitions that surround reading, discussing, and otherwise interacting with the *Dmyal gling*. These various social taboos are part of what Timothy Thurston has called the "ecosystem" of the Gesar epic. He notes that, separate from the published narrative and bardic performance, Tibetan participate in "Gesar culture" [Ge sar rig gnas 格萨尔文化], producing a presence of the Gesar tradition in everyday reality with "links between genres [that] are multidirectional, and point to the transmission of cultural knowledge through multiple, mutually reinforcing genres."[42] This "ecosystem" includes innumerable proverbs, verbal references, and social practices that make the *Dmyal gling* an omnipresent lifeworld for Tibetans to inhabit. While conducting interviews, I began to realize that my conversation partners were loath to discuss the *Dmyal gling* and would switch topics when I brought it up. After several unsuccessful interviews, a Tibetan colleague gently explained that the *Dmyal gling* was considered cursed — to discuss it too much was to invite death, as it is the episode in which King Gesar and his warriors died earthly deaths: using the narrative to conjure the past has consequences for the future, possible fatal ones. Describing the previous death of King Gesar has consequences in the contemporary world, demonstrating how the text works beyond itself to produce a meaningful narrative lifeworld where actions and beliefs have significance through the shared reference point to the *gter ma*.

Perhaps the best examples of the interaction between the *Dmyal gling* and individuals'

41 Germano 1998.

42 Thurston 2019: 129.

participation in the narrative lifeworld it creates, however, is through examining the disintegration between the actual words of the text and individuals' interpretation of it. As revealed in the song battle between Gesar and King Yama, the Wa ra monastery *Dmyal gling* is exceedingly clear that King Gesar's mother suffers in hell for the violent behavior and sins of her son. The majority of Tibetan informants I spoke with, however, provided different reasons for Gesar's mother's internment that removed the blame from King Gesar entirely. Local Yul shul guide Tsheb khrims stated that Gesar's mother suffered because she took joy in his victory over local nations and desired great land and wealth for her own family.[43] Another individual stated that it was a clerical error that sent Gesar's mother to hell and that Gesar was duty-bound to correct it.[44] Similar arguments were offered when I inquired about Gesar's violent activities. Gesar's essential need to defend Buddhism through violent conquest of the surrounding demon-kings threatening its practice was repeatedly invoked. When I specifically referenced the Wa ra monastery *Dmyal gling* and pushed back against these arguments, one woman specifically told me that Gesar "has the kind heart of a buddha, not the bloody sword of a king. You misunderstand the text."[45] These examples provide a final note on narrative lifeworlds: they are growing, transforming, and, above all, dynamic. By allowing participants to construct an identity within them, they also invite pushback and change. As in the case of the *Dmyal gling*, this often does not invalidate the *gter ma*, but rather the *gter ma* itself becomes the fertile ground out of which innovative interpretations and challenges grow.

Conclusion

This article has argued that examining the *Dmyal gling* — the most well-known Gesar episode that describes itself as a *gter ma* — allows us to consider how *gter ma* function socially through creating narrative lifeworlds in which adherents can meaningfully live. In many ways, *gter ma* traditions are something of an epic themselves, detailing the heroic efforts of buddhas and bodhisattvas to bring the people of Tibet to enlightenment. When examining the significance of *gter ma* or any other important aspect of Tibetan culture, western scholars' early studies generally relied on intellectual tools developed to study and understand Christianity and other aspects of Euro-American culture.[46] While theorists like Sigmund Freud, Max Weber, and others made claims to a singular human experience, post-modern developments have since brought assertions of such a universal human experience into question. However, through

43 Tsheb khrims. Personal Interview. July 24, 2015.

44 A ba 'jam zong (Village Elder). Personal Interview. July 28, 2015.

45 Dkar ma Lha mo, Personal Interview, July 18, 2015.

46 Pomplun 2009.

comparing different cultural traditions within Tibet at the point where they intersect — the Gesar tradition on one hand and *gter ma* on the other — Tibet-specific forms of theory can be developed that walk the line between universal models of human experience and radical phenomenological individualism.

While the appellation of *gter ma* to the *Dmyal gling rdzogs pa chen po* has been unfairly dismissed as simply the product of a process of buddhicization,[47] it also provides the entry point to consider how *gter ma* function as socially lived documents. Through the utilization of narrative to create a past imperfect world that has tangible effects in contemporary society, lifeworlds have real social consequences far beyond the mere words on the page. Potent examples include the nameless nun of Nye mo who declared herself the harbinger of Gesar's return[48] and the 1962 work of charismatic Tibetan lama and *gter ston* Brtul zhugs gling pa (d.1962) who led over 300 people across a border into Sikkim to open a portal to a heavenly refuge created by Padmasambhava.[49] But they can also be as simple as a recommitment to a Buddhist identity, a fear of speaking about a hero's death, or a belief in a future karmic relationship with King Gesar.

Bibliography

Chos kyi dbang phyug. 1984. *Gling rje ge sar gyi rnam thar las dmyal gling rdzogs pa chen po thospa rang grol ngan song chos kyi bskul glu zhes bya ba*. edited by Lopon Pemala, Thimpu: Druk Sherig Press.

Doney, Lewis. 2016. "A Richness of Detail: Sangs rgyas gling pa and the *Padma bka' thang*." *Revue d'Etudes Tibétaines* 37: 69-97.

Dmyal gling mun pa rang gsal. 1981. Edited by Qinghai Public Art and Literature Research Group. Xining: Qinghai Minzu Chubanshe.

Gayley, Holly. 2007. "Ontology of the past and its materialization in Tibetan treasures." In *The Invention of Sacred Tradition*. edited by James R, Lewis and Olav Hammer, Cambridge: Cambridge University Press. 213-240.

Gcod pa Don 'grub. 1989. "Gling ge sar rgyal po'i skyes rabs lo rgyuds rags tsam brjod pa." Gling ge sar rgyal po'i shul rten gyi mgag rgyun ngo mtsahr me tog phreng mdzes. Xining: Qinghai Minzu Chubanshe.

Geertz, Clifford. 1973. *The Interpretation of Cultures*. New York: Basic Books.

Gelle, Zsóka. 2020. "Treasure Texts on the Age of Decline: Prophecies Concerning the Hidden

47 Shakya 2004: 121.

48 Orgyan Nyima 2016: 240.

49 Shor 2017.

Land of Yolmo, their Reception and Impact." In *Cultures of Eschatology, Volume 2*, edited by Veronika Wieser, Vincent Eltschinger, and Johann Heiss. Oldenbourg: De Gruyter.

Germano, David. 1998. "Re-membering the Dismembered Body of Tibet, Contemporary Tibetan Visionary Movements in the People's Republic of China." In *Buddhism in Contemporary Tibet*, edited by Melvyn Goldstein. Berkeley: University of California Press.

Gruschke, Andreas. 2004. *The Cultural Monuments of Tibet's Outer Provinces: KHAM, vol. 1.* Bangkok: White Lotus Press.

Gyatso, Janet. 1998. *Apparitions of the Self: the Secret Autobiographies of a Tibetan Visionaries*. Princeton: Princeton University Press.

Husserl, Edmund. 1970 [1936]. *The Crisis of European Sciences and Transcendental Phenomenology: An Introduction to Phenomenological Philosophy.* Evanston: Northwestern University Press.

Jackson, Michael. 1996. "Introduction: Phenomenology, Radical Empiricism, and Anthropological Critique." In *Things as They Are: New Directions in Phenomenological Anthropology*, edited by Michael Jackson, Bloomington: Indiana University Press.

Knibbe, Kim and Helena Kupari. 2020. "Theorizing Lived Religion: Introduction." *The Journal of Contemporary Religion* 35.2: 157-176.

Lung rtogs rgyal mtshan. Unknown. *Zab pa'i gnad gyi 'bru 'grel don gsal sgron me sogs bzhugs.* Yachen: Dpal ya chen ao rgyan bsam gtan gling.

Mayer, Robert. 2019. "Rethinking Treasure (part one)." *Revue d'Etudes Tibétaines* 52: 119-184.

Mikles, Natasha. 2016. "Buddhicizing the Warrior-King Gesar in the dMyal gling rDzogs pa Chen po." *Revue d'Etudes Tibétaines* 37: 231-246.

——2019. "Tears Like Fluttering Leaves: Karmic Resentment and the Senses in Gesar's Trip to Hell." *Revue d'Etudes Tibétaines* 50: 212-234.

Nourse, Benjamin. 2014. "Canons in Context: A History of the Tibetan Buddhist Canon in the Eighteenth Century." PhD dissertation. University of Virginia.

Orgyan Nyima. 2016. *Living and Drying in Modern Tibet*, (Published via the *Internet Archive*). https://archive.org/details/LivinAndDyinginModernTibet.

Orsi, Robert. 2010. *Madonna of 115th Street: Faith and Community in Italian Harlem, 1880-1950, third edition.* New Haven: Yale University Press.

Pomplun, Trent. 2009. *Jesuit on the Roof of the World: Ippolito Desideri's Mission to Tibet.* Oxford: Oxford University Press.

Raine, Roberta. 2014. "Translation and Appropriation of the World's Longest Epic, Tibet's Geasar of Ling." *Forum* 12.2: 65-85.

Shakya, Tsering, 2004. "The Emergence of Modern Tibetan Literature since 1950." PhD dissertation. School of Oriental and African Studies.

Shor, Thomas K. 2017. *A Step Away from Paradise: The True Story of a Tibetan Lama's*

Journey to a Land of Immortality. City Lion Press.
Si khron zhing chen ge sar zhib 'jug and Gser rta rdzong ge sar zhib 'jug gzhung. 2005. *A yan 'dul ba'i rtogs brjod*. Chengdu: Sichuan Minzu Chubanshe.
Smith, E. Gene. 2001. "The Autobiography of MKhan po Ngag dga'." In *Among Tibetan Texts: History and Literature of the Tibetan Plateau*, edited by Kurtis R. Schaeffer. Boston: Wisdom Publications.
Terrone, Antonio. 2014. "The Earth as a Treasure in Tibetan Buddhism: Visionary Revelation and its Interactions with the Environment." *Journal for the Study of Religion, Nature, and Culture* 8.4: 460-482.
Thurston, Timothy. 2019. "The Tibetan Gesar Epic Beyond its Bards: An Ecosystem of Genres on the Roof of the World." *Journal of American Folklore* 132, no. 524: 115-136.
White, Hayden. 1973. *Metahistory: The Historical Imagination in Nineteenth-Century Europe.* Baltimore: Johns Hopkins Press.
Yang Enhong. 1993. "The Forms of Chanting Gesar and the Bon Religion in Tibet." *Anthropology of Tibet and the Himalaya.* edited by Charles Ramble and Martin Brauen, Zürich: Ethnologische Schriften Zürich.

◆ Author: Natasha L. Mikles, Assistant Professor at Texas State University.

“青藏高原东部研究暨玉树历史遗迹学术论坛”述评

祝铭

内容摘要：为庆祝中国共产党建党100周年，玉树藏族自治州建州70周年，玉树州人民政府和四川大学历史文化学院联袂于2021年10月18-19日在成都举办了“青藏高原东部研究暨玉树历史遗迹学术论坛”。本次论坛共收到论文40篇，来自北京、青海、四川、河北、甘肃、陕西等地的近百位代表参加了会议，共有27位学者在8场大会发言中围绕“青藏高原东部考古新发现与早期人类活动”“青藏高原东部岩画的发现与研究”“青藏高原与周边地区的文化交流与互动”“佛教艺术中的石窟、图像与文本”“青藏高原东部的交通与路线”“三江源区的环境治理与保护”等主题展开热烈的讨论。本次论坛提供了一个平等的学术交流的阵地，极大地促进了多学科、多领域的学术交流和对话，对于加强各民族交往交流交融具有重要意义。

2021年10月18-19日，“青藏高原东部研究暨玉树历史遗迹学术论坛”在成都举行。此次会议由玉树州人民政府和四川大学历史文华学院联袂主办[1]，玉树市人民政府、

1　本次论坛系玉树州人民政府与四川大学历史文化学院联合主办的第二场学术论坛，首次论坛“青藏高原古塔研究论坛”于2020年9月29-30日在成都启雅尚国际酒店召开。

玉树州文化旅游广电局、玉树州红十字会、玉树市历史文化研究院、四川大学中国藏学研究所共同承办，玉树市文化旅游局协办。来自北京、青海、四川、河北、甘肃、陕西等地的近百位代表参加了会议，会议共收到论文 40 篇[2]，共有 27 位学者作了大会报告。

10 月 18 日上午 9 点整，“青藏高原东部研究暨玉树历史遗迹学术论坛”在成都总府皇冠假日酒店三楼宴会厅准时拉开帷幕。开幕式由四川大学中国藏学研究所李永宪教授主持，中共玉树州委书记蔡成勇第一时间向论坛发来贺信，玉树市人民政府副市长格扎、四川大学历史文化学院院长霍巍教授分别代表会议主办方致辞，对各地来宾表示欢迎并预祝会议圆满成功。与会代表合影留念后，正式进入会议学术发言和讨论环节。在为期两天的会议期间，共进行了 8 场学术研讨，分别由四川大学讲席教授李水城、南京大学教授水涛、河北师范大学教授汤惠生、敦煌研究院研究员赵晓星、故宫博物院研究员罗文华、四川大学教授熊文彬、玉树历史文化研究院院长甲央尼玛、兰州大学教授宗喀·漾正冈布担任会场主持。27 位报告人分别就各自的新发现和新成果发表演讲，每场发言结束后演讲者与在场学者均进行了热烈且富有成效的讨论交流。学术讨论主要围绕以下几个主题展开。

一、青藏高原东部考古新发现与早期人类活动

近年来，青藏高原东部的考古工作持续推进，取得了瞩目的成绩。本次会议专门设有一场专题汇报，让与会学者有充分的时间对这一领域的新发现、新进展进行展示、交流和讨论。对以青藏高原为典型代表的高海拔环境的征服，标志着人类的环境适应和全球扩散的一个重要阶段，相关研究对理解人类演化历史具有重要意义，是国际多学科领域研究的热点。

兰州大学资源环境学院的张东菊教授发表了题为《青藏高原的早期人类活动历史》的报告，认为最近多个考古发现将青藏高原的最早人类活动历史由晚更新世晚期推早至晚更新世早中期和中更新世晚期，揭示在现代人之前，古老型智人——丹尼索瓦人已经生活在高原上，不仅大大延伸了青藏高原人类活动历史，而且说明对高海拔环境的适应能力不是现代人所独有的。甘肃夏河白石崖溶洞发现的夏河人下颌骨化石[3]和遗址测年

2　40 篇论文摘要的内容可参见会议组织者编辑并印发与会代表的会议摘要集。本文仅对发表演讲的学者的论文内容进行综述。

3　该发现参见 Fahu Chen, Frido Welker, Chuan-Chou Shen, et al., "A late Middle Pleistocene Denisovan mandible from the Tibetan Plateau." *Nature* 569, 2019: 409-412.

及沉积物 DNA 研究[4]显示，丹尼索瓦人在距今至少 16 万年，10 万年和 6 万年，甚至可能晚至 4.5 万年，生活在青藏高原东北部的甘加盆地，并留下了丰富的文化遗存。甘肃永登奖俊埠 01 遗址的测年和考古遗存等分析显示，一支古人类在距今 12-9 万年，即相对温暖的末次间冰期，长时期生活在青藏高原东北部的祁连山山谷内。西藏邱桑遗址新的手脚印的发现，揭示距今 20 万年前后古人类活动在海拔 4200 米左右的高原腹地[5]。近期报道的形成于中更新世末期至晚更新世的四川稻城皮洛遗址大量手斧等的发现，为青藏高原早期人类活动历史提供了更为丰富的证据[6]。这些新发现说明，在中更新世晚期和晚更新世早期，古人类已经较为频繁地活跃在青藏高原周边海拔相对较低的区域，甚至也曾到达高原腹地，从而为古人类在晚更新世晚期较大范围地分布在青藏高原奠定了基础。同时，这些发现也说明，青藏高原早期人类的文化丰富多样。然而，由于除了白石崖溶洞以外，其他遗址还未发现古人类化石，因此对于青藏高原早期人类具体种属信息的了解还非常有限。

四川大学考古文博学院的吕红亮教授聚焦“人类何时、从何地进入青藏高原并永久定居下来”的问题，发表了题为《青藏高原粟作本地化与永久定居》的报告。早前的研究认为，3600BP 麦作农业的传入使得狩猎采集者有了稳定的食物资源，导致了古代人类高原的永久定居[7]。最近的青藏高原东部的一系列考古证据表明，这一模型对粟作农业的贡献有所忽视，最少在 4800BP 青藏高原东部以卡若遗址为代表的人群就已经定居高

4 该项研究参见 Dongju Zhang, Huan Xia, Fahu Chen, et al., "Denisovan DNA in Late Pleistocene sediments from Baishiya Karst Cave on the Tibetan Plateau." *Science* 370, 2020: 584-587.

5 1986 年，广州大学地理科学学院章典教授在邱桑遗址发现了 19 个手脚印以及一处用火遗迹。1995 年，章典教授重返旧地考察时带回一些样本，通过光学分析方法测年证实手脚印有两万年的历史，参见 David D. Zhang, et al., "Optical dating of Tibetan human hand-and footprints An implication for the palaeoenvironment of the last glaciation of the Tibetan Plateau." *Geographical Research Letters* 29 (5), 2002: 1072. 近期，梅耶（M. C. Meyer）团队在邱桑遗址进行新的科考采样分析，提出旧石器时代人类可能早在距今 7400 年到 12670 年前就在青藏高原中部地区开始了定居生活，且不需要依赖农牧业生计方式的新观点。参见 M. C. Meyer, M. S. Aldenderfer, Z. Wang, et al., "Permanent human occupation of the central Tibetan Plateau in the early Holocene." *Science* 355, 2017: 64-67. 随后，章典团队和张东菊团队分别发表评论文章对梅耶团队观点提出质疑，参见 David D. Zhang, Sheng-Hua Li, "Comment on ‘Permanent human occupation of the central Tibetan Plateau in the early Holocene ’." *Science* 357, 2017: 9231. Dongju Zhang, Naimeng Zhang, Jian Wang, et al. "Comment on ‘Permanent human occupation of the central Tibetan Plateau in the early Holocene’." *Science* 357, 2017: 8273.

6 有关皮洛遗址考古新发现参见李韵：《四川稻城皮洛遗址获重大发现——这些手斧何以惊动考古界》，《光明日报》2021 年 9 月 28 日第 008 版。

7 该观点参见 Fahu Chen, Guanghui Dong, Dongju Zhang, et al., "Agriculture facilitated permanent human occupation of the Tibetan Plateau after 3600 BP." *Science* 347, 2015: 248-250.

原[8]。另外，将卡若、宗日遗址的粟作解释为非本地种植的交换产品的论点有待商榷，目前的证据不足以说明高海拔地区的粟作都是贸易的产物。此外，农业对永久占据高原的作用不宜对之估计过高。世界上的其他区域不乏狩猎采集者定居高原的例子，如古代人类在南美高原的定居就很早，狩猎采集者完全可以在没有农业的情况下永久性占据一个区域[9]。

四川大学考古文博学院的胡越博士介绍了彭卡拉玛地点的试掘报告，该地点位于青海玉树囊谦县西北约 25 公里处，是一处史前洞穴遗址，海拔约 4200 米。该地点最早由玉树市历史文化研究院发现，2021 年四川大学考古文博学院在此进行了为期一个月的前期试掘及调查。本次试掘共布 5 个 $1 \times 1m^2$ 的探方，分别位于洞穴中部及洞口斜坡处。洞内堆积较浅，多为洞内角砾及碎屑构成，洞口斜坡处堆积较厚，可达 2 米，整体为黑色粘土夹杂角砾。此次试掘共发现石制品及陶片近千件，动物骨骼近万件，除此之外还发现少许历史时期留下的遗物。经初步判断，古人类在该地点活动的时代从旧石器时代晚期延至全新世及历史时期。该地点的发现可为研究史前时期古人类进入高寒缺氧、气候多变地区的生业模式和文化特点提供研究证据。

四川大学考古文博学院的韩芳博士介绍了参雄尕朔遗址的发掘情况[10]，遗址位于青海玉树治多县。参雄尕朔是青藏高原东部地区第一个进行过科学考古发掘的遗址，该遗址的发现为完善青藏高原东部地区的史前考古学文化面貌和探索古人类的高海拔适应等科学问题提供了重要的考古学材料。此次发掘共发现两个文化层，每个文化层均出土了大量的石制品、少量动物骨骼碎片和古人类用火遗存。研究表明，遗址中出土的石制品包括石片 - 石核技术与细石叶技术体系产品。其中，废片类产品为主要的石制品类型，细石叶工艺中，楔形细石核技术突出。石制品石料选择相对单一，主要为来自通天河流域的硅质岩。年代学研究显示，古人类对该遗址的利用集中在距今 8000-7000 年，结合石制品的类型与技术特征、石料利用、遗址利用及古环境变化背景等，推测参雄尕朔遗址

8 参见 Xiaoling Zhang, Yingshuai Jin, Wei He, et al., "A consideration of the spatiotemporal distribution of microblade industries on the Tibetan Plateau." *Quaternary International* 559, 2020: 165-173. Guangliang Hou, Jingyi Gao, Youcheng Chen, et al., "Winter-to-summer seasonal migration of microlithic human activities on the Qinghai-Tibet Plateau." *Scientific Reports* 10, 2020: 11659. Yu-Chun Li, Jiao-Yang Tian, Feng-Wen Liu, et al., "Neolithic millet farmers contributed to the permanent settlement of the Tibetan Plateau by adopting barley agriculture." *National Science Review* 6, 2019: 1005-1013.

9 参见 Kurt Rademaker, Gregory Hodgins, Katherine Moore, et al., "Paleoindian settlement of the high-altitude Peruvian Andes." *Science* 346, 2014: 466-469.

10 该遗址的发掘详情参见青海省文物考古研究所、四川大学考古学系、成都文物考古研究院：《青海玉树州参雄尕朔遗址 2013 年发掘简报》，《考古》2021（10）：3-15。

为史前狩猎采集者反复利用的石器制造场。

二、青藏高原东部岩画的发现与研究

岩画是古代人类有意识地在岩石上绘制、凿刻的图案，这些图案构成了文字发明之前人类所拥有的最浩繁的卷宗[11]。青藏高原东部岩画分布较为集中，数量较多，题材内容丰富，是这一区域古代人类生活的浓缩和历史的积淀。这些岩画材料对于我们认识青藏高原东部古代人类生产生活和社会风貌具有重要意义。

玉树市历史文化研究院甲央尼玛院长介绍了玉树三江源岩画的发现与分布情况[12]。甲央院长重点关注了通天河沿岸岩画的分布与分期，将其大致分为源头（楚玛尔河）、中游（登额曲汇入点）、下游（称多河汇入点）三个岩画群，分别对应早、中、晚三个时期。早期岩画（距今约 3200 年）以昂然岩画为代表，普遍使用敲凿法，多是以剪影式视觉效果表现的通体凿刻，内容常见狩猎、或动物形象；中期岩画（距今约 3000 年）以江荣岩画为代表，普遍使用敲凿法及线刻法，开始流行"S 形涡纹"，内容也以狩猎、或动物形象为主；晚期岩画（距今约 2600 年）以白龙布日岩画为代表，岩画风格有了新的变化，逐渐流行以简单的几何线条来表现动物的轮廓，各种符号也在这一时期开始出现。上述风格的岩画的分布范围一直延续到通天河下游金沙江沿岸和四川甘孜州境内的雅砻江沿岸等地，显示了距今 3000 年前后这一地区人群的迁徙与文化互动。

中央民族大学中国岩画研究中心的张亚莎教授以《青海玉树称多白龙沟塔岩画再议——青藏岩画塔图形起源初探》为题，介绍了玉树白龙沟塔形岩画的新发现与研究新进展。张教授在其以往研究的基础上对白龙沟岩画中的塔图形存在方式、塔造型的多样性与年代的持续性、塔岩画的起源、演变以及与苯教的特殊关系、白龙沟塔岩画于青海玉树乃至整个青藏高原塔图形主题所具有的独特意义等诸多问题进行了深入的讨论，形成了一些新的认识。从白龙沟塔岩画造型的复杂多样，反复制作且多有叠压打破关系，磨蚀风化现象十分严重，尤其是苯教色彩占绝对主导地位等现象看，青藏高原系统岩画"塔"图形的起源地，已呼之欲出；白龙沟岩画群所在地，是通天河流域与雅砻江流域衔接转折之地，是两大流域岩画发生联系与中枢所在，无论在地理还是历史文化上，都具有某种特殊性；白龙沟岩画主题与样式的多样化与特殊性应该反映出青藏高原特有的

11 [法]埃马努埃尔·阿纳蒂著，刘建译：《艺术的起源》，北京：中国人民大学出版社，2007：10。

12 玉树岩画的发现与研究参见拉日·甲央尼玛：《玉树岩画考察》，成都：四川人民出版社，2018。

塔岩画具有本土独自发展的一条脉络，而且年代也比我们以往认知的要早[13]。

四川甘孜州新龙县教育和体育局的王裕龙介绍了拉麦岩画的基本情况，该岩画位于甘孜州新龙县拉日马镇拉麦村，起初由驻村干部发现并提供线索。拉麦岩画凿刻在一处巨大的岩面上，除靠近地表和部分区域的岩面图像比较模糊难以辨认之外，大部分图像尚可辨识，清晰的单个图像或符号大约有200多个，以敲凿法为主，题材包括动物、人物、几何纹样等。其制作时代可能属于吐蕃时期之前的“早期金属时代”。

岩画的图像组合是岩画研究中一个重要探索方向，国外在研究旧石器洞穴岩画时早已注意到图像组合现象，并使用岩画结构主义方法进行研究[14]，该方法对后期图像组合的研究具有适用性。西安美术学院的苟爱萍教授发表了题为《青藏高原东部岩画中的图像组合——以称多岩画为例》的报告，认为在青藏高原东部的岩画中，虽然动物岩画仍然以牦牛图像和鹿图像为主，但这些岩画图像中的一些组合关系则引人思考。例如在称多岩画中，鹿图像经常与牦牛图像组合呈现，塔图像与凹穴组合出现，称多岩画之中还有少量制作技法和图像风格与众不同的组合岩画，在中国其他地域很难见到，具有丰富而独特的文化信息，需要进一步解读研究。另外，在青藏高原东部的石渠还有老虎岩画出现，石渠的虎岩画数量虽然不多，但总是与鹿岩画等图像伴随出现。因此，研究青藏高原东部岩画中的这些经常出现的图像及其组合关系，探讨这些出现频率较高的组合图像中的具体组合方式及图像构成，并进一步探讨这些图像与青藏高原周边其他岩画图像的关系及其内涵表征，是非常有必要且有价值的。

三、青藏高原与周边地区的文化交流与互动

青藏高原虽然环境恶劣、交通险阻，人类文化的分布和发展总体上讲比较薄弱和滞后，但这里绝不是文明的空白区，其文化也并不浅薄和单一，由于其封闭和独特的地理环境，使得传统文化和外来文化能够长期地在高原上延续、传承、沉淀和转化，并相互交融，使其文化面貌显得古老而厚重[15]。

---

13 白龙沟塔岩画的相关研究参见张亚莎、邹沁园：《玉树白龙沟岩画与苯教文化关系研究》，《中国藏学》2020（2）：75-83。张亚莎、邹沁园、王永军：《青海玉树白龙沟塔岩画的图像学研究》，《青海民族大学学报》2020（2）：117-125。

14 有关岩画结构主义方法的介绍，参见苟爱萍：《人类学理论与方法对岩画研究的启示》，《艺术评论》2016（3）：145-152。

15 霍巍、王煜、吕红亮：《考古发现与西藏文明史 · 第1卷：史前时代》，北京：科学出版社，2015：21。

河北师范大学考古系的汤惠生教授介绍了在巴基斯坦伊斯兰堡附近印度河谷的巴哈塔尔（Jhang Bahatar）哈拉帕文化遗址的考古新发现[16]。考古发掘揭露了一个时代在公元前近3000年的早期印度河谷文明，属于哈拉帕文化第二阶段，亦称科特·迪吉类型。在已经发掘的一条2×40米的探沟中，清理出36座灰坑、30余件完整陶器，以及1000多件小件，此外尚有大量的动植物考古的环境制品（ecofacts）和测年标本。出土了大量的陶器、石器、铜器、玻璃以及费昂斯等，时代最早为在哈拉帕文化科塔·迪吉类型（ca.2800-2600 BC），经过吠陀时代（ca.1500-522BC）到孔雀王朝（ca.300-200BC）。已编号小件和样本数量千余件，计有玻璃、蚌壳、陶和费昂斯制作的手镯与珠子、陶塑动物与人像、青铜和铁制作的小刀、钉等，石器有马鞍形磨盘、球型研磨器、石叶刮削器、砍砸器、石斧等；陶器主要是泥质红陶，器型有短颈圆鼓腹罐、大瓮、钵等，多为圆底或小平底。密弦纹、三角形刻划纹、碗钵外部口沿的宽带黑彩、菩提叶纹、波浪纹的彩陶等，特别是黑白二彩的使用，很有特色。通过这次发掘，可以发现哈拉帕文化科塔·迪吉类型和青藏高原的马家窑文化以及卡若文化之间有着诸多的相似之处。通过这三个文化之间的比较，可以清晰地发现新石器时代青藏高原与印度次大陆的文化互动。

河北师范大学历史文化学院讲师施兰英做了题为《青海地区史前考古学文化遗存中所见欧亚草原与南亚文化因素》的报告，认为史前的青海地区，处于文化交流地带，南北文化交流互动频繁。新石器时代及青铜时代的考古学文化遗存中出现了大量外来的文化因素，如齐家文化中所见的塞伊玛－图尔宾诺式倒钩铜矛、诺木洪文化中所见的土坯结构，以及金禅口、长宁等遗址中出现的砷铜制品，都体现了青海地区与欧亚草原及南亚之间的密切联系。

兰州大学西北少数民族研究中心的宗喀·漾正冈布教授发表了题为《欧亚腹地游牧文明视域下的吐蕃特拂庐文化——以中古文献和当代青藏高原东部的田野资料为中心》的报告。“拂庐”是中古汉语文献中对古藏文与古典藏文 སྦྲ 的记录。近现代汉语称之为“西番黑帐房”或“黑牦牛毛帐篷”等，英文等西方文献中通称“Nomadic Black Tent”“Tibetan Nomantic Black Tent”等。这种由黑色牦牛毛编织而成的拉伸型建筑（Tensile Architecture），作为欧亚草原，尤其是欧亚高原腹地传统游牧文化的重要标志之一，曾普遍流行于被称为“地球第三级”的“世界屋脊”及其周边游牧区，是世界游牧帐篷中的一种重要类型（吐蕃特类型）。宗喀教授通过实地调查，在前人研究的基础上，

16 该遗址基本情况的介绍见施兰英、水涛、向其芳等:《在印度河谷遥望河湟文化——巴基斯坦巴哈塔尔遗址发掘记》,《青海日报》2021年4月16日第007版。

利用相关文本、文献材料，对拂庐的名与实、拂庐在世界游牧帐篷史及欧亚腹地游牧帐篷谱系中的独特地位做了简要考察，细致记录了拂庐的相关构造及类型，详细描述了不同类型拂庐的编织流程、搭建流程与搬迁过程，为关心游牧文化的人们提供了拂庐的一手基础性资料。

中国国家地理特约记者王心阳以《不丹和他的手工纺织传承》为题，介绍了不丹的手工纺织艺术。在不丹东部旅行，常能看到女人席地而坐，腰间系着熟皮连着卷布轴，双足蹬住另一端的经轴并张紧织物，双手或穿梭或用骨针将不同色彩的纬线引入经线，然后用纬刀使力打紧，形成纹路和图案。只有来自不丹东部伦策和扎西岗的妇女擅长用古老原始的腰机织这种图案繁琐复杂的织物。织机的宽度和人的体宽差不多，即50多厘米。立在前面的机架将经线撑成一个直角三角型，周长约2.5米。纱线则是从中国来的桑蚕原色线，用植物或矿物染料染成各种色彩。女性传统服装其拉是由三幅手工纺织品横向拼接成一匹长方形织物，长约2.5米，宽约1.6米。男人的帼是四匹长条花纹或者小方格花纹的织物，以棉为主，有时会用丝线做提花的花纹。女人在日常劳作时不会穿丝织其拉，而是穿与男人一样的方格棉布或者用野生柞蚕粗丝织的细条纹布。直到20年前，绝大多数不丹人还是穿着家织布的传统服装。国王颁布的法令，要求所有不丹公民，不论民族，只要是为公共事务服务者，和所有前往政府机构建筑、寺庙和宗堡的不丹人，均要穿民族服装。男人们在帼之上要披一条4米长的披巾，女人们另一件饰物是叫拉楚的肩带。无论进入宗堡、寺庙、觐见王室，还是在乡村节庆期间聚会舞蹈和迎接远方来客，他们都把拉楚斜披在肩上。这样的规定使手工纺织的传统技艺不是停留在历史和文物上，而是贯穿在每个人的生活之中。

四、佛教艺术中的石窟、文本与图像

佛教遗存研究是青藏高原历史、考古与艺术研究的重要领域。在本次论坛中，与这一主题相关的发言占总体比重最大，与此有关的讨论也最为热烈。

故宫博物院研究员罗文华发表了题为《青海玉树州藏传佛教文物考察成果初步汇报》的报告，介绍了其团队在玉树囊谦、称多、杂多三县调查发现的藏传佛教遗迹。此次调查发现了一批重要的藏传佛教遗迹，其中尤以在囊谦的发现最具代表性。当地发现的古代石窟寺、佛塔、擦擦、壁画以及寺藏文物都体现出丰富的文化内涵。其遗迹与可移动文物的年代从公元12、13世纪一直到清代，展示出这一地区丰富的艺术特点。此次考察在杂多县和囊谦境内的澜沧江流域、称多县境内的通天河流域都发现了大量的佛教遗迹，部分佛教壁画的年代甚至早至后弘初期，这种现象值得引起学术界的关注。综合目前的发现，至少应当在以下两个方面作更进一步的工作：首先，这一地区是后弘初期重要的佛教中心与佛教艺术中心，这一点此前学术研究方面基本是个空白，现在的发现证明至少有一部分壁画的年代可以早至12世纪，即后弘初期；其次，这里的艺术风格具有丰富的融合色彩，受到波罗艺术、尼泊尔艺术以及西北地区艺术（比如河西地区）的影响。至少在15世纪前后，其影响已经遍及金沙江两岸。虽然目前我们对于其早期艺术风格的来源尚不清楚，但是这一发现对于认识藏传佛教艺术东传的复杂性有很大的帮助。

四川大学博物馆的卢素文发表了题为《四川省甘孜州白玉县加瓦仁安吐蕃摩崖石刻的调查与研究》的报告[17]。加瓦仁安吐蕃摩崖石刻位于四川省甘孜藏族自治州白玉县灯龙乡帮帮村，石刻包括五尊像和两组藏文题记，其中一则藏文题记中刻有“灭恶趣神咒”。从藏文题记和图像特征判断年代为9世纪，题材为普明大日如来与四供养菩萨。以往认为川青藏交界地带的摩崖石刻题材基本为胎藏界大日如来，该组造像和题记表明《恶趣经》中的普明大日如来也有出现。两种大日如来图像在吐蕃皆有出现，为进一步厘定吐蕃佛教图像中未识别的题材提供了重要的依据。该处石刻的发现为研究吐蕃时期的佛教题材提供了新素材，说明胎藏界大日如来和普明大日如来皆在吐蕃时期流行，并非只有胎藏界大日如来一种，造像表面的遗迹现象，可以认识和了解过去敷泥涂彩的修复步骤，石匠名称的题记也为研究川青藏地带造像工匠团体提供了新的资料。

四川大学中国藏学研究所研究员张长虹发表了题为《青海玉树发现的吐蕃时期古藏文刻经》的报告，将目光聚焦于青藏高原东部玉树地区发现的吐蕃时期佛教摩崖石刻。这批吐蕃时期的佛教石刻主要分布在玉树勒巴沟和贝沟[18]，除了佛教的图像外，与之同出的还有石刻佛经，据目前调查，可判定内容的有《无量寿宗要经》《圣薄伽梵母般若波罗蜜多心经》《普贤行愿王经》《大日如来及众眷属赞》等。这些佛经的刻写在字体上

---

17 参见卢素文:《四川省甘孜州白玉县加瓦仁安吐蕃摩崖石刻的调查与研究》，待刊稿。

18 调查简报参见青海省文物考古研究所、四川大学中国藏学研究所:《青海玉树勒巴沟古秀泽玛佛教摩崖造像调查简报》,《藏学学刊》第16辑，2017（1）：63-94。青海省文物考古研究所、四川大学中国藏学研究所、四川大学考古学系:《青海玉树勒巴沟吾娜桑嘎佛教摩崖石刻调查简报》,《藏学学刊》第16辑，2017（1）：95-147。青海省文物考古研究所、四川大学中国藏学研究所:《青海玉树勒巴沟恰冈佛教摩崖造像调查简报》,《藏学学刊》第16辑，2017（1）：149-163。青海省文物考古研究所、四川大学中国藏学研究所、成都文物考古研究院:《青海玉树贝沟大日如来佛堂佛教石刻调查简报》,《藏学学刊》第20辑，2019（1）：1-69。青海省文物考古研究所、四川大学中国藏学研究所、成都文物考古研究院:《青海玉树大日如来佛堂西侧崖壁摩崖石刻及线刻佛塔调查简报》,《藏学学刊》第20辑，2019（1）：69-101。

具有古藏文的书写特点，与西藏本土发现的吐蕃碑刻有类似之处，甚至有些还有纪年题记，是重要的吐蕃时期的刻经。在分布上，这些刻经地处交通要道，位于山崖底部，方便信众观摩、顶礼。在形式上，这些佛经与佛传故事、十方佛、大日如来和八大菩萨等图像题材同时出现，其所反映出来的佛教面貌、修行仪轨等都值得进一步深入探讨。

《普贤行愿王经》深受吐蕃王廷推崇，被广泛刻写、传抄于唐蕃古道、丝绸之路，也被绘制在传统普贤变下方的屏风画中。四川大学中国藏学研究所的张延清副教授发表了题为《唐蕃古道和丝绸之路上流传的〈普贤行愿王经〉》的报告，认为《普贤行愿王经》是吐蕃时期才出现的新题材，由于受到广泛信仰，此经在赞普诏令下，由吐蕃译师无分别翻译为汉文，此经甚至可以纠正汉译本因母本原因而出现的错行失误。从此经的传播、互译反映出唐代丝绸之路和唐蕃古道上文化交流、文明传播的盛况，也体现出藏、汉民族自古以来交流、交往、交融的历史印迹。

四川大学中国藏学研究所杨清凡副教授发表了题为《吐蕃时期的带柄香炉图像：藏东与敦煌文化交流侧议》的报告。她在田野考察及对相关资料的整理过程中发现在青藏高原东麓吐蕃时期佛教遗存中，有多处石刻造像供养人手中所持供具为长柄香炉，与之类似的图像还可见于敦煌吐蕃时期的壁画及其他绘画中。故其对吐蕃时期此类带柄香炉的造型、使用者、使用背景等进行梳理与分析，并在此基础上探讨其传播的相关问题，为藏东吐蕃佛教遗存与敦煌之间的联系提供了一些具体例证。

敦煌历史上的中唐时期（781-848 年），即吐蕃统治敦煌时期，是敦煌石窟艺术出现一系列重大变化的时期，“重构”与“原创性”几乎成为此时敦煌艺术最显著的字眼。无论是在石窟建筑方面、壁面布局和新题材方面，还是石窟艺术风格方面，中唐的敦煌都打破了盛唐以前的一系列传统，形成了敦煌石窟艺术史的一场重要“变革”。敦煌研究院文献研究所所长赵晓星研究员在其报告《敦煌石窟艺术中的中唐变革》中对这一时期敦煌石窟艺术的几个重大变化，如受桑耶寺“三样式”影响的石窟的塔窟垂直组合结构，壁画的流行题材与五台山图等新题材，经变有规律的对称布局，屏风画成为叙事的重要载体，汉风、吐蕃风与印度尼泊尔风格在敦煌的同时出现，供养人在位置、姿态和服饰上的新变化，洞窟的功能、主题与仪式空间的营造，南区北端石窟群的形成等一系列问题进行梳理，重点讨论了这些变化背后的佛教与社会思想因素。在吐蕃统治敦煌后期，这些变化最终形成了敦煌艺术的中唐传统，并对归义军时期以后的敦煌石窟产生了持续影响。

汉传佛教美术中的许多图像具有强烈的本土特征，文殊就是其中的一个典型例证。故宫博物院张雅静研究员带来了题为《汉传佛教文殊菩萨图像的中国化及其流变》的报告。在对汉传佛教的文殊图像进行梳理后，她认为文殊之名及相关经典毋庸置疑来自印度，但是其尊像在汉传佛教当中，从出现伊始就是中国化的形象，而不是印度佛教图像影响之下的产物。印度佛教在9世纪前后出现了文殊像，并随着佛教，尤其是密教的传播对汉文化产生影响，汉地的文殊像开始逐渐加入印度元素。值得注意的问题是，在印度的文殊像出现之前，汉传佛教中已经创造出中国化的文殊形象，表现出中国佛教美术极具创造性的一面。在印度的文殊像传入中土之后，又善于吸收外来因素和文化，从而在历史上形成了丰富多彩的佛教美术面貌。

9世纪中期，吐蕃王朝的崩溃使得西藏历史上出现了近百年“黑暗期”，该时期的艺术形态、吐蕃艺术与藏传佛教后弘期初期艺术之间的关系一度成为艺术史研究者难解的议题。浙江大学汉藏佛教艺术研究中心的王瑞雷研究员发表了题为《西藏后弘期初佛教艺术对吐蕃佛教遗产的继承与延续》的报告，基于对西藏东部及敦煌蕃据时期吐蕃佛教艺术的调查和近年来前辈学者的研究成果，结合藏文文献史料中对吐蕃佛教和吐蕃服饰礼仪的相关记载，以及近年来青海都兰热水1号大墓和血渭1号大墓出土吐蕃文物，通过对卫藏地区后弘期初所建夏鲁寺、扎塘寺、汤加寺、姜浦寺等现存造像壁画和摩崖造像的调查，从题材内容、图像配置、风格特征、服饰礼仪装饰等层面观察西藏后弘期初佛教艺术是如何承袭吐蕃佛教遗产及其背后的历史动因。

北京服装学院邱忠明教授发表了题为《图像的逻辑：细读一件北齐青州胡人图像》的报告，邱教授以山东青州龙兴寺窖藏出土的一件北齐佛衣上彩绘的胡人形象为中心[19]，辨识出最接近中心的二位（即左、右领头者）均手持莲花。结合该地区和邺城、并州等地同时期，乃至更长时段的丝路沿线的佛教艺术、墓葬艺术、碑志与文献等材料，认为这几位胡人的身份为此像的供养人——以粟特人为首的国际化商队的代表，此图式应为一支粟特商队礼佛的场景。这说明北齐青州亦为胡人商队流寓之地，中古中国丝绸之路似可向东延伸至山东半岛，而粟特人的信仰除了原本的祆教外，具有相当多元的维度，其中佛教是重要的一维，并且粟特人在佛教的传播中也起了十分重要的作用。

五、青藏高原东部的交通与路线

西南民族大学的杨铭教授发表了题为《天宝初年（746-749）唐蕃剑南西山战事考述——以〈唐故工部尚书郭虚已墓志〉为线索》的报告，检索相关金石碑铭以及文献资

19 该处佛教造像参见青州博物馆编著：《青州龙兴寺佛教造像》，北京：人民美术出版社，2013。

料，以墓志所载为线索[20]，讨论了天宝五载至八载之间，由郭虚己统领、鲜于仲通等参与的剑南西山系列战役，涉及行军路线、战役地点、重要人物等，以及这些战事对唐蕃关系的历史影响。

1858年，拉萨代牧主教杜多明、川东南代牧主教范若瑟及川西北代牧主教马伯乐主持川藏两地教区进行勘界，使拉萨代牧区教界扩展至四川境内。针对这一历史，四川大学外国语学院的刘瑞云副教授发表了题为《19世纪中叶法国巴黎外方传教会川藏教区首次勘界史考》的报告，认为其是教会内部支持进藏传教之激进派同反对进藏传教之保守派之间数年博弈的结果，从侧面反映出教会内部激进、保守两派之间关于扩大在华传教活动之分歧与纠葛，预示着巴黎外方传教会日后在四川西部近百年传教活动的艰难与波折。

青藏高原东南缘有横断山系纵贯南北，自古以来巴蜀先民在高山峡谷之中开辟出商贸通道、民族走廊，将中国西南地区与世界相通连。古代南方丝绸之路西道（灵关道）之临邛道，自临邛（今邛崃）起，分两路：临邛-芦山（大川）、临邛-雅安（上里）。由临邛经油榨、南宝，往西北至芦山（大川）这条线，是临邛古道主线。1869年法国学者戴维，沿此路从成都出发到达大川，自大川翻越山垭到达木坪（今宝兴），在木坪修道院附近山林发现世界上第一只大熊猫。这条古道，因戴维发现大熊猫之旅而增添了新的文化内涵，有称“戴维之路”。近年来，戴维发现大熊猫这段历史随着当地旅游开发而被重新发掘，但曾有人撰文误以为戴维之旅是由成都、雅安、宝兴这条路线，并以茶马古道为楔子作文学性发挥，此说又经人反复转抄，乃至官修史志也错误记载。对此，四川大学道教与宗教文化研究所的张丽萍教授发表了题为《临邛古道与戴维之路考论》的报告，通过发掘和运用外文日记、地方文献材料，并通过实地考察，对戴维发现大熊猫的旅行路线进行考证，以厘清被混淆的历史事实。

六、三江源区的环境治理与生态保护

在过去的40多年里，中国的社会与经济发生了举世瞩目的变化，这一时期气候增温也最显著，二者的综合作用对我国生态环境和生物多样性保护影响最大，但影响的幅度、范围和后果有显著的区域差异。四川大学建筑与环境学院唐亚教授的报告《长江源

---

20 该墓志基本情况参见樊有升、鲍虎欣：《偃师出土颜真卿撰并书郭虚己墓志》，《文物》2000（10）：85-90。

区气候变化和社会经济发展及生态环境保护策略》认为，地处青藏高原长江源区的生态环境和生物多样性保护在我国环境安全、生态安全、水安全和长江流域经济发展中具有重要地位，多年的线路和重点区域考察、入户调查、随机访谈和重点访谈揭示，在气候变化、国家政策及社会经济发展的综合驱动下，长江源地区的自然生态系统、人文生态系统、社会和经济发生了很大变化，总体有助于区域的生态环境和生物多样性保护，但也有明显的挑战。充分发挥区域独特资源及其在流域及国家战略中的地位，发展基于独特资源的产业体系，考虑当地在区域平衡发展中享有权益分配的合理诉求，对该区域的可持续发展及维护该区域在长江流域及国家战略中的作用具有重要意义。

野生动物保护是三江源环境治理的重要议题，不同的环境主体背后有着不同的实践逻辑。四川大学中国藏学研究所徐君教授发表了题为《话语、权力与实践：三江源区环境治理与生态保护路径研究——以青海玉树曲县野生动物保护为中心》的报告，基于玉树藏族自治州曲县的田野调查，从一个社区共管协议开始梳理当地野生动物保护多方合作的历史，探讨环境国家、生物多样性话语和传统生态道德如何共同促进了牧民的具体性保护实践；同时考察在当地野生动物保护取得不错成效的现实下牧民生活又如何受到野生动物的影响；强调在多方环境主体之间话语交织的现实下，需要重新审视人与野生动物的关系和未来，构建三江源环境治理与生态保护合力。

建立具有中国特色、与国际接轨的国家公园体制是党的十九大作出的重要部署，也是贯彻习近平生态文明思想的重要举措。2017年，《建立国家公园体制总体方案》的出台，标志着中国国家公园体制工作步入正轨。文件明确指出，既要保护国家公园自然生态系统的原真性、完整性，又要为公众提供作为国民福利的游憩机会，以彰显国家公园的公益属性和全民共享性。游憩是国家公园的重要功能之一。在国家公园语境下，“游憩”与“旅游”具有一体两面的特征，既有共性，也有差异。四川大学中国藏学研究所李锦教授发表了题为《国家公园游憩活动与玉树文化生态保护实验区的文化体验》的报告，认为玉树州是三江源国家公园和国家级文化生态保护区的结合区，在具体实践中，要将人流量较大的旅游活动调整为国家公园自然和文化教育活动，改造为人流量均衡，但时间较长的国家公园游憩活动，建立一套基于自然和文化体验双重功能的游憩功能分区、业态发展、设施建设、评价、主体、环境影响及管理评价体系，从而体现玉树州文化与自然的双重保护特征。

七、小结

经过两天的学术研讨，10 月 19 日下午 5 时，“青藏高原东部研究暨玉树历史遗迹学术论坛”圆满落幕，闭幕式由四川大学中国藏学研究所张长虹研究员主持，四川大学中国藏学研究所李永宪教授做了大会总结发言。此次论坛恰逢中国共产党建党 100 周年，玉树藏族自治州建州 70 周年，会议的顺利召开达到了弘扬中华优秀传统文化，促进多学科、多领域的学术交流和对话、加强各民族交往交流交融的目的。本次论坛提供了一个平等的学术交流的阵地，极大地丰富了我们对于青藏高原东部历史、考古、艺术、宗教、经济、交通等方面的认识。主要体现在以下几个方面：

1. 青藏高原考古工作的持续推进。与中原地区相比，青藏高原的考古工作起步较晚，基础资料的积累十分薄弱，考古材料也较为零散，使得以往我们对于该区域的研究和认识在深度和广度上都有明显不足。近年来，随着国家文物局的大力支持和考古工作者不畏艰辛的付出，这一局面有着明显的改善。本次论坛有数位学者介绍了各自的考古新发现，如汤惠生教授对巴哈塔尔哈拉帕文化遗址的发掘、张冬菊教授团队在甘肃夏河白石崖溶洞和西藏邱桑遗址的新发现与新进展、胡越博士在彭卡拉玛地点的试掘、韩芳博士对参雄尕朔遗址的发掘、罗文华教授及其团队在玉树地区对佛教遗存的调查等，为我们提供了最新的一手资料，对这一区域历史与文化的研究具有重要意义。

2. 若干史前重大历史问题的阶段性进展。随着青藏高原史前考古工作的推进和考古资料的积累，我们逐渐能够对若干重大历史问题给出回应，并取得阶段性进展。如张东菊教授等人对青藏高原早期人类活动的历史、早期人群对高海拔环境的适应能力、青藏高原早期人类的分布范围等问题的探索，以及吕红亮教授对人类从何时、何地进入青藏高原并永久定居等问题的思考。近期报道的四川稻城皮洛遗址等考古遗存的发现，为青藏高原早期人类活动历史提供了更为丰富的证据，也为我们探讨青藏高原若干史前重大问题提供了材料支撑。

3. 研究视野的拓宽与拓展。此次论坛与会学者学术报告涉及的研究方向和学术视野非常宽阔，讨论的主题并非局限于青藏高原东部地区，其辐射范围包括整个青藏高原及四川、青海、甘肃等邻近地区，甚至还包括一些境外的学术研究，例如汤惠生教授在巴基斯坦做的考古工作和王心阳对不丹手工纺织的介绍。青藏高原地处东西文化交流的十字路口，其古代文化面貌呈现出多元性的特点。今后对于青藏高原的研究，应当秉承这种国际化的眼光和宽阔的视野。

4. 多学科的交流、互动与综合运用。此次论坛发表报告的演讲者分别来自不同的研究领域，具有多样的学科背景，既有从事考古学、历史学、艺术史、人类学、民族学、宗教学、语言学的学者，又有科技分析、资源环境等多种前沿领域的专家。本次论坛，形成了多种学科交叉融合、多种研究方法相互借鉴的研究趋势，奠定了青藏高原历史研究的基调和未来的发展方向。

5. 区域研究特色愈发彰显。本次论坛学者们的发言内容愈发彰显青藏高原东部这一区域的研究特色：一是岩画艺术研究，如甲央尼玛对玉树三江源岩画的考察与研究、张亚莎对玉树白龙沟岩画的在探讨、苟爱萍对青藏高原东部岩画图像组合的分析、王裕龙对拉麦岩画的报告等；二是佛教遗存研究，如罗文华在囊谦等地的调查与研究、卢素文等人对加瓦仁安吐蕃摩崖石刻的调查与研究、张长虹和张延清对玉树吐蕃时期古藏文石刻的研究、张雅静对文殊菩萨图像的研究、杨清凡对吐蕃香炉图像的报告等；三是交通路线研究，如杨铭对郭虚已行军路线的考订、张丽萍对“戴维之路”的考证和刘瑞云对川藏教区首次勘界的考证等。虽然有关上述热点问题的研究已颇具数量，但是研究比较分散，不成体系，缺乏系统的认识，有待进一步的强化和深入。

◆ 祝铭　四川大学历史文化学院博士研究生

青藏高原东部研究暨玉树历史遗迹学术论坛
Symposium on the Eastern Tibetan Plateau and the Cultural Heritage of Yushul
2021年10月18～19日・成都

高原东部的
吉与艺

青藏高原东
考古与

青藏高原
的考古
Archaeology an

安吐蕃摩崖
研究

大学藏学
文博学

原东部的考
艺术
of the eastern
plateau

期初
艺术对
继承与延

青藏高原东部研究暨玉树历史遗迹学术论坛掠影

青藏高原东部研究暨玉树历
Symposium on the Eastern Tibetan Plateau and the

n Plateau and the Cultural Heritage of Yushu

青藏高原东部研究暨玉树历史遗
Symposium on the Eastern Tibetan Plateau and the Cultura

Symposium on the Eastern Tibetan Plateau and the

um on the Eastern Tibetan Plateau and the Cultural Her

青藏高原东部研究暨玉树历
Symposium on the Eastern Tibetan Plateau and the

ABSTRACTS

Notes on the Transmission of the *Dharmacakrapravartanasūtra* and Related Texts

Saerji

(School of Foreign Languages, Peking University)

Based on the various narratives and related works on the Buddha's first discourse on turning the wheel of the Dharma, this paper surveys cognate descriptions in different Buddhist traditions. It especially focuses on two Tibetan texts entitled the *Dharmacakra* (*pravartana*) *sūtra* that are preserved in the Kanjur. The essay points out that one work, the **Dharmacakrasūtra*, is not an independent translation, but an extract from the *Saṃghabhedavastu* of Mūlasarvāstivāda Vinaya. Yet another work, the **Dharmacakrapravartanasūtra*, reflects the influence of Theravāda Buddhism. The paper aims to provide deep understanding of the history of the redaction, transmission, and translation of the *Dharmacakrapravartanasūtra* and related works.

A Glimpse of the Battle between Tang and Tubo in the Middle Kaiyuan Period: Details from the Excavated Epitaphs

Wei Yingchun and Ma Zhenying

(Institute of Dunhuang Studies of Lanzhou University)

The paper provides a comprehensive examination of four newly unearthed epitaphs related to Hexi 河西 in Tang Dynasty, while making references to historical records, Dunhuang manuscripts, Tibetan literature and other records, it aims to reproduce several details of the battle between the Tang and Tubo in the middle Kaiyuan period. The Battle of Yumen 玉门 between the Tang and Tubo was recorded in the "epitaph of Li Li" 李礼墓志, which has not been attested elsewhere. The "epitaph of Yu She" 鱼涉墓志, records the tragic battle between the Tang and Tubo in Qilian City 祁连城, and that the tomb owner Yu She died on the day of victory, which can be supplemented with the official historical record. Research on the historical facts contained in epitaphs may be helpful to the future study of the relationship between the Tang and Tubo as well as the history and geography of Helong 河陇 in the Tang Dynasty.

The Epitaph of Zhao Hong'an and Tang Jiuzheng's Southern Expedition ——On the Tang-Tubo Relations during the Reign of Tang Zhongzong

Yuan Enda and Lu Li

(Department of History, Nanjing Normal University)

Tang Jiuzheng's 唐九征 southern expedition was a military campaign in the southwest of the Tang Dynasty during the period of Tang Zhongzong (r.705-710). The historical records pertaining to these events are relatively brief and often contradictory, leaving gaps in our understanding. But the epitaph of Zhao Hong'an 召弘安 housed at the Tang West Market Museum offers valuable insights for addressing these issues. Through an examination of this epitaph, it becomes apparent that the primary target of Tang Jiuzheng's southern military campaigns was the tribal groups in the Yaozhou 姚州 region, roughly corresponding to present-day Yao'an County in Yunnan Province. These expeditions had limited, direct involvement with Tubo. Furthermore, during the southern expedition of Tang Jiuzheng, both the Tang and Tubo made concessions to maintain their relationship, but the Tibetan side made larger concessions than the Tang. This suggests that, despite the restoration of peace between the Tang and Tubo during the reign of Emperor Zhongzong, Tubo was still in a relatively disadvantageous position in their practical interactions.

An Exploration of Reasons of Geshu Han's Recapture of Shibaocheng

Li Xuedong

(School of History, Beijing Normal University)

In the twenty-ninth year of Emperor Xuanzong's reign during the Tang Dynasty (741), Tubo launched an attack on Shibaocheng 石堡城 . Recognizing its crucial strategic importance, starting from the fourth year of the Tianbao era (745), the Tang court successively appointed Huangfu Weiming 皇甫惟明 , Wang Zhongsi 王忠嗣 , and Geshu Han 哥舒翰 to lead military campaigns to manage Shibaocheng. Ultimately, Geshu Han defeated the Tibetan forces and brought Shibaocheng back under Tang control. During Tianbao period of the Tang Dynasty, there was an increasingly intense power struggle between Prime Minister Li Linfu 李林甫 and Crown Prince Li Heng 李亨 . Although Huangfu Weiming and Wang Zhongsi were loyal to the Crown Prince and were stationed in the borderlands, they could not stay aloof from the political turmoil. The successive military campaigns launched to recover Shibaocheng were affected by the power struggle at the imperial court, resulting in Tang forces returning without success. Geshu Han, as an outsider of the court politics, due to his background as a minority leader, was able to avoid the detrimental influence of the central power struggle on frontline military operations. Additionally, the personal relationship between the participating general Abusi 阿布思 and Li Linfu shielded this campaign from the effects of political rivalries. Furthermore, Geshu Han had a relatively strong military force when he attacked Shibaocheng. The Tang army had already launched an offensive against Momi Cheng in Jiannan which distracted Tibetan forces and provided support for Geshu Han's campaign to retake Shibaocheng. This strategy ultimately led to the successful recovery of Shibaocheng. After the battle, Geshu Han gradually built a defensive system centered around Shibaocheng, thereby strengthening its defenses.

A Study of the Official Position of Ngan lam Stag sgra Klu khong

Zhang Xu and Zheng Hongxiang

(School of History, Hebei University; Institute of Silk Road Studies, Northwest University)

Ngan lam Stag sgra Klu khong played a significant role in a series of interactions between the Tang Dynasty and Tibet, making him an influential figure during the later period of Tang-Tibetan relations. According to the *Zhol* Pillar, Klu khong's rise in government positions was marked by a series of promotions due to his role in reporting and suppressing rebellions. He was initially appointed as *nang blon* and later promoted to the positions of *nang blon chen po* and *yo gal 'chos pa chen po*. But Klu khong faced a challenging path to his advancement, as he did not come from a noble background and adhered to the Bon religion, which created obstacles for his career. Despite the triumph of the capture of Chang'an, Klu khong did not receive further promotions and, in fact, experienced a prolonged period of stagnation in his official career. Over a decade later, he reemerged in the public eye and assumed the positions of *nang blon and yo gal 'chos pa*, holding one of the highest-ranking positions in the Tubo court, second only to the *Blon chen*. This was the highest office he held throughout his career, as he never served as the *Blon chen*.

A Brief Discussion of the Classification of Madhyamaka Tenets in the Treasure Text Titled *Gsang sngags lung gi bang mdzod*

Yang Jie

(Remin University of China)

Being crucial for the study of the early period of treasure tradition, Nyang ral Nyi ma 'od zer and his famous treasure cycle *Bka' brgyad bde gshegs 'dus pa* have drawn considerable attention from quite a few scholars. Following in the steps of earlier research that has illuminated the origins of some of the tantric texts in this cycle, the author focuses on the classification of Madhyamaka tenets within the *Gsang sngags lung gi bang mdzod* — a doxographical work that also belongs to this cycle. Through comparative studies, what becomes clear is that this classification has its Indian precedent and is deeply rooted in the doxographical background of Nyang ral's time. In the author's view, this nominally revealed treasure text obviously absorbs the doxographical framework prevalent during the early *phyi dar* period, and is quite important for our further study of the development of doxography of that period.

Gri gum btsan po and the Bon Treasure Historical Narrative: An Analysis of Sga ston's (14th C.) *History of Bon Treasure*

Naljor Tsering

(Doctoral Student, Southwest Minzu University; École Pratique des Hautes Études, PSL, CRCAO)

The treasure text or *gter ma* is a cultural phenomenon that is mainly popular in the Buddhist Nyingma school and the Bon tradition in Tibet. Bon *gter ma*-s began to emerge in the 11th century, and a special historical narrative regarding their burial, discovery, and transmission already took shape in the 14th century. The origin of a given *gter ma* and the reason for its transmission usually constitute the very first topics to be explained in these narratives. Regarding these topics, Nyingma scholars usually provide the story of Padmasambhava as the historical background for the formation of Tibetan Buddhist *gter ma*-s whereas the Bon tradition connects its origin to the two transition periods of religion and politics during the Tubo period (also known as the two "extinction periods" in the history of Bon). This article focuses on the first extinction period in the history of the Bon, that is, the story of the eighth king *Gri gum btsan po*, as a case study and explores how the later generations of Bon scholars use legends and stories regarding the period of the Tibetan Empire to construct *gter ma*-origin stories for their own tradition. Furthermore, through the analysis of this story, we can understand how the narrative tradition of the Bon *gter ma* is the result of the interaction between the historical process of the continuous improvement of the Bon doctrinal knowledge system and the inspiration it received from the Buddhist narrative (on the "extinction of dharma"), while inheriting many unique indigenous elements and cultural contexts.

从娘热·尼玛沃色所掘《八教善逝集》来看早期《四普巴续》及其与远传法及伏藏法统之间的关系

凯西·坎特维尔

（英国牛津大学、德国波鸿鲁尔大学）

娘热·尼玛沃色在十二世纪所掘出的《八教善逝集》（*bka' brgyad bde gshegs 'dus pa*）成为了宁玛派以八密教尊神为核心修行的范本。在此前发表的一篇论文中，我提出《八教善逝集》中关于“事业普巴”（*'phrin las phur pa*）的部分可能形成于娘氏之前的时代，并保留了古时的修习传统。本文结合远传法（*bka' ma*）文献中属于娘氏传承的教法，进一步对这些与《四普巴》或《四普巴续》（*phur pa'i rgyu bzhi*）相关的普巴文献进行探讨。《四普巴续》教法在这些文献中的中心地位很可能影响了此后的金刚普巴传承，因为它们也强调这些教法的重要性。本文主要探讨远传法和娘氏法中的《四普巴续》教法的关系，以及它们与早期四普巴教法之间的联系。《堡岩》（*rdzong 'phrang*）中只有《八教善逝集》是很早期的，而四普巴中的一篇简短教言很有可能是源自历史上的莲花生大师。此外，《四普巴续》中引用的同一主题也被收录进了《八教善逝集》中的权威文献。娘氏将《八教善逝集》称为伏藏，使得藏王墀松德赞被重新纳入该传承体系之中。墀松德赞原本并未在此传承序列之内，而是作为《堡岩》的主要授记对象而被新加入的。因为娘热是墀松德赞的转世，《八教善逝集》伏藏中的关键文献据称是来自墀松德赞的写本。

以药为经：医药伏藏中的炼金术与藏地的佛教医学

麦伟哲

（美国纽约大学）

伏藏师在伏藏文献中能够以叙事的方式建构宇宙观层面的教说。如藏地的医师与仪轨师多将服石法（bcud len）认为是莲花生大师的伏藏法，是佛陀原初的教法，或是藏地医学的经典。本文旨在对藏地的医药伏藏进行简要介绍，尤其是以相传为衮邦达沃（Kun spangs zla 'od，又名 Kusasmanpa 或 Sku sa zla 'od）所传之《因陀罗手服石》（*Dbang po lag pa'i bcud len*）、《阿育吠陀》及《医学四续》等文献中的相关教法为中心来解读，将这些医药文献构建为佛教经典的叙事框架。总的来讲，本文提出医药经典不一定总是指向一个真实存在的过去，而是以叙事来规范其所期许的起源。与此类似，在佛教医学中，医学理论与实践指导也成为了诸佛的教诲，疗愈与菩萨戒相融合，医药也成为了成佛之道。将药书作为佛典来解读，便可以将医学实践根植于一个叙事所创造的世界中。本文探究了佛教医药伏藏的叙事世界，并讨论了其在后弘期（约 950-1250 年）兴起的历史背景。

U rgyan pa Rin chen dpal's Speech as a Source of the *Blon po bka' thang*

Sun Penghao

(Doctoral Student, Harvard University)

Inquiries into the textual sources for O rgyan gling pa's influential treasure cycle, the *Bka' thang sde lnga*, have long fascinated scholars. It is now widely accepted that it contains authentic ancient materials. This paper identifies a passage in the twenty-ninth chapter of the *Blon po bka' thang* as being an adaptation of a speech preserved in a fourteenth-century biography of U rgyan pa Rin chen dpal (1230–1309). The intertextual relationship lies hidden, as O rgyan gling pa transfers U rgyan pa's diction and metaphors from its original context into the mouth of the legendary eighth-century figure Padmasambhava. Furthermore, the speech was modified from a general defense of the traditions of Rnying ma, *gter ma*, and Zhi byed traditions to a specific defense of the *gter ma*. This identification not only adds a fourteenth-century material to the current pool of the known textual sources of the *Bka' thang sde lnga*, but it also gives us an example of creative textual reuse and the microscopic manner of in which this treasure-revealer compiled his work. Furthermore, the inter-textuality offers us a rare opportunity to reflect on the readership and reception of U rgyan pa's biography, as well as on the transmission of polemical rhetoric in general.

The Impact of Lha btsun Nam mkha' 'jigs med's (1597-1652) *Gter ma* lineage on the Religious Pattern during the Early Period of the Rnam rgyal Dynasty of 'Bras mo ljongs

Xu Yuanqin

(Center for Tibetan Studies of Sichuan University)

Three great masters belonging to the Rnying ma school, Lha btsun Nam mkha' 'jigs med (1597-1652), Mnga' bdag Sems dpa' chen po (1591-1656), and Kaḥ thog Rig 'dzin Chen po (17th C.) empowered Phun tshogs rnam rgyal (1604-?) as he was enthroned in 1642 to become the first religious king (*chos rgyal*), also Rnam rgyal, of 'Bras mo ljongs or 'Bras mo gshongs, that is, Sikkim. This opened the path for the dissemination and development of the Rnying ma pa gter ma-revelatory tradition, from the central region of Ü-Tsang to the southern region (*lho phyogs*), Sikkim. Lha btsun Nam mkha' 'jigs med was the main representative of the initial transmissions of this tradition, which he had received from the great *gter ma* master 'Ja 'tshon snying po (1585-1656). Upon his enthronement as religious king, Phun tshogs rnam rgyal supported the propagation of Lha btsun's tradition throughout 'Bras mo ljongs and promoted the construction of monasteries that would be affiliated with it.

In the process of religious development in 'Bras mo ljongs, there was a continuous and interactive relationship between the central religious authority of Ü-Tsang and Lha btsun's tradition. This gradually formed a pattern of institutionalized development involving the succession of the lineages of transmission, sectarian affiliation, and hierarchical relationships among the main monasteries and branches. The influence of this *gter ma* tradition had a profound impact on the religious landscape of the early Rnam rgyal dynasty in 'Bras mo ljongs.

Prohibition and Recognition: Dissemination of the *Gter-ma* Literature of the Nying ma School in Mongolia (1607-1738)

Giigch Borjigin

(Doctoral Student, School of Chinese Classics, Renmin University of China)

Since the late sixteenth century, Tibetan Buddhism has been widely accepted in Mongolia through the spread of the Gelugpa School, which continues to the present day. Tibetan Buddhism in Mongolia undoubtedly has a strong Gelugpa presence, the relevant historical classics and literature are mostly written after the Gelugpa school began to dominate Mongolia, and the historical records of other schools are very rare. However, there is no doubt that before and after the Gelugpa School was introduced to Mongolia, other schools also spread in Mongolia. In this article, I will survey the literature of the Nyingma School that was translated from Tibetan to Mongolian from 1607 to 1738, and explore three types of non-canonical texts dealing history, ritual and commentary, and thus provide an outline of an enhanced picture of the spread of Tibetan Buddhism in Mongolia.

叙事生活世界：《格萨尔王传·地狱救母》与伏藏的社会功能

娜塔莎·麦克斯

（美国德州州立大学）

本文以《格萨尔王传·地狱救母》篇为例，探讨伏藏在创造一个“叙事生活世界”（这一理论是本文作者专门在此提出并使用的）中起到的社会功能。正如霍莉·盖利（Holly Gayley）、戴维·杰玛诺（David Germano）及其他人所指出，伏藏并非单独存在的现象，而是由复杂的社交互动连接过去与未来而形成的、具有丰富意义的网络。伏藏师通常被认为是文化英雄：他们以过去的意义来涵盖当下的时代，并通过他们与过去的联系建构出一个充满意义的符号宇宙。格萨尔史诗传统尽管在藏地解读中很少被认为是伏藏，但是其传承与伏藏传承多有相似之处，其中最显著的即是经启示而被发现并创制出的新文献范式，这一范式有着超越原初讲述的社会影响。

尽管有这些相似之处，但只有一份格萨尔文本自我认同为伏藏，即由丹喇嘛·却吉旺秋（'Dan bla ma Chos kyi dbang phyug）所著、格萨尔伏藏师扎册多吉（Drag rtsal rdo rje）掘出的《地狱救母》篇。通过对比阅读这一格萨尔传承与伏藏传承所重叠之处，学者们可以通过格萨尔传承来更清晰地解读伏藏的社会功用。在介绍这一重要文本之上，本文更提出通过伏藏基于一个持续有意义并有效的过去而建构出的叙事生活世界，这让个人得以与这一叙事创造出来的过去产生联系，并能在其中构建出自己当下有意义的世界。叙事生活世界因此便成为了伏藏在当代西藏取得社会关切和关联的驱动力。

A Review of the *Symposium on the Eastern Qinghai-Tibet Plateau and the Cultural Heritage of Yushu*

Zhu Ming

(Doctoral Student, School of History and Culture, Sichuan University)

To celebrate the 100th anniversary of the founding of the Communist Party of China and the 70th anniversary of the establishment of Yushu Tibetan Autonomous Prefecture, the People's Government of Yushu prefecture and the school of history and culture of Sichuan University jointly held the "Symposium on the Eastern Qinghai-Tibet Plateau and the Culture Heritage of Yushu" in Chengdu from October 18 to 19, 2021. This symposium received a total of forty papers and nearly one hundred representatives from Beijing, Qinghai, Sichuan, Hebei, Gansu and Shaanxi attended the conference. There were twenty-seven scholars who delivered presentations during eight sessions, focusing on topics such as "New archaeological discoveries and early human activities in the Eastern Qinghai-Tibet Plateau", "Discovery and research of rock art in the Eastern Qinghai-Tibet Plateau", "Cultural exchange and interaction between the Qinghai-Tibet Plateau and its surrounding areas", "Grottoes, images and texts in Buddhist art", "Transportation and routes in the Eastern Qinghai-Tibet Plateau" and "Environmental governance and conservation in the origin region of the Three Rivers", etc.This symposium provided a levelplatform for academic exchange and greatly promoted interdisciplinary and cross-disciplinary academic communication and dialogue, playing a significant role in strengthening communication, exchange, and integration among various ethnic groups.

JOURNAL OF TIBETOLOGY (VOL.26)

Edited by

Center for Tibetan Studies of Sichuan University
Chengdu, China

ISBN 978-7-5211-0422-6
First Published in June 2022
China Tibetology Publishing House
Beijing, China

图书在版编目(CIP)数据

藏学学刊 . 第 26 辑 / 四川大学中国藏学研究所编 .
-- 北京：中国藏学出版社，2022. 6
ISBN 978-7-5211-0422-6

Ⅰ . ①藏… Ⅱ . ①四… Ⅲ . ①藏学 - 文集 Ⅳ . ① K281.4-53

中国国家版本馆 CIP 数据核字（2023）第 075094 号

藏学学刊〔**第 26 辑**〕　　四川大学中国藏学研究所　主编

责任编辑　张荣德
封面设计　翟跃飞
出版发行　中国藏学出版社
印　　刷　中国电影出版社印刷厂
版　　次　2022 年 6 月第 1 版第 1 次印刷
开　　本　787 毫米 × 1092 毫米　1/16
字　　数　340 千字
印　　张　18
定　　价　86.00 元
书　　号　ISBN 978-7-5211-0422-6

图书如有质量问题，请与本社联系
E-mail: dfhw64892902@126.com　电话: 010-64892902

《藏学学刊》稿约

《藏学学刊》（བོད་རིག་པའི་དུས་དེབ། *Journal of Tibetology*）系中国教育部普通高等学校人文社会科学重点研究基地四川大学中国藏学研究所主办的藏学类专业性学术刊物，CSSCI 来源集刊，创刊于 2004 年，旨在搭建藏学研究的学术交流平台。从 2014 年开始，本刊由年刊改为半年刊，接受中、英文稿件，设有论文、书评、译文等栏目，热忱欢迎国内外藏学研究者惠赐稿件。来稿时请注意以下事项：

1．来稿请注明字数并提供作者简介，包括姓名、出生年月、性别、民族、籍贯、职称、学位、工作单位、联系方式和主要研究方向等，其中姓名和工作单位名称请提供正确的英文译名。

2．来稿必须为原创性作品，此前未以任何形式公开发表过。严禁抄袭、剽窃和一稿多投，如有发现，将永不刊用该作者来稿。

3．为保证文稿的准确性，电子版来稿须同时提供 word 和 pdf 两种文档格式并遵循本刊用稿规范（详见下文）。来稿字数不限，提倡言简意赅，以 1—1.5 万字左右为宜。

4．本刊取舍稿件惟以学术为标尺，实行 2—3 名专家双向匿名审稿制度，根据专家审稿意见决定稿件取舍。本刊在尊重原作的前提下，有权对拟刊用稿件作必要的删改并告知作者，作者如果不同意对文稿作文字性修改或适当删节，请在来稿时予以说明。

5．本刊所刊文章均为作者个人观点，不代表编辑部意见，文责由作者自负。

6．本刊已加入期刊数字化网络系统，作者若无此意愿，请在来稿时注明，否则视为默许。

7．稿件请直接发送本刊编辑部专用邮箱。无论是否用稿，本刊都会在三个月内回复作者。

8．本刊不收取任何版面费，文稿刊出后将支付作者稿酬，并赠送样刊五册。

9．本刊热诚欢迎国内外藏学研究者或编辑部与本刊建立资料互赠交流关系。

地　　址：中国四川省成都市望江路 29 号

四川大学中国藏学研究所《藏学学刊》编辑部

邮　　编：610064

电子邮件：zangxuexuekan@163.com

电话／传真：+86-28-8541 2567

网　　址：http://www.zangx.com

Call for Contributions

Founded in 2004, the *Journal of Tibetology* (བོད་རིག་པའི་དུས་དེབ། 藏学学刊) is a peer-reviewed bilingual scholarly journal dedicated to publishing papers in the field of Tibetan Studies. Featuring articles and reviews in either Chinese or English, the journal is published biannually by the Center for Tibetan Studies of Sichuan University, Chengdu, PRC. The *Journal of Tibetology* welcomes the submission of academic and unpublished (and original) work, including the Chinese translation of foreign research and serious, critical reviews of books or review articles, in any area of research that deals with the Tibetan cultural area.

Essential Guidelines:

1. The manuscript should contain information on the total number of words/characters and author's details, including the following information: (1) full name and institutional affiliation; (2) academic title; (3) contact information, (4) the primary field of research.
2. The *Journal of Tibetology* has a zero-tolerance plagiarism policy.
3. Essays and reviews should be submitted electronically in Microsoft Word file and PDF format, using Unicode, to zangxuexuekan@163.com and conform to the style sheet of the *Journal of Tibetology* that is found at the website of the institute. If this is not done, they will automatically be not considered for publication. There is no limit on the length of the manuscript, but we strongly encourage the manuscript to be concise with approximately 10,000 words in English or Chinese.
4. The *Journal of Tibetology* uses a double-blind review process. Each manuscript is sent to two or three referees for double-blind peer review. Based on their recommendations, the editor then decides whether the manuscript will be accepted as is, whether it needs to be revised, or whether it will be rejected.
5. The views and opinions expressed in the articles and reviews are those of the author alone and do not reflect the views or opinions of the editor(s) or the editorial board. The author is responsible for his/her own views.
6. The journal is already part of the digital network of Chinese journals. If any author does not want to have his or her article published online, please note this upon submitting the manuscript. Otherwise, the editor will take it as tacitly granting permission to do so.
7. Manuscripts should be submitted to the editor. Whether they are accepted or not, authors will receive notice from the editor within three months.
8. The journal will pay remuneration to the author and send five copies of the issue of the journal in which his or her article appears.
9. Scholars or editorial boards in China and abroad are warmly welcomed to establish a growing network of exchanging copies of journals with the editor of the *Journal of Tibetology*.

Correspondence should be addressed to:
Ms. Sun Zhaoliang
Center for Tibetan Studies of Sichuan University
Chengdu, Sichuan Province
P.R. China
610064
Email : zangxuexuekan@163.com
Tel/Fax: +86-28-8541 2567
Website: http://www.zangx.com